Direito Administrativo

QUESTÕES

Sandro Bernardes

Direito Administrativo

183 questões da FCC comentadas com gabarito

© 2014, Elsevier Editora Ltda.

Todos os direitos reservados e protegidos pela Lei nº 9.610, de 19/02/1998.
Nenhuma parte deste livro, sem autorização prévia por escrito da editora, poderá ser reproduzida ou transmitida sejam quais forem os meios empregados: eletrônicos, mecânicos, fotográficos, gravação ou quaisquer outros.

Copidesque: Fernanda Coutinho
Revisão: Gabriel Augusto Alves
Editoração Eletrônica: SBNigri Artes e Textos Ltda.

Coordenador da Série: Sylvio Motta

Elsevier Editora Ltda.
Conhecimento sem Fronteiras
Rua Sete de Setembro, 111 – 16º andar
20050-006 – Centro – Rio de Janeiro – RJ – Brasil

Rua Quintana, 753 – 8º andar
04569-011 – Brooklin – São Paulo – SP – Brasil

Serviço de Atendimento ao Cliente
0800-0265340
atendimento1@elsevier.com

ISBN 978-85-352-7236-9
ISBN (versão eletrônica) 978-85-352-7237-6

Nota: Muito zelo e técnica foram empregados na edição desta obra. No entanto, podem ocorrer erros de digitação, impressão ou dúvida conceitual. Em qualquer das hipóteses, solicitamos a comunicação ao nosso Serviço de Atendimento ao Cliente, para que possamos esclarecer ou encaminhar a questão.
Nem a editora nem o autor assumem qualquer responsabilidade por eventuais danos ou perdas a pessoas ou bens, originados do uso desta publicação.

CIP-Brasil. Catalogação-na-fonte.
Sindicato Nacional dos Editores de Livros, RJ

B444d

    Bernardes, Sandro Henrique Maciel
       Direito administrativo: questões FCC / Sandro Henrique Maciel Bernardes. – 1. ed. – Rio de Janeiro: Elsevier, 2014.
       304 p. — (Questões)

       ISBN 978-85-352-7236-9

       1. Direito administrativo. 2. Direito administrativo – Problemas, questões, exercícios. 3. Serviço público – Brasil – Concursos. I. Fundação Carlos Chagas. II. Título.

13-04008   CDU: 342.9(81)

Dedicatórias

Em primeiro lugar, com toda honra e toda glória, a DEUS, pai-criador, provedor de tudo, agradeço com o coração em regozijo!

Às mulheres de minha vida: mãe, esposa e filhas. Obrigado por todos os momentos vividos.

Aos alunos de todos os cursos presenciais e telepresenciais para os quais já dei aula, Brasil afora.

A todos os cursos nos quais atuei, por democratizarem o acesso à informação nesse árduo mundo dos concursos públicos.

Ao amigo e parceiro Cyonil Borges, por tanta atenção a mim dispensada em todos esses anos de convívio.

O Autor

Sandro Henrique Bernardes é servidor público federal, atuando há mais 10 anos no controle da Administração Pública, já passou pelos quadros da Secretaria Federal de Controle Interno. Atualmente, é Analista de Controle Externo do TCU. É orientador de diversos cursos preparatórios em Brasília, com larga experiência relacionada a concursos públicos.

Nota do Autor

É com muito prazer que apresento aos que participam do mundo de concursos públicos este livro de questões comentadas, a partir de provas aplicadas pela Banca examinadora Fundação Carlos Chagas (FCC).

O intuito do livro é indicar, objetivamente, os principais posicionamentos da FCC. Para tanto, serão examinadas as provas de diversas formações e cargos.

Em cada "capítulo", correspondente a uma prova, na íntegra, além das questões na sequência da aplicação, serão apresentados os comentários. A ideia é simples: em minha percepção, o concursando que está no nível de resolver provas quer a máxima objetividade. Daí as provas virem sequenciadas com os comentários.

Em cada prova, veja que há um índice por questão, mais detalhado, no qual se apresentará o "tema" desdobrado, com base nos editais mais tradicionais.

Para cada prova, há indicação de vários dispositivos de normas. É sugerido que o amigo leitor faça a leitura do que for citado. Isso fará você se habituar aos textos de lei, permitindo, ainda, a percepção de como o examinador os trabalha nas questões propriamente ditas. Há, ainda, a classificação das questões pelo nível de dificuldade: fácil, médio e difícil, para que o candidato tenha a noção de que as provas da FCC variam bastante em grau de dificuldade. Evidentemente, tal classificação tomou por base o entendimento pessoal deste autor.

Ressalta-se, também, que serão repetidos alguns conceitos, em questões distintas, para facilitar a assimilação do conteúdo.

Por fim, informe-se que este livro, isoladamente, não é suficiente para a abordagem integral do conteúdo do Direito Administrativo. Diferente disso, esta obra é complementar, servindo para fixação do conteúdo estudado em bons livros de teoria, e para que você, sobretudo, ambiente-se com o "estilo FCC".

No mais, espero que aproveitem a obra!

Sandro Bernardes

Sumário

Capítulo 1	ISS – Prova de Auditor – 2007	1
Capítulo 2	TCE-SP – Prova de Auditor de Contas – 2008	23
Capítulo 3	Defensoria do Estado do Maranhão – Defensor – 2009	45
Capítulo 4	Defensoria do Estado de São Paulo – Defensor – 2010	63
Capítulo 5	TCE-PR – Prova de Analista Administrativo – 2011	73
Capítulo 6	Área Contábil – Prova de Analista – 2011	95
Capítulo 7	TRF-1ª Região – Prova de Analista Administrativo – 2011	101
Capítulo 8	TRF-1ª Região – Prova de Técnico – 2011	125
Capítulo 9	Prova Defensoria Pública do Estado de São Paulo – 2012	135
Capítulo 10	Prova TCE-AP – Analista Contábil – 2012	147
Capítulo 11	TCE-AP – Analista Jurídico – 2012	155
Capítulo 12	TCE-AP – Prova de Técnico – 2012	167
Capítulo 13	TRE – Prova de Técnico – Área de Tecnologia – 2012	181

Capítulo 14 TJ-GO – Prova de Juiz – 2012 191

Capítulo 15 TRE-SP – Analista Judiciário – 2012 201

Capítulo 16 TRE-SP – Prova de Analista Administrativo – 2012..... 219

Capítulo 17 Prova de Analista Administrativo –
            Contabilidade – TRE-SP – 2012 241

Capítulo 18 Prova de Técnico Administrativo – TRE-SP – 2012 247

Capítulo 19 Prova de Analista Judiciário – TST – 2012 269

Capítulo 20 ICMS-SP – Agente Fiscal de Rendas – 2013 277

Capítulo 1

ISS – Prova de Auditor – 2007

Q.1. Poder de polícia – Poderes da Administração Pública
Q.2. Poder de polícia – Poderes da Administração Pública
Q.3. Desconcentração x descentralização – Organização Administrativa
Q.4. Administração direta – Administração Indireta – Organização Administrativa
Q.5. Administração Indireta – Responsabilidade Civil Objetiva – Organização Administrativa
Q.6. Agências Reguladoras e Executivas – Administração Indireta – Organização Administrativa
Q.7. Formas de desfazimento ou retirada do ato administrativo (Anulação, Revogação, Cassação, Caducidade, Contraposição) – Atos administrativos
Q.8. Desfazimento – Atos administrativos
Q.9. Teoria dos Motivos Determinantes – Atributos ou características (atos administrativos) – atos administrativos
Q.10. Concorrência, Tomada de Preços e Convite – Modalidades na Lei nº 8.666/1993 – Licitações (Lei nº 8.666/1993)
Q.11. Licitação dispensável (art. 24 da Lei nº 8.666/1993) – Contratação Direta (dispensa e inexigibilidade) – Licitações (Lei nº 8.666/1993)
Q.12. Fases (Licitação) – Licitação dispensável (art. 24 da Lei nº 8.666/1993) – Contratação Direta (dispensa e inexigibilidade) – Licitações (Lei nº 8.666/1993)
Q.13. Cláusulas Exorbitantes – Contratos Administrativos (Lei nº 8.666/1993)
Q.14. Da formalização dos contratos (arts. 60 a 64 da Lei nº 8.666/1993) – Contratos Administrativos (Lei nº 8.666/1993)
Q.15. Rescisão unilateral (Cláusulas exorbitantes) – Cláusulas Exorbitantes – Contratos Administrativos (Lei nº 8.666/1993)
Q.16. Autorização, permissão e concessão (Serviços Públicos) – Serviços Públicos
Q.17. Agentes administrativos (servidores públicos estatais) – Agentes Públicos
Q.18. Responsabilidade das prestadoras de serviços públicos – Responsabilidade Civil do Estado
Q.19. Responsabilidade das prestadoras de serviços públicos – Responsabilidade Civil do Estado
Q.20. Controle Legislativo ou Parlamentar – Controle da Administração

Questão 1   (FCC – ISS-SP – Auditor – 2007) É adequada a invocação do poder de polícia para justificar que um agente administrativo:
a)   prenda em flagrante um criminoso;
b)   aplique uma sanção disciplinar a um servidor subordinado seu;
c)   determine a interdição de um estabelecimento que viole normas sanitárias;
d)   agrida alguém, agindo em legítima defesa;
e)   envie ao Ministério Público a notícia do cometimento de uma infração por um cidadão.

Tema: Poder de Polícia – Poderes da Administração Pública.

COMENTÁRIOS

As pessoas costumam confundir o poder de polícia administrativa com a própria Policia Civil e Federal. Façam-se, então, alguns esclarecimentos a respeito.

O conceito de poder de polícia encontra-se positivado no art. 78 do Código Tributário Nacional (CTN). Vejamos:

> Considera-se poder de polícia a atividade da administração pública que, limitando ou disciplinando direito, interesse ou liberdade, regula a prática de ato ou abstenção de fato, em razão de interesse público concernente à segurança, à higiene, à ordem, aos costumes, à disciplina da produção e do mercado, ao exercício de atividades econômicas dependentes de concessão ou autorização do Poder Público, à tranquilidade pública ou ao respeito à propriedade e aos direitos individuais ou coletivos.

O conceito está contido no CTN em razão de o **exercício regular do poder de polícia** constituir **hipótese de incidência das taxas**, em virtude do que dispõe a CF/1988 (inciso II do art. 145), além do art. 77 do Código Tributário.

Vê-se, na norma, a amplitude da tarefa. São diversas áreas que podem exigir a atuação da polícia administrativa como, por exemplo, segurança, higiene, mercado.

A doutrina, por sua vez, define o poder de polícia como a: **"faculdade colocada à disposição do Estado para condicionar e restringir o uso e gozo de bens, atividades e direitos individuais, em benefício do coletivo e do próprio Estado"**.

Em linguagem menos técnica, o exercício do poder de polícia seria equivalente a "pôr na balança": o que é mais importante, o indivíduo ou o coletivo? Em regra, será o coletivo, óbvio. O todo é mais importante que o indivíduo, como decorrência do princípio da supremacia do interesse público sobre o particular. Em resumo, o poder de polícia consiste na limitação do **exercício** das liberdades individuais, quando assim exigir o interesse público.

Já as corporações policiais, também chamadas de **Polícia Judiciária**, atuam na preparação da atividade jurisdicional, sendo executada por órgãos de segurança (polícias civis, por exemplo), referindo-se ao **indivíduo** (incide sobre pessoas, portanto), ou seja, aquele que poderia cometer um ilícito penal.

A doutrina indica que há uma linha de diferenciação básica entre a Polícia Administrativa e a Judiciária, que diz respeito, basicamente, à ocorrência ou não de ilícito penal. Com efeito, quando atua na área de ilícito puramente administrativo (preventiva ou repressivamente) a polícia é Administrativa. Quando o ilícito penal (crimes e contravenções) é praticado, é a Polícia Judiciária quem age. Como exemplo de atividade de Polícia Administrativa pode-se citar a fiscalização de atividades de comércio, sobre condições de estocagem de alimentos.

Quando há investigação criminal, com a audiência de testemunhas, inspeções e perícias, por exemplo, estão a se desenvolver atividades de Polícia Judiciária, como dito, após o término das quais os elementos deverão ser enviados ao Ministério Público, para a adoção das providências pertinentes.

Outro critério adotado para diferenciação entre as polícias Administrativa e Judiciária seria quanto a seu caráter: quando preventivo, trata-se de atividade de Polícia Administrativa; quando repressivo, de Polícia Judiciária. O mais adequado, todavia, é pensar em predominância, afinal a Polícia Administrativa também atua de forma repressiva quando, por exemplo, apreende arma usada indevidamente, ou quando interdita um estabelecimento comercial, ou quando apreende medicamentos, como no item que ora analisamos. Já os agentes da Polícia Judiciária podem agir de modo preventivo, visando impedir a prática de delitos, como, por exemplo, em campanhas de conscientização para que se evite violência contra crianças e idosos.

Em resumo, pode-se afirmar: **a Polícia Administrativa reveste-se, eminentemente, de caráter preventivo, mas, sob determinadas circunstâncias, terá caráter repressivo. Já a Polícia Judiciária é eminentemente repressiva, mas pode agir, em alguns casos, de modo preventivo.**

Feitos os esclarecimentos conceituais necessários, parta-se para a resolução dos itens, comentando-os um a um.

Letra **a**: ERRADA. Este se resolve pelos comentários feitos preliminarmente — a prisão de um criminoso é atividade de POLÍCIA JUDICIÁRIA, não da Polícia Administrativa.

Letra **b**: ERRADA. No caso, quando alguém se submete à hierarquia interna administrativa, tem-se exercício do poder DISCIPLINAR, não de polícia. **Dica:** O PODER DISCIPLINAR É **INTERNO** À ADMINISTRAÇÃO, ATINGINDO AQUELES QUE POSSUEM ALGUM "VÍNCULO DIFERENCIADO" COM O PODER PÚBLICO, TAL QUAL UM SERVIDOR PÚBLICO.

Letra **c**: CERTA. Como mencionado, o uso do poder de polícia diz respeito, em linhas gerais, a restrições quanto a liberdades individuais, em prol do coletivo. Por conseguinte, quando o Poder Público interdita um estabelecimento (liberdade individual de exploração de atividade) por ter infringido normas sanitárias (que refletem o interesse público), exerce-se o poder de polícia. O item está certo, então.

Letras **d** e **e**: ERRADAS. Essas duas atividades estão ligadas à atuação da Polícia Judiciária e à necessidade, se for o caso, de denúncia ao MP, para apurações.

Gabarito: Letra **c**.
Nível: **Fácil**.

Questão 2   (FCC – ISS-SP – Auditor – 2007) NÃO se compreende dentre possíveis manifestações do poder hierárquico, no âmbito da Administração Pública:
a) o acolhimento de um recurso, por autoridade superior àquela que proferiu decisão administrativa;
b) a delegação de competências;
c) a avocação de competências;
d) o acolhimento de um pedido de reconsideração pela autoridade que proferiu decisão administrativa;
e) a coordenação das ações de servidores subordinados.

Tema: Poder de Polícia – Poderes da Administração Pública.

COMENTÁRIOS

Cabem alguns esclarecimentos iniciais sobre o significado do poder hierárquico.

Nas relações pautadas na hierarquia, vislumbra-se vínculo de subordinação entre aqueles que a componham.

Apesar de as relações hierárquicas serem inerentes ao Poder Executivo, não se pode afirmar que se restrinjam absolutamente a este. De fato, onde ocorra o desempenho da função administrativa, haverá relação hierárquica, para concluir que no âmbito do Legislativo ou no Judiciário, no exercício da função atípica administrativa, há subordinação hierárquica. Abro um parêntese, no entanto, para esclarecer que nas funções típicas legislativa e judicante inexiste hierarquia.

É o poder hierárquico que permite à Administração distribuir e escalonar as funções de seus órgãos, ordenar e rever a atuação de seus agentes, estabelecendo as relações de subordinação entre os servidores do seu quadro de pessoal, por exemplo.

Junto com o poder hierárquico está o poder disciplinar, entendido como a prerrogativa de a Administração apurar e aplicar sanções àqueles que, submetidos à ordem administrativa interna, descumpram as ordens advindas da hierarquia. De fato, de nada valeria falar em hierarquia se o superior não pudesse aplicar punições aos infratores administrativos que lhe são subordinados.

Muito bem. Prontos para os itens? Vamos a eles, registrando que o examinador demanda o que **NÃO** diz respeito ao poder hierárquico, ok?

Letra **a**: ERRADA. Como dito, na hierarquia há uma relação de subordinação entre os envolvidos. Por conseguinte, no acolhimento de um recurso por uma autoridade superior àquela que proferiu decisão administrativa se vislumbra a hierarquia. Não é o nosso gabarito, então.

Letras **b** e **c**: ERRADAS. As possibilidades de delegar e avocar advêm da relação hierarquizada. Chame-se atenção para o fato de que **delegar** consiste em atribuir a alguém a possibilidade de fazer algo que, originariamente, não faz parte de suas competências. No nível federal, há, hoje, norma que trata da delegação: a Lei nº 9.784/1999. Nessa norma, encontramos **situações de indelegabilidade** (art. 13), como é o caso da competência exclusiva e da decisão de recursos administrativos. Então, **ANOTE**, pela importância: **NEM TUDO É PASSÍVEL DE DELEGAÇÃO** (e isto será visto noutras questões). Já avocar é a possibilidade que tem o superior de trazer para si as funções exercidas por um subalterno. É medida excepcional, que só pode ser realizada à luz de permissivo legal e que desonera o subordinado com relação a qualquer responsabilidade referente ao ato praticado pelo superior.

Não pode ser avocada, destaque-se, a atribuição expressamente dada por lei a certo órgão ou agente, como no caso dos atos de competência exclusiva.

Letra **d**: CERTA. Observe bem o enunciado do item. Fala de pedido de reconsideração acolhido pela **MESMA** autoridade (os pedidos de reconsideração, em conformidade com a Lei nº 9.784/1999, art. 56, são apreciados por aqueles que proferem a decisão inicial). Nesse caso (de pedido de reconsideração), não temos uma relação hierárquica, uma vez que se trata da **MESMA** autoridade, insista-se, que proferiu a decisão inicial que apreciará o expediente processual. Esse é nosso gabarito, portanto!

Letra **e**: ERRADA. Este é o item mais evidente a possuir correlação com o primado da hierarquia administrativa. Coordenar, ordenar e controlar são consequências claras das relações hierarquizadas.
Gabarito: Letra **d**.
Nível: **Médio**.

Questão 3   (FCC – ISS-SP – Auditor – 2007) É exemplo da desconcentração, tal como entendida pela doutrina administrativa, a criação de:
a) um ministério;
b) uma empresa pública;
c) uma fundação pública;
d) uma agência reguladora;
e) uma organização social.

Tema: Desconcentração x Descentralização – Organização Administrativa.

✎ COMENTÁRIOS

Essa questão será resolvida, atendo-nos, basicamente, à desconcentração administrativa. Mais à frente vamos tecer mais considerações sobre descentralização, ok? É que esta última é de bastante importância também, para a melhor compreensão do funcionamento administrativo do Estado.

Pode-se dizer que, administrativamente, o Estado pode agir de duas maneiras: **centralizada ou descentralizadamente**.

Na **centralização administrativa** é o próprio ente federativo, a União, por exemplo, quem age. Mas observe: a União age por intermédio de órgãos, que fazem parte da **estrutura desconcentrada**. Noutras palavras: *quem vem a nossa presença, em uma relação jurídica? A União ou um ministério?* Claro que o ministério, boa parte dos leitores deve ter respondido. Pois é, na CENTRALIZAÇÃO (o ente federativo atua) há DESCONCENTRAÇÃO da atividade para ÓRGÃOS.

Dica: Quando há centralização administrativa, há apenas UMA PESSOA JURÍDICA, como a União, que DESCONCENTRA a atividade para ÓRGÃOS.

Aproveitando: órgãos não são pessoas, mas sim são partes de uma repartição, tais como os órgãos do corpo humano. Noutras questões trataremos dos órgãos, para ver o conceito destes e sua ligação com a desconcentração administrativa.

A **desconcentração**, ligada aos órgãos da Administração DIRETA, normalmente, é identifica como uma TÉCNICA administrativa, mediante a qual uma pessoa jurídica cria NO SEU INTERIOR uma nova estrutura, sem personalidade jurídica (um órgão, então), para melhor realizar uma tarefa. Comparativamente, chega-se ao seguinte quadro, relativo aos conceitos vistos:

Trate-se, agora, dos itens:
Letra **a**: CERTA. Um ministério é ÓRGÃO da Administração direta. Logo, é exemplo de **DESCONCENTRAÇÃO** administrativa.

Letras **b**, **c** e **d**: Todas estas são entidades da Administração Indireta. Logo, representantes da **DESCENTRALIZAÇÃO** administrativa.

Letra **e**: Organizações Sociais (OS) são entidades que NÃO COMPÕEM a Administração Pública. Fazem parte do Terceiro Setor e mantêm vínculo com o Estado, SEM O INTEGRAR, portanto.

Gabarito: Letra **a**.
Nível: **Fácil**.

Questão 4   (FCC – ISS-SP – Auditor – 2007) A organização administrativa brasileira tem como característica a:
a) não previsão de estruturas descentralizadas;
b) personificação de entes integrantes da Administração Indireta;
c) ausência de relações de hierarquia;
d) ausência de mecanismos de coordenação e de controle finalístico;
e) inexistência de entidades submetidas a certas regras de Direito Privado.

Tema: Administração Direta – Administração Indireta – Organização Administrativa.

COMENTÁRIOS

Vamos direto aos itens:
Letra **a**: ERRADA. Na **descentralização**, o Estado atribui à outra pessoa, física ou jurídica, a possibilidade de fazer alguma coisa. É exemplo de descentralização a criação de uma entidade na Administração Indireta, tal qual uma autarquia. Existe, portanto, previsão de estruturas descentralizadas SIM. O item, em consequência, está ERRADO.

Letra **b**: CERTA. Tratando-se de uma das entidades da Administração INDIRETA (art. 37, inciso XIX, CF), TODAS, por serem entidades, são pessoas jurídicas. Assim, na Administração INDIRETA, as entidades são PERSONIFICADAS. Item CORRETO, então.

Letras **c** e **d**: ERRADAS. A relação hierárquica é típica entre ÓRGÃOS da Administração Pública. Há sim, por conseguinte, existência de hierarquia entre órgãos. Bem por isso, o erro do item. Aproveite-se para destacar que há vínculos entre as entidades da Administração Indireta junto aos órgãos da Direta. Tal vínculo é não hierárquico (não há subordinação). Trata-se de um controle administrativo de resultados ou finalístico. Em outras palavras, o controle da Administração Direta sobre a Indireta será efetuado principalmente para aferição da finalidade para a qual foi criada a entidade integrante desta última, dentro do que a doutrina denomina princípio da especialidade.

Dica: TODA ENTIDADE DA INDIRETA É VINCULADA, E ACOMPANHADA, POR UM ÓRGÃO SUPERVISOR, QUE, EM NÍVEL FEDERAL, COSTUMA SER UM MINISTÉRIO DO PODER EXECUTIVO.

Nos termos do art. 26 DL nº 200/1967, a atividade de **supervisão ministerial** visa, em síntese, a zelar pelo cumprimento dos objetivos da lei que criou (ou autorizou a criação) a entidade da Administração Indireta. Isso decorre do que a doutrina mais autorizada denomina "princípio da especialidade". Por tal princípio, as entidades da Indireta só se justificam em razão dos fins que motivaram sua criação. Dessa maneira, cabe aos órgãos de supervisão verificar se tais fins vêm sendo, efetivamente, perseguidos e atingidos pelas entidades da Indireta.

Letra **e**: ERRADA. Dentre as entidades da indireta há sociedades mistas (Banco do Brasil e Petrobras, por exemplo) e empresas públicas (Correios e Caixa Econômica Federal, por exemplo). Estas são regidas predominantemente, em regra, por normas privadas. Por isso, o item está errado.

Gabarito: Letra **b**.
Nível: **Fácil**.

Questão 5   (FCC – ISS-SP – Auditor – 2007) Uma empresa pública, que seja prestadora de serviços públicos:
a)   tem personalidade jurídica de Direito Público;
b)   não necessita de lei autorizando a criação de subsidiárias suas;
c)   é isenta do pagamento de impostos;
d)   não necessita de lei autorizando sua criação;
e)   responde objetivamente por danos que seus agentes, prestando o serviço, causem a terceiros.

Tema: Administração Indireta – Responsabilidade Civil Objetiva – Organização Administrativa.

COMENTÁRIOS

Vejamos, inicialmente, como o Decreto Lei nº 200/1967 conceitua as empresas públicas:

> Entidade de personalidade jurídica de Direito Privado, com patrimônio próprio e capital exclusivo da União, criada por lei para a exploração de atividade econômica que o Governo seja levado a exercer por força de contingência ou de conveniência administrativa, podendo revestir-se de qualquer das formas admitidas em Direito.

O conceito transcrito recebe críticas da doutrina. A primeira é quando informa que "serão" criadas por lei, isso porque o art. 37, inciso XIX, da CF dispõe que as empresas públicas **são apenas autorizadas por lei**. A segunda é quando informa que a entidade se destina à exploração de atividade econômica, já que existem muitas que prestam serviços públicos, como, por exemplo, a Empresa Brasileira de Correios e Telégrafos, a Infraero, o Metrô-SP e outras.

Vistas as noções preliminares sobre empresa pública, vamos para os itens.

Letra **a**: ERRADA. As empresas públicas têm personalidade jurídica de Direito Privado.

Letra **b**: ERRADA. Verifique a CF/1988 no seu inciso XX do art. 37, que assim estabelece: "**depende de autorização legislativa**, em cada caso, a criação de subsidiárias das entidades mencionadas no inciso anterior, assim como a participação de qualquer delas em empresa privada".

O inciso XX cuida da criação das subsidiárias das entidades da Administração Indireta. E, sem dúvida, a criação dessas entidades (subsidiárias) também depende de autorização legislativa, em razão da expressa disposição do texto constitucional.
Letra c: ERRADA. De acordo com decisões do STF, as empresas públicas (e também as sociedades mistas, diga-se) prestadoras de serviços públicos que contam com imunidade de impostos são as que exercem tal atividade em caráter monopolista, a exemplo dos Correios, para o transporte de correspondência. Como o item não traz tal informação, está ERRADO. Além disso, a referida imunidade (de impostos, note, não de tributos) refere-se apenas ao patrimônio, aos serviços e às rendas vinculados a suas **finalidades essenciais** ou às delas decorrentes (§ 2º do art. 150 da CF, de 1988).
Letra d: ERRADA. É necessária autorização legislativa para a criação de empresas públicas, em virtude do inciso XIX do art. 37 da CF.
Letra e: **CERTA**. Quem cuida disso é o § 6º do art. 37 da CF, o qual estabelece que, além das pessoas jurídicas de Direito Público, respondem de maneira objetiva os prestadores de serviço público pelos danos que seus agentes, nessa qualidade, causarem a terceiros.
Gabarito: Letra e.
Nível: **Fácil**.

Questão 6   **(FCC – ISS-SP – Auditor – 2007)** Uma agência reguladora e uma organização social, respectivamente:
a) integra a Administração Direta e integra a Administração Indireta;
b) integra a Administração Indireta e integra a Administração Indireta;
c) integra a Administração Indireta e não integra a Administração Pública;
d) não integra a Administração pública e integra a Administração Indireta;
e) não integra a Administração pública e não integra a Administração Pública.

Tema: Agências Reguladoras e Executivas – Administração Indireta – Organização Administrativa.

COMENTÁRIOS

No âmbito federal, as Agências Reguladoras integram a Administração Indireta, uma vez que foram criadas como autarquias em regime especial. Por isso, o examinador considerou como CORRETA a alternativa que afirma isso (reguladoras integram a indireta).

Entretanto, não há obrigação de que as Agências Reguladoras tenham de ser autarquias. Nesse contexto, veja que o inciso XI do art. 21 da CF fala de ÓRGÃO regulador para telecomunicações. Não há nada que impeça, juridicamente, que uma agência fosse um órgão, então. Já as Organizações Sociais (OS) fazem parte do Terceiro Setor, composto pelas entidades privadas desprovidas de intuito lucrativo. Logo, não integram a indireta. Gabarito, portanto, é a letra **c**.
Gabarito: Letra c.
Nível: **Fácil**.

Capítulo 1 | ISS – Prova de Auditor – 2007

Questão 7 (FCC – ISS-SP – Auditor – 2007) Para responder à questão, considere a seguinte Súmula nº 473 do Supremo Tribunal Federal:
"A Administração pode anular seus próprios atos, quando eivados de vícios que os tornam ilegais, porque deles não se originam direitos; ou revogá-los, por motivo de conveniência ou oportunidade, respeitados os direitos adquiridos, e ressalvada, em todos os casos, a apreciação judicial."
Sabendo-se que o mérito dos atos administrativos é identificado com os conceitos de conveniência e oportunidade, decorre da Súmula que:
a) somente a Administração pode anular seus atos, por motivo de legalidade;
b) sempre poderá haver apreciação judicial sobre o mérito dos atos administrativos;
c) tanto a Administração como o Poder Judiciário podem revogar atos administrativos, por motivo de mérito;
d) a anulação de um ato ilegal só produz efeitos após a apreciação judicial;
e) a Administração não depende do Poder Judiciário para anular seus atos ilegais.

Tema: Formas de Desfazimento ou Retirada do Ato Administrativo (Anulação, Revogação, Cassação, Caducidade, Contraposição) – Atos Administrativos.

COMENTÁRIOS

A resposta é, praticamente, dada pelo enunciado da questão (leitura da Súmula nº 473 do STF).

Pelo que se vê, tanto a própria Administração quanto o Poder Judiciário podem anular um ato administrativo, quando esteja eivado de ilegalidade. Mas não há necessidade de que o Judiciário seja provocado, para que se pronuncie a nulidade do ato. Pode a própria Administração fazer isso (anular o ato). Bem por isso, correta a letra **e**. Duas outras coisas devem ser observadas nesta questão.

Na letra **b**, diz-se que o Poder Judiciário pode apreciar o mérito do ato administrativo. Não pode! Lembre-se de que a CF/1988 consagra a separação não absoluta das funções de Estado, quando trata da independência dos poderes. Sobre o tema, é clássica a afirmativa de que *não cabe ao Judiciário rever os critérios adotados pelo administrador* (mérito administrativo), a não ser que sob a rotulação de mérito administrativo encontre-se inserida qualquer ilegalidade resultante de abuso ou desvio de poder ou, ainda, falta de proporcionalidade, de razoabilidade, de adequação entre os meios utilizados para os fins que a Administração deseja alcançar. De fato, não fosse assim (consagrando-se a independência dos Poderes), seria melhor o juiz (o Poder Judiciário) substituir o administrador, assumindo o papel deste.

Na letra **c**, as análises são muito próximas ao que se disse quanto ao mérito. Não cabe ao Judiciário, também, fazer juízo de valor quanto à revogação de um ato administrativo. É que revogar, sinteticamente, significa retirar do mundo jurídico um ato administrativo, por razões de oportunidade e de conveniência. Na revogação, um ato administrativo, legítimo e eficaz (gerador de efeitos), é suprimido pela Administração — e somente por ela — por não mais lhe convir sua existência. Não cabe ao Judiciário fazer tal juízo de valor, em lugar da Administração. Por isso, não pode o Judiciário revogar os atos administrativos dos demais Poderes.

Gabarito: Letra **e**.
Nível: **Fácil**.

Questão 8 (FCC – ISS-SP – Auditor – 2007) Para responder à questão, considere a seguinte Súmula nº 473 do Supremo Tribunal Federal:
"A Administração pode anular seus próprios atos, quando eivados de vícios que os tornam ilegais, porque deles não se originam direitos; ou revogá-los, por motivo de conveniência ou oportunidade, respeitados os direitos adquiridos, e ressalvada, em todos os casos, a apreciação judicial." A existência de direitos adquiridos:
a) impede a anulação de um ato administrativo;
b) em matéria de atos administrativos depende da apreciação judicial;
c) não se aplica em matéria de atos administrativos;
d) impõe que a revogação de um ato administrativo os respeite;
e) não afeta a anulação ou a revogação de um ato administrativo.

Tema: Desfazimento – Atos Administrativos.

COMENTÁRIOS

Vamos direto aos quesitos.
Letra **a**: ERRADA. A Súmula, na sua primeira parte, autoriza que a própria Administração anule um ato, caso julgue que este conta com ilegalidade em sua formação. Note que só se respeitam os direitos adquiridos no caso da REVOGAÇÃO. No caso das nulidades (anulação), a Súmula não cogita de tais direitos. Há muitos da doutrina que critiquem a formulação da Súmula, que é datada da década de 1960. Entretanto, para efeitos de prova de concurso, a Súmula permanece válida. Abaixo, um quadro-resumo para melhor fixação dos pormenores:

	REVOGAÇÃO	ANULAÇÃO
Quem faz?	Quem editou o ato	Quem editou o ato ou o Judiciário
Em razão de:	Conveniência/Oportunidade → mérito	Ilegalidade → controle de legalidade
Efeitos	Ex nunc (deve-se respeitar direitos adquiridos)	Ex tunc (não se cogita de direitos adquiridos)
Fundamento	Poder Discricionário	Princípio da Legalidade

Letra **b**: ERRADA. A Súmula autoriza que a própria Administração anule seus atos, independente do Poder Judiciário. Isso ocorre por conta do que a doutrina chama de "autotutela", que é um dever de vigília da Administração sobre os próprios atos.
Letra **c**: ERRADA. Na via administrativa, não há qualquer tipo de restrição a direitos que possam ser adquiridos. Exemplo: Decisão administrativa na qual se reconhece o direito de certa carreira de servidores à gratificação pecuniária. Deve-se respeito a tal direito, obviamente, ainda que decorrente de interpretação administrativa.
Letra **d**: CERTA. Veja os comentários da letra **a**. São suficientes.
Letra **e**: ERRADA. Mais uma vez valem os comentários da letra **a**. Chama-se atenção para o fato de que se deve respeito aos direitos adquiridos com relação a atos REVOGADOS.
Gabarito: Letra **d**.
Nível: **Médio**.

Capítulo 1 | ISS - Prova de Auditor - 2007

Questão 9   (FCC - ISS-SP - Auditor - 2007) A ausência de motivação em um ato administrativo, que devesse ser motivado, caracteriza o vício conhecido como:
a) incompetência do agente;
b) ilegalidade do objeto;
c) vício de forma;
d) inexistência de motivos;
e) desvio de finalidade.

Tema: Teoria dos Motivos Determinantes – Atributos ou Características (atos administrativos) – Atos Administrativos.

COMENTÁRIOS

Esta questão é bem interessante. Fala do dever de motivação dos atos administrativos, e, implicitamente, dos motivos determinantes. Primeiramente, esclareçam-se os conceitos fundamentais para o bom entendimento da questão.

SINTETICAMENTE: MOTIVO É O QUE LEVA À PRÁTICA DE UM ATO, ou, como prefere o examinador, *pressupostos de fato e de direito que levam a Administração Pública a agir.* O motivo é um dos elementos componentes do ato administrativo (são elementos do ato administrativo, ainda — competência, finalidade, forma e objeto).

Motivar é, em síntese, explicar, reduzir a termo, enunciar, pôr no papel, enfim, EXPOR OS MOTIVOS QUE DETERMINARAM A PRÁTICA DE UM ATO. É a exteriorização, a formalização, do que levou a Administração produzir determinado ato administrativo. Por exemplo: Na punição de um servidor que praticou infração funcional, o motivo é a própria infração, enquanto a motivação seria a formalização dos motivos, contida em ato (ou atos) que indique as razões, a gradação da pena, os fatos precedentes e outros que permitam verificar a existência do motivo indicado.

Dica: MOTIVO E MOTIVAÇÃO, AINDA QUE PRÓXIMOS CONCEITUALMENTE, NÃO SÃO EXPRESSÕES SINÔNIMAS.

Ressalta-se que, apesar de não ser obrigatória em todas as circunstâncias, **a regra é que haja motivação dos atos administrativos praticados pelo Poder Público**, já que a motivação é um princípio LEGAL contido no *caput* do art. 2º da Lei nº 9.784/1999 (mas não é um princípio constitucional expresso para a Administração Pública, observe-se).

Todavia, quando os motivos que levaram à prática de um ato forem expostos, deverão ser reais, existentes, amparando-se em razões de interesse, sob pena de invalidação (anulação) do ato amparado em motivo falso ou inexistente, dentro do que a doutrina conhece como "Teoria dos Motivos Determinantes". Um caso explica melhor o que se afirma.

A dispensa do servidor ocupante de cargo em comissão é, hoje, uma das raras exceções em que se dispensa a motivação expressa do ato praticado pela Administração. Suponhamos, então, que um ocupante de cargo em comissão tem sua exoneração ocorrida, conforme apontado pela Administração em despacho fundamentado, pela sua inassiduidade habitual. O ex-comissionado comprova, então, que jamais faltou um dia de trabalho. Sua dispensa poderá (ou melhor, DEVERÁ), em consequência, ser invalidada (anulada) com fundamento na "teoria dos motivos determinantes".

Tal teoria preceitua que a validade do ato está adstrita aos motivos indicados como seu fundamento e sua prática, de maneira que se inexistentes ou falsos os motivos, o ato será nulo. Assim, mesmo se a lei não exigir a motivação, caso a Administração a faça, estará vinculada aos motivos expostos.

Cuidado! Ao motivar o ato, não significa que a Administração esteja "transformando" um ato discricionário em vinculado. De modo algum. O ato continua com sua mesma natureza, desde a origem: o discricionário mantém-se assim. Acontece, tão somente, que ficará a Administração, quando da motivação, vinculada aos motivos declarados. Vamos, agora, para o gabarito da questão. É a letra **e**. *A falta do motivo não é vício quanto a este elemento?* Muita gente deve ter pensado isso...

Note o comando da questão. Fala de falta de MOTIVAÇÃO, que é, em outras palavras, a ausência de FORMALIZAÇÃO dos motivos. Em algum momento o examinador fala de falta, propriamente, de MOTIVO. Então, se há motivo, o qual, todavia, não foi formalizado, o problema é de FORMA.

Gabarito: Letra **c**.
Nível: **Difícil**.

Questão 10   (FCC – ISS-SP – Auditor – 2007) Uma empresa pública, que pretenda celebrar um contrato de obra no valor estimado de R$ 25.000,00:
a)   poderá valer-se da inexigibilidade de licitação, por valor;
b)   deverá valer-se da dispensa de licitação, por valor;
c)   deverá licitar na modalidade convite;
d)   poderá licitar na modalidade tomada de preços;
e)   deverá licitar na modalidade concorrência.

Tema: Concorrência, Tomada de Preços e Convite – Modalidades na Lei nº 8.666/1993 – Licitações (Lei nº 8.666/1993).

COMENTÁRIOS

Três modalidades de licitações são consideradas "comuns", isto é, são tão próximas em suas fases que são QUASE como se fossem uma só. São as modalidades comuns: concorrência, tomada de preços e convite.

PRIMEIRO DETALHE: Apesar de muito próximas, as modalidades comuns têm distinções (quanto a valores, prazos do edital, responsáveis pelo julgamento). Pois bem. Para a definição do uso de tais modalidades, basicamente os valores envolvidos serão determinantes, em conformidade com o art. 23 da Lei nº 8.666/1993. Veja, então, um quadro-resumo, extraído do referido dispositivo legal:

Modalidade	Obras e serviços de engenharia	Compras e serviços, que não de engenharia
Convite	Até 150 mil	Até 80 mil
TP	Até 1500 mil	Até 650 mil
Concorrência	Acima de 1500 mil	Acima de 650 mil

Segundo detalhe: Veja o que diz o art. 23, § 4º, da Lei nº 8.666:

§ 4º. Nos casos em que couber convite, a Administração poderá utilizar a tomada de preços e, em qualquer caso, a concorrência.

Perceba: **A TP contém o Convite, e a Concorrência contém a TP e o Convite.** Em outros termos, **o Convite é um subconjunto da TP, que, por sua vez, está contida na Concorrência.** Agora, leia a letra **d**, mais uma vez... Então, percebeu? Poderia, sim, a Administração utilizar a tomada de preços, uma vez que, sendo utilizável o convite, é perfeitamente aplicável a TP.
Gabarito: Letra **d**.
Nível: Médio.

Questão 11 **(FCC – ISS-SP – Auditor – 2007) É dispensável a licitação, nos termos da Lei nº 8.666/1993:**

a) quando não acudirem interessados à licitação, a critério da Administração;

b) para a aquisição, por pessoa jurídica de Direito Público interno, de bens produzidos ou serviços prestados por órgão ou entidade que integre a Administração Pública e que tenha sido criado para esse fim específico ante a decisão de contratação;

c) na contratação de instituição brasileira incumbida regimental ou estatutariamente da pesquisa, do ensino ou do desenvolvimento institucional, ou de instituição dedicada à recuperação social do preso, desde que a contratada detenha inquestionável reputação ético-profissional e não tenha fins lucrativos;

d) na contratação de remanescente de obra, serviço ou fornecimento, em consequência de rescisão contratual, desde que atendida a ordem de classificação da licitação anterior e respeitado o valor oferecido pelo licitante a ser contratado;

e) na contratação de associação de portadores de deficiência física, com ou sem fins lucrativos e de comprovada idoneidade, por órgãos ou entidades da Administração Pública, para a prestação de serviços ou fornecimento de mão de obra, desde que o preço contratado seja compatível com o praticado no mercado.

Tema: Licitação Dispensável (art. 24 da Lei nº 8.666/1993) – Contratação Direta (dispensa e inexigibilidade) –Licitações (Lei nº 8.666/1993).

COMENTÁRIOS

Esta é a questão típica de "onde está o erro", ao estilo FCC. Pequenos detalhes levarão aos erros.

O art. 24 da Lei nº 8.666/1993 é que cuidará da contratação direta, por dispensa de licitação. Bom, então, veja o enquadramento de cada um dos itens nos incisos do citado dispositivo, e, na sequência, qual foi o erro.

Letra **a**: ERRADA. Ver art. 24, inciso V. O erro consiste em dizer que, neste caso, a contratação por dispensa fica "a critério da Administração". Não fica. Na realidade, quando não acodem interessados a uma tentativa de licitação (não veio ninguém, em síntese), o Poder Público pode contratar, JUSTIFICADAMENTE, e desde que não pudesse ser repetida sem prejuízo para a Administração, mantendo-se, neste caso, todas as condições preestabelecidas na tentativa de se fazer a licitação anteriormente verificada. Enfim, a dispensa não fica "a critério da Administração", como diz o item, mas sim CONDICIONADA às circunstâncias descritas no dispositivo legal referido.

Letra **b**: ERRADA. Note que o item diz respeito ao inciso VIII do art. 24 da Lei nº 8.666/1993. Observe que o trecho final da assertiva diz que a entidade pública a ser contratada teria de ser criada para o fim específico da contratação. Não é isso o que diz a Lei. Veja no dispositivo mencionado que a entidade a ser contratada deve ter sido criada pelo Poder em data anterior à vigência DA LEI, e não para o fim específico da contratação. O item está errado, portanto.

Letra **c**: CERTA. Item em estrita conformidade com o inciso XIII do art. 24 da Lei nº 8.666/1993.

Letra **d**: ERRADA. Na contratação do remanescente, ou seja, "do que ficou faltando fazer" por um primeiro contratado, que teve seu contrato rescindido, deve ser observado, na convocação do segundo colocado, o preço que fora oferecido PELO PRIMEIRO colocado anteriormente, com as devidas correções (confira o inciso XI do art. 24).

Letra **e**: ERRADA. A contratação de associação de portadores de deficiência física só pode ser feita com base na dispensa se a entidade NÃO POSSUIR fins lucrativos (inciso XX do art. 24 da Lei nº 8.666/1993). Por isso o item está ERRADO.

Gabarito: Letra **c**.
Nível: **Difícil**.

Questão 12 (FCC – ISS-SP – Auditor – 2007) Em uma licitação, regida pela Lei nº 8.666/1993, da qual participavam as empresas A, B e C, as empresas A e B foram inabilitadas e a empresa C foi desclassificada por vício em sua proposta comercial. Nessa situação, a Administração:

a) deverá considerar a licitação fracassada, revogando-a;
b) poderá conceder prazo para que a empresa C sane os vícios de sua proposta, benefício esse não extensível às empresas A e B;
c) deverá considerar a licitação fracassada, não sendo o caso de revogação ou de anulação;
d) deverá considerar a licitação fracassada, anulando-a;
e) poderá conceder prazo para que a empresa C sane os vícios de sua proposta e para que as empresas A e B sanem os vícios de seus documentos de habilitação.

Tema: Fases (Licitação) – Licitação Dispensável (art. 24 da Lei nº 8.666/1993) – Contratação Direta (dispensa e inexigibilidade) – Licitações (Lei nº 8.666/1993).

Capítulo 1 | ISS – Prova de Auditor – 2007

✐ COMENTÁRIOS

Questão muito boa. Primeiro, veja o que diz o art. 24:

> Art. 24. É dispensável a licitação:
> (...)
> VII – quando as propostas apresentadas consignarem preços manifestamente superiores aos praticados no mercado nacional, ou forem incompatíveis com os fixados pelos órgãos oficiais competentes, casos em que, observado o parágrafo único do art. 48 desta Lei e, persistindo a situação, será admitida a adjudicação direta dos bens ou serviços, por valor não superior ao constante do registro de preços, ou dos serviços;

Perceba que, quando o preço das propostas é manifestamente superior aos de mercado, os licitantes que forem eliminados podem apresentar novas propostas. Para isso, deveria ser observado o que constava (na redação originária da Lei) do parágrafo único do art. 48 da Lei nº 8.666/1993, que, atualmente, consta do § 3º, com a seguinte redação:

> § 3º. Quando todos os licitantes forem inabilitados ou todas as propostas forem desclassificadas, a administração poderá fixar aos licitantes o prazo de oito dias úteis para a apresentação de nova documentação ou de outras propostas escoimadas das causas referidas neste artigo, facultada, no caso de convite, a redução deste prazo para três dias úteis.

Detalhe: A licitação é um procedimento. Desenvolve-se em fases. Antes da classificação das propostas, vem a habilitação. Logo, a possibilidade de apresentação de novas propostas deve se dar apenas aos que chegaram ao último estágio do procedimento. Em consequência, quando houve inabilitação dos licitantes (A e B), ocorreu, para eles, a preclusão (encerramento) da oportunidade de apresentarem novas propostas.

Consequentemente, apenas C, no caso, teria oportunidade de apresentar novas propostas. Se houvesse outros licitantes no momento processual em que se encontrava C, estes outros também teriam idêntica oportunidade (de apresentar novas propostas). Mas não A e B, insista-se, pois, no momento em que foram inabilitados "ficaram para trás" no procedimento (de modo adequado, houve a preclusão da oportunidade). Justamente por isso, CORRETÍSSIMA a letra **b**.

Gabarito: Letra **b**.
Nível: Difícil.

Questão 13   (FCC – ISS-SP – Auditor – 2007) Em matéria de contratos administrativos, NÃO é uma das chamadas cláusulas exorbitantes a que preveja:
a)   exclusão da regra do equilíbrio econômico-financeiro;
b)   revogação unilateral do contrato pela Administração;
c)   alteração unilateral do contrato pela Administração;
d)   aplicação de sanções ao contratado diretamente pela Administração;
e)   ocupação provisória, em certos casos, de bens, pessoal e serviços vinculados ao objeto do contrato.

Tema: Cláusulas Exorbitantes – Contratos Administrativos (Lei nº 8.666/1993).

✎ COMENTÁRIOS

Inicialmente, deve-se entender como cláusulas exorbitantes aquelas que tragam alguma espécie de prerrogativa para o Poder Público nos contratos administrativos, nos termos do art. 58 da Lei nº 8.666/1993. Vejamos:

> Art. 58. O regime jurídico dos contratos administrativos instituído por esta Lei confere à Administração, em relação a eles, a prerrogativa de:
> I – modificá-los, unilateralmente, para melhor adequação às finalidades de interesse público, respeitados os direitos do contratado;
> II – rescindi-los, unilateralmente, nos casos especificados no inciso I do art. 79 desta Lei;
> III – fiscalizar-lhes a execução;
> IV – aplicar sanções motivadas pela inexecução total ou parcial do ajuste;
> V – nos casos de serviços essenciais, ocupar provisoriamente bens móveis, imóveis, pessoal e serviços vinculados ao objeto do contrato, na hipótese da necessidade de acautelar apuração administrativa de faltas contratuais pelo contratado, bem como na hipótese de rescisão do contrato administrativo.

Bom, de fato o equilíbrio econômico-financeiro não é uma dessas prerrogativas que correspondem às cláusulas exorbitantes. Na realidade, tal equilíbrio é o direito que o contratado possui de ver preservado o equilíbrio do contrato, de receber o valor justo, portanto, em contrapartida as suas obrigações. Daí o gabarito letra **a**!

Entretanto, uma crítica pode ser feita também à letra **b**. Fala-se de "revogação" do contrato. Compare com o inciso II do art. 58. Não é revogação que se cuida ali. É RESCISÃO unilateral. De fato, conceitualmente, contratos não haveriam de ser "revogados" unilateralmente. No caso de rompimento da avença antes de seu prazo, o que haveria de ser feito seria a "rescisão" contratual. Revogação é instituto inerente aos atos administrativos, não aos contratos.

Detalhe: Há contrato que é "revogável", em face do que diz uma lei: o de permissão de serviços públicos. Isso, aliás, é o que consta do art. 40 da Lei nº 8.987/1995. Apesar de muitos da doutrina criticarem o dito pela norma, uma vez que a revogação, como mencionado, é inerente aos atos administrativos, em termos conceituais, é o que consta da Lei. De toda forma, para o fim de realização de provas de concurso público, deve ser aceita a revogação do contrato de permissão de serviço público, pois é o que diz a Lei, ok?

Gabarito: Letra **a**.
Nível: **Médio**.

Questão 14　(FCC – ISS-SP – Auditor – 2007) **É nulo e de nenhum efeito o contrato verbal com a Administração:**
　a)　salvo o de serviços comuns, de pronto pagamento, assim entendidos os que atendam a especificações usuais de mercado, de valor não superior a R$ 4.000,00;
　b)　salvo o decorrente de dispensa de licitação;
　c)　salvo o decorrente de inexigibilidade de licitação;

d) salvo o de pequenas compras de pronto pagamento, assim entendidas aquelas de valor não superior a R$ 4.000,00, feitas em regime de adiantamento;
e) sem exceções.

Tema: Da Formalização dos Contratos (arts. 60 a 64 da Lei nº 8.666/1993) – Contratos Administrativos (Lei nº 8.666/1993).

✎ COMENTÁRIOS

Item bem interessante, pois cuida de algo que, de modo geral, não deve ser aceito pelo Poder Público: contratações verbais. Veja o que diz o parágrafo único do art. 60 da Lei nº 8.666/1993:

> Parágrafo único. É nulo e de nenhum efeito o contrato verbal com a Administração, **salvo o** de pequenas compras de pronto pagamento, assim entendidas aquelas de valor não superior a 5% (cinco por cento) do limite estabelecido no art. 23, inciso II, alínea a desta Lei, feitas em regime de adiantamento.

Percebeu o SALVO destacado do dispositivo? Então, sem entender bem o que quer dizer o legislador quanto a "pequenas compras", pode-se concluir, preliminarmente, que é possível, sim, contratos verbais, mas por exceção.

Menciona-se, ainda, o valor dos contratos verbais: até 5% do limite estabelecido no art. 23, inciso II, alínea *a*. Caso confira o dispositivo, você verá que ele diz respeito ao convite, uma das modalidades de licitação, a ser realizado para contratação de fornecimento de bens e serviços, em geral, na hipótese do dispositivo citado.

O valor máximo para tal modalidade, nessa situação, será de até R$ 80 mil. Assim, como o contrato verbal pode chegar a 5% desse valor, uma contratação verbal pode ser de até R$ 4 mil.

Detalhe: O regime de adiantamento corresponde ao que, no Direito Financeiro (ou, em provas de concurso, a Administração Financeira Orçamentária), denomina-se suprimento de fundos. Por consequência, o contrato verbal é possível, nos casos de suprimento de fundos (regime de adiantamento), até R$ 4 mil.

Ah! Na letra **a**, a banca faz alusão a serviços. A contratação verbal é admitida para **COMPRAS** (releia o parágrafo único do art. 60, se for o caso).

Gabarito: Letra **d**.
Nível: **Médio**.

Questão 15 **(FCC – ISS-SP – Auditor – 2007) NÃO constitui motivo para a rescisão unilateral de um contrato administrativo pela Administração:**
a) o não cumprimento de cláusulas contratuais, especificações, projetos ou prazos, pela empresa contratada;
b) a lentidão do seu cumprimento, levando a Administração a comprovar a impossibilidade da conclusão da obra, do serviço ou do fornecimento, nos prazos estipulados;
c) a paralisação da obra, do serviço ou do fornecimento, sem justa causa e prévia comunicação à Administração;

d) a alteração social ou a modificação da finalidade ou da estrutura da empresa contratada, que prejudique a execução do contrato;
e) a supressão, por parte da Administração, de obras, serviços ou compras, acarretando modificação do valor inicial do contrato além do limite legalmente permitido.

Tema: Rescisão Unilateral (Cláusulas exorbitantes) – Cláusulas Exorbitantes – Contratos Administrativos (Lei nº 8.666/1993).

COMENTÁRIOS

Inicialmente, entenda-se a rescisão de um contrato como o rompimento deste, antes de seu término natural. Nesse quadro, a questão envolve o conhecimento das situações que podem motivar a rescisão UNILATERAL dos contratos administrativos prevista, inicialmente, no art. 79 da Lei nº 8.666/1993.

No inciso I, o dispositivo diz que as hipóteses dos incisos I a XII e XVII do art. 78 é que permitem a rescisão unilateral. Logo, as hipóteses dos incisos XIII a XVI não podem levar à rescisão unilateral. Em tais situações, a rescisão deveria ser feita judicial ou amigavelmente. Dito isso, façamos as correspondências dos itens acima com as hipóteses da Lei:

Letras **a** a **d**, incisos I, III, V, XI, do art. 78 (casos de rescisão unilateral).
Letra **e**, inciso XIII, do art. 78: Se está no inciso XIII do art. 78, pode até motivar a rescisão do contrato, mas NÃO DE MANEIRA UNILATERAL. Na situação descrita, o contrato é rescindido judicial ou amigavelmente. Logo, é o nosso gabarito.

Gabarito: Letra **e**.
Nível: **Fácil**.

Questão 16   (FCC – ISS-SP – Auditor – 2007) Nos termos do tratamento legal da matéria, a:
a) concessão e a permissão de serviços públicos são contratos;
b) concessão de serviços públicos é contrato, mas a permissão é ato unilateral;
c) permissão de serviços públicos é contrato, mas a concessão é ato unilateral;
d) concessão e a permissão de serviços públicos são atos unilaterais;
e) concessão de serviços públicos é contrato e a permissão de serviços não mais existe.

Tema: Autorização, Permissão e Concessão (Serviços Públicos) – Serviços Públicos.

COMENTÁRIOS

Em primeiro lugar, perceba que a questão trata de concessões e permissões de SERVIÇOS PÚBLICOS. Chama-se a atenção para isso, pois há ainda concessões e permissões relacionadas a BENS PÚBLICOS. As regras, para estas últimas, são distintas. Então, na hora de sua prova, preste atenção no comando da questão: se versar sobre bens públicos, concessões e permissões, as regras são outras.

Pois bem. Quanto a concessões e permissões DE SERVIÇOS PÚBLICOS, vejamos o que diz a Lei nº 8.987/1995, para o assunto:

Art. 4º. A **concessão de serviço público**, precedida ou não da execução de obra pública, **será formalizada mediante contrato**, que deverá observar os termos desta Lei, das normas pertinentes e do edital de licitação.
Art. 40. **A permissão de serviço público será formalizada mediante contrato de adesão**, que observará os termos desta Lei, das demais normas pertinentes e do edital de licitação, inclusive quanto à precariedade e à revogabilidade unilateral do contrato pelo poder concedente.

Note que os dois dispositivos dizem ser as permissões e concessões de serviços públicos CONTRATOS, e, assim, achamos nosso gabarito: é a letra **a**.
Gabarito: Letra **a**.
Nível: **Fácil**.

Questão 17 **(FCC – ISS-SP – Auditor – 2007)** É elemento típico do regime dito estatutário dos servidores públicos, nos termos do Direito brasileiro vigente, a:
a) ausência de direito de greve e sindicalização;
b) garantia de aquisição de estabilidade;
c) possibilidade excepcional de nomeação sem concurso público;
d) isenção de impostos sobre a remuneração, dado o princípio da irredutibilidade;
e) possibilidade de cumulação remunerada de cargos, no limite da compatibilidade de horários.

Tema: Agentes Administrativos (servidores públicos estatais) – Agentes Públicos.

COMENTÁRIOS

Inicialmente, esclareça-se que regime estatutário é o regido por norma própria (um estatuto, portanto). No caso federal, o estatuto dos servidores é a conhecida Lei nº 8.112, de 1990, que estabelece o estatuto próprio dos servidores federais, nas autarquias, fundações e órgãos da Administração Direta. Feita essa breve introdução, vamos "atacar" os itens.
Letra **a**: ERRADA. É fato que o direito de greve dos servidores ainda não foi regulamentado. Entretanto, ele existe e consta do art. 37, inciso VII, da CF. Além disso, a possibilidade de sindicalização consta do mesmo art. 37, mas no inciso VI.
Letra **b**: ERRADA. Pegadinha. Na realidade, não há GARANTIA de estabilidade. O que ocorre é que tal direito é CONDICIONADO ao cumprimento dos diversos requisitos constitucionais colocados no art. 41 (*caput* e § 4º). Assim, não há GARANTIA, mas sim CONDICIONAMENTO da aquisição da estabilidade ao cumprimento das exigências constitucionais.
Letra **c**: CERTA. Pegadinha, de novo. De fato, é possível nomeação sem concursos públicos, PARA OS CARGOS EM COMISSÃO, já que estes são de livre nomeação, nos termos da CF (inciso II do art. 37).
Letra **d**: ERRADA. De fato, os vencimentos dos servidores públicos são irredutíveis, salvo com relação a algumas especificidades, nos termos da CF (inciso XV do art. 37). Entretanto, deve-se entender a irredutibilidade como vedação à redução DIRETA dos vencimentos. Não são resguardados os vencimentos e subsídios quanto à possibilidade

INDIRETA de redução, tal como na incidência de novos impostos ou do aumento da inflação. O item, então, está ERRADO: a irredutibilidade não garante os servidores quanto aos impostos, que incidirão, por exemplo, sobre os rendimentos tributáveis (remuneração, subsídios etc.) que venham a receber.

Letra **e**: ERRADA. O examinador estava, realmente, inspirado. Na realidade, a CF **proíbe** a acumulação de cargos públicos, **a não ser** que, desde que haja compatibilidade de horários, trate-se de situações que, POR EXCEÇÃO, a acumulação é permitida, nos termos da CF (inciso XVI do art. 37). Então, não se trata de uma possibilidade, mas sim de **proibição** de acumulação, a qual pode ser admitida apenas nas hipóteses permitidas pela CF, e desde que haja compatibilidade de horários.

Gabarito: Letra **c**.
Nível: **Médio**.

Questão 18 **(FCC – ISS-SP – Auditor – 2007) A responsabilidade objetiva, incidente quanto às pessoas de Direito Público, estende-se, entre outros casos, nos termos da Constituição Federal:**
a) a uma empresa privada concessionária de serviços públicos;
b) ao agente público causador do dano;
c) a uma sociedade de economia mista que explore atividade econômica;
d) a uma empresa pública que explore atividade econômica;
e) a uma empresa privada contratada para a realização de uma obra pública.

Tema: Responsabilidade das Prestadoras de Serviços Públicos – Responsabilidade Civil do Estado.

COMENTÁRIOS

De plano, observe o que a CF menciona, acerca da responsabilidade civil do Estado:

> § 6º. As pessoas jurídicas de Direito Público e as de Direito Privado **prestadoras de serviços públicos** responderão pelos danos que seus agentes, nessa qualidade, causarem a terceiros, assegurado o direito de regresso contra o responsável nos casos de dolo ou culpa.

Veja que a regra acima, que consagra a responsabilidade civil objetiva, estende-se ao prestador de serviços públicos (**atente** para o grifo feito), independente da natureza de sua personalidade ou se o prestador integra (ou não) a Administração Pública. Isso se dá em razão de a entidade prestadora de serviços públicos assumir o risco (administrativo) da atividade prestada, a qual é, sublinhe-se, incumbência do Estado: **o serviço público**. Por isso, CORRETA a letra **a**, já que, mesmo se tratando de uma empresa privada, sendo prestadora de serviços públicos, o mandamento constitucional acima a ela se aplica.

Quanto à letra **b**, a responsabilidade civil do agente causador direto do dano é algo bem consolidado (ao menos para provas de concurso!): é subjetiva, baseando-se na necessidade de comprovação de culpa deste, o qual responderá mediante ação regressiva.

Na letra **c**, um detalhe: uma sociedade mista EXPLORADORA DE ATIVIDADE ECONÔMICA não se submete à responsabilidade civil objetiva, mas sim SUBJETIVA. Isso ocorre, pois, por um lado, não é prestadora de serviço público; e, por outro, não é pessoa jurídica de Direito Público (a mista é dotada de personalidade jurídica de DIREITO PRIVADO). O mesmo comentário vale para a letra **d**, que altera tão só a entidade (uma empresa pública), mas que mantém a atividade tratada na **c** (econômica).

Por fim, na letra **e**, valem as regras que se aplicam aos particulares, de modo geral — a empresa particular responsável pela execução de uma obra se submete à responsabilidade civil SUBJETIVA (baseada na necessidade de comprovação de culpa, então).

Gabarito: Letra **a**.
Nível: **Fácil**.

Questão 20 (FCC – ISS-SP – Auditor – 2007) No Direito brasileiro, foge à possibilidade do controle parlamentar exercido sobre a Administração Pública:
a) a convocação de certas autoridades públicas para prestarem informações;
b) a votação da quebra de confiança no governo;
c) o julgamento do Chefe do Poder Executivo por crime de responsabilidade;
d) a constituição de comissões parlamentares de inquérito, com poderes de investigação próprios das autoridades judiciais;
e) o julgamento das contas do Chefe do Poder Executivo.

Tema: Controle Legislativo ou Parlamentar – Controle da Administração.

COMENTÁRIOS

O controle legislativo ou parlamentar é exercido pelas Casas Legislativas (Congresso Nacional, Assembleias e Câmaras). O controle legislativo é principalmente político, uma vez que objetiva, em sua essência, o controle do interesse da coletividade e não dos direitos individuais. A disciplina desse controle, na esfera federal, nós encontramos na própria Constituição da República, no art. 49, dentre outros.
DETALHE: Há quem diga que o controle feito pelos Tribunais de Contas também é parlamentar, pois tais órgãos são ligados finalisticamente ao Legislativo, nos termos da CF (art. 71). Aceite como correta em prova, portanto, a seguinte frase: **O controle feito pelos Tribunais de Contas é LEGISLATIVO.** Feitos esses breves esclarecimentos iniciais, partamos para os itens, lembrando que o examinador pede que se identifique algo que NÃO CORRESPONDE a controle parlamentar.
Letra **a**: ERRADA. De acordo com o art. 50 da CF:

> A Câmara dos Deputados e o Senado Federal, ou qualquer de suas Comissões, poderão convocar Ministro de Estado ou quaisquer titulares de órgãos diretamente subordinados à Presidência da República para prestarem, pessoalmente, informações sobre assunto previamente determinado, importando crime de responsabilidade a ausência sem justificação adequada.

A competência tratada no item se insere no escopo do controle, então.
Letra b: CERTA. No Brasil, a votação da quebra de confiança no governo não se insere no feixe de competências do Legislativo. Tal atribuição ocorre em países que adotam o parlamentarismo, o que não é o caso do Brasil (somos presidencialistas).
Letra c: ERRADA. Para ilustrar, veja o que diz o art. 52, que trata das competências privativas do Senado

> Art. 52. Compete privativamente ao Senado Federal:
> (...)
> I – **processar e julgar o Presidente e o Vice-Presidente da República nos crimes de responsabilidade**, bem como os ministros de Estado e os comandantes da Marinha, do Exército e da Aeronáutica nos crimes da mesma natureza conexos com aqueles;

Então, há competência dada ao legislativo (no caso federal, Senado) para julgar o Chefe do Poder Executivo, nos casos de crime de responsabilidade.
Letra d: ERRADA. Veja o que diz o art. 58 da CF.

> Art. 58. O Congresso Nacional e suas Casas terão comissões permanentes e temporárias, constituídas na forma e com as atribuições previstas no respectivo regimento ou no ato de que resultar sua criação.
> (...)
> § 3º. **As Comissões Parlamentares de Inquérito, que terão poderes de investigação próprios das autoridades judiciais**, além de outros previstos nos regimentos das respectivas Casas, serão criadas pela Câmara dos Deputados e pelo Senado Federal, em conjunto ou separadamente, mediante requerimento de um **terço de seus membros**, para a apuração de fato determinado e por prazo certo, sendo suas conclusões, se for o caso, encaminhadas ao Ministério Público, para que promova a responsabilidade civil ou criminal dos infratores.

Note que a composição das CPIs é outra possibilidade de o Parlamento exercer controle.
Letra e: ERRADA. De fato, cabe ao Parlamento (controle legislativo) julgar as contas do Chefe do Poder Executivo, conforme se vê na CF (inciso IX do art. 49). **ATENÇÃO:** Para proceder à tal tarefa, o Legislativo contará com um parecer prévio, elaborado pelo Tribunal de Contas (ver inciso I, do art. 71, da CF). Note, então, que o Tribunal de Contas não julga, mas APRECIA, mediante parecer prévio, as contas do Chefe do Poder Executivo. Os Tribunais de Contas julgarão as contas de TODOS os outros administradores (ver inciso II, do art. 71, c/c art. 75, da CF), menos as do Chefe do Poder Executivo, que serão julgadas DIRETAMENTE pelo órgão legislativo.
Gabarito: Letra **b**.
Nível: **Fácil**.

Capítulo 2

TCE-SP – Prova de Auditor de Contas – 2008

Q.21. Parceria Público-Privada (Serviços Públicos, Lei nº 11.079/2004) – Serviços Públicos
Q.22. Alienação de bens móveis e imóveis (arts. 17 a 19, Lei nº 8.666) – Licitações (Lei nº 8.666/1993)
Q.23. Fases (Licitação) – Licitações (Lei nº 8.666/1993)
Q.24. Recursos administrativos e representação (Licitação) – Licitações (Lei nº 8.666/1993)
Q.25. Processo administrativo federal (Lei nº 9.784/1999)
Q.26. Consórcios públicos (Serviços Públicos, Lei nº 11.107/2005) – Serviços Públicos
Q.27. Associação sindical e direito de greve – Estabilidade e estágio probatório – Agentes Públicos
Q.28. Responsabilidade das prestadoras de serviços públicos – Responsabilidade Civil do Estado
Q.29. Crimes (Licitação) – Licitações (Lei nº 8.666/1993)
Q.30. Abuso de poder: Excesso de Poder e Desvio de Finalidade (poderes da Administração) – Poderes da Administração
Q.31. Ação Civil Pública – Controle Jurisdicional – Controle da Administração
Q.32. Sujeitos: ativo e passivo (Lei nº 8.429, arts. 1º a 8º) – Dos atos de improbidade (Lei nº 8.249 – arts. 9º a 11) – Das penas (Lei nº 8.429, art. 12)
Q.33. Terceiro Setor (OSs, Oscips, Sistema S e Fundações de Apoio) – Organização Administrativa

Questão 21 (FCC – TCE-SP – Auditor – 2008) Nas licitações para a contratação de Parceria Público-Privada sob a modalidade de concessão patrocinada, NÃO é possível a adoção de critério de julgamento consistente na:
a) menor tarifa a ser cobrada do usuário pelo parceiro privado;
b) menor contraprestação a ser paga pelo Poder Público;
c) maior oferta a ser paga pelo parceiro privado a título de outorga, caso em que não se aplica a futura contraprestação a ser paga pelo Poder Público;
d) melhor proposta, combinando-se a melhor técnica com a menor tarifa a ser cobrada do usuário pelo parceiro privado;
e) melhor proposta, combinando-se a melhor técnica com a menor contraprestação a ser paga pelo Poder Público.

Tema: Parceria Público-Privada (Serviços Públicos, Lei nº 11.079/2004) – Serviços Públicos.

COMENTÁRIOS

As Parcerias Público-Privadas (PPP) são regidas por lei específica, a 11.079/2004, que prevê critérios específicos de julgamento de tal tipo de contratação. Mas, na essência, as PPPs são concessões de serviço público, com regras diferenciadas. Em conformidade com a lei das PPP temos, então, duas espécies: a **administrativa** e a **patrocinada**.

A PPP **administrativa** refere-se a contrato de prestação de serviços de que a Administração Pública seja a **usuária direta ou indireta**, *ainda que envolva execução de obra ou fornecimento e instalação de bens.*

Uma dúvida que ronda os amigos concursandos: A Administração Pública como *usuária direta ou indireta. O que isso representa?*

Visualizem: Serviços prestados para a conservação, limpeza e outros em um presídio. Pergunta-se: a população é usuária direta? Não. É o Estado quem usa do serviço diretamente, sendo sentido apenas indiretamente pelos cidadãos. Nesse caso, caberia uma PPP administrativa (sendo a Administração Pública usuária DIRETA dos serviços parceirizados).

Agora, veja-se o caso de serviços prestados à população em hospital público, que os recebe diretamente. Caso seja feita uma PPP para tanto, o Estado, então, seria o tomador indireto dos serviços objeto da PPP.

Em outros termos, nas PPPs administrativas, se os **serviços são internos à Administração**, o **Estado** é **usuário direto;** agora, se de **efeitos externos**, o **Estado** é **usuário indireto do serviço prestado**.

Já na PPP **patrocinada**, o próprio nome denunciará o significado da avença: é uma concessão de serviços públicos ou de obras públicas **simples** (regida pela Lei nº 8.987/1995), **com cobrança de tarifas**, e **ADIÇÃO** da contraprestação pecuniária do parceiro público ao parceiro privado (**TARIFA + CONTRAPRESTAÇÃO PECUNIÁRIA**). O Estado, então, funcionará como uma espécie de patrocinador do ajuste. Vejamos.

Perceba que, nas PPPs PATROCINADAS, o usuário também paga tarifas pelo uso do serviço. Mas o Estado entra também com uma PARCELA PECUNIÁRIA a ser entregue ao parceiro privado, denominada contraprestação pecuniária. É como se o Estado, então, fosse o "patrocinador" da parceria, como já dito. Daí o nome da parceria (patrocinada). Um exemplo disso: imagine um trecho rodoviário a ser concedido à iniciativa privada, tal qual a "Dutra", rodovia que faz a ligação de diversos municípios no eixo Rio–São Paulo. Só que tal rodovia estaria localizada em região pobre de nosso país. Cobrar pedágios, que é uma tarifa, tais quais na Dutra não seria possível (não no nível deste último trecho). Nesse contexto, ganha força a ideia da PPP patrocinada — uma parte dos recursos a serem auferidos pelo concessionário viria das tarifas, cobradas diretamente do usuário; outra parte, da contraprestação pecuniária do Estado ao parceiro-privado, responsável pela operação do empreendimento. Essa a ideia central da PPP administrativa.

Importa registrar, ainda, que **se não houver contraprestação do Poder Concedente**, teremos uma **concessão COMUM** (leia-se: **regida pela Lei nº 8.987/1995**). De fato, para a cobrança exclusivamente de tarifas, já há o modelo das concessões "tradicionais". Não seria necessária uma PPP.

Quanto ao critério de julgamento, as PPP, por serem espécies diferenciadas de concessões, têm os seus próprios, que não coincidem DE MODO ABSOLUTO com os da Lei Geral de Concessões (Lei nº 8.987/1995), ou com os que constam da Lei de Licitações (8.666/1993). Veja o que diz a Lei nº 11.079/2004:

> Art. 12. O certame para a contratação de Parcerias Público-Privadas obedecerá ao procedimento previsto na legislação vigente sobre licitações e contratos administrativos e também ao seguinte:
> I – o julgamento poderá ser precedido de etapa de qualificação de propostas técnicas, desclassificando-se os licitantes que não alcançarem a pontuação mínima, os quais não participarão das etapas seguintes;
> II – o julgamento poderá adotar como critérios, além dos previstos nos **incisos I e V do art. 15 da Lei nº 8.987, de 13 de fevereiro de 1995**, os seguintes:
> a) menor valor da contraprestação a ser paga pela Administração Pública;
> b) melhor proposta em razão da combinação do critério da alínea a com o de melhor técnica, de acordo com os pesos estabelecidos no edital;

Atente para o fato de que a norma determina a aplicação do art. 15 da Lei nº 8.987/1995. Observe o que diz o dispositivo em questão:

> Art. 15. No julgamento da licitação será considerado um dos seguintes critérios:
> I – o menor valor da tarifa do serviço público a ser prestado;
> II – a maior oferta, nos casos de pagamento ao poder concedente pela outorga da concessão;
> III – a combinação, dois a dois, dos critérios referidos nos incisos I, II e VII;
> IV – melhor proposta técnica, com preço fixado no edital;
> V – melhor proposta em razão da combinação dos critérios de menor valor da tarifa do serviço público a ser prestado com o de melhor técnica;
> VI – melhor proposta em razão da combinação dos critérios de maior oferta pela outorga da concessão com o de melhor técnica; ou
> VII – melhor oferta de pagamento pela outorga após qualificação de propostas técnicas.

A conclusão da análise dos dois dispositivos é que, caso não exista expressa previsão na Lei das PPPs (11.079), o critério de julgamento deve ser extraído da Lei nº 8.987/1995. Faça-se, agora, comparação com as alternativas colocadas à disposição:
Letra **a**: **CERTA**. Inciso I, do art. 15, da Lei nº 8.987/1995.
Letra **b**: **CERTA**. Alínea *a*, do inciso I, do art. 12, da Lei nº 11.079/2004.
Letra **c**: **ERRADA**. Primeiro, relembre o que diz o art. 12, *caput*, da Lei nº 11.079 (citado acima):

> Art. 12. O certame para a contratação de Parcerias Público-Privadas obedecerá ao procedimento previsto na legislação vigente sobre licitações e contratos administrativos e também ao seguinte:

Agora, leia o inciso II e a alínea *a* do mesmo inciso:

II – o julgamento poderá adotar como critérios, além dos previstos nos **incisos I e V do art. 15 da Lei nº 8.987, de 13 de fevereiro de 1995**, os seguintes:
a) menor valor da contraprestação a ser paga pela Administração Pública;

Note que lá se diz que, *além dos critérios previstos nos **incisos I** e V da Lei nº 8.987*, um dos fatores que pode ser levado em consideração para o julgamento de uma PPP é o menor valor da contraprestação a ser paga pela Administração Pública, a qual, portanto, pode ser utilizada como critério de aferição do vencedor de uma PPP. Agora, relembre os seguintes incisos do citado art. 15 da Lei nº 8.987/1995:

Art. 15. No julgamento da licitação será considerado um dos seguintes critérios:
I – o menor valor da tarifa do serviço público a ser prestado;
II – a maior oferta, nos casos de pagamento ao poder concedente pela outorga da concessão;
(...)
V – melhor proposta em razão da combinação dos critérios de menor valor da tarifa do serviço público a ser prestado com o de melhor técnica;

A maior oferta a ser paga pelo particular pela concessão não é combinável com a menor contraprestação pecuniária a ser entregue pelo Poder Público, já que consta do inciso II do art. 15. Volte ao art. 12 da Lei nº 11.079 e confirme que não é possível a combinação apontada pelo examinador no item, o qual, aliás, é bem difícil.
Letra **d**: **CERTA**. Inciso V, do art. 15, da Lei nº 8.987/1995.
Letra **e**: **CERTA**. Inciso II, do art. 12, da Lei nº 12.079/2004.
Gabarito: Letra **c**.
Nível: **Difícil**.

Questão 22   (FCC – TCE-SP – Auditor – 2008) Relativamente ao regime jurídico dos bens públicos imóveis do Estado de São Paulo, a Constituição Estadual faz depender de autorização da Assembleia Legislativa a:
a) alienação de bens, sua dação em locação e o recebimento de doações;
b) alienação e a aquisição de bens;
c) concessão de uso e a concessão de direito real de uso, exceto para realizadas em caráter precário;
d) permissão de uso e a autorização de uso, ainda que em caráter precário;
e) alienação de bens e o recebimento de doações com encargo.

Tema: Alienação de Bens Móveis e Imóveis (arts. 17 a 19, Lei nº 8.666) – Licitações (Lei nº 8.666/1993).

✎ COMENTÁRIOS

Veja que a questão fala especificamente do regramento dado à alienação de bens imóveis em conformidade com a Constituição do Estado de São Paulo, que assim estabelece:

> **Art. 19** – Compete à Assembleia Legislativa, com a sanção do governador, dispor sobre todas as matérias de competência do Estado, ressalvadas as especificadas no art. 20, e especialmente sobre:
> (...)
> IV – autorização para a alienação de bens imóveis do Estado ou a cessão de direitos reais a eles relativos, bem como o recebimento, pelo Estado, de doações com encargo, não se considerando como tal a simples destinação específica do bem;
> V – autorização para cessão ou para concessão de uso de bens imóveis do Estado para particulares, dispensado o consentimento nos casos de permissão e autorização de uso, outorgada a título precário, para atendimento de sua destinação específica;

Agora, analise cada um dos itens:

Letra **a**: ERRADA. A alienação de bens IMÓVEIS depende de autorização legislativa, conforme a Constituição Paulista. Note que o item não menciona especificamente que o bem a ser alienado é imóvel. Mas essa informação é extraída do comando da questão. Entretanto, a dação em locação (em pagamento seria melhor) do imóvel não depende de autorização legislativa. PARA INFORMAÇÃO: a dação em pagamento é modo de extinção de uma obrigação por meio diferente da que fora previsto anteriormente. Assim, caso você contraia uma dívida de valor a ser paga em dinheiro, e a quite com a entrega de um imóvel, terá realizado dação em pagamento. E, ainda, a Constituição de São Paulo também não exige autorização legislativa para o recebimento de QUAISQUER doações. Só para aquelas que forem feitas com encargos para a Administração, não se considerando, para tanto, a simples destinação do bem. Explique-se esta última parte: imagine que um particular doe um imóvel à Administração para que ela construa uma praça. Isso não será considerado encargo, pois se trata de mera destinação a ser dada ao bem.

Letra **b**: ERRADA. Quanto à alienação de imóveis, ver os comentários ao item anterior. No que se refere à aquisição, as regras não estão contidas na Constituição de São Paulo, mas sim na Lei nº 8.666/1993, do que nem se trata no item.

Letra **c**: ERRADA. Veja no inciso V do art. 19 que, pela Constituição Paulista, o que pode ser outorgado em caráter precário são a AUTORIZAÇÃO e a PERMISSÃO. Concessão ou cessão de bens imóveis estaduais não podem ser realizadas precariamente, e, portanto, necessitam de autorização legislativa para ser procedidas.

Letra **d**: ERRADA. Volte ao item anterior e verifique que a permissão e a autorização de uso em caráter precário NÃO DEMANDAM AUTORIZAÇÃO LEGISLATIVA.

Letra **e**: **CERTA**. Veja o que diz o inciso IV acima, juntamente com os comentários à letra **a**, para concluir que o item está CORRETO.
Gabarito: Letra **e**.
Nível: **Difícil**.

Questão 23   (FCC – TCE-SP – Auditor – 2008) Quando, em licitação sujeita à Lei nº 8.666/93, duas ou mais empresas participam reunidas em consórcio é:
a)   obrigatória a adoção da modalidade de concorrência;
b)   permitido o somatório de quantitativos e/ou valores das empresas participantes, para efeito de qualificação, observados condicionamentos legais;
c)   necessária a constituição do consórcio por meio de instrumento público, arquivado na Junta Comercial;
d)   permitida a liderança de empresa brasileira ou de empresa estrangeira, se o consórcio for formado pelas duas;
e)   subjetiva e individual de cada empresa a responsabilidade pelos atos praticados.

Tema: Fases (Licitação) – Licitações (Lei nº 8.666/1993).

COMENTÁRIOS

Um consórcio significa, em linhas gerais, que alguém se juntou a alguém para fazer o que sozinho não faria. O consórcio pode ocorrer entre empresas que tenham interesse de participar de uma licitação. Por vezes, empresas, pelo porte, não conseguiriam realizar sozinhas algo como, por exemplo, uma grande obra. Entretanto, caso se somem a outras, "dariam conta do recado". Daí a previsão na Lei nº 8.666/1993 sobre a possibilidade da participação de empresas em consórcio, nos seguintes termos:

> Art. 33. **Quando permitida na licitação a participação de empresas em consórcio**, observar-se-ão as seguintes normas:

O destaque do dispositivo é para que você perceba que o ingresso de consórcios em licitações públicas fica no âmbito da discricionariedade administrativa.
Bom, feita essa rápida introdução, façamos a análise dos itens.
Letra **a**: ERRADA. Não há essa restrição de modalidade de licitação quando se possibilita a participação de consórcios em licitações, ou seja, é possível que estes participem de qualquer modalidade, a princípio, desde que tal fato seja admitido pela Administração.
Letra **b**: CERTA. Veja o que diz o seguinte dispositivo de nossa querida lei geral de licitações (8.666/1993):

> III – apresentação dos documentos exigidos nos arts. 28 a 31 desta Lei por parte de cada consorciado, admitindo-se, para efeito de qualificação técnica, o somatório dos quantitativos de cada consorciado, e, para efeito de qualificação econômico-financeira, o somatório dos valores de cada

consorciado, na proporção de sua respectiva participação, podendo a Administração estabelecer, para o consórcio, um acréscimo de até 30% (trinta por cento) dos valores exigidos para licitante individual, inexigível este acréscimo para os consórcios compostos, em sua totalidade, por micro e pequenas empresas assim definidas em lei;

Os arts. 28 a 31, mencionados acima, dizem respeito à habilitação dos licitantes, isto é, à etapa do procedimento em que documentação deve ser apresentada por eles, para que possam participar de uma licitação. Perceba que, para o efeito de qualificação técnica (veja art. 30 da Lei nº 8.666/1993), que é um dos aspectos da mencionada habilitação, é possível o somatório dos quantitativos de cada consorciado. Isto será demonstrado por intermédio dos chamados "atestados" ou "anotações" de responsabilidade técnica, documentos que possuem regras em legislação específica e que não vem ao caso serem abordados aqui. Além disso, para o fim de qualificação financeira (veja art. 31 da Lei nº 8.666/1993) é possível o somatório de valores das empresas consorciadas, sendo que a Lei admite um acréscimo de até 30% dos valores exigidos para licitante individual, o que não pode ser feito quando o consórcio for composto, em sua totalidade, por micro e pequenas empresas assim definidas em lei (que é a Lei Complementar 123/2006). Assim, tal como diz o examinador, é permitido o somatório de quantitativos e/ou valores das empresas participantes, para efeito de qualificação, observados condicionamentos que você acabou de ver (ou conhecer, talvez), que constam da Lei nº 8.666/1993.

Letra **c**: ERRADA. Veja o que diz a Lei nº 8.666/1993:

> Art. 33. **Quando permitida na licitação a participação de empresas em consórcio**, observar-se-ão as seguintes normas:
> § 2º. **O licitante vencedor fica obrigado a promover, antes da celebração do contrato, a constituição e o registro do consórcio**, nos termos do compromisso referido no inciso I deste artigo.

Agora, analise o mencionado inciso I do mesmo art. 33:

> I – comprovação do compromisso público ou particular de constituição de consórcio, subscrito pelos consorciados;

A conclusão é a seguinte: Para participar da licitação, os integrantes de um consórcio têm de firmar compromisso de constituir o consórcio, futuramente, que precisará ser constituído APENAS PELOS PARTICIPANTES DO CONSÓRCIO VENCEDOR. É assim, pois não há razão de se cobrar que empresas que não venceram a licitação tenham, sem nenhuma razão, de constituir o consórcio.

Letra **d**: ERRADA. Os consórcios que contem com a participação de empresas brasileiras e estrangeiras devem ter por líder uma empresa brasileira (veja o § 1º, combinado com o inciso II, do art. 33, da Lei nº 8.666/1993, na legislação abaixo).

Letra **e**: ERRADA. A responsabilidade das empresas que participam de um consórcio é solidária, isto é, conjunta, no que se refere aos atos praticados em razão do consórcio (veja o inciso V do art. 33 mais abaixo).

Legislação
Lei nº 8.666/1993

> Art. 33. Quando permitida na licitação a participação de empresas em consórcio, observar-se-ão as seguintes normas:
> (...)
> II – indicação da empresa responsável pelo consórcio que deverá atender às condições de liderança, obrigatoriamente fixadas no edital;
> (...)
> V – responsabilidade solidária dos integrantes pelos atos praticados em consórcio, tanto na fase de licitação quanto na de execução do contrato.
> § 1º. No consórcio de empresas brasileiras e estrangeiras a liderança caberá, obrigatoriamente, à empresa brasileira, observado o disposto no inciso II deste artigo.

Gabarito: Letra **b**.
Nível: **Difícil**.

Questão 24   **(FCC – TCE-SP – Auditor – 2008)** No regime da Lei nº 8.666/1993, a decisão de inabilitação de participante em licitação enseja a apresentação, pelo prejudicado, de:
a) recurso;
b) pedido de reconsideração;
c) representação;
d) recurso hierárquico impróprio;
e) pedido de supervisão.

Tema: Recursos Administrativos e Representação (Licitação) – Licitações (Lei nº 8.666/1993).

COMENTÁRIOS

Veja o que diz o art. 109 da Lei nº 8.666/1993:

> Art. 109. Dos atos da Administração decorrentes da aplicação desta Lei cabem:
> I – recurso, no prazo de 5 (cinco) dias úteis a contar da intimação do ato ou da lavratura da ata, nos casos de:
> a) habilitação ou inabilitação do licitante;

O recurso, então, é o instrumento cabível, quando alguém é inabilitado em um processo licitatório. Por isso, a letra **a** é o gabarito da questão. Alguns comentários com relação aos outros itens:

O recurso de reconsideração (letra **b**) é mencionado em algumas passagens da Lei nº 8.666/1993. Ele é um expediente processual utilizado para que alguém manifeste seu inconformismo com uma decisão administrativa. De acordo com a Lei nº 9.784/1999, a lei geral do processo administrativo em âmbito federal, os argumentos apresentados por alguém em grau de recurso serão, inicialmente, apreciados como pedido de reconsideração, o qual, caso não seja acatado, será encaminhado a uma autoridade superior, sendo tratado, a partir desse momento, como recurso.

Na Lei nº 8.666/1993, a representação (letra **c**) é instrumento utilizado para levar ao conhecimento do Tribunal de Contas ou do Controle Interno irregularidades na aplicação da lei de licitações (veja o art. 113). Há, ainda, as representações feitas por servidores e outros agentes públicos, baseadas em leis específicas, coisa de que não trata a questão, a qual tem em seu comando apenas a Lei nº 8.666/1993.

Já o recurso hierárquico (letra **d**) impróprio é aquele que desborda uma estrutura hierárquica e vai para outra. **Exemplo:** Um recurso impetrado por alguém contra um ato decisório de autarquia que, por determinação legal, é apreciado pelo Ministério ao qual se liga tal entidade. Como o Ministério não tem hierarquia, em sentido estrito, em relação à autarquia, ou seja, não a subordina, o recurso é dito hierárquico "impróprio". Se fosse apreciado no âmbito da própria autarquia, seria recurso hierárquico "próprio".

"Pedido de supervisão" é algo que não encontra suporte nas leis tradicionalmente exigidas em provas de Direito Administrativo. Ou seja, essa letra **e** é uma invenção do examinador, tentando enganar candidatos desatentos.

Gabarito: Letra **a**.
Nível: **Fácil**.

Questão 25 **(FCC – TCE-SP – Auditor – 2008) De acordo com a lei federal de processo administrativo (Lei nº 9.784/1999), a delegação da prática de atos administrativos tem como característica a:**
a) proibição de ressalva quanto ao exercício da atribuição delegada;
b) permissão de delegação de atos normativos e de decisão de recursos;
c) dependência da autorização expressa de lei específica;
d) limitação da delegação a órgãos hierarquicamente subordinados;
e) permissão da sua revogação a qualquer tempo, mesmo que concedida por prazo determinado.

Tema: Processo Administrativo Federal (Lei nº 9.784/1999).

COMENTÁRIOS

O interessante dessa questão é que ela trata da Lei nº 9.784/1999, que é norma FEDERAL, isto é, aplica-se à União. O estado de São Paulo, do qual faz parte da Administração Direta o Tribunal de Contas Estadual, possui sua própria lei acerca de processos administrativos que se desenrolem em tal unidade federativa (é a Lei Paulista nº 10.177/1998). Entretanto, como a questão fala da Lei nº 9.784, de 1999, à luz de tal norma será examinada a questão. A bem da objetividade, os itens serão analisados um a um.

Letra **a**: ERRADA. Veja o que diz a Lei nº 9.784 (art. 14):

§ 1º. O ato de delegação especificará as matérias e poderes transferidos, os limites da atuação do delegado, a duração e os objetivos da delegação e o recurso cabível, **podendo conter ressalva de exercício da atribuição delegada**.

Veja na parte negritada que a lei admite delegação com "ressalva", sim. Isso funciona como uma "reserva de poderes", que garante que a autoridade (delegante), em conjunto com o delegado, exerça a competência. Em havendo reserva de poderes, é desnecessário que a autoridade delegante primeiro revogue a delegação para, depois, exercer a competência. E note que a revogação pode ser feita a qualquer tempo, em razão do que diz o § 2º do art. 14 (veja na legislação abaixo).
Letra **b**: ERRADA. Existem matérias que são indelegáveis. De acordo com a Lei nº 9.784/1999, são as seguintes:

Art. 13. Não podem ser objeto de delegação:
I – a edição de atos de caráter normativo;
II – a decisão de recursos administrativos;
III – as matérias de competência exclusiva do *órgão* ou *autoridade*.

Logo, item errado.
Letra **c**: ERRADA. Observe o que diz o art. 12 da Lei nº 9.784:

Art. 12. Um órgão administrativo e seu titular poderão, se não houver impedimento legal, **delegar parte da sua competência** a outros órgãos ou titulares, **ainda que estes não lhe sejam hierarquicamente subordinados**, quando for conveniente, em razão de circunstâncias de índole técnica, social, econômica, jurídica ou territorial.

Por conseguinte, um órgão administrativo e quem o titulariza podem, **desde que não haja proibição legal,** delegar parte da sua competência a outros órgãos ou titulares, ainda que estes não lhe sejam hierarquicamente subordinados, quando for conveniente, em razão de circunstâncias de índole **técnica, social, econômica, jurídica, ou territorial** (*não é política e sequer moral!*). Daí, não é necessária nenhuma autorização específica de Lei.
Letra **d**: ERRADA. A Lei nº 9.784/1999 diz ser possível a delegação INDEPENDENTE DE HIERARQUIA (veja os comentários à letra c, acima).
Letra **e**: CERTA. Veja os comentários à letra a acima combinado com o § 2º do art. 14, na legislação transcrita a seguir.
Legislação:
Lei nº 9.784/1999:

Art. 14 (...)
§ 2º. O ato de delegação é revogável a qualquer tempo pela autoridade delegante.

Gabarito: Letra **e**.
Nível: **Fácil**.

Questão 26 (FCC – TCE-SP –Auditor – 2008) Os consórcios públicos constituídos por dois ou mais municípios:
a) nunca integrarão a administração indireta de nenhum destes;
b) integrarão a administração indireta de todos estes, seja qual for a forma adotada;
c) integrarão a administração indireta de um destes, escolhido no respectivo protocolo de intenções, seja qual for a forma adotada;.
d) integrarão a administração indireta de todos estes, se constituídos sob a forma de associação pública;
e) integrarão a administração direta ou indireta de todos estes, conforme disciplinado no respectivo protocolo de intenções.

Tema: Consórcios Públicos (Serviços Públicos, Lei nº 11.107/2005) – Serviços Públicos.

COMENTÁRIOS

Os consórcios públicos são "novas figuras" da Administração Pública, cuja regulamentação é feita pela Lei nº 11.107, de 2005. Trata-se de forma diferenciada de prestação de serviços públicos, que envolverá os entes federativos, que juntarão seus esforços, em prol da melhor gerência dos interesses públicos.

Como exemplo de consórcio já criado, pode ser citada a autoridade pública Olímpica – APO (Lei nº 12.396/2011), criado com a participação da União, do Estado e do município do Rio de Janeiro, com intuito de se gerenciar as obras e serviços necessários ao desenvolvimento dos grandes eventos desportivos a serem realizados na cidade do Rio (Copa do Mundo em 2014 e Olimpíadas em 2016).

A partir dos breves esclarecimentos, faça a leitura dos seguintes dispositivos da Lei nº 11.107:

> Art. 6º. O consórcio público adquirirá personalidade jurídica:
> I – de Direito Público, no caso de constituir associação pública, mediante a vigência das leis de ratificação do protocolo de intenções;
> II – de Direito Privado, mediante o atendimento dos requisitos da legislação civil.
> § 1º. O consórcio público com personalidade jurídica de Direito Público integra a administração indireta de todos os entes da Federação consorciados.
> § 2º. No caso de se revestir de personalidade jurídica de Direito Privado, o consórcio público observará as normas de Direito Público no que concerne à realização de licitação, celebração de contratos, prestação de contas e admissão de pessoal, que será regido pela Consolidação das Leis do Trabalho – CLT.

Percebeu que os **consórcios públicos** tanto podem ser pessoas jurídicas de **Direito Público, quanto de Direito Privado**? Quando de **Direito Público**, integram a **Administração Indireta** de todos os entes consorciados, **de acordo com a Lei**, isso na qualidade de **ASSOCIAÇÃO PÚBLICA**. Por isso, está certa a letra **d**, pois o consórcio citado na questão é de DIREITO PÚBLICO.

Porém, tratando-se de **consórcio público** constituído nos termos da **legislação civil**, a **personalidade** será de **Direito Privado**. E estes (consórcios públicos com natureza privada) são um problema, pois a Lei NÃO DIZ que eles integram a Indireta. A doutrina, então, indaga aonde tais consórcios poderiam estar. Sinceramente, não se vê motivo para tais consórcios (constituídos sob o Direito Privado) não fazerem parte da Indireta. Entretanto, COM BASE NA LEI, não se pode afirmar isso, sem se incorrer em ERRO — consórcios DE DIREITO PRIVADO, DE ACORDO COM A LEI, fazem parte da Indireta. A frase, para efeito de prova, insista-se, está ERRADA!

Apenas para complementar a análise da questão, perceba que nas letras **c** e **e** é mencionado o "protocolo de intenções", que é um típico ato administrativo negocial, o qual, em linhas gerais, vem a ser o resultado de uma reunião prévia entre os entes federativos interessados na formação do consórcio, oportunidade em que fixarão, entre outras cláusulas, a denominação, o prazo de duração, a sede e a finalidade dos consórcios (art. 4º).

O contrato de consórcio público será efetivamente celebrado com a ratificação, mediante lei, do protocolo de intenções. No contrato de consórcio, pode ser facultada a formação parcial, ou seja, é possível a celebração por apenas alguns dos entes da Federação que subscreveram o protocolo de intenções (§1º do art. 5º da Lei nº 11.107/2005).

A **ratificação do protocolo de intenções pode, ainda, ser feita com reserva**, noutras palavras, um ente político pode se negar a cumprir tudo aquilo que foi pactuado no protocolo de intenções, e, nesse caso, se aceita a reserva pelos demais entes subscritores, teremos um **consorciamento parcial ou condicional**.

Gabarito: Letra **d**.
Nível: **Médio**.

Questão 27 **(FCC – TCE-SP – Auditor – 2008)** Quanto ao regime constitucional dos servidores públicos, considere as afirmativas abaixo.
   I.   A remuneração por meio de subsídio é realizada em parcela única, vedada a acumulação de qualquer outra parcela remuneratória.
   II. O direito à livre associação sindical e o direito à greve são constitucionalmente assegurados, ainda que possam ser regulados por lei.
   III. O servidor público é considerado estável após o decurso do prazo de 3 (três) anos, contados a partir da nomeação para o cargo.

   Está correto o que se afirma em:
   a) I, apenas;
   b) I e II, apenas;
   c) I, II e III;
   d) II, apenas;
   e) II e III, apenas.

Tema: Associação Sindical e Direito de Greve – Estabilidade e estágio probatório – Agentes Públicos.

COMENTÁRIOS

Objetivamente, os itens serão analisados um a um.

Item I – CORRETO. *A remuneração por meio de subsídio é realizada em parcela única, vedada a acumulação de qualquer outra parcela remuneratória.* Há diversos modos de pagamento de um servidor público. Um deles é o subsídio, que vem a ser a espécie remuneratória a ser paga em parcela única obrigatoriamente aos detentores de mandato eletivo, bem como a outros agentes políticos (membros da Magistratura, Ministério Público e de Tribunais de Contas, ministros de Estado, secretários estaduais e municipais). Conforme dito, e de acordo com a CF (ver § 4º, do art. 39, da CF/1988 abaixo), o subsídio é fixado em parcela ÚNICA, sendo vedado o acréscimo a ele de quaisquer outras parcelas remuneratórias.

Item II – CORRETO. *O direito à livre associação sindical e o direito à greve são constitucionalmente assegurados, ainda que possam ser regulados por lei.* De fato, a CF/1988 garante o direito de greve aos servidores públicos (veja o inciso VII do art. 37, na legislação citada), nos termos da lei, a qual ainda não foi editada.

Item III – ERRADO. *O servidor público é considerado estável após o decurso do prazo de 3 (três) anos, contados a partir da nomeação para o cargo.* A CF/1988 demanda 3 anos de EFETIVO EXERCÍCIO, além de outros requisitos, para que um servidor público atinja a estabilidade (veja art. 41, CF/1988, abaixo). Logo, o período para aquisição da estabilidade não será computado a partir da nomeação, mas sim a partir da efetiva entrada em exercício do servidor. Deve ser desse modo, pois a nomeação é um momento e o exercício, outro. Na primeira, o servidor declara que aceita formalmente o cargo. Segue-se a posse e, finalmente, o exercício, que é quando o servidor passa, efetivamente, a trabalhar. Conta-se o período para a aquisição da estabilidade a partir desse último instante (exercício, não da nomeação, nem da posse).

Legislação
CF/1988:

> Art. 37 (...)
> VII – o direito de greve será exercido nos termos e nos limites definidos em lei específica;
> Art. 39 (...)
> § 4º. O membro de Poder, o detentor de mandato eletivo, os Ministros de Estado e os Secretários Estaduais e Municipais serão remunerados exclusivamente por subsídio fixado em parcela única, vedado o acréscimo de qualquer gratificação, adicional, abono, prêmio, verba de representação ou outra espécie remuneratória, obedecido, em qualquer caso, o disposto no art. 37, X e XI.
> Art. 41. São estáveis após três anos de efetivo exercício os servidores nomeados para cargo de provimento efetivo em virtude de concurso público.

Gabarito: Letra **b**.
Nível: Médio.

Questão 28 (FCC – TCE-SP – Auditor – 2008) Determinada concessionária de serviço público, agindo no cumprimento do contrato de concessão, promove desapropriação de terreno urbano, previamente declarado de utilidade pública para essa finalidade pelo poder concedente. Ao fazê-lo, porém, ocupa irregularmente terreno vizinho por acreditar que estava compreendido no âmbito da desapropriação, demolindo construção ali existente. Neste caso, a responsabilidade por danos ao imóvel vizinho é imputável:

a) à concessionária, porque não poderia promover a desapropriação por conta própria;
b) à concessionária, desde que se comprove que agiu com dolo ou culpa grave;
c) exclusivamente ao poder concedente, na qualidade de ente desapropriante;
d) ao poder concedente, desde que se comprove erro na descrição das confrontações do imóvel desapropriado;
e) à concessionária, mesmo que se trate de pessoa privada não integrante da Administração.

Tema: Responsabilidade das Prestadoras de Serviços Públicos – Responsabilidade Civil do Estado.

COMENTÁRIOS

A responsabilidade por danos causados a alguém por parte dos prestadores de serviço público, tal qual uma concessionária, como descrito no comando, é objetiva, em face do que dispõe a CF/1988 (§ 6º do art. 37). No desempenho das atividades inerentes ao serviço público, é possível ao concessionário, efetivamente, promover a desapropriação, por conta do que dispõe a Lei nº 8.987/1995, lei geral para concessões e permissões de serviço. Observe:

> Art. 31. Incumbe à concessionária:
> (...)
> VI – promover as desapropriações e constituir servidões autorizadas pelo poder concedente, conforme previsto no edital e no contrato;

Assim, o ônus pelos prejuízos causados ao vizinho, que nada tinha que ver com a desapropriação, deverá ser reparado pela concessionária.

Apesar de não estar ligado diretamente à solução da questão, é bom registrar que a DECLARAÇÃO do bem a ser desapropriado incumbirá ao Poder Público. O que a concessionária pode fazer é PROMOVER a desapropriação, isto é, efetivá-la, mas declarar qual o bem é papel do Estado, insista-se.

Legislação
CF/1988:

> Art. 37 (...)
> § 6º. As pessoas jurídicas de Direito Público e as de Direito Privado prestadoras de serviços públicos responderão pelos danos que seus agentes, nessa qualidade, causarem a terceiros, assegurado o direito de regresso contra o responsável nos casos de dolo ou culpa.

Gabarito: Letra **e**.
Nível: Fácil.

Questão 29 (FCC – TCE-SP – Auditor – 2008) Nos crimes relacionados às licitações:
a) o autor terá a pena aumentada da terça parte se ocupante de cargo em comissão em sociedade de economia mista;
b) o autor só poderá perder o cargo no caso de consumação do delito;
c) a pena de multa sempre reverterá para a Fazenda Federal;
d) o agente não é equiparado a servidor público, se exercer função em fundação;
e) a pena de multa pode ser fixada em até trezentos e sessenta dias-multa.

Tema: Crimes (Licitação) – Licitações (Lei nº 8.666/1993).

COMENTÁRIOS

Não é comum a FCC tratar em prova dos crimes contra as licitações públicas. Entretanto, o fundamento das respostas não será tão só a Lei nº 8.666/1993, como se verá.

A bem da objetividade, os itens serão analisados um a um.

Letra a: CERTA. Isso está no Código Penal (CP). Veja:

> Art. 327. Considera-se funcionário público, para os efeitos penais, quem, embora transitoriamente ou sem remuneração, exerce cargo, emprego ou função pública.
> (...)
> § 2º. A pena será aumentada da terça parte quando os autores dos crimes previstos neste Capítulo forem ocupantes de cargos em comissão ou de função de direção ou assessoramento de órgão da administração direta, sociedade de economia mista, empresa pública ou fundação instituída pelo Poder Público.

Então, para fins penais, aquele que trabalha em sociedades de economia mista é considerado funcionário público. E no caso de crimes cometidos contra a Administração Pública, caso ocupe um cargo em comissão (de direção, chefia ou assessoramento, sem descer a detalhes), sua pena será acrescida da terça parte.

Letra b: ERRADA. Por vezes, é possível que o infrator incida em crime, mesmo que não haja consumação do delito. É que, em várias situações, a mera tentativa é hipótese punível, e poderá levar à perda do cargo. O interessante é que a Lei nº 8.666/1993 não cuida, especificamente, deste assunto, que é melhor estudado no Direito Penal, razão pela qual não será aprofundado aqui.

Letra c: ERRADA. Se a licitação tiver sido feita pela União, a multa reverterá para os cofres federais. Entretanto, caso haja sido realizada por um Estado ou um município, os valores arrecadados com a multa ingressarão nos cofres do ente federativo respectivo.

Letra d: ERRADA. Veja o § 2º do art. 327 do CP, citado na letra **a**. Atente que aqueles que trabalharem em fundações serão equiparados a servidores, para fins penais.

Letra e: ERRADA. O valor da multa por conta de crimes contra licitações é fixado em percentual da vantagem obtida efetiva ou potencialmente pelo agente infrator, não em dias-multa (veja o art. 99 da Lei nº 8.666/1993, abaixo).

Legislação
Lei nº 8.666/1993:

Art. 99. A pena de multa cominada nos arts. 89 a 98 desta Lei consiste no pagamento de quantia fixada na sentença e calculada em índices percentuais, cuja base corresponderá ao valor da vantagem efetivamente obtida ou potencialmente auferível pelo agente.

§ 1º. Os índices a que se refere este artigo não poderão ser inferiores a 2% (dois por cento), nem superiores a 5% (cinco por cento) do valor do contrato licitado ou celebrado com dispensa ou inexigibilidade de licitação.

Gabarito: Letra **a**.
Nível: **Médio**.

Questão 30   (FCC – TCE-SP – Auditor – 2008) A situação em que o agente público pratica ato visando a fim diverso daquele previsto, explícita ou implicitamente, na regra de competência, caracteriza, nos termos da definição legal, o vício dito:
a) vício de forma;
b) desvio de finalidade;
c) ilegalidade do objeto;
d) inexistência dos motivos;
e) incompetência.

Tema: Abuso de Poder: excesso de poder e desvio de finalidade (poderes da Administração) – Poderes da Administração.

COMENTÁRIOS

Os atos da Administração devem ser praticados visando a fins de interesse público. Eventuais abusos devem ser evitados. O Direito Administrativo desenvolve, então, teoria acerca disso — o abuso de poder.

O abuso de poder é dividido em duas categorias: o desvio e o excesso.

Pelo primeiro, o desvio, um ato é produzido visando a um fim diverso do previsto na norma. Ocorre, portanto, um desvio de finalidade, pelo que está certa a letra **b**, que corresponde à descrição do comando da questão.

Por outro lado, quando um agente público exorbita dos limites de sua competência, invadindo competências de outros agentes, ou praticando atividades que não lhe foram conferidas por lei, ocorre o vício de excesso de poder. Entretanto, o comando da questão não aponta que houve algo assim.

Gabarito: Letra **b**.
Nível: **Fácil**.

Questão 31   (FCC – TCE-SP – Auditor – 2008) Conforme a lei que disciplina a matéria, não tem legitimidade para propor uma ação civil pública:
a) o Ministério Público;
b) a Defensoria Pública;
c) um cidadão, no gozo de seus direitos políticos;

d) uma sociedade de economia mista;
e) a União.

Tema: Ação Civil Pública – Controle Jurisdicional – Controle da Administração.

COMENTÁRIOS

Esse não é um tema comum em provas de Direito Administrativo. No entanto, a Lei da Ação Civil Pública (7.347/1985) foi exigida, na literalidade, nesta questão. De acordo com a norma de referência, têm legitimidade para propor a ação principal (e a ação cautelar): o Ministério Público; a Defensoria Pública; a União, os estados, o Distrito Federal e os municípios; autarquia, empresa pública, fundação ou sociedade de economia mista; e as associações. No último caso (associações), dois requisitos devem ser atendidos: a associação deve estar constituída há pelo menos 1 (um) ano nos termos da lei civil; e incluir, dentre suas finalidades institucionais, a proteção ao meio ambiente, ao consumidor, à ordem econômica, à livre concorrência ou ao patrimônio artístico, estético, histórico, turístico e paisagístico.

Enfim, por tudo, o único dos elencados na questão que não pode intentar a ação civil pública é o cidadão, o qual possui outro instrumento colocado à sua disposição, para o controle dos atos da Administração Pública: a ação popular, em face do que diz a CF/1988 (veja legislação abaixo)

Legislação
CF/1988:

> LXXIII – qualquer cidadão é parte legítima para propor ação popular que vise a anular ato lesivo ao patrimônio público ou de entidade de que o Estado participe, à moralidade administrativa, ao meio ambiente e ao patrimônio histórico e cultural, ficando o autor, salvo comprovada má-fé, isento de custas judiciais e do ônus da sucumbência;

Gabarito: Letra **c**.
Nível: **Fácil**.

Questão 32 **(FCC – TCE-SP – Auditor – 2008) É regra estranha ao regime da Lei Federal nº 8.429/1992, dita Lei da Improbidade Administrativa, a:**
a) possibilidade de determinação da indisponibilidade de bens do indiciado em inquérito para apuração de ato de improbidade administrativa, quando esse ato causar lesão ao patrimônio público ou ensejar enriquecimento ilícito;
b) sujeição do sucessor daquele que causar lesão ao patrimônio público ou se enriquecer ilicitamente, às cominações da Lei, até o limite do valor da herança;
c) inclusão, no conceito de agente público, para os efeitos da Lei, daqueles que exercem, transitoriamente ou sem remuneração, função nas entidades da Administração Direta ou Indireta;
d) impossibilidade de cumulação de sanções penais, civis e administrativas, com as cominações previstas na Lei;
e) sujeição às penalidades da Lei dos atos de improbidade praticados contra o patrimônio de entidade que receba subvenção de órgão público, limitada a sanção patrimonial à repercussão do ilícito sobre a contribuição dos cofres públicos.

Tema: Sujeitos: ativo e passivo (Lei nº 8.429, arts. 1º a 8º) – Dos Atos de Improbidade (Lei nº 8.249, arts. 9º a 11) – Das Penas (Lei nº 8.429 – art. 12).

COMENTÁRIOS

Primeiro, entenda o que o examinador pede: algo ESTRANHO à Lei de Improbidade Administrativa (LIA). Então, você deve identificar o que NÃO se compatibiliza com aquela norma. Com base em tal informação, analise os itens um a um, comparando-os com o que dispõe a LIA.

Letras **a** e **e**: **CERTAS**. Há três espécies de atos que podem ser entendidos como de improbidade: os que geram enriquecimento ilícito, os que causam prejuízos ao erário e os que lesam princípios da Administração Pública. Nos dois primeiros casos, a Lei autoriza a indisponibilidade dos bens do indiciado, o que significa que ele não poderá os alienar, por exemplo. No último caso (lesão a princípios da Administração), não seria razoável a indisponibilidade, já que não haveria necessidade disso (veja art. 7º da Lei nº 8.429/1992, na legislação abaixo).

Letra **b**: **CERTA**. Para a prova, lembre-se da seguinte regra: herda-se patrimônio, mas, proporcionalmente, dívidas também. Assim, a LIA determina que o sucessor daquele que haja causado lesão ao patrimônio público ou que tenha se enriquecido ilicitamente se submeta às cominações da Lei, até o limite do valor da herança (veja art. 8o da Lei nº 8.429/1992, na legislação abaixo).

Letra **c**: **CERTA**. É o conceito de agente público dado pelo art. 1º da LIA. Ressalte-se que o conceito é até maior que isto, já que as disposições da norma se estendem até mesmo àqueles que tenham praticado atos de improbidade contra o patrimônio de entidade que receba subvenção, benefício ou incentivo, fiscal ou creditício, de órgão público bem como daquelas para cuja criação ou custeio o erário haja concorrido ou concorra com menos de cinquenta por cento do patrimônio ou da receita anual, limitando-se a sanção patrimonial, nestes casos, à repercussão do ilícito sobre a contribuição dos cofres públicos.

Letra **d**: **ERRADA**. Observe o que diz a LIA:

> Art. 12. Independentemente das sanções penais, civis e administrativas, previstas na legislação específica, está o responsável pelo ato de improbidade sujeito às seguintes cominações:

Possibilita-se, portanto, a acumulação de sanções penais, civis e administrativas, com as cominações previstas na Lei. Por oportuno, destaque-se que as sanções por ato de improbidade são consideradas cíveis, tanto pela doutrina, quanto pela jurisprudência, já que dizem respeito a algum tipo de dano causado (não necessariamente material) para a Administração.

Legislação
Lei nº 8.429/1992:

Art. 7º. Quando o ato de improbidade causar lesão ao patrimônio público ou ensejar enriquecimento ilícito, caberá a autoridade administrativa responsável pelo inquérito representar ao Ministério Público, para a indisponibilidade dos bens do indiciado.
Parágrafo único. A indisponibilidade a que se refere o caput deste artigo recairá sobre bens que assegurem o integral ressarcimento do dano, ou sobre o acréscimo patrimonial resultante do enriquecimento ilícito.
Art. 8º. O sucessor daquele que causar lesão ao patrimônio público ou se enriquecer ilicitamente está sujeito às cominações desta lei até o limite do valor da herança.

Gabarito: Letra **d**.
Nível: **Fácil**.

Questão 33   (FCC – TCE-SP – Auditor – 2008) No Plano Diretor de Reforma do Aparelho do Estado, divulgado em 1995, um dos objetivos gerais era limitar a ação do Estado àquelas funções que lhes são próprias, reservando, em princípio, os serviços nãoexclusivos para a propriedade pública nãoestatal. De acordo com a Lei Ordinária nº 9.637/98, em relação às parcerias a serem firmadas entre Poder Público e Organizações Sociais é CORRETO afirmar que:

a) o contrato de gestão deve ser elaborado unilateralmente pelo órgão ou entidade supervisora e discriminar as atribuições, responsabilidades e obrigações do Poder Público e da organização social;
b) as atividades abrangidas são aquelas dirigidas ao ensino, à pesquisa científica, ao desenvolvimento tecnológico, à proteção e preservação do meio ambiente, à cultura, à saúde, à segurança e à moradia;
c) a destinação de bens públicos às organizações sociais para o cumprimento das suas responsabilidades e obrigações é expressamente vedada;
d) o contrato de gestão deve conter especificação do programa de trabalho proposto pela organização social, a estipulação das metas a serem atingidas e os respectivos prazos de execução;
e) a execução do contrato de gestão será fiscalizada pelo Tribunal de Contas da União que encaminhará à autoridade supervisora relatório conclusivo sobre a avaliação.

Tema: Terceiro Setor (OSs, OSCIPs, Sistema S e Fundações de Apoio) – Organização Administrativa

COMENTÁRIOS:

Dentre as várias figuras jurídicas trazidas à cena na última reforma administrativa de 1995, encontram-se as Organizações Sociais (OS), cuja disciplina essencial está na Lei nº 9.637/1998. Trata-se de instituições criadas por particulares para colaborar com o melhor andamento de ações de interesse público. Entretanto, o particular não cria, propriamente, a OS. Ele cria a entidade desprovida de intuito lucrativo. Depois disso, deve obter a qualificação como OS. E um dos documentos fundamentais para o controle da OS é o contrato de gestão.

O contrato de gestão é um instrumento firmado entre o Poder Público e a OS, com vistas à formação de parceria entre as partes para fomento e execução de atividades relativas às áreas de atuação da última. É firmado de comum acordo, devendo ser submetido, após aprovação pelo Conselho de Administração da entidade, ao ministro de Estado ou autoridade supervisora da área correspondente à atividade fomentada.

Veja o que a Lei nº 9.637/1998 estabelece:

> Art. 7º. Na elaboração do contrato de gestão, devem ser observados os princípios da legalidade, impessoalidade, moralidade, publicidade, economicidade e, também, os seguintes preceitos:
> I – especificação do programa de trabalho proposto pela organização social, a estipulação das metas a serem atingidas e os respectivos prazos de execução, bem como previsão expressa dos critérios objetivos de avaliação de desempenho a serem utilizados, mediante indicadores de qualidade e produtividade;
> II – a estipulação dos limites e critérios para despesa com remuneração e vantagens de qualquer natureza a serem percebidas pelos dirigentes e empregados das organizações sociais, no exercício de suas funções.

Perceba que, de um lado, o contrato de gestão traz metas a serem atingidas, e, de outro, limites para despesa de pessoal. A ideia, enfim, é haver um pacto, de comum acordo, que sirva de instrumento de fundamento para controle das ações.

Bem, agora, analisemos os itens.

Letra a: ERRADA. O contrato de gestão é elaborado de comum acordo, não unilateralmente pelo órgão ou entidade supervisora.

Letra b: ERRADA. Em conformidade com a Lei nº 9.637/1998:

> Art. 1º. O Poder Executivo poderá qualificar como organizações sociais pessoas jurídicas de Direito Privado, sem fins lucrativos, cujas atividades sejam dirigidas ao **ensino, à pesquisa científica, ao desenvolvimento tecnológico, à proteção e preservação do meio ambiente, à cultura e à saúde**, atendidos aos requisitos previstos nesta Lei.

O negrito é para que você note as atividades que podem ser desenvolvidas pela OS. Agora, compare com o item — ele fala de segurança e moradia, que não podem ser levadas a efeito pela OS.

Letra c: ERRADA. É possível a cessão de bens públicos às organizações sociais (veja o art. 12 da Lei nº 9.637/1998).

Letra d: **CERTA.** Veja os comentários da parte teórica, com especial atenção ao art. 7º da Lei nº 9.637/1998.

Letra **e**: ERRADA. De acordo com o art. 8º da Lei nº 9.637/1998, o contrato de gestão será fiscalizado pelo órgão ou entidade supervisora da área de atuação correspondente à atividade fomentada (art. 8º). No caso de irregularidade, os responsáveis pela fiscalização dela darão ciência, **na esfera federal**, ao Tribunal de Contas da União (TCU), sob pena de responsabilidade solidária. E não há qualquer tipo de relatório conclusivo a ser elaborado pelo TCU.

Legislação
Lei nº 9.637/1998:

> Art. 8º. A execução do contrato de gestão celebrado por organização social será fiscalizada pelo órgão ou entidade supervisora da área de atuação correspondente à atividade fomentada.
>
> Art. 12. Às organizações sociais poderão ser destinados recursos orçamentários e bens públicos necessários ao cumprimento do contrato de gestão.

Gabarito: Letra **d**.
Nível: Médio.

Capítulo 3

Defensoria do Estado do Maranhão – Defensor – 2009

Q. 34. Risco Administrativo (teoria da responsabilidade objetiva do Estado) – Responsabilidade Civil do Estado
Q. 35. Classificação (bens públicos) – Características (bens públicos)
Q. 36. Vencimento e remuneração (Lei nº 8.112 – arts. 40 a 50) – Acumulação de cargos e empregos públicos e funções – Agentes Públicos
Q. 37. Leilão e Concurso – Modalidades na Lei nº 8.666/1993 – Licitações (Lei nº 8.666/1993)
Q. 38. Administração Indireta – Organização Administrativa
Q. 39. Poder hierárquico – Poder Disciplinar – Poder Regulamentar – Poder de Polícia – Poder Vinculado e Discricionário
Q. 40. Classificação (atos administrativos) – Atos administrativos
Q. 41. Execução dos contratos (arts. 66 a 76 da Lei nº 8.666/1993) – Contratos Administrativos (Lei nº 8.666/1993)
Q. 42. Ocupação provisória – Limitações Administrativas (intervenção da propriedade) – Tombamento – Servidões Administrativas
Q. 43. Do regime disciplinar (Lei nº 8.112 – arts. 116 a 142) – Lei nº 8.112/1990 (lei federal) – Agentes Públicos

Questão 34   (FCC – Defensoria-MA – Defensor – 2009) A responsabilidade civil do Estado prevista na Constituição Federal incide sob a modalidade:
a) objetiva, quando referente a atos lícitos praticados por agentes estatais dos quais haja decorrido dano indenizável;
b) subjetiva, quando referente a atos ilícitos praticados por concessionárias de serviços públicos, remanescendo responsabilidade solidária do Estado pelo ressarcimento dos danos indenizáveis.
c) objetiva, quando referente a atos ilícitos praticados por agentes estatais e subjetiva, quando ditos atos forem lícitos;
d) subjetiva, quando referente a atos lícitos praticados por agentes estatais se destes tiverem advindo danos morais indenizáveis;
e) subjetiva, quando referente a atos ilícitos praticados por empregados de concessionárias de serviços públicos que tenham ocasionado danos a usuário do serviço.

Tema: Risco Administrativo (Teoria da Responsabilidade Objetiva do Estado) – Responsabilidade Civil do Estado.

COMENTÁRIOS

Sobre o tema responsabilidade civil do Estado, Vejamos o que diz § 6º do art. 37 da CF, de 1988:

> § 6º. As pessoas jurídicas de Direito Público e as de Direito Privado prestadoras de serviços públicos responderão pelos danos que seus agentes, nessa qualidade, causarem a terceiros, assegurado o direito de regresso contra o responsável nos casos de dolo ou culpa.

Consagra-se, no dispositivo, o que a doutrina convencionou chamar de responsabilidade civil objetiva, baseada na teoria do risco administrativo. De acordo com essa teoria, o Estado tem o dever de indenizar o dano sofrido de forma injusta pelo particular, **independentemente de falta do serviço ou de culpa dos agentes públicos**. Existindo o dano, o Estado tem a obrigação de indenizar, pouco importando se o ato fora lícito ou ilícito.

O assunto será mais bem-trabalhado nos itens a seguir, mas já é possível trazer duas importantes observações:

I) o risco administrativo não se aplica a todas as hipóteses em que órgãos/entidades do Estado causem prejuízos a terceiros, mas tão só nos casos em que a AÇÃO (não de **omissão genérica**) de uma PESSOA JURÍDICA DE DIREITO PÚBLICO ESTATAL venha a causar dano a particulares;

II) as prestadoras de serviço público, independente de serem entidades estatais, submetem-se às regras de responsabilização civil válidas para o Estado (com algumas ressalvas).

Agora, analise, um a um, os itens:

Letra **a**: **CERTA**. Como dito, o Estado responde objetivamente pelos prejuízos causados por seus agentes.

Letra **b**: ERRADA. Dois erros: 1º. A responsabilidade civil dos prestadores de serviço público, mesmo que se trate de uma concessionária, é OBJETIVA (não subjetiva), no que se refere aos danos causados por seus agentes (empregados); 2º. Não se fala, na CF/1988, de responsabilidade solidária (conjunta) do Estado, o qual, de acordo com a doutrina, pode ser alcançado, se for o caso, SUBSIDIARIAMENTE pelos prejuízos causados pelos concessionários. É dizer: caso o concessionário não tivesse como arcar com os valores de uma indenização, por conta de situação ilíquida (falta de recursos), como o Poder Público é o titular do serviço público concedido, pode ser alcançado SUBSIDIARIAMENTE (não SOLIDARIAMENTE).

Letra **c**: ERRADA. Não é feita tal diferenciação na CF/1988. O Estado responde objetivamente, tanto por atos lícitos, quanto ilícitos.

Letra **d**: ERRADA. Vale a mesma linha do comentário feito ao item anterior: a CF/1988 não faz tal diferenciação.

Letra **e**: ERRADA. A responsabilidade do prestador de serviço público é OBJETIVA pelos danos causados por seus agentes, pouco importando se os atos foram lícitos ou ilícitos.

Um último comentário: A responsabilidade subjetiva (baseada na necessidade de comprovação de culpa) existe em nosso país, em situações, como, por exemplo, de omissão genérica por parte do Poder Público.

Gabarito: Letra **a**.
Nível: **Fácil**.

Questão 35 (FCC – Defensoria-MA – Defensor – 2009) Em relação aos bens públicos e de acordo com a Lei Federal nº 8.666/1993 e alterações, é CORRETO afirmar que os bens imóveis:
a) de uso comum e os de uso especial são gravados com inalienabilidade absoluta, independentemente de desafetação, somente sendo possível alienar os dominicais;
b) de uso comum e os de uso especial não podem ser alienados a particulares enquanto conservarem esta qualidade, mas podem ter seu domínio transferido a outro ente público, observados os requisitos legais, sem perderem a afetação;
c) dominicais são gravados com inalienabilidade, somente sendo passíveis de serem comercializados sob a égide do Direito Privado caso sejam desafetados por lei;
d) dominicais dispensam autorização legislativa para serem alienados, uma vez que não são gravados com inalienabilidade;
e) de uso comum e de uso especial dependem de lei autorizativa para sua alienação onerosa, enquanto os dominicais dispensam este requisito formal.

Tema: Classificação (bens públicos) – Características (bens públicos).

COMENTÁRIOS

De acordo com o art. 99 do Código Civil, os bens públicos podem ser divididos em três categorias: de uso comum do povo, de uso especial e dominicais.

Os **bens de uso comum do povo** são aqueles destinados à utilização geral dos indivíduos, podendo ser usufruídos por todos em igualdade de condições, sendo desnecessário consentimento individualizado por parte da Administração.

Bens de uso especial, ou do patrimônio indisponível, *são todos aqueles que visam à execução dos serviços administrativos e dos serviços públicos em geral*. Em resumo, abrangem todos os utilizados pela Administração para a execução dos serviços públicos. O art. 99, II, Código Civil, estatui que são bens públicos "os de uso especial, tais como edifícios ou terrenos destinados a serviços ou estabelecimento da administração federal, estadual, territorial ou municipal, inclusive os de suas autarquias". Podem ser citados como exemplos de bens de uso especial, ainda: os edifícios públicos, tais como escolas e universidades, os mercados públicos, os veículos oficiais etc.

Por fim, bens dominicais, ou do patrimônio disponível, também estão tratados no Código Civil, da seguinte forma: *consideram-se dominicais os bens pertencentes às pessoas jurídicas de Direito Público a que se tenha dado estrutura de Direito Privado*.

Pelo difícil entendimento da norma, é melhor registrar que bens dominicais são os que não têm uma destinação pública específica (em termos doutrinários, estão "desafetados"), podendo mesmo ser utilizados pelo Estado para fazer renda (alienados). Constituem o patrimônio das pessoas jurídicas de Direito Público, como objeto de direito pessoal ou real de cada uma dessas entidades. A doutrina caracteriza os bens dominicais como de caráter residual: se não são de uso comum ou de uso especial, os bens são dominicais, tais como: terras devolutas, prédios públicos desativados, móveis inservíveis, dívida ativa etc.

No que se refere à possibilidade de alienação, a doutrina que há uma **alienabilidade condicionada:** bens públicos de uso comum e de uso especial não podem ser alienados ENQUANTO MANTIVEREM ESSA QUALIFICAÇÃO, isto é, **enquanto estiverem afetados à destinação pública são inalienáveis**. Assim, bens públicos DOMINICAIS podem ser alienados, já que não estarão atrelados a qualquer finalidade pública.

Logo, a partir da **desafetação**, os bens poderão ser alienados, observadas, em todo caso, as condições previstas na Lei de Licitações (isso será tratado, na análise dos itens). E, claro, existem bens do domínio público que são absolutamente inalienáveis, como o ar atmosférico e as praias, por exemplo.

Outra coisa: Bens públicos, mesmo que afetados, podem ser alienados entre integrantes do Estado. Ou seja, a União, por exemplo, poderia vender ou doar uma praça a um Estado. Assim, esta característica, de alienabilidade condicionada, diz respeito a transações de bens públicos com particulares, não atingindo transações entre integrantes do Estado. Alguns autores, então, dizem que os bens públicos estão EXTRACOMÉRCIO (fora do comércio) **PRIVADO**, mas não fora do comércio **PÚBLICO**. Atentem para eventuais itens de prova a respeito. Merece muito cuidado! Agora, vamos fazer, de forma breve, as análises dos itens.

Letra **a**: ERRADA. Os bens de uso comum e os de uso especial não são inalienáveis de forma absoluta. Na realidade, quando desafetados (quando dominicais, portanto), podem ser alienados. Além disso, mesmo que afetados, podem ser alienados entre entes públicos, mantendo-se sua destinação pública.

Letra **b**: **CERTA**. Exatamente como explicado na parte teórica e no item logo acima.

Letra **c**: ERRADA. Dois erros crassos: 1º: bens dominicais são alienáveis, uma vez que estão desafetados; e, 2º: tais bens já estão desafetados e podem ser alienados também sob o domínio do Direito Público, isto é, entre entes públicos.

Letra **d**: ERRADA. Veja o que diz a Lei nº 8.666/1993:

> Art. 17. A alienação de bens da Administração Pública, subordinada à existência de interesse público devidamente justificado, será precedida de avaliação e obedecerá às seguintes normas:
> I – quando imóveis, dependerá de autorização legislativa para órgãos da administração direta e entidades autárquicas e fundacionais, e, para todos, inclusive as entidades paraestatais, dependerá de avaliação prévia e de licitação na modalidade de concorrência, dispensada esta nos seguintes casos:

O examinador quis "pregar uma peça" para quem se lembrou da regra do art. 17, que pode ser assim resumida: bens IMÓVEIS dos ÓRGÃOS DA ADMINISTRAÇÃO DIRETA, AUTARQUIAS e FUNDAÇÕES PÚBLICAS DEMANDAM AUTORIZAÇÃO LEGISLATIVA PARA SEREM ALIENADOS. Note que SOCIEDADES DE ECONOMIA MISTA e EMPRESAS PÚBLICAS NÃO DEMANDAM, portanto, AUTORIZAÇÃO LEGISLATIVA PARA ALIENAR SEUS BENS IMÓVEIS. Tal regra possui vários detalhes e observações, os quais não serão trabalhados aqui, uma vez que haverá outras questões em que o tema será trabalhado. De toda forma, o item coloca uma regra inexistente — não há qualquer tipo de exigência no sentido de que para bens dominicais seria dispensável autorização legislativa para serem alienados. Na realidade, isso foi uma invenção do examinador, tentando confundir o candidato a partir da exigência de autorização legislativa para alienação de bens imóveis por parte de órgãos da Administração Direta, Autarquias e Fundações.

Letra e: ERRADA. A exigência legal é para venda de bens IMÓVEIS por parte de órgãos da Administração Direta e das Autarquias e Fundações Públicas (as duas últimas integram a Indireta, relembre-se). Não existe regra alguma no sentido do que diz o item.

Apenas um último registro: O comando menciona como fundamento de resposta apenas a Lei nº 8.666/1993. Evidentemente, só tal Lei seria insuficiente. Foi preciso, também, o Código Civil, como visto. Mas isso foi só um detalhe.

Gabarito: Letra **b**.
Nível: **Médio**.

Questão 36 **(FCC – Defensoria-MA – Defensor – 2009)** No que concerne às normas constitucionais sobre servidores públicos, tem-se que:

a) é permitida a equiparação de vencimentos entre carreiras paradigmas, desde que dentro da mesma esfera política;

b) é permitida a acumulação remunerada de dois cargos privativos em carreiras jurídicas paradigmas, desde que dentro da mesma esfera política e observados os requisitos legais;

c) os vencimentos percebidos pelo defensor público estadual não podem exceder o subsídio mensal do governador do Estado;

d) os cargos em comissão que devem ser preenchidos por servidores de carreira, nos limites legais, são restritos às atribuições de direção, chefia e assessoramento;

e) a proibição de acumulação de cargos e empregos não se estende à Administração Indireta, exceto no que se refere às funções públicas.

Tema: Vencimento e remuneração (Lei nº 8.112, arts. 40 a 50) – Acumulação de Cargos e Empregos Públicos e Funções – Agentes Públicos.

COMENTÁRIOS

A bem da objetividade, os itens serão analisados um a um.

Letra a: ERRADA. O inciso XIII do art. 37 da CF/1988 estabelece: "é vedada vinculação ou equiparação de quaisquer espécies remuneratórias para efeito de remuneração de pessoal do serviço público". O item está ERRADO, então, dada a proibição constitucional, mas, para esclarecer, *equiparar* significa a previsão, em lei, de remuneração igual à de determinada carreira ou cargo, enquanto *vincular* não significa remuneração igual, mas atrelada a outra, de sorte que a alteração da remuneração do cargo vinculante provoca, automaticamente, a alteração prevista para o cargo vinculado.

Letras b e e: ERRADAS. De acordo com o inciso XVI do art. 37 da CF/1988 pode-se afirmar que a regra é que se veda a acumulação **remunerada** de cargos, empregos e funções **públicos**, seja na Administração Direta, seja na Administração Indireta.

A regra da não acumulação abrange, portanto, também autarquias, fundações, empresas públicas, e sociedades de economia mista, em quaisquer esferas da Federação (União, estados, Distrito Federal e municípios). Entretanto, o mesmo dispositivo, POR REGRA DE EXCEÇÃO, abre possibilidade de acumulação de cargos e empregos públicos nas seguintes hipóteses:

> XVI – é vedada a acumulação remunerada de cargos públicos, exceto, quando houver compatibilidade de horários, observado em qualquer caso o disposto no inciso XI:
> a) a de dois cargos de professor;
> b) a de um cargo de professor com outro técnico ou científico;
> c) a de dois cargos ou empregos privativos de profissionais de saúde, com profissões regulamentadas;

Veja na alínea c que é possível o acúmulo de *dois cargos ou empregos privativos de profissionais de saúde*, o que o item não menciona. Ao contrário disso, fala de "carreiras jurídicas paradigmas". Tal hipótese não é contemplada nas possibilidades de acúmulo previstas na CF/1988.

Letra **c**: ERRADA. Um item muito interessante, que cuida do que a doutrina chama de "teto remuneratório", que é o valor máximo que pode ser pago a servidores (em sentido amplo), a título de remuneração/subsídio. O assunto consta do longo inciso XI do art. 37 da CF, o qual é responsável por fixar o teto remuneratório dos servidores públicos, de modo geral. Observe o dispositivo:

> A remuneração e o subsídio dos ocupantes de cargos, funções e empregos públicos da administração direta, autárquica e fundacional, dos membros de qualquer dos Poderes da União, dos Estados, do Distrito Federal e dos Municípios, dos detentores de mandato eletivo e dos demais agentes políticos e os proventos, pensões ou outra espécie remuneratória, percebidos cumulativamente ou não, incluídas as vantagens pessoais, ou de qualquer natureza, não poderão exceder o subsídio mensal, em espécie, dos Ministros do Supremo Tribunal Federal, aplicando-se como limite, nos municípios, o subsídio do Prefeito, e **nos Estados e Distrito Federal**, o subsídio do Governador, no âmbito do Poder Executivo, o subsídio dos Deputados Estaduais e Distritais no âmbito do Poder Legislativo e o **subsídio dos Desembargadores do Tribunal de Justiça, limitado a noventa inteiros e vinte e cinco centésimos por cento do subsídio mensal, em espécie, dos Ministros do Supremo Tribunal Federal, no âmbito do Poder Judiciário, aplicável este limite aos membros do Ministério Público, aos Procuradores e aos Defensores**.

Veja que os Defensores estaduais, mesmo sendo servidores do Poder Executivo, têm como teto o subsídio mensal dos DESEMBARGADORES e não o subsídio mensal do governador do Estado. O mesmo se aplica aos procuradores de Estado. Ao que parece, o Constituinte preferiu colocar essas duas carreiras (da Defensoria e da Procuradoria) ligadas, para o fim de teto, ao subsídio dos desembargadores por se tratar

de carreiras tipicamente jurídicas (funções essenciais à Justiça). Razoável, portanto, estarem ligados a uma carreira do Judiciário, para efeito de teto.
Letra **d**: **CERTA**. O item é a literalidade do inciso V, do art. 37, da CF/1988. Veja:

> V – as funções de confiança, exercidas **exclusivamente** por servidores ocupantes de cargo efetivo, e **os cargos em comissão**, a serem preenchidos por servidores de carreira nos casos, condições e percentuais mínimos previstos em lei, destinam-se apenas às atribuições de direção, chefia e assessoramento

Os destaques, mais uma vez, não constam do texto original: funções de confiança são para servidores de cargos EFETIVOS, enquanto que os cargos em comissão devem ser preenchidos por servidores de CARREIRA, nos casos/condições/percentuais mínimos estabelecidos em LEI.

Vamos à breve explicação, para que se entenda melhor: imagine uma das carreiras existentes do órgão "X", a de auditor tributário, por exemplo. Imagine, então, que uma Lei determinasse que 80% dos cargos comissionados do referido órgão tenham de ser ocupados por servidores da carreira de auditor. Os auditores do órgão "Y", apenas a título de exemplo, que também são ocupantes de cargos efetivos, não são da carreira de auditor do órgão "X". Portanto, não fariam parte desses 80% dos cargos em comissão que devem ser providos, na hipótese construída. Assim, vários cargos EFETIVOS, não fazem parte de determinadas carreiras.

De outro lado, interessante notar que **cargos em comissão podem ser ocupados por pessoas alheias à Administração, o que não ocorre com as funções de confiança**, haja vista deverem ser providas **EXCLUSIVAMENTE** por servidores de cargos EFETIVOS.

Por fim, alguns pontos comuns entre ambos (cargos em comissão e funções de confiança]:

I) Como já dito, os cargos em comissão (assim como as funções de confiança) destinam-se à **D**ireção e ao **A**ssessoramento **S**uperior. É por isso que, recorrentemente, referimo-nos a tais cargos como os de DAS; e

II) são preenchidos sem a necessidade de concurso público prévio, não oferecendo garantia de permanência do titular no cargo (estabilidade). Dispensam, ainda, motivação para a exoneração de seus ocupantes.

Um último detalhe: Não há nomeação para FUNÇÕES DE CONFIANÇA, mas tão somente mera designação. De fato, como para ocupar FUNÇÃO DE CONFIANÇA o sujeito já tem que ser detentor de cargo efetivo, será meramente DESIGNADO para a função de confiança. Vejamos o que diz o § 4º do art. 15 da Lei Federal nº 8.112, de 1990:

> O **início do exercício de função de confiança coincidirá com a data de publicação do ato de designação**, salvo quando o servidor estiver em licença ou afastado por qualquer outro motivo legal, hipótese em que recairá no primeiro dia útil após o término do impedimento, que não poderá exceder a trinta dias da publicação.

Veja que o início do exercício da função de confiança é IMEDIATO, e tem início com a publicação do ato que designa para tal. A razão é uma só: como o sujeito já possui cargo efetivo, então por que nomeá-lo novamente? Assim, será DESIGNADO para a função de confiança.
Gabarito: Letra **d**.
Nível: **Médio**.

Questão 37 **(FCC – Defensoria-MA – Defensor – 2009) O estado do Maranhão adjudicou, em sede de execução fiscal, um imóvel que pertencia a uma empresa devedora de ICMS. Pretendendo alienar este imóvel com a maior agilidade possível, uma vez autorizada normativamente a transferência onerosa, o Poder Público deve adotar a seguinte modalidade de procedimento licitatório:**
a) pré-qualificação;
b) pregão;
c) leilão;
d) tomada de preços;
e) convite.

Tema: Leilão e Concurso – Modalidades na Lei nº 8.666/1993 – Licitações (Lei nº 8.666/1993).

COMENTÁRIOS

Em primeiro lugar, note que havia uma dívida a ser paga pela empresa. E isso deve ser feito em dinheiro, já que se trata de um tributo (imposto ICMS). Entretanto, o devedor pagou a dívida com um imóvel, portanto, por "dação em pagamento", a qual consiste em pagar uma dívida por meio diverso do previsto originariamente.
Pois bem. Agora, analise o que diz o art. 19 da Lei nº 8.666/1993:

> Art. 19. Os bens **imóveis da Administração Pública, cuja aquisição haja derivado de** procedimentos judiciais ou de **dação em pagamento**, poderão ser alienados por ato da autoridade competente, observadas as seguintes regras:
> I – avaliação dos bens alienáveis;
> II – comprovação da necessidade ou utilidade da alienação;
> III – adoção do procedimento licitatório, **sob a modalidade de concorrência ou leilão**.

Os destaques são para que você perceba que os imóveis adquiridos pela Administração Pública mediante dação em pagamento podem ser alienados mediante LEILÃO ou CONCORRÊNCIA. Como não há a concorrência nas alternativas dispostas na questão, só resta o leilão a ser apontado como gabarito.
Dois outros detalhes:
I) Caso o imóvel tenha sido adquirido por outros meios que não a dação em pagamento ou procedimentos judiciais, a única modalidade aplicável para alienação do imóvel seria a concorrência, pela Lei nº 8.666/1993, já que o leilão para venda de imóveis da Administração só pode ser utilizado nas hipóteses previstas no art. 19; e

II) As duas únicas modalidades aplicáveis para alienação de bens imóveis são as duas já citadas (leilão ou concorrência). As demais não servem à alienação.
Gabarito: Letra **c**.
Nível: **Fácil**.

Questão 38 (FCC – Defensoria-MA – Defensor – 2009) Considerando-se a autonomia inerente às autarquias, admite-se, em relação a este ente:
a) controle, nos limites legais, a ser exercido pela pessoa política que instituiu a autarquia;
b) autotutela, que se traduz pela possibilidade de controle a ser exercido pela pessoa política que instituiu a autarquia;
c) fiscalização pelo Tribunal de Contas, nos moldes e limites a serem definidos na lei que disciplina o controle da autarquia pela pessoa política que a instituiu;
d) fiscalização a ser exercida pelo Tribunal de Contas, com auxílio da pessoa política que instituiu a autarquia;
e) revisão dos atos praticados pela autarquia para sua adequação aos fins que justificaram sua instituição, a ser exercido pela pessoa política que a instituiu.

Tema: Administração Indireta – Organização Administrativa.

COMENTÁRIOS

A questão trata, essencialmente, do controle das autarquias, entidades da Administração Indireta. A doutrina informa que TODAS as entidades da Administração Indireta, não só as Autarquias, submetem-se ao chamado "controle de resultados", por parte de um órgão da Administração Direta.

O vínculo da entidade da Administração Indireta junto a um ministério, por exemplo, é do tipo não hierárquico, não subordinado, tratando-se de um controle administrativo de resultados (ou finalístico). Em outras palavras, o controle da Administração Direta sobre a Indireta será efetuado dentro da finalidade para a qual foi criada, dentro do que a doutrina denomina princípio da especialidade.

O vínculo em questão é tradicionalmente chamado de "tutela administrativa" e encontra limites, portanto, ante a ausência de subordinação entre a entidade fiscalizada e o órgão supervisor. Está certa a letra **a**, em consequência. Alguns outros rápidos comentários com relação às demais assertivas:

Letra **b**: ERRADA. O item é interessante, pois tenta confundir a TUTELA, do que já se tratou, com a autotutela, que é outra coisa. Por esta última, a Administração deve promover vigília constante de seus atos, anulando-os, caso ilegais; ou revogando-os, caso inconvenientes e/ou inoportunos aos interesses públicos.

Letra **c**: ERRADA. As entidades da Administração Indireta, no que se incluem as autarquias, se sujeitam à fiscalização pelo Tribunal de Contas. Entretanto, os limites para tal atividade estarão na Lei da própria Corte de Contas (será a Lei Orgânica da instituição) e mesmo na Constituição. Não será na Lei que instituiu um pretenso "controle" da autarquia.

Letra **d**: ERRADA. A fiscalização das entidades da Administração Indireta deve ser feita pelo órgão legislativo próprio (no caso da União, o Congresso Nacional) com o auxílio do Tribunal de Contas, nos termos do art. 71 da CF/1988 (veja na legislação abaixo). Evidentemente o Tribunal de Contas, não será auxiliado pela pessoa política que instituiu a autarquia. Não faz sentido isso.

Letra e: ERRADA. Pense bem: é razoável instituir-se uma autarquia, dotando-a de patrimônio próprio, corpo diretivo próprio, para, depois, o ente federativo fazer revisão dos atos da entidade? Ora, não seria melhor, então, criar um órgão na Administração Direta do ente político? Pois é. Tal revisão (dos atos da autarquia) não encontra suporte no ordenamento jurídico.

Legislação
CF/1988:

> Art. 71. O controle externo, a cargo do Congresso Nacional, será exercido com o auxílio do Tribunal de Contas da União, ao qual compete:

Gabarito: Letra **a**.
Nível: **Médio**.

Questão 39   **(FCC – Defensoria-MA – Defensor – 2009)** Dentre os chamados Poderes da Administração, aquele que pode ser qualificado como autônomo e originário em determinadas situações previstas na Constituição Federal é o poder:
a) hierárquico, que permite à autoridade superior a possibilidade de punição disciplinar independentemente de expressa previsão legal;
b) disciplinar, na medida que permite a imposição de sanções não previstas em lei.
c) regulamentar, que permite o exercício da função normativa do Poder Executivo com fundamento direto na Constituição Federal;
d) discricionário, que permite à Administração Pública atuar sem expressa vinculação à lei, nos casos em que inexista disciplina normativa para o assunto;
e) de polícia, que permite à Administração Pública a prática de atos administrativos, preventivos e repressivos, para a disciplina de situações não previstas pela legislação.

Tema: Poder Hierárquico – Poder Disciplinar – Poder Regulamentar – Poder de Polícia – Poder Vinculado e Discricionário.

COMENTÁRIOS

Os poderes da Administração Pública são instrumentos colocados à disposição desta, para o desempenho de suas atribuições. Não se confundem com os poderes políticos, que são a verdadeira estrutura do Estado e que constam da CF/1988 (art. 2º). Apenas para relembrá-los: Executivo, Legislativo e Judiciário.

Bem, a atividade da Administração Pública não inova, em regra, o ordenamento, já que diz respeito à execução das políticas públicas, as quais serão definidas pela LEI, essa sim, com caráter originário, isto é, que trará novidades ao ordenamento.

Superada essa breve introdução, os comentários serão feitos a cada um dos itens.
Letra a: ERRADA. O poder hierárquico é o que determina que a Administração se auto-organize, estabelecendo quem serão os responsáveis pelas tarefas, e que, ao fim, permite à Administração aplicar punições aos que descumprirem as ordens

advindas da hierarquia, as quais, entretanto, devem encontrar amparo na Lei, já que não há pena sem expressa previsão legal, conforme estabelece a CF/1988 (ver legislação abaixo).

Letra **b**: ERRADA. O poder disciplinar é decorrente da hierarquia. E é mais propriamente ligado à possibilidade punitiva dada à Administração. Contudo, vale o mesmo comentário feito ao item anterior — não é possível a punição de alguém, sem expressa previsão legal.

Letra **c**: ERRADA. Item muito bom, pois reconhece em nosso ordenamento a existência de Decretos Autônomos, que foram reintroduzidos por meio da Emenda Constitucional nº 32/2001. A partir da promulgação desta, compete ao Presidente da República "dispor, mediante decreto, sobre: a) organização e funcionamento da administração federal, quando não implicar aumento de despesa nem criação ou extinção de órgãos públicos; b) extinção de funções ou cargos públicos, quando vagos". No último caso, não se trata de ato de natureza regulamentar, mas sim de ato de efeitos concretos, já que tratará apenas da extinção de um cargo. Entretanto, no primeiro caso, é ato regulamentar (de natureza normativa), já que estabelecerá, em caráter geral, condições de funcionamento da Administração. E isso, como visto, com suporte direto na CF/1988. O item, portanto, está correto.

Para complementar, registre-se que, hoje, para fins de concurso público, deve ser aceita a existência de Decretos Autônomos tão somente nas hipóteses listadas acima. Mas, em que residiria a autonomia desses atos administrativos?

A "autonomia" vem do Decreto dessa natureza não se ater aos limites postos por uma Lei, como no caso dos regulamentares, mas de se arvorar diretamente no texto constitucional, ou seja, de irem além da lei (*praeter legem*) e não apenas até os limites desta (*secundum legem*).

Letra **d**: ERRADA. A legalidade aplicável à Administração não a autoriza a agir além da Lei. Chegando-se a uma interpretação extrema, na falta de previsão legal, a Administração não poderia agir, já que, conforme a doutrina, à Administração só é lícito fazer o que a lei autoriza. Discricionariedade, por sua vez, é liberdade concedida à Administração, mas com limites da Lei. Não se pode confundir tal liberdade (limitada) com arbitrariedade. Esta última seria liberdade irrestrita, ilimitada. E, para o Estado, isso é inadmissível.

Letra **e**: ERRADA. De fato, o poder de polícia permite ao Poder Público a prática de atos preventivos e repressivos. Todavia, apenas para a disciplina de situações que encontrem previsão legal, é claro.

Legislação
CF/1988:

Art. 5º. (...)
XXXIX – não há crime sem lei anterior que o defina, nem pena sem prévia cominação legal;

Gabarito: Letra **c**.
Nível: **Médio**.

Questão 40 **(FCC – Defensoria-MA – Defensor – 2009)** São exemplos de atos administrativos vinculados:
a) autorização de uso de imóvel público e homologação de procedimento licitatório que se pretenda concluir;
b) licença de funcionamento e permissão de uso de imóvel público;
c) permissão de uso de imóvel público e aprovação para alienação de terras públicas;
d) homologação do procedimento licitatório que se pretenda concluir e licença de funcionamento;
e) aprovação de alienação de terras públicas e alvará de uso privativo de terras públicas.

Tema: Classificação (atos administrativos) – Atos Administrativos

COMENTÁRIOS

Vamos direto para a análise dos itens.
Letra **a**: ERRADA. A autorização é ato discricionário. A homologação de um processo licitatório, não, já que a autoridade que tem a competência para homologar não pode, a seu juízo, simplesmente não o fazer. Enfim, a homologação de uma licitação, que é um ato de controle por parte da autoridade competente, é ato vinculado.
Letra **b**: ERRADA. As licenças são atos vinculados. Entretanto, a permissão de uso bem é ato discricionário.
Letra **c**: ERRADA. Como dito no item anterior, a permissão de uso bem é ato discricionário. Já a aprovação é ato discricionário também, pelo qual um administrador se manifesta sobre o ato de outro administrador.
Letra **d**: **CERTA.** Tanto a homologação quanto a licença são atos vinculados.
Letra **e**: ERRADA. A aprovação é ato discricionário (veja letra **c**). Já o alvará é o que formaliza o ato, em si. Por isso, a doutrina fala de alvará de licença, alvará de autorização, por exemplo. O que será vinculado ou discricionário, portanto, é ato formalizado por meio do alvará, que é mera exteriorização.
Gabarito: Letra **d**.
Nível: **Médio**.

Questão 41 **(FCC – Defensoria-MA – Defensor – 2009)** O Poder Público contratou, por meio de regular licitação, a execução de uma obra pública em terreno recentemente desapropriado para esta finalidade. Durante o início das fundações, a empresa contratada identificou focos de contaminação do solo na área. Este fato obriga a realização de trabalhos de descontaminação cujo custo eleva em demasia o preço da obra. Considerando que as partes não tinham conhecimento da contaminação e que, por razões de ordem técnica não poderiam sabê-lo antes, caberá:
a) rescindir o contrato e realizar nova licitação para contratação de empresa para a realização da obra, agora considerado o novo custo;
b) alterar o contrato para restabelecimento do equilíbrio econômico-financeiro do contrato, observados os requisitos legais;
c) realizar nova licitação para contratação do serviço de descontaminação do solo, devendo a empresa anteriormente contratada concorrer com terceiros, resguardando-se, no entanto, seu direito de preferência caso haja igualdade de propostas;

d) rescindir unilateralmente o contrato pela contratada, em face do fato imprevisível, restituindo-se-lhe o valor gasto até então;
e) realizar a descontaminação do solo diretamente pelo contratante, mantendo-se inalteradas as condições do contrato celebrado, cuja execução ficará apenas diferida no tempo.

Tema: Execução dos Contratos (arts. 66 a 76 da Lei nº 8.666/1993) – Contratos Administrativos (Lei nº 8.666/1993)

COMENTÁRIOS

Para a resolução, analise as informações fundamentais do comando da questão:
- licitação de obra pública;
- selecionada a empresa, por parte desta houve detecção de focos de contaminação do solo na área;
- em razão do fato, a empresa incorreu em custos, causando aumento no preço da obra;
- o erro não pode ser atribuído a ninguém.

A partir disso, a questão, apesar de não ser fácil, torna-se mais de lógica do que de Direito. Mas há fundamentos doutrinários importantes para a resolução.

Um fato novo, imprevisto, leva à aplicação da teoria da imprevisão, que determina que o contrato seja reequilibrado, isto é, tenha alterado seu valor real, para que seja feito pagamento justo, em conformidade com os novos custos incorridos pelo contratado, o qual, diga-se, não tem culpa alguma pelo fato descrito no comando da questão.

Existem alguns requisitos para o restabelecimento do equilíbrio econômico-financeiro do contrato, em razão da aplicação da teoria da imprevisão. Assim, o fato que justifica a aplicação da teoria da imprevisão deverá ser:
a) dotado de imprevisibilidade razoável quanto à sua ocorrência ou quanto às suas consequuências;
b) estranho à vontade das partes;
c) excessivamente onerosos em relação a uma das partes;
d) correspondente a álea extraordinária e extracontratual, logo, não o simples risco empresarial.

Álea. Que significa esse termo?
O termo "álea" refere-se a um risco relacionado aos contratos, abrangendo três tipos, segundo os ensinamentos da Professora Maria Sylvia Di Pietro:

I) a ordinária, comuns às contratações, de modo geral;
II) a administrativa, a qual envolve a possibilidade de alteração unilateral dos contratos pela própria Administração, o fato do príncipe e o fato da administração; e
III) a econômica, que corresponde a circunstâncias externas ao contrato, estranhas à vontade das partes, imprevisíveis, excepcionais, inevitáveis, que causam desequilíbrio muito grande no contrato.

O caso do comando da questão é de **álea econômica**, e, por isso, levará ao reequilíbrio do contrato.

Detalhe: O examinador se utilizou da doutrina para formular o gabarito da questão. Entretanto, caso a Administração tivesse informações suficientes para análise, poderia optar pela rescisão do contrato, em face de sobrelevação extrema nos custos, de modo que não valesse mais à pena manter o contrato. Mas não há informações a respeito disso no comando, pelo que, juridicamente, a melhor alternativa para o cumprimento dos interesses públicos é a letra **b**, de fato.

Gabarito: Letra **b**.
Nível: Difícil.

Questão 42   **(FCC – Defensoria-MA – Defensor – 2009)** Considerando que a execução de obras para implantação de uma linha de Metrô compreende inúmeras fases, destaca-se a primeira delas como sendo a identificação das áreas que serão afetadas pelo investimento público. Nem todas as áreas utilizadas para a implantação da obra terão seu aproveitamento econômico esvaziado, de forma que muitas prescindirão de aquisição de domínio (p. ex.: áreas para canteiro de obras ou margem de segurança para perfuração). Neste sentido, é CORRETO afirmar que, além da desapropriação para alguns trechos da obra, poderão ser utilizados pela Cia. do Metropolitano – METRÔ, os seguintes institutos de intervenção na propriedade privada:

a) limitação administrativa, na medida em que impõe obrigações de não fazer decorrentes de necessidade urgente do Poder Público;

b) ocupação temporária, na medida em que viabiliza a utilização transitória remunerada de propriedade particular;

c) requisição administrativa, instituída por acordo entre as partes e que visa à obrigação de fazer pelo proprietário, que deverá colaborar com a obra.

d) tombamento, que grava a propriedade particular com limitações do aproveitamento econômico, restringindo-lhe os usos permitidos;

e) servidão, na medida em que impõe ao proprietário o dever de suportar, gratuita e por meio de lei, o serviço público cuja prestação justificou sua instituição.

Tema: Ocupação Provisória – Limitações Administrativas (intervenção da propriedade) – Tombamento – Servidões Administrativas.

COMENTÁRIOS

Note que a questão cuida de duas situações distintas com relação aos imóveis particulares que serão atingidos pela obra.

Na 1ª, alguns deverão ser utilizados com ânimo definitivo pelo Metrô, em razão das obras necessárias. Devem ser desapropriados, portanto, com o domínio passando a ser do Metrô.

Noutra, o uso do imóvel particular será transitório, pelo tempo necessário à realização de serviços. Não é necessário, nesse caso, que o domínio permanente passe a ser do expropriante (o Metrô). A doutrina ensina que a ocupação temporária é o modo de intervenção pelo qual o Poder Público usa transitoriamente imóveis privados como meio de apoio à execução de obras e serviços públicos. Por isso, nosso gabarito é a letra **b**.

Alguns outros comentários com relação aos outros itens:

Letra **a**: ERRADA. As limitações administrativas decorrem de normas gerais e abstratas, e se dirigem a propriedades indeterminadas, com o fim de satisfazer interesses coletivos, de modo abstrato. Exemplo de uma limitação administrativa, para ficar mais fácil de entender: determinação de altura máxima dos prédios, em região de uma cidade, por razões de estética urbana, tal qual em Brasília, em que os prédios, na área do chamado "plano diretor", tem no máximo seis andares.

Letra **c**: ERRADA. A requisição administrativa é direito pessoal da Administração Pública que, diante de um perigo iminente, de forma transitória, pode utilizar-se de bens móveis, imóveis ou serviços. É onerosa, com a indenização sendo feita a posteriori. Hoje, pode ser feita tanto em tempo de paz, quanto em tempo de guerra. Entretanto, o fundamento é um só: o perigo iminente (veja o que diz o inciso XXV, do art. 5º, da CF, na legislação abaixo).

Letra **d**: ERRADA. O tombamento é instituto que tem por objeto a tutela do patrimônio histórico e artístico nacional. E, de fato, gera restrição parcial ao aproveitamento econômico de um bem, não impedindo ao particular o uso dos direitos inerentes ao domínio. Em razão disso, não gera direito à indenização, em regra, a qual ocorrerá tão somente quando o proprietário demonstrar que realmente sofreu algum prejuízo em decorrência do tombamento. Entretanto, o comando da questão não traz qualquer informação que leve à conclusão de que seria necessário o tombamento de algum bem.

Letra **e**: ERRADA. A servidão administrativa, em conformidade com a doutrina (Maria Sylvia Di Pietro), vem a ser "o direito real de gozo, de natureza pública, instituído sobre imóvel de propriedade alheia, com base em lei, por entidade pública ou por seus delegados, em favor de um serviço público ou de um bem afetado a fim de utilidade pública". Notem que a servidão é direito REAL, ou seja, incidente sobre IMÓVEL, sobre propriedade alheia para dar possibilidade de uso em fazer dos interesses públicos. Entretanto, não é por tempo certo, como demanda a situação descrita no comando da questão. É feita com ânimo definitivo, sendo que a doutrina aponta como característica essencial a perpetuidade da servidão.

Legislação
CF/1988:

> Art. 5º. (...)
> XXV – No caso de perigo público iminente, a autoridade competente poderá usar da propriedade particular, assegurada ao proprietário indenização ulterior, se houver danos.

Gabarito: Letra **b**.
Nível: **Médio**.

Direito Administrativo | Questões FCC

Questão 43 (FCC – Defensoria-MA – Defensor – 2009) Determinado policial militar conduzia viatura pública por avenida de tráfego intenso quando, ao avistar suspeito da prática de crime, efetuou conversão proibida para mudar de sentido e iniciar perseguição. Em razão da conversão proibida, colidiu com veículo particular, ferindo gravemente um de seus ocupantes. A conduta do servidor público pode dar ensejo à apuração de sua responsabilidade no âmbito:

a) civil, respondendo sob a modalidade objetiva, na forma do art. 37, parágrafo 6º, da Constituição Federal, sem prejuízo de regular processo administrativo disciplinar;
b) penal, se vier a ser demonstrada a tipificação de sua conduta, somente após o quê poderá ser punido administrativamente;
c) administrativa, pela infração cometida nesta esfera, sem prejuízo da reparação civil que lhe venha a ser imposta, caso fique demonstrada culpa ou dolo;
d) penal, pelo crime ou contravenção praticada, sem prejuízo da responsabilidade civil, que se processará sob a modalidade objetiva;
e) civil, se for demonstrada culpa ou dolo de sua conduta, o que absorverá eventual punição disciplinar a que faria jus, porque menos gravosa.

Tema: Do regime disciplinar (Lei nº 8.112, arts. 116 a 142) – Lei nº 8.112/1990 (lei federal) – Agentes Públicos.

COMENTÁRIOS

A questão trata da responsabilização do servidor público, que pode ocorrer na esfera administrativa, civil e penal.

Pela primeira, por infrações administrativas. A segunda (civil), por prejuízos causados a alguém. E a terceira (penal), por crimes e contravenções.

Pois bem. É tradicional a afirmativa de que as esferas são independentes. Assim, um só fato pode acabar fazendo com que o servidor acabe por responder nas três esferas distintas. É disso exatamente que cuida a questão. Um só fato (o acidente de trânsito) pode levar o a responder nas três esferas, já que:

I – fez conversão proibida: deve-se apurar, então, se essa é a melhor conduta, na qualidade de agente público, a ser adotada. Assim, necessária a apuração administrativa;
II – bateu no carro do particular: há um prejuízo a ser apurado (o carro da Administração e o do particular devem ter sofrido danos); e,
III –houve ferimento por parte de um passageiro do carro do particular: deve-se aferir a possibilidade de incidência do crime de lesão corporal.

Entretanto, relembre-se que, civilmente, a ação de reparação a ser intentada pelo particular prejudicado deve ser movida contra a instituição da qual faz parte o policial, qual seja, a polícia, não contra o agente público, em si. É que o STF entende que o agente público só deverá responder pelo prejuízo após a instituição ter sido condenada à reparação (se for o caso). E a ação específica para isso será a regressiva, em face do que dispõe a CF/1988 (veja o § 6º do art. 37 da CF/1988, legislação abaixo).

Detalhe: Para a Administração valerá a responsabilidade civil OBJETIVA, baseada na teoria do risco administrativo. Contudo, para o agente público vale a tese

SUBJETIVA, isto é, para que o agente seja responsabilizado deve ficar evidenciado que ele agiu dolosa ou culposamente.

Feitos estes breves comentários, analisem-se os itens.

Letra **a**: ERRADA. Para o agente, a responsabilidade civil é SUBJETIVA, isto é, baseada na necessidade de comprovação de culpa deste. O restante está correto — a apuração civil não impede a instauração de processo administrativo disciplinar, com vistas à apuração da responsabilidade administrativa.

Letra **b**: ERRADA. A apuração administrativa não necessita que se aguarde a conclusão da esfera penal. LEMBRE-SE: as esferas são independentes.

Letra **c**: CERTA. Em conformidade com o aqui exposto. O item está correto.

Letra **d**: ERRADA. A parte referente à apuração penal está correta. Entretanto, como dito, a apuração da responsabilidade civil tem por fundamento a tese subjetiva.

Letra **e**: ERRADA. A absorção de uma penalidade mais leve por outra ocorre quando as duas são cometidas NA MESMA ESFERA. Exemplo – a Lei nº 8.429/1992, de improbidade administrativa, coloca situações diversas em que penalidades são aplicadas. A mais grave delas é por enriquecimento ilícito do servidor. Caso o fato cometido por ele (servidor) seja enquadrado como tal, e, ainda, como lesivo a princípios da Administração Pública, para o qual a Lei comina penalidades menos graves, o primeiro (enriquecimento ilícito) "absorverá", o segundo (lesão a princípios da Administração Pública).. Entretanto, tratando-se de esferas distintas, isso não poderá ocorrer, já que elas são independentes.

Legislação

> Art. 37 (...)
> § 6º. As pessoas jurídicas de Direito Público e as de Direito Privado prestadoras de serviços públicos responderão pelos danos que seus agentes, nessa qualidade, causarem a terceiros, assegurado o direito de regresso contra o responsável nos casos de dolo ou culpa.

Gabarito: Letra **c**.
Nível: **Fácil**.

Capítulo 4

Defensoria do Estado de São Paulo – Defensor – 2010

Q.44. Do processo administrativo disciplinar (Lei nº 8.112 – arts. 143 a 182) – Lei nº 8.112/1990 (lei federal)
Q.45. Poder de polícia – Poderes da Administração
Q.46. Convênios Administrativos – Serviços Públicos
Q.47. Desapropriação – Intervenção do Estado na Propriedade Privada
Q.48.- Princípios da Administração Pública – Regime Jurídico Administrativo
Q.49. Autorização, Permissão e Concessão (Serviços Públicos) – Serviços Públicos

Questão 44 (FCC – Defensoria-SP – Defensor – 2010) De acordo com a Súmula Vinculante nº 5 do Supremo Tribunal Federal, no processo administrativo disciplinar:
a) o acusado deve ser defendido por advogado regularmente constituído, caso não possua capacidade postulatória;
b) a demissão imposta a bem do serviço público deve ser submetida a prévio controle de legalidade pelo Poder Judiciário;
c) a falta de defesa técnica por advogado não ofende a Constituição Federal;
d) a presença de advogado em todas as fases de processo administrativo disciplinar é obrigatória;
e) a ausência de defesa por advogado acarreta a nulidade absoluta, se não for sanada antes da fase de julgamento.

Tema: Do Processo Administrativo Disciplinar (Lei nº 8.112, arts. 143 a 182) – Lei nº 8.112/1990 (lei

COMENTÁRIOS

Para resolver a questão, façamos a leitura da Súmula Vinculantes nº 5, citada no comando da questão: "A falta de defesa técnica por advogado no processo administrativo disciplinar não ofende a constituição."

Pode-se entender por defesa técnica, citada no verbete, a que seja formulada por profissional do direito, por advogado, então. Na Lei nº 8.112/1990, não há qualquer exigência de que em processos administrativos disciplinares, os conhecidos PAD, a defesa do servidor acusado por algum ilícito administrativo tenha de ser feita por profissional do Direito. Entretanto, o Superior Tribunal de Justiça – STJ (não o Supremo Tribunal Federal – STF), entendia de forma contrária, ou seja, para o STJ, mesmo no PAD, a defesa do acusado teria de ser feita por profissional do direito. A matéria, então, foi levada ao STF, que a partir de diversos precedentes, resolveu editar

a súmula acima, para pacificar a questão. Assim, como a Letra "C" repete o verbete (a Súmula nº 5), está CORRETA.
Legislação:
Gabarito: Letra **c**.
Nível: **Médio**.

Questão 45 **(FCC – Defensoria-SP – Defensor – 2010) – A restrição de acesso a local de repartição pública, onde se realiza atendimento ao público, de determinada pessoa que rotineiramente ali comparece, causando tumultos aos trabalhos desenvolvidos, é:**
a) admissível, com base no poder de polícia exercido em prol da coletividade;
b) arbitrária, uma vez que coíbe direito individual constitucional de liberdade de locomoção;
c) legal, por força do poder regulamentar conferido à Administração Pública;
d) irregular, pois extrapola o uso do poder normativo da Administração Pública;
e) normal, se o servidor responsável pelo serviço público possuir autonomia funcional.

Tema: Poder de Polícia – Poderes da Administração.

COMENTÁRIOS:

É bem conhecida a frase: "o direito de cada um vai até onde começa o do próximo". Veja-se a aplicação disso em prova.

Conforme o comando, percebe-se uma pessoa "inconveniente" ao bom andamento da atividade administrativa. Deve a Administração, portanto, tomar providência, para evitar o mau uso do direito por parte de tal pessoa, que tumultua o atendimento ao público em geral. Quanto a isso, não pode haver dúvidas. Importa saber qual é o fundamento para a ação por parte da Administração. É o poder de polícia, assim conceituado no art. 78 do Código Tributário Nacional – CTN:

> Considera-se **poder de polícia** a atividade da administração pública que, limitando ou disciplinando direito, interesse ou liberdade, regula a prática de ato ou abstenção de fato, em razão de interesse público concernente à segurança, à higiene, à ordem, aos costumes, à disciplina da produção e do mercado, ao exercício de atividades econômicas dependentes de concessão ou autorização do Poder Público, à tranquilidade pública ou ao respeito à propriedade e aos direitos individuais ou coletivos.

O poder de polícia constitui hipótese de incidência das taxas, em virtude do que dispõe a CF/1988 (art. 145, II), além do art. 77 do CTN.

Vê-se, no conceito, a sua amplitude — são diversas áreas que podem exigir a atuação da polícia administrativa: segurança, higiene, mercado.

Para facilitar a compreensão, o poder de polícia pode ser visto da forma como boa parte da doutrina o entende: "a faculdade colocada à disposição do Estado para condicionar e restringir o uso e gozo de bens, atividades e direitos individuais, em benefício do coletivo e do próprio Estado."

Voltando à questão: o fundamento da ação da Administração, restringindo o acesso do cidadão "tumultuador" é amparado por essa prerrogativa estatal, cabendo, inclusive, o uso da força, para manter a ordem — poder de polícia, portanto! Por isso, correta a letra **a**.

Alguns comentários com relação aos demais itens:

Letra **b**: ERRADA. A atuação do Poder Público não foi arbitrária. Diferente disso, encontra amparo no poder de polícia.

Letra **c**: ERRADA. O poder regulamentar da Administração é o que implica a produção de normas administrativas, tais como os Decretos, o que não ocorreu na situação descrita no comando da questão.

Letra **d**: ERRADA. A atuação da Administração está em conformidade com o sentido do poder de polícia. É REGULAR, em consequência.

Letra **e**: ERRADA. Não há nenhuma determinação legal ou constitucional que faça a associação entre autonomia do servidor e restrição ao direito de ir e vir dos particulares. Como dito, tal ação por parte da Administração decorre do poder de polícia.

Gabarito: Letra **a**.
Nível: **Fácil**.

Questão 46 **(FCC – Defensoria-SP – Defensor – 2010) O convênio administrativo, como instrumento de associação do Poder Público com entidades privadas ou mesmo entre entidades públicas, tem como característica própria:**

a) a realização conjunta de atividades comuns, ainda que seus partícipes tenham interesses opostos ou desejem coisas diferentes;

b) a ausência de vínculo ou cláusula de permanência obrigatória entre os convenentes, podendo ser denunciado antes do término do prazo de vigência;

c) a obrigatoriedade de prévio procedimento licitatório, uma vez que do ajuste resultarão obrigações recíprocas de natureza contratual;

d) o fato de que os entes conveniados, por terem objetivos institucionais diversos, visam à concretização de propósitos que lhes sejam favoráveis;

e) a prefixação do preço ou remuneração pela colaboração prestada, sendo vedadas quaisquer formas de repasse de recursos materiais ou humanos.

Tema: Convênios Administrativos – Serviços Públicos.

COMENTÁRIOS

Antes de começarmos a análise dos itens, uma pergunta juridicamente maldosa: **Os convênios são espécie de contratos administrativos?**

Bem, a resposta primária é SIM, sobretudo se o os contratos administrativos forem vistos **em sentido amplo**. No entanto, vistos em sentido estrito, os contratos administrativos não se confundem com os convênios administrativos.

De fato, nos convênios, os interesses são mútuos; não existem partes (nos convênios existem partícipes); os interesses caminham lado a lado, paralelos, comuns, convergentes. Já no contrato, um dos traços característicos é o lucro (nos convênios, a cooperação). Para ilustrar: a Defensoria Pública da União, órgão federal, celebra um contrato com o Ibama, autarquia federal, com o objetivo de repasse de informações gerenciais e de treinamento de pessoal na área ambiental. **Pergunta-se: o ajuste em questão é, de fato, um contrato?** Obviamente não, isso porque os interesses perseguidos pelos partícipes são paralelos, logo, estamos diante de um convênio.

GUARDE PARA SUA PROVA: CONVÊNIOS E CONTRATOS, tomados em acepção ESTRITA, são DISTINTOS.

O Decreto nº 6.170/2007, norma aplicável à União, assim define os convênios:

> Acordo, ajuste ou qualquer outro instrumento que discipline a transferência de recursos financeiros de dotações consignadas nos Orçamentos Fiscal e da Seguridade Social da União e tenha como partícipe, de um lado, órgão ou entidade da Administração Pública Federal, Direta ou Indireta, e, de outro lado, órgão ou entidade da administração pública estadual, distrital ou municipal, direta ou indireta, ou ainda, entidades privadas sem fins lucrativos, visando a execução de programa de governo, envolvendo a realização de projeto, atividade, serviço, aquisição de bens ou evento de interesse recíproco, em regime de mútua cooperação.

Chamou-se atenção para o fato de que se trata de uma norma aplicável à UNIÃO, pois a prova que ora se analisa era para defensor do Estado de São Paulo. Mas isso não invalida as análises, ok?

Por enquanto, fique com um breve resumo dos ensinamentos doutrinários sobre a distinção entre contratos e convênios. Veja:

- os entes conveniados têm objetivos institucionais comuns e se reúnem, por meio de convênio, para alcançá-los;
- no convênio, os partícipes objetivam a obtenção de um resultado comum, ou seja, um estudo, um ato jurídico, um projeto, uma obra, um serviço técnico, uma invenção etc., que serão usufruídos por todos os partícipes, o que não ocorre no contrato;
- no convênio, verifica-se mútua colaboração, e não se cogita de preço ou remuneração, que constitui cláusula inerente aos contratos;
- no contrato, o valor pago a título de remuneração passa a integrar o patrimônio da entidade que o recebeu, sendo irrelevante para o repassador a utilização que será feita de tais valores; no convênio, se o conveniado recebe determinado valor, este fica vinculado à utilização prevista no ajuste. Assim, se um particular recebe verbas do Poder Público em decorrência de convênio, esse valor não perde a natureza de dinheiro público, só podendo ser utilizado para os fins previstos no convênio. Por essa razão, a entidade está obrigada a prestar contas de sua utilização, não só ao ente repassador, como ao Tribunal de Contas;
- nos contratos, as vontades são antagônicas, se compõem, mas não se adicionam, delas resultando uma terceira espécie (vontade contratual, resultante e não soma) — ao passo que nos convênios as vontades se somam, atuam paralelamente, para alcançar interesses e objetivos comuns; e
- ausência de vinculação contratual, a inadmissibilidade de cláusula de permanência obrigatória e de sanções pela inadimplência (exceto eventuais responsabilidades funcionais que, entretanto, são medidas que ocorrem fora da avença).

Bem, feita a revisão teórica, analisem-se os itens:
Letra **a**: ERRADA. Se for o caso de interesses opostos, não se trata de um convênio, mas de um contrato.
Letra **b**: **CERTA**. Como dito, o Decreto nº 6.170/2007 é norma da União, mas vem sendo utilizado pelos Estados também. Veja o que diz o seguinte dispositivo da referida norma:

> Art. 12. O convênio poderá ser denunciado a qualquer tempo, ficando os partícipes responsáveis somente pelas obrigações e auferindo as vantagens do tempo em que participaram voluntariamente do acordo, não sendo admissível cláusula obrigatória de permanência ou sancionadora dos denunciantes.

A "denúncia" do convênio ocorrerá porque alguém, de alguma forma, não o cumpriu. Por isso, poderá o convênio ser denunciado, para que seja rompido antes do término de sua vigência. Entretanto, ninguém será obrigado a permanecer no convênio ou será punido, simplesmente por não aceitar mais a condição que não fora cumprida. Assim, o item, que está em estrita conformidade com a norma, está CORRETO.
Letra **c**: ERRADA. Dois erros "crassos": 1º. convênios não passam por licitação; 2º. convênios não possuem obrigações de natureza contratual (veja a exposição teórica acima).
Letra **d**: ERRADA. Mesmo que os entes conveniados tenham objetivos institucionais diversos, os propósitos a serem atingidos são os de interesse púbico, e não os mais favoráveis a cada um dos partícipes dos convênios.
Letra **e**: ERRADA. Existem, basicamente, dois polos envolvidos nos convênios: 1º. concedente: é quem repassa a parte principal do recurso envolvido na execução do objeto; 2º. convenente: é quem recebe o dinheiro e o aplica. Com relação ao convenente, há, ainda, uma parcela que deve ficar aos seus encargos. Chama-se tal parcela de "contrapartida", que é assim definida no multicitado Decreto nº 6.170/2007:

> Art. 7º. A contrapartida do convenente poderá ser atendida por meio de recursos financeiros, de bens e serviços, desde que economicamente mensuráveis.
> § 1º. Quando financeira, a contrapartida deverá ser depositada na conta bancária específica do convênio em conformidade com os prazos estabelecidos no cronograma de desembolso, ou depositada nos cofres da União, na hipótese de o convênio ser executado por meio do Sistema Integrado de Administração Financeira – Siafi.
> § 2º. Quando atendida por meio de bens e serviços, constará do convênio cláusula que indique a forma de aferição da contrapartida.

Veja no § 2º acima que é plenamente possível que a contrapartida seja feita em bens/serviços, o que possibilita, então, que parte do convênio seja mensurada em recursos materiais ou humanos.

Afora isso, o próprio concedente poderia fazer sua parte, a partir de repasse de recursos materiais ou humanos. Por isso, o item está ERRADO.
Gabarito: Letra **b**.
Nível: **Difícil**.

Questão 47 (FCC – Defensoria-SP – Defensor – 2010) O ato da Administração Pública declarando como de utilidade pública ou de interesse social a desapropriação de determinado imóvel NÃO tem como efeito:
a) iniciar a contagem do prazo legal para a verificação da caducidade do ato;
b) permitir às autoridades competentes adentrar no prédio objeto da declaração;
c) demonstrar o posterior interesse na transferência da propriedade do imóvel;
d) indicar o estado em que se encontra o imóvel, para fins de futura indenização;
e) proibir a obtenção de licença para o proprietário efetuar obras no imóvel.

Tema: Desapropriação – Intervenção do Estado na Propriedade Privada.

COMENTÁRIOS:

A desapropriação é forma de intervenção do Estado na propriedade privada, de previsão constitucional, inclusive. A partir do procedimento desapropriatório, o Estado ingressa na propriedade do bem, o qual é adquirido de forma DESONERADA pelo Poder Público. Explique-se: caso o bem desapropriado onerado anteriormente com uma hipoteca ou algo assim, com a desapropriação, tal ônus deixa de existir para a Administração Pública, uma vez que, como dito, a desapropriação é forma ORIGINÁRIA de aquisição por parte do Estado.

De acordo com a doutrina da Professora Maria Sylvia Di Pietro, são efeitos decorrentes da declaração de utilidade pública, na desapropriação de um imóvel:
a) dá início ao prazo de caducidade da declaração;
b) confere ao Poder Público o direito de penetrar no bem a fim de fazer verificações e medições, desde que as autoridades administrativas atuem com moderação e sem excesso de poder;
c) submete o bem à força expropriatória do Estado;
d) fixa o estado do bem, isto é, suas condições, melhoramentos, benfeitorias existentes.

Note que, direta ou indiretamente, o que NÃO se correlaciona à declaração de utilidade pública é o que consta da Letra **e** — de fato, a situação descrita no comando do item não impede que o proprietário obtenha licença para efetuar obras no imóvel. DETALHE: há uma Súmula do Supremo, de número 23, de acordo com a qual "verificados os pressupostos legais para o licenciamento da obra, não o impede a declaração de utilidade pública para desapropriação do imóvel, mas o valor da obra não se incluirá na indenização, quando a desapropriação for efetivada". Assim, como o examinador pede o INCORRETO, o gabarito é a letra **e**.

Gabarito: Letra **e**.
Nível: **Difícil**.

Questão 48   (FCC – Defensoria-SP – Defensor – 2010) A capacidade da Administração Pública de poder sanar os seus atos irregulares ou de reexaminá-los à luz da conveniência e oportunidade, reconhecida nas Súmulas n°s 346 e 473 do Supremo Tribunal Federal, está em consonância direta com o princípio da:

a) indisponibilidade do interesse público;
b) segurança jurídica;
c) autotutela;
d) moralidade;
e) autoexecutoriedade.

Tema: Princípios da Administração Pública – Regime Jurídico Administrativo.

COMENTÁRIOS

A redação das duas Súmulas mencionadas é a seguinte:
Súmula nº 346:

A administração Pública pode declarar a nulidade dos seus próprios atos.

Súmula nº 473:

A administração pode anular seus próprios atos, quando eivados de vícios que os tornam ilegais, porque deles não se originam direitos; ou revogá-los, por motivo de conveniência ou oportunidade, respeitados os direitos adquiridos, e ressalvada, em todos os casos, a apreciação judicial.

As duas Súmulas consagram a possibilidade (e o dever, diga-se) de a Administração controlar seus próprios atos. Isso, no fim das contas, se liga ao princípio da AUTOTELA (letra **c**!), que, resumidamente, faz com que o Poder Público mantenha um dever de vigília constante com relação aos seus atos. Caso os perceba ilegais, anula-os; se forem inconvenientes e inoportunos aos interesses públicos, revoga-os. Resolvida a questão, seguem alguns comentários adicionais com relação aos demais itens. Perceba que nenhum deles possui correlação direta com o comando da questão.

Letra **a**: ERRADA. Obviamente, **não só de prerrogativas se faz um Estado**. Em contrapartida da supremacia do interesse público, a **indisponibilidade** desse mesmo interesse faz com que a Administração, por intermédio de seus agentes, não tenha "vontade própria", por estar investida no papel de satisfazer a vontade de terceiros, quais sejam, os que compõem a sociedade. Os agentes públicos têm o papel de levar as atribuições do Estado a efeito, Estado que, ao fim, é uma espécie de "tutor" dos interesses públicos. Não pode o agente público, por consequência, atuar da forma que bem entender, mas sim conforme exigido pela coletividade, por intermédio do instrumento que é próprio para tal exigência: a Lei.

Letra **b**: ERRADA. As relações jurídicas, em determinado momento, devem se estabilizar, não se alterando mais. Nesse quadro, o princípio da segurança jurídica foi catalogado de forma expressa no inciso XIII, do parágrafo único, do art. 2º, da Lei nº 9.784/1999, que impõe a interpretação da norma administrativa de forma a garantir o atendimento do fim público a que se dirige, **vedada aplicação retroativa de nova interpretação**.

Letra d: ERRADA. A conduta da Administração deve ser mais exigente do que o simples cumprimento das leis. De fato, deve-se divisar o justo do injusto, o lícito do ilícito, o conveniente do inconveniente. A moralidade, então, deve ser vista como pressuposto de validade dos atos do Estado.

Lealdade, boa-fé e honestidade são preceitos éticos desejados pela sociedade que remunera, direta ou indiretamente, aos agentes públicos. Por isso, o princípio da moralidade pode ser considerado a um só tempo **dever do administrador** e **Direito Público Subjetivo**.

Letra e: ERRADA. A autoexecutoriedade, que é um dos atributos dos atos administrativos, faz com a que a Administração possa agir, independente de autorização judicial. Exemplo: Desnecessária autorização do Judiciário para que a Administração possa realizar um concurso, uma licitação etc. Interessante é que a Administração pode, sozinha, anular seus próprios atos, isto é, com autoexecutoriedade. Entretanto, a doutrina convencionou que o princípio mais diretamente correlacionado com a possibilidade de o Poder Público anular ou revogar um ato é mais propriamente a AUTOTUTELA.

Gabarito: Letra c.
Nível: **Fácil**.

Questão 49 (FCC – Defensoria-SP – Defensor – 2010) A formalização da concessão de serviço público, disciplinada em sua forma comum pela Lei nº 8.987/1995, dar-se-á por contratação:
a) com licitação dispensável, devido à prestação ser por conta e risco do concessionário;
b) em condições legais excepcionais, sem exigência de modalidade licitatória específica;
c) com licitação dispensada, se demonstrada a melhor capacidade do concessionário;
d) direta e sem prazo determinado, em decorrência de ser inexigível a licitação;
e) com licitação prévia e obrigatória, na modalidade de concorrência.

Tema: Autorização, Permissão e Concessão (Serviços Públicos) – Serviços Públicos.

COMENTÁRIOS

Questão relativamente simples, que se resolve com a leitura do seguinte dispositivo da Lei nº 8.987/1995, de concessões e permissões de serviço público:

Art. 2º. Para os fins do disposto nesta Lei, considera-se:
(...)
II – concessão de serviço público: a delegação de sua prestação, feita pelo poder concedente, mediante licitação, na **modalidade de concorrência**, à pessoa jurídica ou consórcio de empresas que demonstre capacidade para seu desempenho, por sua conta e risco e por prazo determinado;

Pela redação do dispositivo citado, a modalidade de licitação aplicável para que se chegue a uma concessão de serviço público é a CONCORRÊNCIA. É interessante, ainda, verificar que o diz o seguinte art. da CF:

> Art. 175. Incumbe ao Poder Público, na forma da lei, diretamente ou sob regime de concessão ou permissão, **sempre** através de licitação, a prestação de serviços públicos.

Notou o "sempre", no negrito? Pela CF, TODA concessão (e também a permissão!) de serviço público NECESSARIAMENTE será antecedida de licitação. Juntando isso com a conclusão anterior (modalidade concorrência), encontra-se o gabarito desta questão – letra **e**.

Apenas um registro: o examinador citou no comando da questão a Lei nº 8.987/1995, que é a geralmente exigida em provas que envolvem serviços públicos. Mas há outras leis que versam sobre o assunto (serviço público). Exemplo: A Lei nº 11.079/2004, que cuida das Parcerias Público-Privadas. **SUGESTÃO:** Para a sua prova, tenha atenção quanto às normas exigidas pelo edital. Caso haja alguma norma "diferente", tente lê-la, pois garantirá alguns pontos preciosos!

Gabarito: Letra **e**.
Nível: **Médio**.

Capítulo 5

TCE-PR – Prova de Analista Administrativo – 2011

Q.50. Leis Estaduais E Municipais (Estatuto dos Servidores) – Agentes Administrativos (Servidores Públicos Estatais) – Agentes Públicos
Q.51. Contratação Direta (dispensa e inexigibilidade) – Licitações (Lei nº 8.666/1993)
Q.52. Licitação Dispensável (art. 24 da Lei nº 8.666/1993) – Contratação Direta (dispensa e inexigibilidade) – Licitações (Lei nº 8.666/1993)
Q.53. Concorrência, Tomada de Preços e Convite – Leilão e Concurso – Modalidades na Lei nº 8.666/1993 – Licitações (Lei nº 8.666/1993)
Q.54. Fases (Licitação) – Licitações (Lei nº 8.666/1993)
Q.55. Revogação e Anulação (Licitações, Lei nº 8.666) – Licitações (Lei nº 8.666/1993)
Q.56. Fases (Licitação) – Licitações (Lei nº 8.666/1993)
Q.57. Cláusulas Necessárias nos Contratos Administrativos (art. 55 da Lei nº 8.666/1993) – Contratos Administrativos (Lei nº 8.666/1993) – Revogação e Anulação (Licitações, Lei nº 8.666) – Licitações (Lei nº 8.666/1993)
Q.58. Rescisão Unilateral (cláusulas exorbitantes) – Alteração Unilateral (cláusulas exorbitantes) –Aplicação de Penalidades (cláusulas exorbitantes) – Ocupação provisória (cláusulas exorbitantes) – Cláusulas Exorbitantes – Contratos Administrativos (Lei nº 8.666/1993)
Q.59. Licitação Inexigível (art. 25 da Lei nº 8.666/1993) – Contratação Direta (dispensa e inexigibilidade) – Licitações (Lei 8.666/1993) – Execução dos Contratos (arts. 66 a 76 da Lei nº 8.666/1993) – Contratos Administrativos (Lei nº 8.666/1993)
Q.60. Inexecução e Rescisão dos Contratos Administrativos (arts. 77 a 80 da Lei nº 8.666/1993) – Contratos Administrativos (Lei nº 8.666/1993)

Questão 50 (FCC – TCE-PR – Analista Administrativo – 2011) Considere as afirmativas abaixo:
I. Um servidor poderá criticar autoridades públicas constituídas, desde que o faça em trabalhos assinados, mesmo que divulgados em qualquer mídia requerendo embasamento teórico-técnico e possuam criticidade construtiva.
II. São facultadas a servidores públicos manifestações de apreço ou desapreço em seu local de trabalho, como subscrever lista de donativos, caso isto ocorra por questões de saúde ou de carência econômica de pessoal interno.
III. Um servidor é passível de destituição de sua função ao praticar ato de benevolência ou negligência para com superiores ou colegas que contribuírem para a falta de apreciação de infração cometidas por estes.
IV. Na ausência de um Código de Ética de servidores, o estatuto do funcionalismo serve como parâmetro de conduta para o exercício cotidiano profissional.

No exercício da função pública de um servidor do estado do Paraná, interpreta-se como CORRETO o que se afirma APENAS em:
a) I, II e IV;
b) II, III e IV;
c) I e IV;
d) I, II e III;
e) I, III e IV.

Tema: Leis Estaduais e Municipais (estatuto dos servidores) – Agentes Administrativos (servidores públicos estatais) – Agentes Públicos.

COMENTÁRIOS

Em primeiro lugar, note que o concurso era para o Tribunal de Contas do Estado do Paraná. Por isso, deve-se responder ao item com base no estatuto dos servidores daquele Estado. Será feito assim, mas, para que se atenda aos que se preparam para concursos federais, será também feita, quando útil, breve comparação com a Lei nº 8.112, de 1990, estatuto dos servidores federais.

Vamos, então, analisar cada um dos itens:

Item I. CORRETO. Um servidor poderá criticar autoridades públicas constituídas, desde que o faça em trabalhos assinados, mesmo que divulgados em qualquer mídia, requerendo embasamento teórico-técnico, e possuam criticidade construtiva. Veja o que diz a Lei Paranaense nº 6.174/1970, que estabelece o regime jurídico dos servidores daquele Estado:

> Art. 285. Ao funcionário é proibido:
> II – referir-se de modo depreciativo em informação, parecer ou despacho, às autoridades e atos da administração pública, federal ou estadual, podendo, porém, em trabalho assinado, criticá-los do ponto de vista doutrinário ou da organização do serviço;

O item está CORRETO, portanto.

Observe-se que a Lei nº 8.112, de 1990, não traz proibição exatamente igual a esta, mas evidentemente o servidor federal também não poderá depreciar as instituições públicas, dado o dever à lealdade com relação às instituições a que serve.

Item II. INCORRETO. São facultadas a servidores públicos manifestações de apreço ou desapreço em seu local de trabalho, como subscrever lista de donativos, caso isto ocorra por questões de saúde ou de carência econômica de pessoal interno. Veja a Lei nº 6.174/1970:

> Art. 285. Ao funcionário é proibido:
> (...)
> V – promover manifestação de apreço ou desapreço a fazer circular ou subscrever lista de donativos, no recinto de serviço;

É o contrário do que diz o item, então: NÃO se pode fazer manifestação de apreço ou desapreço no interior da repartição. E há a mesma disposição na Lei nº 8.112/1990 (veja na legislação abaixo).

Item III. CORRETO. Um servidor é passível de destituição de sua função ao praticar ato de *benevolência ou negligência para com superiores ou colegas que contribuírem para a falta de apreciação de infração cometidas por estes*. A Lei dos servidores do Paraná diz:

> Art. 293. São cabíveis penas disciplinares:
> (...)
> IV – a de destituição de função, aplicada em caso de falta de exação no cumprimento do dever, de benevolência ou negligência contributiva para falta de apuração, no devido tempo, de infração perpetrada por outrem;

O item está CORRETO. Destaque-se que a Lei nº 8.112/1990 também traz a penalidade de destituição de cargo ou função comissionada, a ser aplicada quando o servidor que ocupa tal cargo cometa infração passível de suspensão ou demissão (veja o art. 135 da Lei nº 8.112/1990, na legislação abaixo).

Item IV. CORRETO. Na ausência de um Código de Ética de servidores, o Estatuto do funcionalismo serve como parâmetro de conduta para o exercício cotidiano profissional. De fato, não há um Código de Ética para os servidores paranaenses. Por isso, o estatuto do funcionalismo estadual servirá de "inspiração" para a conduta dos servidores do Paraná. O item está CERTO, portanto. Destaque-se que na esfera federal há um Código de Ética para os servidores do Poder Executivo, o Decreto nº 1.171/1994.

Legislação:

> Art. 116. São deveres do servidor:
> (...)
> II – ser leal às instituições a que servir;
> Art. 117. Ao servidor é proibido:
> (...)
> V – promover manifestação de apreço ou desapreço no recinto da repartição;
> Art. 127. São penalidades disciplinares:
> (...)
> V – destituição de cargo em comissão;
> VI – destituição de função comissionada.
> Art. 135. A destituição de cargo em comissão exercido por não ocupante de cargo efetivo será aplicada nos casos de infração sujeita às penalidades de suspensão e de demissão.

Gabarito: Letra **e**.
Nível: Médio.

Direito Administrativo | Questões FCC ELSEVIER

Questão 51 (FCC – TCE-PR – Analista Administrativo – 2011) Ressalvadas as hipóteses de dispensa e inexigibilidade previstas na Lei Federal nº 8.666/93, a contratação por entes do Poder Público com terceiros deve ser precedida de licitação no caso de:
a) serviços, excluídos os de publicidade quando se tratar de sociedades de economia mista;
b) alienações de bens, excluídas as vendas de imóveis pertencentes aos entes da Administração Indireta;
c) alienações de bens, incluídos os imóveis, e serviços, incluídos os de publicidade;
d) obras, serviços e alienações de bens, exceto quando o contratante for fundação pública;
e) obras e concessões de serviço público, excluídas as concessões de uso de bens imóveis pertencentes a empresas públicas e sociedades de economia mista.

Tema: Contratação Direta (dispensa e inexigibilidade) – Licitações (Lei nº 8.666/1993).

COMENTÁRIOS

A CF determina o dever geral de licitar a órgãos e entidades da Administração Pública. Veja o que diz o art. 37:

> XXI – ressalvados os casos especificados na legislação, as obras, serviços, compras e alienações serão contratados mediante processo de licitação pública que assegure igualdade de condições a todos os concorrentes, com cláusulas que estabeleçam obrigações de pagamento, mantidas as condições efetivas da proposta, nos termos da lei, o qual somente permitirá as exigências de qualificação técnica e econômica indispensáveis à garantia do cumprimento das obrigações.

Portanto, à exceção do que trata o trecho inicial do dispositivo constitucional acima, o dever de licitar é QUASE absoluto. Mesmo no caso das alienações, o Poder Público deve promover a devida licitação. Todos os itens da questão acima colocam exceções que, por conseguinte, não existem. A não ser a letra **c**, que aponta adequadamente o dever de licitar por parte da Administração. Este item, a letra **c**, é o gabarito, em consequência.

Gabarito: Letra **c**.
Nível: Fácil.

Questão 52 (FCC – TCE-PR – Analista Administrativo – 2011) Determinado ente público necessita instalar, em específica região do município, identificada em pesquisa encomendada para tanto, uma unidade destinada ao serviço médico ambulatorial, para atendimento da população. Considerando o tipo de serviço que será prestado no local, foram elencadas condições e características físicas do imóvel necessário para a instalação da referida unidade, que também precisa ser de grandes dimensões. Localizado um imóvel, pertencente a particular, que bem se adequaria à instalação do serviço médico ambulatorial, o ente público:
a) deverá realizar prévio procedimento de licitação para a contratação da locação do imóvel, uma vez que o bem pertence a particular;
b) deverá promover a contratação direta da locação somente se o valor não exceder a R$ 8.000,00 (oito mil reais);

c) poderá promover a contratação direta da locação, mediante procedimento para posterior ratificação da inexigibilidade do certame;
d) poderá promover a contratação direta da locação, mediante prévio procedimento para dispensa do certame, desde que o preço seja compatível com o praticado no mercado;
e) deverá realizar procedimento de licitação, ainda que o resultado do certame enseje a alteração da localização do imóvel onde será instalado o serviço.

Tema: Licitação Dispensável (art. 24 da Lei nº 8.666/1993) – Contratação Direta (dispensa e inexigibilidade) – Licitações (Lei nº 8.666/1993).

COMENTÁRIOS

Guarde a seguinte regra para a sua prova: de modo geral, quando o Poder Público vai contratar um particular, deve fazer licitação. Entretanto, há exceções a tal dever (como dito, é uma regra licitar). Tais exceções são as dispensas e inexigibilidades de licitação. O item cuida de uma dessas hipóteses de dispensa, estabelecida no art. 24, inciso X, da Lei nº 8.666/1993. Veja:

> Art. 24. É dispensável a licitação:
> (...)
> X – para a compra ou locação de imóvel destinado ao atendimento das finalidades precípuas da administração, cujas necessidades de instalação e localização condicionem a sua escolha, desde que o preço seja compatível com o valor de mercado, segundo avaliação prévia;

Perceba que tanto na compra, quanto na locação de um imóvel pela Administração Pública, é possível a dispensa de licitação, isto é, o Poder Público não é obrigado a licitar (até poderia, pois a licitação é dispensável). Entretanto, coisa interessante é que o examinador, no comando da questão, diz que se localizou UM imóvel que atenderia as necessidades da Administração, o que é necessário para que se caracterize a situação de dispensa, em tal situação. Nesse contexto, o Tribunal de Contas da União, ao proferir o Acórdão nº 5.281/2010, da 1ª Câmara, assim se pronunciou: "a utilização desse dispositivo só é possível quando se identifica um imóvel específico cujas instalações e localização sinalizem que ele é o único que atende o interesse da Administração".

E foi esta a informação dada pelo examinador: UM imóvel que atenderia a necessidade da Administração foi identificado, tornando, portanto, a licitação dispensável, tal qual diz a letra **d**, que é o gabarito da questão.

Gabarito: Letra **d**.
Nível: **Médio**.

Questão 53 (FCC – TCE-PR – Analista Administrativo – 2011) A Secretaria da Cultura de determinado estado precisa promover a construção de um anfiteatro para a realização de eventos culturais. Considerando a especificidade da construção, não possui corpo técnico próprio capaz de elaborar o projeto. Pretende assim, licitar a contratação da elaboração do projeto, instituindo prêmio para o licitante vencedor. Dentre as modalidades de licitação, e nos termos da Lei nº 8.666/1993, é considerada adequada a realização de:

a) convite, por meio do qual poderá escolher o licitante vencedor, que será contratado com declaração de inexigibilidade de licitação;
b) concurso, para escolha dentre os interessados, estabelecendo-se previamente o prêmio a ser pago ao vencedor do certame;
c) concorrência, ao término da qual poderá ser declarada a inexigibilidade do certame;
d) convite, para chamada dos interessados a concorrer, por meio de concurso, em procedimento de licitação híbrido;
e) tomada de preços, para valor inferior a R$ 150 mil, por meio da qual será possível identificar o licitante habilitado à contratação com inexigibilidade de licitação ao término do certame.

Tema: Concorrência, Tomada de Preços e Convite – Leilão e Concurso – Modalidades na Lei nº 8.666/1993 – Licitações (Lei nº 8.666/1993)

COMENTÁRIOS

As modalidades de licitação são as "espécies" do gênero, isto é, as categorias em que se subdivide o gênero licitação. A Lei nº 8.666/1993 prevê cinco modalidades, conforme estabelecem os §§ 1º ao 5º do art. 22: **concorrência; tomada de preços; convite; concurso; e leilão**. Há, ainda, o bem conhecido pregão, tratado na Lei nº 10.520/2002. E existe outra modalidade de licitação menos conhecida: a consulta (Lei nº 9.472/1997), no âmbito da Agência Nacional de Telecomunicações – Anatel e nas Agências Reguladoras em geral, sobre a qual deixo de fazer comentários, pois este assunto não cai normalmente em prova.

Cada modalidade tem suas especificidades, é claro. Nesse aspecto, uma das mais interessantes é o concurso, a modalidade de licitação, pois muitos candidatos a confundem com o concurso para escolha de servidores. São diferentes. O concurso de servidores, no âmbito federal é (mal) regrado pela Lei nº 8.112/1990 (quando para cargos efetivos) e serve para a escolha de ALGUÉM. Já o concurso, modalidade de licitação, serve para escolha de ALGO (não de alguém) e é regido pela Lei nº 8.666/1993, a qual, a propósito, assim define tal modalidade (§ 4º do art. 22):

> A modalidade de licitação entre quaisquer interessados para escolha de trabalho **técnico, científico ou artístico**, mediante a instituição de **PRÊMIOS ou REMUNERAÇÃO** aos vencedores, conforme critérios constantes de edital publicado na imprensa oficial com antecedência mínima de **45 (QUARENTA E CINCO) DIAS**. (grifos nossos)

Os negritos acima não constam do original, para que se possa destacar alguns pontos:

I) O concurso, modalidade de licitação, tem por objeto a escolha de TRABALHO, técnico, artístico ou científico. Ou seja, é escolha de ALGO (e não de alguém, como dito, que é o caso do concurso da 8.112/1990);

II) O vencedor do concurso recebe PRÊMIO ou REMUNERAÇÃO. Aqui, uma nota: nas modalidades comuns (concorrência, TP e convite) algo vai ser selecionado e o preço a ser pago varia, a partir disso. Aqui, no concurso, o valor é CERTO, variando o trabalho selecionado. Interessante, não?

III) O período mínimo para a divulgação do concurso é de 45 dias.

Cite-se, ainda, que o art. 13, § 1º, da Lei nº 8.666/1993 determina o uso preferencial do concurso para contratação de serviços técnicos profissionais especializados. Veja quais são tais serviços, de acordo com a mesma norma:

> Art. 13. Para os fins desta Lei, consideram-se serviços técnicos profissionais especializados os trabalhos relativos a:
> I – estudos técnicos, planejamentos e projetos básicos ou executivos;
> II – pareceres, perícias e avaliações em geral;
> III – assessorias ou consultorias técnicas e auditorias financeiras ou tributárias;
> IV – fiscalização, supervisão ou gerenciamento de obras ou serviços;
> V – patrocínio ou defesa de causas judiciais ou administrativas;
> VI – treinamento e aperfeiçoamento de pessoal;
> VII – restauração de obras de arte e bens de valor histórico.

Note, no inciso I, que dentre os serviços especializados consta a elaboração de projetos, tal qual descrita no comando da questão.

Muita gente pensa, portanto, que caso se trate de um serviço técnico profissional, a contratação deveria ocorrer por inexigibilidade de licitação. Isso por que o inciso II, do art. 25, da Lei nº 8.666/1993 determina que os serviços técnicos enumerados no art. 13 **de natureza singular**, a serem contratados com profissionais ou empresas de notória especialização sejam contratados por inexigibilidade. A singularidade em tais serviços, sinteticamente, seria o algo "incomum", diferenciado, que levaria à impossibilidade de uma comparação objetiva entre aquilo que fosse apresentado pelos proponentes. Mas não há nenhuma informação que denote isso (o incomum) no comando da questão. Por isso, o adequado é a utilização do concurso para a contratação. Enfim, por tudo, está correta a letra **b**.

Com relação aos demais itens, três deles (letras **a**, **c** e **e**) apontam modalidades de licitação, combinando-as com a inexigibilidade de licitação. Ora, ou se tem inexigibilidade, ou se tem a aplicação de uma das modalidades de licitação. É que o fundamento da inexigibilidade é exatamente a inviabilidade de competição (*caput* do art. 25 da Lei nº 8.666/1993). E, com isso, não há como se promover uma licitação, uma modalidade ordinária, já que não há condições competitivas para o certame.

Já na letra **d**, menciona-se uma espécie de "mix" de modalidades (um procedimento híbrido). A Lei nº 8.666/1993 proíbe expressamente tal tipo de prática (art. 23,

§ 8º). Isso quer dizer que se for uma concorrência deverá ser "do começo ao fim". Não se pode juntar parte da concorrência com o convite, por exemplo, para fazer algo novo. LEMBRE-SE: as licitações são procedimentos formais, devendo ser observada a Lei, rigorosamente!
Gabarito: Letra b.
Nível: **Médio.**

Questão 54 **(FCC – TCE-PR – Analista Administrativo – 2011) Na fase de habilitação da licitação, nos termos da Lei nº 8.666/1993, admite-se a exigência, dentre outros requisitos, da regularidade:**
a) jurídica, mediante a apresentação de certidões que comprovem a inexistência de quaisquer ações judiciais ajuizadas contra si na comarca onde serão prestados os serviços ou realizadas as obras.
b) econômico-financeira, mediante a apresentação de balanço patrimonial e demonstrações contábeis do último exercício social, já exigíveis e apresentados na forma da lei.
c) fiscal, mediante a apresentação de certidão negativa de débito de tributos exclusivamente da competência do ente contratante, vedado exigir certidões negativas de débito de outros entes tributantes.
d) econômico-financeira, mediante a apresentação de certidões que comprovem a inexistência de ações judiciais de objeto patrimonial, ajuizadas contra o licitante na comarca onde serão prestados os serviços ou realizadas as obras.
e) jurídica, mediante a comprovação de aptidão para desempenho de atividade pertinente e indicação das instalações, do aparelhamento e do pessoal técnico adequados e disponíveis para a realização do objeto da licitação.

Tema: Fases (Licitação) – Licitações (Lei nº 8.666/1993).

COMENTÁRIOS

Na etapa de habilitação do processo licitatório, a Administração verifica se os participantes da licitação preenchem ou não os requisitos necessários previstos em edital e considerados indispensáveis para a futura execução do contrato.

O art. 27 da Lei nº 8.666/1993 fornece um rol de itens de habilitação a serem exigidos do licitante: da habilitação jurídica ao cumprimento do art. 7º, XXXIII, da CF/1988. Vejam-se, resumidamente.

A **habilitação jurídica** é aptidão efetiva de exercer direitos e contrair obrigações, p. ex., inscrição do licitante pessoa física no Cadastro de Pessoas Físicas do Ministério da Fazenda.

Já a **regularidade fiscal** refere-se ao atendimento das exigências do Fisco, p. ex., certidões negativas de tributos e recolhimento de FGTS.

A **qualificação técnica** diz respeito ao conjunto de requisitos profissionais, p. ex., registro ou inscrição do interessado na entidade profissional competente.

A **qualificação econômico-financeira** é capacidade para satisfazer os encargos econômicos decorrentes do contrato, p. ex., certidão negativa de falência ou concordata expedida pelo distribuidor da sede do licitante pessoa jurídica.

Por fim, o art. 7º, XXXIII, da CF/1988 e Decreto nº 4.358/2002, os quais vedam empregar menores de 18 anos em atividades insalubres e perigosas.

Feitos esses rápidos esclarecimentos, parta-se para a análise dos itens:

Letra a: ERRADA. Não há tal exigência dentre o que se deve comprovar para que, em termos jurídicos, o licitante possa ser considerado habilitado (veja o art. 28 abaixo).

Letra b: CERTA. Observe o que diz o art. 31 da Lei nº 8.666/1993:

> Art. 31. A documentação relativa à qualificação econômico-financeira limitar-se-á a:
> I – balanço patrimonial e demonstrações contábeis do último exercício social, já exigíveis e apresentados na forma da lei, que comprovem a boa situação financeira da empresa, vedada a sua substituição por balancetes ou balanços provisórios, podendo ser atualizados por índices oficiais quando encerrado há mais de 3 (três) meses da data de apresentação da proposta;

O item está Correto, portanto. Ressalte-se que a qualificação econômico-financeira demonstrará que o licitante possui boa saúde financeira — suficiente para arcar com eventuais percalços em uma contratação com o Poder Público, o qual, por vezes, atrasa alguns pagamentos. Tais atrasos ocorrem, infelizmente, pois a arrecadação, que é de onde vêm os recursos para cobertura das obrigações estatais, é flutuante, isto é, nem sempre se mantém dentro do planejado. Por isso, é possível que o Poder Público, desde o tempo da licitação, já confira se o licitante possui ou não capacidade econômico-financeira para suportar esses eventuais "ônus" advindos da contratação com o Estado.

Letra c: ERRADA. Para resolver o item, basta consultar o seguinte dispositivo da Lei nº 8.666/1993:

> Art. 29. A documentação relativa à regularidade fiscal e trabalhista, conforme o caso, consistirá em:
> (...)
> III – prova de regularidade para com a Fazenda Federal, Estadual e Municipal do domicílio ou sede do licitante, ou outra equivalente, na forma da lei;

Perceba que a prova de regularidade fiscal deve ser feita também com relação aos demais entes da federação, isto é, se a União vai contratar, ainda assim, a prova deve ser feita também com relação à regularidade fiscal junto aos estados e ao município de sede ou domicílio do licitante.

Letra d. ERRADA. Não há tal exigência dentre o que se deve comprovar para que, em termos jurídicos, o licitante possa ser considerado habilitado (veja o art. 31 abaixo).

Letra e: ERRADA. A comprovação de aptidão para desempenho de atividade pertinente e indicação das instalações, do aparelhamento e do pessoal técnico, adequados e disponíveis para a realização do objeto da licitação, diz respeito à qualificação técnica do licitante (não é jurídica. Confira no art. 30 abaixo).

Legislação:

Art. 27. Para a habilitação nas licitações exigir-se-á dos interessados, exclusivamente, documentação relativa a:
I – habilitação jurídica;
II – qualificação técnica;
III – qualificação econômico-financeira;
IV – regularidade fiscal e trabalhista;
V – cumprimento do disposto no **inciso XXXIII do art. 7º da Constituição Federal**.

Art. 28. A documentação relativa à habilitação jurídica, conforme o caso, consistirá em:
I – cédula de identidade;
II – registro comercial, no caso de empresa individual;
III – ato constitutivo, estatuto ou contrato social em vigor, devidamente registrado, em se tratando de sociedades comerciais, e, no caso de sociedades por ações, acompanhado de documentos de eleição de seus administradores;
IV – inscrição do ato constitutivo, no caso de sociedades civis, acompanhada de prova de diretoria em exercício;
V – decreto de autorização, em se tratando de empresa ou sociedade estrangeira em funcionamento no País, e ato de registro ou autorização para funcionamento expedido pelo órgão competente, quando a atividade assim o exigir.
(...)
Art. 30. A documentação relativa à qualificação técnica limitar-se-á a:
(...)
Art. 31. A documentação relativa à qualificação econômico-financeira limitar-se-á a:
I – balanço patrimonial e demonstrações contábeis do último exercício social, já exigíveis e apresentados na forma da lei, que comprovem a boa situação financeira da empresa, vedada a sua substituição por balancetes ou balanços provisórios, podendo ser atualizados por índices oficiais quando encerrado há mais de 3 (três) meses da data de apresentação da proposta;
II – certidão negativa de falência ou concordata expedida pelo distribuidor da sede da pessoa jurídica, ou de execução patrimonial, expedida no domicílio da pessoa física;
III – garantia, nas mesmas modalidades e critérios previstos no caput e § 1º do art. 56 desta Lei, limitada a 1% (um por cento) do valor estimado do objeto da contratação.
§ 1º A exigência de índices limitar-se-á à demonstração da capacidade financeira do licitante com vistas aos compromissos que terá que assumir caso lhe seja adjudicado o contrato, vedada a exigência de valores mínimos de faturamento anterior, índices de rentabilidade ou lucratividade.

§ 2º A Administração, nas compras para entrega futura e na execução de obras e serviços, poderá estabelecer, no instrumento convocatório da licitação, a exigência de capital mínimo ou de patrimônio líquido mínimo, ou ainda as garantias previstas no § 1º do art. 56 desta Lei, como dado objetivo de comprovação da qualificação econômico-financeira dos licitantes e para efeito de garantia ao adimplemento do contrato a ser ulteriormente celebrado.

§ 3º O capital mínimo ou o valor do patrimônio líquido a que se refere o parágrafo anterior não poderá exceder a 10% (dez por cento) do valor estimado da contratação, devendo a comprovação ser feita relativamente à data da apresentação da proposta, na forma da lei, admitida a atualização para esta data através de índices oficiais.

§ 4º Poderá ser exigida, ainda, a relação dos compromissos assumidos pelo licitante que importem diminuição da capacidade operativa ou absorção de disponibilidade financeira, calculada esta em função do patrimônio líquido atualizado e sua capacidade de rotação.

§ 5º A comprovação de boa situação financeira da empresa será feita de forma objetiva, através do cálculo de índices contábeis previstos no edital e devidamente justificados no processo administrativo da licitação que tenha dado início ao certame licitatório, vedada a exigência de índices e valores não usualmente adotados para correta avaliação de situação financeira suficiente ao cumprimento das obrigações decorrentes da licitação.

Gabarito: Letra **b**.
Nível: **Difícil**.

Questão 55 **(FCC – TCE-PR – Analista Administrativo – 2011) Uma licitação para a aquisição de material escolar foi concluída às vésperas do término do mandato de dirigente de determinado ente público. O novo dirigente, após assumir o cargo, entendeu que alguns bens que constaram do objeto do certame tornaram-se desnecessários em razão da alteração do programa educacional, mostrando-se necessária, por outro lado, a aquisição de outros itens. Embora não tenha sido identificado no certame, qualquer vício de ilegalidade, processual ou material, o dirigente:**

a) poderá revogar o certame, por razões de conveniência e oportunidade, consubstanciadas em interesse público decorrente do fato superveniente e pertinente devidamente comprovado;

b) deverá emendar o certame, a fim de alterar o objeto do mesmo, excluindo e incluindo os bens necessários para adequação ao atual programa educacional;

c) deverá anular o certame, por razões de conveniência e oportunidade, indenizando, comprovado os danos, o licitante vencedor;

d) poderá anular o certame, por razões de legalidade, ainda que já tenha sido adjudicado o objeto ao vencedor e celebrado o contrato, a fim de atender o interesse público;

e) poderá retificar o certame, aditando o edital proposto para inclusão dos bens necessários e exclusão dos bens prescindíveis.

Tema: Revogação e Anulação (Licitações, Lei nº 8.666) – Licitações (Lei nº 8.666/1993).

🖉 COMENTÁRIOS

A revogação, na teoria dos atos administrativos, é discricionária, isto é, relativamente "livre", para a Administração, que avaliará a conveniência e a oportunidade em manter vigente um ato administrativo. Caso a Administração conclua que não se mantêm as razões para a continuidade, poderá revogar o ato, o qual, diga-se, não possuirá qualquer espécie de vício. Só que em licitações, entretanto, a revogação é um tanto diferente. Veja o que diz o art. 49 da Lei nº 8.666/1993 a respeito da possibilidade de se revogar um processo licitatório:

> Art. 49. A autoridade competente para a aprovação do procedimento somente poderá revogar a licitação por razões de interesse público decorrente de fato superveniente devidamente comprovado, pertinente e suficiente para justificar tal conduta, devendo anulá-la por ilegalidade, de ofício ou por provocação de terceiros, mediante parecer escrito e devidamente fundamentado.

Perceba que a revogação da licitação conta com um detalhe diferenciador: **OS FATOS QUE A ENSEJAM DEVEM SER SUPERVENIENTES**, pertinentes e suficientes para justificar tal conduta.

E o que entender como fato superveniente? Vejam o exemplo a seguir:

> O órgão estatal abre um pregão para aquisição de novos veículos, no mês de junho de 2012. Em razão de problemas técnicos e entraves jurídicos, a licitação ultrapassou o exercício financeiro. Acontece que o orçamento para o ano seguinte não existe reserva de recursos para enfrentar a despesa com a aquisição do objeto do pregão.

Não há dúvida de que a inexistência de recursos orçamentários é motivo justo para revogar-se a licitação, que seria possível, nesta hipótese, por se tratar de um fato superveniente.

Agora, busque a resposta nos itens disponíveis na questão. Notou que a letra **a** atende, perfeitamente, a construção da norma, acerca da revogação do processo licitatório? Pois é. É o nosso gabarito. Alguns breves comentários com relação aos itens restantes.

Letra **b**: ERRADA. Não existe "emendar" o certame. Por isso, item ERRADO.
Letras **c** e **d**: ERRADAS. Confira a parte final do art. 49 acima e perceba que a anulação do procedimento ocorre por razões de ILEGALIDADE. Conveniência e oportunidade são razões para a REVOGAÇÃO da licitação.
Letra **e**: ERRADA. Não haveria nada que impedisse a "retificação" do certame, apesar de a Lei não prever, expressamente, tal situação. Melhor, em estrita conformidade com a Lei, revogar o certame e abrir outro, ante o que estabelece o art. 49.

Gabarito: Letra **a**.
Nível: Fácil.

Capítulo 5 | TCE-PR – Prova de Analista Administrativo – 2011

Questão 56   (FCC – TCE-PR – Analista Administrativo – 2011) A Administração Pública está vinculada aos termos do edital publicado para contratação de obras e serviços. Constatada alguma irregularidade no procedimento, tal como o descumprimento da Lei nº 8.666/1993 no edital publicado, é possível a impugnação do:

a) edital por qualquer cidadão, desde que comprove interesse jurídico no resultado do certame;
b) certame somente pelos licitantes que poderiam concorrer, caso a irregularidade fosse sanada;
c) certame por qualquer cidadão, desde que o fundamento se refira ao preço da contratação;
d) certame, por qualquer cidadão, perante o Tribunal de Contas competente para a respectiva fiscalização;
e) certame somente pelos licitantes preteridos na fase de habilitação.

Tema: Fases (Licitação) – Licitações (Lei nº 8.666/1993).

COMENTÁRIOS

Impugnação é como um "questionamento" acerca de um edital. Nesse quadro, veja o que diz a Lei nº 8.666/1993:

> Art. 41 (...)
> § 1º. Qualquer cidadão é parte legítima para impugnar edital de licitação por irregularidade na aplicação desta Lei, devendo protocolar o pedido até 5 (cinco) dias úteis antes da data fixada para a abertura dos envelopes de habilitação, devendo a Administração julgar e responder à impugnação em até 3 (três) dias úteis, sem prejuízo da faculdade prevista no § 1º do art. 113.
> § 2º. Decairá do direito de impugnar os termos do edital de licitação perante a administração o licitante que não o fizer até o segundo dia útil que anteceder a abertura dos envelopes de habilitação em concorrência, a abertura dos envelopes com as propostas em convite, tomada de preços ou concurso, ou a realização de leilão, as falhas ou irregularidades que viciariam esse edital, hipótese em que tal comunicação não terá efeito de recurso.

Note que não se fala no dispositivo em impugnação junto ao Tribunal de Contas. Quem cuida disso é o art. 113 da Lei nº 8.666/1993, que assim estabelece:

> Art. 113 (...)
> § 1º. Qualquer licitante, contratado ou pessoa física ou jurídica poderá representar ao Tribunal de Contas ou aos órgãos integrantes do sistema de controle interno contra irregularidades na aplicação desta Lei, para os fins do disposto neste artigo.

Perceba que o dispositivo não fala em CIDAÇÃO IMPUGNAR, mas sim PESSOA FÍSICA REPRESENTAR junto ao Tribunal de Contas competente. A questão, com o gabarito oferecido (letra **d**), torna-se duvidosa... Entretanto, é o melhor item disponível... Em provas de múltipla escolha, devemos nos acostumar com isso: por vezes,

TODOS os itens não são bons. Mas você terá de marcar um. Então, escolha o menos pior, que, no caso, é a letra **d**, sem dúvida. Veja por que, analisando os outros itens:
Letra a: O erro está em exigir que o cidadão comprove interesse jurídico no resultado do certame. Ora, sendo cidadão, o interesse jurídico já está pré-configurado: nenhum de nós, cidadãos, na literalidade da expressão, deseja que os recursos públicos sejam mal empregados.
Letra b: Como vimos no art. 41, acima transcrito, não só os licitantes, mas também os cidadãos podem oferecer impugnação aos editais de licitação. Daí o erro do item.
Letra c: **Não há exigência de que a impugnação oferecida pelo licitante tenha de tratar, necessariamente, do preço da contratação.**
Letra e: Vide os comentários à letra **b**.

Enfim, por ser o melhor, o gabarito é a letra **d**. Como dito, acostumem-se ao "estilo" **múltipla escolha** — o que importa é acertar!
Gabarito: Letra **d**.
Nível: **Difícil**.

Questão 57 (FCC – TCE-PR – Analista Administrativo – 2011) Determinado ente público publicou edital de licitação para aquisição de materiais hospitalares. Considerando que incluiu bens importados na listagem, diferiu a definição do preço para o momento da contratação, estabelecendo apenas valores de referência no edital. O contrato firmado também estabeleceu que a definição do preço seria feita a cada entrega dos lotes de material, conforme variação do mercado. O contrato firmado, com base na Lei nº 8.666/1993:
a) deve ser anulado, por vício de ilegalidade, uma vez que não constou cláusula com definição de preço certo;
b) deve ser anulado somente se for comprovado o pagamento de preço superior ao de mercado;
c) pode ser anulado caso outro licitante comprove que operaria com preços inferiores aos praticados pelo vencedor;
d) pode ser aditado, a fim de que seja estabelecido preço certo para a aquisição, o que sanaria o vício de ilegalidade;
e) deve ser alterado unilateralmente, a fim de permitir à Administração definir, a cada lote adquirido, o valor que será pago.

Tema: Cláusulas Necessárias nos Contratos Administrativos (art. 55 da Lei nº 8.666/1993) – Contratos Administrativos (Lei nº 8.666/1993) – Revogação e Anulação (Licitações, Lei nº 8.666) – Licitações (Lei nº 8.666/1993).

COMENTÁRIOS

O edital constitui as "regras do jogo" em um processo licitatório. A doutrina costuma dizer que o Edital é "a lei interna do certame", isto é, o que vai orientar a licitação. Diante disso, o art. 40 da Lei nº 8.666/1993 define o que deve constar de um edital. Veja os destaques abaixo, para que seja resolvida a questão:

Art. 40. O edital conterá no preâmbulo o número de ordem em série anual, o nome da repartição interessada e de seu setor, a modalidade, o regime de execução e o tipo da licitação, a menção de que será regida por esta Lei, o local, dia e hora para recebimento da documentação e proposta, bem como para início da abertura dos envelopes, e indicará, obrigatoriamente, o seguinte:
(...)
X – o critério de aceitabilidade dos preços unitário e global, conforme o caso, permitida a fixação de preços máximos e vedados a fixação de preços mínimos, critérios estatísticos ou faixas de variação em relação a preços de referência, ressalvado o disposto nos parágrafos 1º e 2º do art. 48;
A mesma norma determina o seguinte:
§ 2º. Constituem anexos do edital, dele fazendo parte integrante:
(...)
II – orçamento estimado em planilhas de quantitativos e preços unitários;

Vê-se dos dispositivos transpostos que o Edital deve conter preços, unitários e globais, para o que se vá adquirir, coisa que não foi feita, de acordo com o que vê no comando da questão examinada. A fixação dos preços é reforçada pelo inciso II, do § 2º, do art. 40, também transposto acima. Ademais, veja o que diz o art. 55, que cuida das cláusulas necessárias dos contratos administrativos:

Art. 55. São cláusulas necessárias em todo contrato as que estabeleçam:
(...)
III – o preço e as condições de pagamento, os critérios, data-base e periodicidade do reajustamento de preços, os critérios de atualização monetária entre a data do adimplemento das obrigações e a do efetivo pagamento;

Em razão de tais vícios, tanto no Edital, quanto no contrato, o examinador entendeu, corretamente, que o contrato nasceu com vício de legalidade, merecendo ser anulado, tal qual diz a letra **a**, que é o gabarito da questão.
Gabarito: Letra **a**.
Nível: **Difícil**.

Questão 58 (FCC – TCE-PR – Analista Administrativo – 2011) O regime jurídico que rege os contratos administrativos confere à Administração Pública a prerrogativa, dentre outras, de:
a) rescindir unilateralmente o contrato, por razões de conveniência e oportunidade, prescindindo de qualquer indenização ao contratado;
b) alterar unilateralmente o contrato, inclusive as cláusulas econômico-financeiras, desde que seja mantido o equilíbrio econômico-financeiro do contrato;
c) alterar unilateralmente o contrato, excluindo as cláusulas econômico-financeiras, que demandam prévia concordância do contratado;
d) requerer judicialmente a aplicação de penalidades contratuais pela inexecução do contrato, vedada a aplicação administrativa de quaisquer sanções;
e) determinar a outro licitante a execução do contrato, sucedendo o contratado na avença no caso de descumprimento e desde que se trate de prestação de serviços públicos essenciais.

Tema: Rescisão Unilateral (Cláusulas Exorbitantes) – Alteração Unilateral (Cláusulas Exorbitantes) –Aplicação de penalidades (Cláusulas Exorbitantes) – Ocupação provisória (Cláusulas exorbitantes) – Cláusulas Exorbitantes – Contratos Administrativos (Lei nº 8.666/1993).

COMENTÁRIOS

Quando o examinador cuida de "prerrogativas em contratos", normalmente fala de cláusulas exorbitantes, que são, na visão de boa parte da doutrina, a principal característica dos contratos administrativos, sobretudo quando comparados aos contratos privados firmados entre particulares.

As cláusulas exorbitantes provocam o desnivelamento da relação contratual, tornam a bilateralidade contratual *quase* em unilateralidade, em razão da desigualdade jurídica contida em tais cláusulas. Obviamente, os particulares, ao firmarem contratos com o Estado, sabem disso, estando cientes de que com a assinatura do contrato administrativo acham-se submissos à supremacia do interesse público sobre o privado, a qual é traduzida pelas "cláusulas exorbitantes".

O art. 58 da Lei nº 8.666/1993, que trata dessas cláusulas, dispõe:

> Art. 58. O regime jurídico dos contratos administrativos instituído por esta Lei confere à Administração, em relação a eles, a prerrogativa de:
> I – modificá-los, unilateralmente, para melhor adequação às finalidades de interesse público, respeitados os direitos do contratado;
> II – rescindi-los, unilateralmente, nos casos especificados no inciso I do art. 79 desta Lei;
> III – fiscalizar-lhes a execução;
> IV – aplicar sanções motivadas pela inexecução total ou parcial do ajuste;
> V – nos casos de serviços essenciais, ocupar provisoriamente bens móveis, imóveis, pessoal e serviços vinculados ao objeto do contrato, na hipótese da necessidade de acautelar apuração administrativa de faltas contratuais pelo contratado, bem como na hipótese de rescisão do contrato administrativo.
> § 1º As cláusulas econômico-financeiras e monetárias dos contratos administrativos não poderão ser alteradas sem prévia concordância do contratado.
> § 2º Na hipótese do inciso I deste artigo, as cláusulas econômico-financeiras do contrato deverão ser revistas para que se mantenha o equilíbrio contratual.

Os itens cuidam, todos, das cláusulas exorbitantes. Vejamos, então, os principais apontamentos para cada um deles.

Letra a: ERRADA. De fato, a Lei de Licitações garante, como se vê no inciso II do art. 58 acima, a possibilidade de rescisão unilateral. Já o inciso XII do art. 78 diz que isso pode ocorrer por razões de interesse público, isto é, sem qualquer culpa do contratado. Entretanto, o Poder Público não pode se escusar de indenizá-lo (o contratado), sob pena de enriquecimento ilícito da Administração Pública.

Letra **b**: ERRADA. Nem toda cláusula dos contratos administrativos admite alteração unilateral. A Administração só pode alterar de modo unilateral **as cláusulas regulamentares ou de serviços** dos contratos administrativos, não sendo cabível a modificação unilateral das **financeiras ou econômicas**. Nesse sentido, o art. 58 dispõe em seu § 1º que "as cláusulas econômico-financeiras e monetárias dos contratos administrativos não poderão ser alteradas sem prévia concordância do contratado".

Logo, é possível a alteração unilateral de cláusulas regulamentares (contratuais), e, se for o caso, alteração consensual de cláusulas financeiras. E, com isso, o item está ERRADO, já que as cláusulas econômico-financeiras não podem ser alteradas de maneira unilateral.

Letra **c**: **CORRETA.** Veja o exposto no item anterior.

Letra **d**: ERRADA. A requisição de aplicação de penalidades judiciais a um contratado não é prerrogativa da Administração, já que qualquer particular pode também pedir por isso. E cláusula exorbitante é algo que existe como PRERROGATIVA da Administração e que não encontraríamos paralelo exato nos contratos entre particulares. Ressalte-se que a possibilidade de penalidades **administrativas** é prerrogativa da Administração, conforme se vê no inciso IV, do art. 58, da Lei nº 8.666/1993. Mas, insista-se, a prerrogativa vista como cláusula exorbitante é a própria Administração aplicar a penalidade. Enfim, por tudo isso, o item está errado.

Letra **e**: ERRADA. Veja no inciso V do art. 58 acima que é possível que o Poder Público ocupe provisoriamente o objeto do contrato, ou seja, que a própria Administração assuma o contrato, no caso de descumprimento contratual. Isto é possível no que se refere a serviços ESSENCIAIS, isto é, os essenciais para o bom funcionamento da Administração.

Gabarito: Letra c.
Nível: **Médio.**

Questão 59   **(FCC – TCE-PR – Analista Administrativo – 2011)** Determinado dirigente solicitou à empresa especializada a prestação de serviços de publicidade para divulgação das obras realizadas em sua gestão. Em razão da suposta urgência, não foi realizado certame licitatório, prometendo o dirigente que regularizaria a situação por meio de posterior procedimento de ratificação da contratação, o que não foi feito. Com o término do mandato, não tendo recebido o pagamento pelos serviços que entende prestados, a empresa pretende cobrar do atual ocupante do cargo público. O atual dirigente, com base na Lei Federal nº 8.666/1993:

a) poderá realizar o pagamento dos serviços prestados, reconhecendo a validade de contrato verbal com a Administração Pública;

b) deverá realizar o pagamento pelos serviços prestados, desde que a empresa comprove a efetiva realização dos serviços, a fim de não configurar enriquecimento ilícito;

c) deverá instaurar o procedimento de ratificação da contratação com dispensa de licitação, no qual caberá à empresa comprovar que foi observado o critério do menor preço para os serviços realizados;

d) não deverá realizar qualquer pagamento pelos serviços supostamente prestados, uma vez que não pode reconhecer a validade de contrato verbal com o Poder Público;

e) não poderá realizar o pagamento pelos serviços prestados, uma vez que o procedimento para ratificação da contratação deveria ter sido iniciado na gestão anterior, diferindo-se para a atual apenas a obrigação de realizar o pagamento.

Tema: Licitação Inexigível (art. 25 da Lei nº 8.666/1993) – Contratação Direta (dispensa e inexigibilidade) – Licitações (Lei nº 8.666/1993) – Execução dos Contratos (arts. 66 a 76 da Lei nº 8.666/1993) – Contratos Administrativos (Lei nº 8.666/1993).

COMENTÁRIOS

Essa é a clássica questão que deveria ter sido objeto de um recurso, em razão da polêmica da assertiva dada como correta. Veja que, de acordo com o comando da questão, houve uma contratação direta de serviços de publicidade. A Lei nº 8.666/1993 não permite isso. Analise o que diz a norma:

> Art. 25. É inexigível a licitação quando houver inviabilidade de competição, em especial:
> (...)
> II – para a contratação de serviços técnicos enumerados no art. 13 desta Lei, de natureza singular, com profissionais ou empresas de notória especialização, **vedada a inexigibilidade para serviços de publicidade e divulgação**;

Sinteticamente, relembre-se que a inexigibilidade indica uma situação em que a licitação é inviável, pela ausência de condições competitivas. Isso, entretanto, não é possível ser reconhecido quando se tratar de serviços de publicidade e divulgação, pela absoluta vedação legal (reveja a parte final do inciso II transcrito acima). Aí, uma primeira ilegalidade: a contratação direta de serviços (de publicidade), para os quais a Lei estabelece proibição legal. Mas não é só. Veja que não houve a formalização do contrato, isto é, não há documentação que o suporte. Foi feita uma contratação "informal" (verbal, na realidade). Mas olhe só o que diz a Lei nº 8.666/1993 a respeito disso:

> É nulo e de nenhum efeito o contrato verbal com a Administração, salvo o de pequenas compras de pronto pagamento, assim entendidas aquelas de valor não superior a 5% (cinco por cento) do limite estabelecido no art. 23, inciso II, alínea a desta Lei, feitas em regime de adiantamento.

Atente que, na parte final do dispositivo, a Lei até admite a contratação verbal no que se refere ao regime de "adiantamento", o que não é o caso da questão. O adiantamento é o que o Direito Financeiro chama de suprimento de fundos, que serve para pequenas despesas, que não se submetem à "ordem natural" destas. Caso queira calcular (a Lei de Licitações cita o valor de 5% do art. 23, inciso II, a), perceba que o regime de adiantamento alcança até 4 mil. Serve para, por exemplo, mandar fazer uma chave para Administração, porque a outra foi perdida, para a compra de itens de pouco valor, não habitualmente adquiridos pela Administração, e coisas do gênero. Essa exceção, para a qual se admite a contratação verbal, não contempla o caso tratado na questão, já que se está diante de serviços de publicidade, insista-se.

Pois bem. Então, a contratação examinada é, de fato, verbal, sendo irregular, portanto, em face do que dispõe a Lei. Passe-se agora à questão do pagamento dos serviços.

Em primeiro lugar, veja que não há informação a respeito da EFETIVA prestação dos serviços. Note que o examinador cita que a empresa requer o pagamento dos serviços que ENTENDE prestados. Na realidade, conforme a jurisprudência do Tribunal de Contas da União, caso houvesse a EFETIVA COMPROVAÇÃO da entrega dos serviços, deveria haver o pagamento, pois, senão, a Administração estaria se enriquecendo ilicitamente. De fato, caso o particular houvesse COMPROVADO a efetiva prestação dos serviços deveria ser remunerado. Mas essa informação não consta do comando da questão.

E mais: Como não houve a comprovação do serviço, diante da ilegalidade do ajuste verbal da contratação, o novo Prefeito não deveria efetuar os pagamentos, no entender do examinador, com o qual, lamentavelmente, não se concorda. E, apesar de a letra **d** não falar da possibilidade de reconhecimento da despesa sem cobertura de um contrato (já que houve contrato VERBAL), pensa-se que esta não seria a melhor opção a ser marcada. Observe o que diz a letra **b**:

> b) deverá realizar o pagamento pelos serviços prestados, desde que a empresa comprove a efetiva realização dos serviços, a fim de não configurar enriquecimento ilícito.

Agora, veja o entendimento mantido pelo TCU a respeito do assunto, no Acórdão nº 2.279/2009, do Plenário daquela Corte, constante do voto do Relator:

> 9. É certo, como assinalado pelo ilustre professor, que a Administração não pode enriquecer a custa do particular, não podendo tirar proveito de sua atividade sem o respectivo pagamento. Dessa forma, ainda que a relação entre os dois não tenha sido regularmente formalizada, porém tenha havido o consentimento da Administração para a realização da atividade que lhe trouxe proveito, deve haver a correspondente indenização, em respeito à vedação ao enriquecimento sem causa e à moralidade administrativa, sem prejuízo da apuração das responsabilidades administrativas.
> (...)
> 11. Compulsando os autos, verifico que, em 5/8/1994, mediante o documento de fls. 27 vol.1, o então Presidente do TRT da 14ª Região [omissis] propôs à contratada, empresa [omissis], a execução de serviços extras ao contrato decorrente da Concorrência 001/92, indicando a urgência da execução em face do comprometimento da obra, segundo descrito no parecer do engenheiro do TRT, (...). Naquela oportunidade, o então Presidente do aludido Tribunal autorizou "...desde logo, o início da execução dos referidos serviços, mesmo não havendo a formalização necessária, a qual será realizada oportunamente".
> 12. Os documentos acima apontados demonstram que, independentemente da assinatura do 8º Termo Aditivo, que ocorreu somente em 7/4/1995, a execução dos serviços extras aqui tratados já havia sido autorizada pela autoridade administrativa competente, para início imediato, em 5/8/1994. Desse modo, não cabe desprezar a situação de fato, pré-existente à

formalização do Termo Aditivo, ou seja, a execução dos serviços sem cobertura contratual, mas que originaram para a Administração o dever de indenizar o particular, uma vez que os serviços foram autorizados pela própria Administração.

Percebeu que, conforme o julgado acima, mesmo que não houvesse contrato, mas se houve a execução do serviço, autorizado pela Administração, deveria haver o pagamento por parte da Administração? Por isso, entende-se que a letra **b** seria o melhor gabarito para esta questão. Não há que se cogitar do fato de os serviços terem sido autorizados na gestão de outro prefeito. Lembre-se de que a Administração é IMPESSOAL, isto é, pouco importa se foi este ou aquele prefeito que ordenou a despesa. Esta pertence à Prefeitura, não ao prefeito em si. Daí, se um prefeito anterior ordenou, indevidamente, uma despesa, esta deveria ser paga, sem prejudicar uma ação judicial contra o prefeito anterior. Entretanto, como se disse, o gabarito dado foi a letra **d**. Analise os outros itens:

Letra **a**: São duas coisas distintas — apesar de ser possível o reconhecimento da DESPESA, caso ela seja efetivamente comprovada, não se pode reconhecer a validade (a legalidade) do contrato, o qual continuará sendo ilegal, já que firmado verbalmente.
Letras **c** e **e**: São invenções do examinador. A Lei nº 8.666/1993 não fala nada disso.

Bom, como se disse, o gabarito foi a letra **d**. Entretanto, pensa-se que o melhor item, em conformidade com o pensamento do Tribunal de Contas da União, seria a letra **b**.

Gabarito: Letra **d**. (o do professor seria letra **b**).
Nível: Difícil.

Questão 60   **(FCC – TCE-PR – Analista Administrativo – 2011) É hipótese de rescisão, expressamente prevista na Lei nº 8.666/93, que enseja indenização ao contratado:**
a) o cumprimento irregular de cláusulas contratuais, especificações, projetos e prazos;
b) a paralisação da obra, do serviço ou do fornecimento, sem justa causa e prévia comunicação à Administração;
c) a subcontratação total ou parcial do seu objeto, quando não prevista pelo contrato;
d) a decretação de falência ou a instauração de insolvência civil;
e) razões de interesse público, de alta relevância e amplo conhecimento, justificadas e determinadas nos termos da lei.

Tema: Inexecução E Rescisão dos Contratos Administrativos (arts. 77 a 80 da Lei nº 8.666/1993) – Contratos Administrativos (Lei nº 8.666/1993).

COMENTÁRIOS

Têm-se três hipóteses de rescisão dos contratos administrativos previstas na Lei nº 8.666/1993. Conheça-as (ou relembre-as, se for o caso):

> Art. 79. A rescisão do contrato poderá ser:
> I – determinada por ato unilateral e escrito da Administração, nos casos enumerados nos incisos I a XII e XVII do art. anterior;

II – amigável, por acordo entre as partes, reduzida a termo no processo da licitação, desde que haja conveniência para a Administração;
III – judicial, nos termos da legislação;

Algumas dessas hipóteses pressupõem que houve culpa do contratado. Noutras, houve culpa atribuível à Administração ou não houve culpa de ninguém (em razão de fatos que alguns doutrinadores catalogam, genericamente, na teoria da imprevisão). Para que o contratado seja indenizado, a princípio, seria isto: culpa da Administração ou culpa de ninguém (teoria da imprevisão). Agora, veja o que diz a Lei nº 8.666/1993, no mesmo art. 79:

> § 2º. Quando a rescisão ocorrer com base nos incisos XII a XVII do art. anterior, sem que haja culpa do contratado, será este ressarcido dos prejuízos regularmente comprovados que houver sofrido, tendo ainda direito a:
> I – devolução de garantia;
> II – pagamentos devidos pela execução do contrato até a data da rescisão;
> III – pagamento do custo da desmobilização.

Percebeu que nos **incisos XII a XVII do art. 78**, o contratado faria jus à indenização? É que em tal dispositivo é que são desdobradas as hipóteses de rescisão. Agora, faça-se a correspondência das alternativas com os incisos do art. 78 (veja-os na legislação abaixo, para fixar o conteúdo):
Letra **a:** inciso II.
Letra **b:** inciso V.
Letra **c:** inciso VI.
Letra **d:** inciso IX.
Letra **e:** inciso XII.

Como dito, o contratado só fará jus a uma indenização nas hipóteses contidas nos incisos **XII a XVII do art. 78** da Lei nº 8.666/1993. Das alternativas, a única, portanto, que se encontra dentre tais hipóteses é a Letra **e**, que é o gabarito (inciso XII, do art. 78, da Lei nº 8.666/1993).

Legislação
Lei nº 8.666/1993:

> Art. 78. Constituem motivo para rescisão do contrato:
> (...)
> II – o cumprimento irregular de cláusulas contratuais, especificações, projetos e prazos;
> (...)
> V – a paralisação da obra, do serviço ou do fornecimento, sem justa causa e prévia comunicação à Administração;
> VI – a subcontratação total ou parcial do seu objeto, a associação do contratado com outrem, a cessão ou transferência, total ou parcial, bem como a fusão, cisão ou incorporação, não admitidas no edital e no contrato;
> (...)

IX – a decretação de falência ou a instauração de insolvência civil;
(...)
XII – razões de interesse público, de alta relevância e amplo conhecimento, justificadas e determinadas pela máxima autoridade da esfera administrativa a que está subordinado o contratante e exaradas no processo administrativo a que se refere o contrato;

Gabarito: Letra **e**.
Nível: **Médio**.

Capítulo 6

Área Contábil – Prova de Analista – 2011

Q.61. Licitação dispensável (art. 24 da Lei nº 8.666/1993) – Licitação inexigível (art. 25 da Lei nº 8.666/1993) Contratação Direta (dispensa e inexigibilidade) – Licitações (Lei nº 8.666/1993)
Q.62. Revogação e anulação (Licitações, Lei nº 8.666) – Licitações (Lei nº 8.666/1993)
Q.63. Definições, obras e serviços, compras (arts. 6 a 16, Lei nº 8.666) – Licitações (Lei nº 8.666/1993)
Q.64. Licitação dispensável (art. 24 da Lei nº 8.666/1993) Contratação Direta (dispensa e inexigibilidade) – Fases (Licitação) – Licitações (Lei nº 8.666/1993)

Questão 61   (FCC – TCE-PR – Analista_Contábil – 2011) Sobre a dispensa e inexigibilidade de licitação, é CORRETO afirmar que:
  a)   não exige justificação, porque o Estatuto da Licitação não faz tal exigência;
  b)   exige procedimento próprio apenas em caso de dispensa de licitação;
  c)   exige procedimento próprio apenas em caso de inexigibilidade de licitação;
  d)   exige procedimento próprio tanto na dispensa como na inexigibilidade;
  e)   a lei não admite contratação sem dispensa ou inexigibilidade de licitação, qualquer que seja a situação.

Tema: Licitação dispensável (art. 24 da Lei nº 8.666/1993) – Licitação inexigível (art. 25 da Lei nº 8.666/1993 – Contratação Direta (dispensa e inexigibilidade) – Licitações (Lei nº 8.666/1993).

COMENTÁRIOS

De imediato, afirme-se que, DE MODO GERAL, o Poder Público, antes de contratar com um particular, deverá licitar. Entretanto, a própria CF reconhece a possibilidade de que a contratação seja feita sem licitação. Veja o dispositivo constitucional abaixo, com o destaque do negrito:

> XXI – **ressalvados os casos especificados na legislação**, as obras, serviços, compras e alienações serão contratados mediante processo de licitação pública que assegure igualdade de condições a todos os concorrentes, com cláusulas que estabeleçam obrigações de pagamento, mantidas as condições efetivas da proposta, nos termos da lei, o qual somente permitirá as exigências de qualificação técnica e econômica indispensáveis à garantia do cumprimento das obrigações.

As "ressalvas" ao dever de licitar, conforme o texto da CF acima apontado, são os casos de dispensa e inexigibilidade, tratados em detalhes na Lei nº 8.666/1993, que regulamenta as licitações públicas. A norma de referência assim estabelece:

Art. 26. As dispensas previstas nos §§ 2º e 4º do art. 17 e no inciso III e seguintes do art. 24, as situações de inexigibilidade referidas no art. 25, necessariamente justificadas, e o retardamento previsto no final do parágrafo único do art. 8º desta Lei deverão ser comunicados, dentro de 3 (três) dias, à autoridade superior, para ratificação e publicação na imprensa oficial, no prazo de 5 (cinco) dias, como condição para a eficácia dos atos. Parágrafo único. O processo de dispensa, de inexigibilidade ou de retardamento, previsto neste artigo, será instruído, no que couber, com os seguintes elementos:
I – caracterização da situação emergencial ou calamitosa que justifique a dispensa, quando for o caso;
II – razão da escolha do fornecedor ou executante;
III – justificativa do preço.

Note que, pelo estabelecido na Lei, há um procedimento próprio tanto para a dispensa, quanto para a inexigibilidade. Além disso, a norma, no *caput* do art. 26, é bem clara: deve haver as devidas justificativas para a contratação direta. Deve ser assim pois contratar diretamente é exceção, isso deve ser explicado (justificado). Enfim, portanto, correta a letra **d**.
Gabarito: Letra **d**.
Nível: **Médio**.

Questão 62   (FCC –_TCE-PR_– Analista_Contábil – 2011) Sobre anulação e revogação de licitação, é correto afirmar:
a)   a revogação, de ofício ou por provocação, pressupõe ilegalidade ou desvio de finalidade no procedimento licitatório;
b)   a anulação, apurada em procedimento administrativo próprio, é ato privativo da Administração e pressupõe fato superveniente devidamente comprovado;
c)   a revogação se dá pela autoridade competente para aprovação do procedimento licitatório, por motivos de interesse público decorrente de fato superveniente devidamente comprovado, pertinente e suficiente para comprovar tal conduta;
d)   a autoridade competente pode anular a licitação, de ofício ou por provocação de terceiro, por razões de interesse público decorrente de fato superveniente devidamente comprovado, pertinente e suficiente para comprovar tal conduta;
e)   a revogação e a anulação do procedimento licitatório pressupõem prova da ilegalidade e do fato superveniente, desde que sejam pertinentes e suficientes para justificar a conduta.

Tema: Revogação e Anulação (Licitações, Lei nº 8.666) – Licitações (Lei nº 8.666/1993).

COMENTÁRIOS

Tanto a anulação quanto a revogação do processo licitatório constituem formas de desfazimento (extinção) deste (observe o § 3º do art. 49 na Legislação abaixo). Veja o que diz a Lei nº 8.666/1993 a respeito delas:

Art. 49. A autoridade competente para a aprovação do procedimento somente poderá revogar a licitação por razões de interesse público decorrente de fato superveniente devidamente comprovado, pertinente e suficiente para justificar tal conduta, devendo anulá-la por ilegalidade, de ofício ou por provocação de terceiros, mediante parecer escrito e devidamente fundamentado.

Perceba que a anulação (parte final do dispositivo citado) ocorrerá por ilegalidade. Já a revogação acontecerá em face de fatos novos, comprovados, que justifiquem tal decisão.

Bem, tendo em conta os rápidos esclarecimentos, vejam-se os erros dos itens:
Letra a: ERRADA. A ilegalidade levará à anulação da licitação, não à revogação.
Letra b: ERRADA. A incidência do fato superveniente levará à revogação do processo licitatório, não à anulação.
Letra c: CERTA. Este é o conceito de revogação, de acordo com o *caput* do art. 49, visto nos comentários iniciais. Por isso, o item está correto.
Letra d: ERRADA. A anulação, como visto, ocorre em razão da ilegalidade no procedimento. A descrição feita na assertiva refere-se à revogação (releia, se necessário, o art. 49 da Lei nº 8.666/1993).
Letra e: ERRADA. Para fechar – REVOGAÇÃO – FATO SUPERVENIENTE; ANULAÇÃO – ILEGALIDADE. O item não esclarece quando seriam feitas uma ou outra e, por isso, está ERRADO.

Legislação
Lei nº 8.666/1993:

> Art. 49 (...)
> § 3º. No caso de desfazimento do processo licitatório, fica assegurado o contraditório e a ampla defesa.

Gabarito: Letra **c**
Nível: **Fácil**.

Questão 63 (FCC – TCE-PR – Analista Contábil – 2011) Em licitação para compra de material de escritório, consta no edital duas mil canetas de cor azul com cláusula especificando que somente serão admitidas propostas com canetas da marca "BBB". Este procedimento licitatório:

a) viola os princípios da igualdade de direitos que deve ser assegurada a todos os interessados em contratar, bem assim o princípio da impessoalidade, já que a Administração está se pautando em critérios subjetivos ao determinar a marca da caneta;
b) é perfeitamente válido, na medida em que a Administração deve buscar a melhor proposta, com o melhor preço, estando englobada nesta noção os melhores produtos disponíveis no mercado;
c) será válido somente se a Administração Pública não desqualificar proposta mais vantajosa, ainda que haja a apresentação de outra marca de caneta, reconhecidamente de melhor qualidade daquela exigida no edital;
d) não viola o princípio da moralidade e da probidade ao prestigiar determinada marca de caneta, em detrimento de outras marcas disponíveis no mercado, uma vez que o edital contém indicativo de preferência pela marca;
e) atende integralmente ao princípio do julgamento objetivo, já que o julgamento deve se ater a todos os critérios previamente estabelecidos no ato convocatório e de acordo com os fatores exclusivamente nele referidos.

Tema: Definições, Obras e Serviços, Compras (arts. 6º a 16, Lei nº 8.666) – Licitações (Lei nº 8.666/1993).

COMENTÁRIOS

Em várias passagens, a Lei nº 8.666/1993 proíbe a indicação de marca, na aquisição de bens. Veja um exemplo, tendo mais atenção à parte negritada:

> Art. 7º (...)
> § 5º. **É vedada a realização de licitação** cujo objeto inclua bens e serviços sem similaridade **de marcas**, características e especificações exclusivas, **salvo** nos casos em que for tecnicamente justificável, ou ainda quando o fornecimento de tais materiais e serviços for feito sob o regime de administração contratada, previsto e discriminado no ato convocatório.

Note que, de modo geral, fica proibida a realização de licitação com base em marcas, a não ser que se trate de um caso em que seja tecnicamente justificável (é a parte do "salvo..." em diante, no dispositivo transcrito). Seria o caso, por exemplo, de ampliar a rede de armazenagem de dados (uma rede de computadores de grande porte). Sabe-se que, em algumas circunstâncias, faz-se necessária a indicação de certa marca em licitações da espécie, pois, caso contrário, os novos computadores a serem adquiridos, se de outra marca, podem prejudicar a performance da rede. Nessas situações, então, admitida a indicação de marcas. Mas, para tanto, deve haver, no mínimo, um estudo técnico apurado, que aponte, detalhadamente, as razões da exigência de que os computadores sejam de tal ou qual marca.

Agora, ausentes outras informações, não se justifica a indicação de marcas para aquisição de canetas. Mesmo que a Administração tenha intenção de comprar aquela caneta mais conhecida (você, leitor, sabe qual...), insista-se, não se pode aceitar a indicação de marca, pois não há nada que justifique isso. Ressalte-se, inclusive, que este é o entendimento do TCU. A indicação de certa marca, neste caso, violaria, dentre outros, o princípio da impessoalidade/igualdade, e já daria um tratamento diferenciado a certo licitante. Assim, das alternativas postas, a que melhor atende o ordenamento vigente é a letra **a**, que está em consonância, sobretudo, com o entendimento do TCU.

RESSALTE-SE: Não há uma proibição ABSOLUTA de indicação de marcas em processo licitatório. O que não se admite é a aposição de marca em um produto ou serviço, sem qualquer razão para tanto.

Gabarito: Letra **a**.
Nível: **Fácil**.

Questão 64   (FCC – TCE-PR – Analista Contábil – 2011) Quando todos os licitantes forem inabilitados, a Administração poderá:

a) realizar contratação com dispensa de licitação ou optar por realizar a licitação na modalidade convite.

b) realizar contratação com inexigibilidade de licitação, observando apenas a proposta mais vantajosa.

c) fazer a licitação na modalidade convite, independente de valor.
d) fixar aos licitantes o prazo de 10 dias úteis para apresentação de nova documentação, exclusivamente quando se tratar da modalidade concorrência.
e) fixar aos licitantes o prazo de 8 dias úteis para apresentação de nova documentação, reduzindo-se este prazo para 3 dias úteis no caso de convite.

Tema: Licitação dispensável (art. 24 da Lei nº 8.666/1993) – Contratação Direta (dispensa e inexigibilidade) – Fases (Licitação) – Licitações (Lei nº 8.666/1993).

COMENTÁRIOS

Veja o que diz a Lei nº 8.666/1993 a respeito da situação descrita no comando da questão (art. 48), sobretudo nos trechos destacados:

> § 3º. **Quando todos os licitantes forem inabilitados** ou todas as propostas forem desclassificadas, **a administração poderá fixar aos licitantes o prazo de oito dias úteis para a apresentação de nova documentação** ou de outras propostas escoimadas das causas referidas neste artigo, **facultada, no caso de convite, a redução deste prazo para três dias úteis**.

Perceba que a parte negritada é a exata descrição da letra **e**, que, portanto, é a correta. Chame-se atenção para o fato de que tal abertura de prazo para correção de propostas é FACULDADE colocada à disposição, a qual, portanto, não é obrigada a adotar a providência em questão. Outra coisa importante: caso o Poder Público contratante lance mão dessa abertura de prazo, e, caso a situação persista, poderá partir para a contratação direta, com base no inciso VII, do art. 24, da Lei nº 8.666/1993 (veja legislação abaixo), que torna a licitação dispensável em tal hipótese. DETALHE: no citado dispositivo se fala no parágrafo único do art. 48. Entretanto, não há mais parágrafo único. O que ocorre é que, com alterações na Lei, houve a renumeração dos parágrafos do art. 48, e o que era único passou a ser o terceiro parágrafo de tal dispositivo. Então, o que se vê como parágrafo único do art. 48 entenda como terceiro. Bobeirinha do legislador, que nós vamos perdoar...

Legislação
Lei nº 8.666/1993:

> Art. 24. É dispensável a licitação:
> (...)
> VII – quando as propostas apresentadas consignarem preços manifestamente superiores aos praticados no mercado nacional, ou forem incompatíveis com os fixados pelos órgãos oficiais competentes, casos em que, observado o parágrafo único do art. 48 desta Lei e, persistindo a situação, será admitida a adjudicação direta dos bens ou serviços, por valor não superior ao constante do registro de preços, ou dos serviços;

Gabarito: Letra **e**.
Nível: Fácil.

Capítulo 7

TRF-1ª Região – Prova de Analista Administrativo – 2011

Q.65. Definições, Obras e Serviços, Compras (arts. 6 a 16, Lei nº 8.666) – Licitações (Lei nº 8.666/1993)
Q. 66. Modalidades na Lei nº 8.666/1993 – Licitações (Lei nº 8.666/1993)
Q.67. Da Formalização dos Contratos (arts. 60 a 64 da Lei nº 8.666/1993) – Contratos Administrativos (Lei nº 8.666/1993)
Q.68. Execução dos Contratos (arts. 66 a 76 da Lei nº 8.666/1993) – Duração dos Contratos Administrativos – Contratos Administrativos (Lei nº 8.666/1993)
Q.69. Alteração Unilateral (Cláusulas Exorbitantes) – Cláusulas Exorbitantes – Contratos Administrativos (Lei nº 8.666/1993)
Q.70. Associação Sindical e Direito de Greve – Acessibilidade aos Cargos e Empregos Públicos –Agentes Administrativos (servidores públicos estatais) – Agentes Públicos
Q.71. Acumulação de Cargos e Empregos Públicos e Funções – Agentes Administrativos (servidores públicos estatais) – Agentes Públicos
Q.72. Formas de provimento (Lei nº 8.112 – arts. 5º a 32) – Lei nº 8.112/1990 (lei federal) – Estabilidade e estágio probatório – Agentes administrativos (servidores públicos estatais)
Q.73. Do Processo Administrativo Disciplinar (Lei nº 8.112 – arts. 143 a 182) – Lei nº 8.112/1990 (lei federal) – Estabilidade e Estágio Probatório – Agentes Administrativos (servidores públicos estatais)
Q.74. Formas de Provimento (Lei nº 8.112 – arts. 5º a 32) – Lei nº 8.112/1990 (lei federal) – Agentes Administrativos (servidores públicos estatais) – Agentes Públicos
Q.75. Processo Administrativo Federal (Lei nº 9.784/1999) – Processo Administrativo
Q.76. Processo Administrativo Federal (Lei nº 9.784/1999) – Processo Administrativo
Q.77. Princípios da Administração Pública – Regime Jurídico Administrativo
Q.78. Formas de Desfazimento ou Retirada do Ato Administrativo (Anulação, Revogação, Cassação, Caducidade, Contraposição) – Atos Administrativos
Q.79. Classificação (atos administrativos) – Atos Administrativos

Questão 65 (FCC – TRF-1ª Região – Analista Administrativo – 2011) Com relação aos componentes exigidos do Projeto Básico, no âmbito da Lei nº 8.666 de 1993, considere as afirmativas abaixo:
I. Orçamento geral da obra, sem quantitativos detalhados de serviços e fornecimentos estimativamente avaliados, sujeitos a futuras modificações por parte da Administração.
II. Identificação dos tipos de serviços a executar e de materiais e equipamentos a incorporar à obra, bem como suas especificações que assegurem os melhores resultados para o empreendimento, sem frustrar o caráter competitivo para a sua execução.
III. Soluções técnicas globais e localizadas, suficientemente detalhadas, de forma a minimizar a necessidade de reformulação ou de variantes durante as fases de elaboração do projeto executivo e de realização das obras e montagem.

IV. Desenvolvimento da solução escolhida de forma a fornecer visão global da obra e identificar todos os seus elementos constitutivos com clareza.

V. Subsídios para montagem do plano de licitação e gestão da obra, compreendendo a sua programação, a estratégia de suprimentos, as normas de fiscalização e outros dados necessários em cada caso.

Está CORRETO o que se afirma SOMENTE em:

a) II, III e IV;
b) I, III e IV;
c) I, II, III e V;
d) II, III, IV e V;
e) II, IV e V.

Tema: Definições, Obras e Serviços, Compras (arts. 6º a 16, Lei nº 8.666) – Licitações (Lei nº 8.666/1993).

COMENTÁRIOS

Primeiramente, esclareça-se que os projetos básicos são documentos técnicos, necessários à licitação de uma obra ou de um serviço (veja o art. 7º citado na legislação abaixo). Não se confundem com os projetos executivos e a ele antecedem. O projeto básico deve estar detalhado no grau necessário para adequada compreensão do que se quer contratar.

Agora, a bem da objetividade, analisem-se cada um dos itens:

Item I. ERRADO. Veja o diz a Lei nº 8.666/1993, a respeito da composição dos projetos básicos de obras, no que pertine aos orçamentos:

> Art. 6º. Para os fins desta Lei, considera-se:
> (...)
> IX – Projeto Básico – conjunto de elementos necessários e suficientes, com nível de precisão adequado, para caracterizar a obra ou serviço, ou complexo de obras ou serviços objeto da licitação, elaborado com base nas indicações dos estudos técnicos preliminares, que assegurem a viabilidade técnica e o adequado tratamento do impacto ambiental do empreendimento, e que possibilite a avaliação do custo da obra e a definição dos métodos e do prazo de execução, devendo conter os seguintes elementos:
> (...)
> f) **orçamento detalhado** do custo global da obra, fundamentado em quantitativos de serviços e fornecimentos propriamente avaliados;

Perceba no trecho destacado que é necessário o detalhamento do orçamento, de forma, inclusive, a se permitir futuro controle dos pagamentos. Como o item afirma que NÃO precisa se detalhar o orçamento, está ERRADO.

Item II. **CERTO.** Em estrita conformidade com a alínea *c*, do inciso IX, do art. 6º, da Lei nº 8.666/1993 (veja legislação abaixo).

Item III. **CERTO.** Em estrita conformidade com a alínea *b*, do inciso IX, do art. 6º, da Lei nº 8.666/1993 (veja legislação abaixo).

Item IV. **CERTO**. Em estrita conformidade com a alínea *a*, do inciso IX do art. 6º, da Lei nº 8.666/1993 (veja legislação abaixo).
Item V. **CERTO**. Em estrita conformidade com a alínea *e*, do inciso IX, do art. 6º, da Lei nº 8.666/1993 (veja legislação abaixo).
Portanto, a única assertiva INCORRETA é o item I, e, com isso, o gabarito é a letra **d**.
Legislação
Lei nº 8.666/1993:

> Art. 6º. Para os fins desta Lei, considera-se:
> (...)
> IX – Projeto Básico – conjunto de elementos necessários e suficientes, com nível de precisão adequado, para caracterizar a obra ou serviço, ou complexo de obras ou serviços objeto da licitação, elaborado com base nas indicações dos estudos técnicos preliminares, que assegurem a viabilidade técnica e o adequado tratamento do impacto ambiental do empreendimento, e que possibilite a avaliação do custo da obra e a definição dos métodos e do prazo de execução, devendo conter os seguintes elementos:
> a) desenvolvimento da solução escolhida de forma a fornecer visão global da obra e identificar todos os seus elementos constitutivos com clareza;
> b) soluções técnicas globais e localizadas, suficientemente detalhadas, de forma a minimizar a necessidade de reformulação ou de variantes durante as fases de elaboração do projeto executivo e de realização das obras e montagem;
> c) identificação dos tipos de serviços a executar e de materiais e equipamentos a incorporar à obra, bem como suas especificações que assegurem os melhores resultados para o empreendimento, sem frustrar o caráter competitivo para a sua execução;
> (...)
> e) subsídios para montagem do plano de licitação e gestão da obra, compreendendo a sua programação, a estratégia de suprimentos, as normas de fiscalização e outros dados necessários em cada caso;
> Art. 7º. As licitações para a execução de obras e para a prestação de serviços obedecerão ao disposto neste artigo e, em particular, à seguinte sequência:
> I – projeto básico;
> II – projeto executivo;
> III – execução das obras e serviços.
> § 1º. A execução de cada etapa será obrigatoriamente precedida da conclusão e aprovação, pela autoridade competente, dos trabalhos relativos às etapas anteriores, à exceção do projeto executivo, o qual poderá ser desenvolvido concomitantemente com a execução das obras e serviços, desde que também autorizado pela Administração.
> § 2º. As obras e os serviços somente poderão ser licitados quando:

I – houver projeto básico aprovado pela autoridade competente e disponível para exame dos interessados em participar do processo licitatório;
II – existir orçamento detalhado em planilhas que expressem a composição de todos os seus custos unitários;

Gabarito: Letra **d**.
Nível: **Difícil**.

Questão 66   (FCC – TRF-1ª Região – Analista Administrativo – 2011) A modalidade de tomada de preços:
a) aplica-se aos interessados do ramo pertinente ao seu objeto, cadastrados ou não, escolhidos e convidados em número mínimo de três pela unidade administrativa;
b) é indicada para a escolha de trabalho técnico, científico ou artístico, mediante a instituição de prêmios ou remuneração aos vencedores;
c) exige que os interessados estejam devidamente cadastrados ou atendam a todas as condições exigidas para cadastramento até o terceiro dia anterior à data do recebimento das propostas, observada a necessária qualificação;
d) compreende uma fase inicial de habilitação preliminar, para que os interessados comprovem possuir os requisitos mínimos de qualificação exigidos no edital para execução de seu objeto;
e) é utilizada para a venda de bens móveis inservíveis para a administração ou de produtos legalmente apreendidos ou penhorados.

Tema: Modalidades na Lei nº 8.666/1993 – Licitações (Lei nº 8.666/1993).

COMENTÁRIOS

Veja o que diz a Lei nº 8.666/1993 a respeito da modalidade tomada de preços (art. 22):

> § 2º. Tomada de preços é a modalidade de licitação entre interessados devidamente cadastrados ou que atenderem a todas as condições exigidas para cadastramento até o terceiro dia anterior à data do recebimento das propostas, observada a necessária qualificação.

A definição consta da letra **c**, que, por conseguinte, é o gabarito da questão.
Para fins didáticos, faça-se a correspondência dos demais itens, com a Lei nº 8.666/1993:
Letra **a**: ERRADA. Esta é a definição do convite, que consta § 3º do art. 22.
Letra **b**: ERRADA. Esta é a definição do concurso, que consta § 4º do art. 22.
Letra **d**: ERRADA. Esta é a definição da concorrência, que consta § 1º do art. 22.
Letra **e**: ERRADA. Esta é a definição da concorrência, que consta § 5º do art. 22.
Legislação
Lei nº 8.666/1993:

Art. 22. São modalidades de licitação:
I – concorrência;
II – tomada de preços;

III – convite;
IV – concurso;
V – leilão.

§ 1º. Concorrência é a modalidade de licitação entre quaisquer interessados que, na fase inicial de habilitação preliminar, comprovem possuir os requisitos mínimos de qualificação exigidos no edital para execução de seu objeto.

§ 2º. Tomada de preços é a modalidade de licitação entre interessados devidamente cadastrados ou que atenderem a todas as condições exigidas para cadastramento até o terceiro dia anterior à data do recebimento das propostas, observada a necessária qualificação.

§ 3º. Convite é a modalidade de licitação entre interessados do ramo pertinente ao seu objeto, cadastrados ou não, escolhidos e convidados em número mínimo de 3 (três) pela unidade administrativa, a qual afixará, em local apropriado, cópia do instrumento convocatório e o estenderá aos demais cadastrados na correspondente especialidade que manifestarem seu interesse com antecedência de até 24 (vinte e quatro) horas da apresentação das propostas.

§ 4º. Concurso é a modalidade de licitação entre quaisquer interessados para escolha de trabalho técnico, científico ou artístico, mediante a instituição de prêmios ou remuneração aos vencedores, conforme critérios constantes de edital publicado na imprensa oficial com antecedência mínima de 45 (quarenta e cinco) dias.

§ 5º. Leilão é a modalidade de licitação entre quaisquer interessados para a venda de bens móveis inservíveis para a administração ou de produtos legalmente apreendidos ou penhorados, ou para a alienação de bens imóveis prevista no art. 19, a quem oferecer o maior lance, igual ou superior ao valor da avaliação.

Gabarito: Letra **c**.
Nível: **Fácil**.

Questão 67 **(FCC – TRF-1ª Região – Analista Administrativo – 2011) É nulo o contrato verbal com a Administração, salvo, no caso de pequenas compras de pronto pagamento, com valor não superior a:**
a) 2.000 reais;
b) 4.000 reais;
c) 5.000 reais;
d) 6.000 reais;
e) 8.000 reais.

Tema: Da formalização dos Contratos (arts. 60 a 64 da Lei nº 8.666/1993) – Contratos Administrativos (Lei nº 8.666/1993).

COMENTÁRIOS

Veja o que diz a Lei nº 8.666/1993 a respeito dos contratos verbais (art. 60):

> Parágrafo único. É nulo e de nenhum efeito o contrato verbal com a administração, salvo o de pequenas compras de pronto pagamento, assim entendidas aquelas de valor não superior a 5% (cinco por cento) do limite estabelecido no art. 23, inciso II, alínea a desta lei, feitas em regime de adiantamento.

Perceba que nem sempre o contrato verbal é nulo e sem nenhum efeito, pois o próprio legislador autoriza sua celebração para pequenas compras (e não serviços, atenção) de pronto pagamento (valores nãosuperiores a R$ 4 mil), no chamado regime de adiantamento. E tal situação é da letra **b**, que é nosso gabarito. Em resumo: *nem todo contrato verbal será nulo, pois a própria Lei estabelece situações em que será aceitável.*
Gabarito: Letra **b**.
Nível: Fácil.

Questão 68 (FCC – TRF-1ª Região – Analista Administrativo – 2011) O contrato administrativo, na administração pública brasileira:
a) não pode ser alterado em razão de acréscimos e supressões nas obras, serviços ou compras contratadas;
b) pode ser estabelecido por prazo indeterminado;
c) não pode ser prorrogado por meio de aditivos;
d) pode ser alterado unilateralmente sem a anuência do contratante;
e) não pode findar sem anuência do particular.

Tema: Execução dos Contratos (arts. 66 a 76 da Lei nº 8.666/1993) – Duração dos Contratos Administrativos – Contratos Administrativos.

COMENTÁRIOS

De antemão, registre-se que esta questão foi anulada. Analisem-se os itens, então, para se entender as razões disso.
Letra **a**: ERRADA. A Lei nº 8.666/1993 dá possibilidade de alteração dos contratos administrativos. Nesse sentido, apenas para ilustrar, veja o dispositivo abaixo:

> Art. 65. Os contratos regidos por esta Lei poderão ser alterados, com as devidas justificativas, nos seguintes casos:

Noutras palavras, mesmo sem se adentrar nas hipóteses da Lei, percebe-se que é possível a alteração dos contratos administrativos.
Letra **b**: ERRADA. Veja o que diz a Lei nº 8.666/1993 (art. 57):

> § 3º. É vedado o contrato com prazo de vigência indeterminado.

Fácil de ver que o item está errado, portanto, já que a lei não abre possibilidade de contrato com vigência indeterminada.

Letra **c**: ERRADA. Em vários momentos a Lei fala sobre aditivo de contrato, que é um documento que serve para formalizar as alterações havidas, sejam elas de quantidades ou de prazo. O que não pode ser feito é a alteração do contrato por mera apostila, que é um documento que serve para formalizar o reajustamento do contrato havido inicialmente (veja o § 8º, do art. 65, da Lei nº 8.666/1993, na legislação abaixo).

Letra **d**: ERRADA. Bem, é possível que um contrato administrativo seja alterado sem a anuência do contratado (veja no art. 65, na legislação abaixo). Entretanto, o item não é muito claro. De fato, não é em TODA situação que um contrato administrativo pode ser alterado unilateralmente. Veja o que diz a Lei nº 8.666/1993 (art. 58):

> § 1º. As cláusulas econômico-financeiras e monetárias dos contratos administrativos não poderão ser alteradas sem prévia concordância do contratado.

Então, quando a alteração versar sobre equilíbrio, cláusulas que envolvem pagamentos, de modo geral, não pode ser feita de modo unilateral. Mas o item não deixou isso claro, e, por isso, foi considerado errado, também.

Letra **e**: ERRADA. Em razão de eventual ilegalidade, um contrato administrativo pode ser anulado. E isso, claro, provavelmente não contará com a anuência do particular. Por isso, o item está ERRADO.

Enfim, não há gabarito para a questão, já que todos os itens são errados. Por isso, a questão foi anulada.

Legislação
Lei nº 8.666/1993:

> Art. 65. Os contratos regidos por esta Lei poderão ser alterados, com as devidas justificativas, nos seguintes casos:
> I – unilateralmente pela Administração:
> a) quando houver modificação do projeto ou das especificações, para melhor adequação técnica aos seus objetivos;
> b) quando necessária a modificação do valor contratual em decorrência de acréscimo ou diminuição quantitativa de seu objeto, nos limites permitidos por esta Lei;

Gabarito: Anulada.
Nível: **Difícil**.

Questão 69 (FCC – TRF-1ª Região – Analista Administrativo – 2011) Os contratos regidos pela Lei nº 8.666/1993 poderão ser alterados, entre outros motivos:
a) para adequar a remuneração do contratante à taxa de juros média do mercado;
b) sempre que a inflação superar os índices anuais superiores a 12 pontos percentuais;
c) quando necessária a modificação do valor contratual – e por acordo das partes – em decorrência de acréscimo ou diminuição quantitativa de seu objeto, nos limites permitidos por esta Lei;

d) unilateralmente pela Administração, quando conveniente a substituição da garantia de execução;

e) para restabelecer o equilíbrio econômico-financeiro inicial do contrato.

Tema: Alteração Unilateral (Cláusulas exorbitantes) – Cláusulas Exorbitantes – Contratos Administrativos (Lei nº 8.666/1993)

COMENTÁRIOS

As duas primeiras alternativas não encontram qualquer amparo na legislação (a Lei nº 8.666/1993, basicamente) e, por isso, podem ser descartadas "de cara".

Já a letra **c** está ERRADA, pois a modificação do valor contratual em decorrência de acréscimo ou diminuição quantitativa de seu objeto, nos limites permitidos, é feita de maneira UNILATERAL (veja a alínea *b*, inciso I, art. 65, da Lei nº 8.666/1993).

A Letra **d** também está ERRADA, já que a alteração do contrato, no caso de a substituição da garantia de execução, é feita de comum acordo (veja a alínea *a*, do inciso II, do art. 65, na legislação abaixo).

Na realidade, quando um contrato é alterado unilateralmente, a Administração deverá restabelecer, por aditamento, o equilíbrio econômico-financeiro inicial. Então, o que acontece, na prática, é que, PRIMEIRO, o contrato é alterado unilateralmente, e, depois, deve ser reequilibrado. O reequilíbrio, então, é CONSEQUÊNCIA da alteração. E isso não ficou esclarecido no item. Essa, provavelmente, a razão de a questão ter sido anulada (falta de clareza deste item **e**).

Legislação
Lei nº 8.666/1993:

> Art. 65. Os contratos regidos por esta Lei poderão ser alterados, com as devidas justificativas, nos seguintes casos:
> I – unilateralmente pela Administração:
> (...)
> b) quando necessária a modificação do valor contratual em decorrência de acréscimo ou diminuição quantitativa de seu objeto, nos limites permitidos por esta Lei;
> II – por acordo das partes:
> a) quando conveniente a substituição da garantia de execução;

Gabarito: Anulada.
Nível: **Difícil**.

Questão 70   **(FCC – TRF-1ª Região – Analista Administrativo – 2011)** No que concerne às disposições gerais acerca da Administração Pública, previstas na Constituição Federal:
a) o direito de greve será exercido nos termos e nos limites definidos em lei específica;
b) os cargos, empregos e funções públicas não são acessíveis aos estrangeiros, conforme disposição constitucional expressa nesse sentido;
c) os acréscimos pecuniários percebidos por servidor público podem ser acumulados para fins de concessão de acréscimo ulteriores;

d) é proibida, ao servidor público civil, a associação sindical;
e) as funções de confiança são exercidas por servidores ocupantes de cargos efetivos ou não.

Tema: Associação Sindical e Direito de Greve – Acessibilidade aos Cargos e Empregos Públicos – Agentes Administrativos (servidores públicos estatais) – Agentes Públicos.

COMENTÁRIOS

Perceba que a questão fala sobre as disposições constitucionais relacionadas aos servidores públicos. Vejam-se, então, as correspondências dos itens com o que diz a CF:
Letra **a**: **CERTA**. Veja o que diz a CF/1988 (art. 37):

> VII – o direito de greve será exercido nos termos e nos limites definidos em lei específica;

Logo, correto o item.
Letra **b**: ERRADA. É o contrário — cargos, empregos e funções públicas são acessíveis aos estrangeiros, conforme disposição constitucional expressa nesse sentido (veja o inciso I, do art. 37, da CF, na legislação abaixo).
Letra **c**: ERRADA. Veja o que diz o inciso XIV do mesmo art. 37, hoje com a seguinte redação:

> Os acréscimos pecuniários percebidos por servidor não serão computados nem acumulados para fins de concessão de acréscimos ulteriores.

Pela redação antiga do dispositivo, vedava-se o cômputo dos acréscimos para concessão de acréscimos posteriores **sob idêntico fundamento**, o que poderia implicar, por exemplo, o cômputo desses acréscimos para concessão de outros, sob fundamentos diversos.

Contudo, a nova redação do inciso XIV fulmina qualquer dúvida: toda e qualquer vantagem pecuniária percentual ou calculada com base em referências — sobretudo adicionais e gratificações — deve ter como base de cálculo o vencimento básico, excluindo-se, por conseguinte, outras figuras remuneratórias da base de incidência para o novo acréscimo. O item, então, inverte o que a CF diz, e está ERRADO.
Letra **d**: ERRADA. É LIVRE (não proibida), a associação sindical do servidor civil (veja o inciso VI, do art. 37, da CF, abaixo).
Letra **e**: ERRADA. As funções de confiança só podem ser exercidas por servidores ocupantes de cargos efetivos. Não podem ser ocupadas por pessoas estranhas à Administração, portanto.
Legislação
CF/1988:

> Art. 37 (...)
> I – os cargos, empregos e funções públicas são acessíveis aos brasileiros que preencham os requisitos estabelecidos em lei, assim como aos estrangeiros, na forma da lei;

V – as funções de confiança, exercidas exclusivamente por servidores ocupantes de cargo efetivo, e os cargos em comissão, a serem preenchidos por servidores de carreira nos casos, condições e percentuais mínimos previstos em lei, destinam-se apenas às atribuições de direção, chefia e assessoramento;

VI – é garantido ao servidor público civil o direito à livre associação sindical;

Gabarito: Letra **a**.
Nível: **Fácil**.

Questão 71 **(FCC – TRF-1ª Região – Analista Administrativo – 2011)** Será possível a acumulação remunerada de cargos públicos quando houver compatibilidade de horários na hipótese de:
a) dois cargos de professor com outro, de natureza científica;
b) um cargo de professor com outro de qualquer natureza;
c) dois cargos de analista judiciário de Tribunais distintos;
d) três cargos de professor;
e) dois cargos ou empregos privativos de profissionais de saúde, ambos com profissões regulamentadas.

Tema: Acumulação de Cargos e Empregos Públicos e Funções – Agentes Administrativos (servidores públicos estatais) – Agentes Públicos.

COMENTÁRIOS

A regra geral é que se veda a acumulação **remunerada** de cargos, empregos e funções **públicos**, seja na Administração Direta, seja na Administração Indireta. A regra da não acumulação abrange, portanto, também autarquias, fundações, empresas públicas e sociedades de economia mista, em quaisquer esferas da federação (União, estados, Distrito Federal, e municípios).

De acordo com o inciso XVI, do art. 37, da CF é permitida a acumulação de cargos e empregos públicos nas seguintes situações:

a) dois cargos de professor;
b) um cargo de professor com outro técnico ou científico;
c) dois cargos ou empregos privativos de profissionais de saúde, com profissões regulamentadas

Agora, compare com os itens disponíveis. O único que encontra previsão nas hipóteses constitucionalmente estabelecidas é a letra **e**, que é o gabarito.

Gabarito: Letra **e**.
Nível: **Fácil**.

Questão 72 **(FCC – TRF-1ª Região – Analista Administrativo – 2011)** No que tange ao servidor público:
a) se for estável, somente perderá o cargo em virtude de sentença judicial transitada em julgado;

b) o tempo de contribuição estadual ou municipal não poderá ser contado para o efeito de aposentadoria;

c) extinto o cargo, o servidor estável ficará em disponibilidade, com remuneração proporcional ao tempo de serviço, até seu adequado aproveitamento em outro cargo;

d) não é condição para a aquisição da estabilidade, a avaliação especial de desempenho por comissão instituída para essa finalidade;

e) invalidada por sentença judicial a demissão do servidor estável, será ele reintegrado, e o ocupante da vaga, se estável, reconduzido ao cargo de origem, com direito a indenização.

Tema: Formas de Provimento (Lei nº 8.112 – arts. 5º a 32) – Lei nº 8.112/1990 (lei federal) – Estabilidade e Estágio Probatório – Agentes Administrativos (servidores públicos estatais)

COMENTÁRIOS

A bem da objetividade, analisem-se os itens um a um.
Letra **a**: ERRADA. Veja o que diz o art. 41 da CF:

> § 1º. O servidor público estável só perderá o cargo:
> I – em virtude de sentença judicial transitada em julgado;
> II – mediante processo administrativo em que lhe seja assegurada ampla defesa;
> III – mediante procedimento de avaliação periódica de desempenho, na forma de lei complementar, assegurada ampla defesa.

Então, daí já se vê que a perda do cargo por parte do servidor estável não se realiza só por processo judicial. É possível, também, a perda mediante processo administrativo. Além disso, há a hipótese de perda do cargo por excesso de despesa, que apesar de ser também administrativa, é situacção específica e merece destaque (veja os §§ 3º e 4º do art. 169 da CF/1988 na legislação abaixo).
Letra **b**: ERRADA. Veja o que diz o art. 40 da CF/1988:

> § 9º. O tempo de contribuição federal, estadual ou municipal será contado para efeito de aposentadoria e o tempo de serviço correspondente para efeito de disponibilidade.

Ou seja, o item inverteu o que diz a CF, e está ERRADO.
Letra **c**: **CERTA.** Veja o que diz o art. 40 da CF/1988:

> § 3º. Extinto o cargo ou declarada a sua desnecessidade, o servidor estável ficará em disponibilidade, com remuneração proporcional ao tempo de serviço, até seu adequado aproveitamento em outro cargo.

É exatamente o que diz o item. Correto, portanto.
Letra **d**: ERRADA. Veja, mais uma vez, o que diz o art. 40 da CF/1988:

> § 4º. Como condição para a aquisição da estabilidade, é obrigatória a avaliação especial de desempenho por comissão instituída para essa finalidade.

Mais uma vez, o examinador tentou pregar uma peça nos candidatos desatentos — houve uma inversão do que diz a CF. O item, claro, está ERRADO.
Letra e: ERRADA. Leia mais uma vez o item. Agora, compare com a redação do seguinte dispositivo, que consta do multicitado art. 40 da CF/1988:

> § 2º. Invalidada por sentença judicial a demissão do servidor estável, será ele reintegrado, e o eventual ocupante da vaga, se estável, reconduzido ao cargo de origem, sem direito a indenização, aproveitado em outro cargo ou posto em disponibilidade com remuneração proporcional ao tempo de serviço.

O destaque foi para facilitar sua vida... O servidor que será reconduzido, ou seja, retornado ao cargo anterior NÃO TERÁ direito à indenização. Esse é o erro do item.
Legislação
CF/1988:

> Art. 169 (...)
> § 3º. Para o cumprimento dos limites estabelecidos com base neste artigo, durante o prazo fixado na lei complementar referida no caput, a União, os estados, o Distrito Federal e os municípios adotarão as seguintes providências:
> I – redução em pelo menos vinte por cento das despesas com cargos em comissão e funções de confiança;
> II – exoneração dos servidores não estáveis.
> § 4º. Se as medidas adotadas com base no parágrafo anterior não forem suficientes para assegurar o cumprimento da determinação da lei complementar referida neste artigo, o servidor estável poderá perder o cargo, desde que ato normativo motivado de cada um dos Poderes especifique a atividade funcional, o órgão ou unidade administrativa objeto da redução de pessoal.

Gabarito: Letra **c**.
Nível: **Médio**.

Questão 73 (FCC – TRF-1ª Região – Analista Administrativo – 2011) Sobre o processo administrativo disciplinar, previsto na Lei nº 8.112/90, é correto afirmar que:
a) da sindicância poderá resultar aplicação de penalidade de advertência ou suspensão de até sessenta dias;
b) o processo disciplinar poderá ser revisto, a qualquer tempo, a pedido ou de ofício, quando, dentre outras hipóteses, se aduzirem circunstâncias suscetíveis de justificar a inadequação da penalidade aplicada;
c) o prazo para conclusão da sindicância não excederá vinte dias, podendo ser prorrogado por igual período, a critério da autoridade superior;
d) o afastamento preventivo do servidor, para evitar que influa na apuração da irregularidade, poderá ser prorrogado por igual prazo, findo o qual cessarão os seus efeitos, salvo se não concluído o processo;
e) quando o relatório da Comissão contrariar as provas dos autos, a autoridade julgadora poderá, motivadamente, abrandar a penalidade proposta ou isentar o servidor de responsabilidade, não podendo, todavia, agravar a pena.

Tema: Do Processo Administrativo Disciplinar (Lei nº 8.112 – arts. 143 a 182) – Lei nº 8.112/1990 (lei federal) – Estabilidade e Estágio Probatório – Agentes Administrativos (servidores públicos estatais).

COMENTÁRIOS

Alguns esclarecimentos preliminares.

As sindicâncias e os PADs podem ser entendidos como os instrumentos administrativos destinados à apuração das eventuais infrações cometidas por servidores públicos, desde que tais infrações sejam praticadas no exercício das atribuições do cargo ou relacionadas a estas.

Como nos demais processos, sempre que for necessário, haverá contraditório/ ampla defesa.

Destaque-se que no transcurso do PAD — bem como da sindicância — deve-se buscar, sempre, a **verdade material (ou real)**. Assim, o julgamento deverá ser proferido com base naquilo que REALMENTE ACONTECEU, e não apenas nas provas constantes dos autos. Em outras esferas, como na civil, por exemplo, o julgamento deve se ater ao vislumbrado nos autos, ou seja, à verdade processual ou formal.

No que diz respeito à produção de provas, vale a regra geral de que incumbe a quem acusa provar a veracidade de suas afirmações, ou seja, como a Administração é quem está acusando o servidor do cometimento de alguma infração, cabe a esta provar a verdade de suas afirmações.

Conforme dispõe o art. 143 da Lei nº 8.112, a autoridade que tomar conhecimento de eventuais irregularidades cometidas por servidores públicos deverá adotar as medidas necessárias com vistas à imediata apuração, por meio da SINDICÂNCIA ou do PROCESSO ADMINISTRATIVO DISCIPLINAR. Se não proceder assim, a autoridade estará agindo de maneira incorreta e poderá acabar, ela, a própria autoridade, sendo responsabilizada, em razão de omissão de dever (de determinar a instauração do processo).

Bem, agora, examinem-se os itens.

Letra **a**: ERRADA. Veja os resultados possíveis da sindicância:

> Art. 145. Da sindicância poderá resultar:
> I – arquivamento do processo;
> II – aplicação de penalidade de advertência ou suspensão de até 30 (trinta) dias;
> III – instauração de processo disciplinar.
> Parágrafo único. O prazo para conclusão da sindicância não excederá 30 (trinta) dias, podendo ser prorrogado por igual período, a critério da autoridade superior.

O erro está em dizer que a sindicância poderá resultar em suspensão de até SESSENTA dias. Não são sessenta, mas sim TRINTA dias o prazo máximo de suspensão que pode advir de uma sindicância. Acima disso, a suspensão do servidor ocorrerá necessariamente mediante PAD.

Letra **b**: CERTA. Os processos de natureza disciplinar (PADs e sindicâncias, na Lei nº 8.112) que gerem sanções podem ser revistos A QUALQUER TEMPO, desde que surjam **fatos ou circunstâncias novos que justifiquem a inocência do punido ou a inadequação da penalidade aplicada** (princípio da autotutela da administração — vide art. 114 da Lei nº 8.112/90). Contudo, na revisão o ônus da prova é invertido: cabe ao requerente provar a veracidade de suas afirmações. Destacamos que a simples alegação da injustiça da penalidade aplicada não é motivo para abertura do processo revisional.

O pedido de revisão pode ser feito pelo próprio servidor, ou, no caso de ausência/falecimento/desaparecimento deste, por qualquer pessoa da família, ou, ainda, no caso de incapacidade mental do punido, pelo respectivo curador. O processo de revisão pode ser instaurado, ainda, de ofício, ou seja, por iniciativa da própria Administração Pública, como prevê, expressamente, o art. 174 da Lei nº 8.112.

Ressalte-se que o que justifica a revisão é o FATO NOVO que tenha eficácia (produza efeitos) sobre a decisão anteriormente produzida, informação que consta da questão: há um fato novo. Contudo, essa "novidade" não pode piorar a situação daquele que terá sua situação revista (veda-se *reformatio in pejus* — a reforma em prejuízo, em revisão de PAD). Daí, ainda que fosse aberta a revisão, não se poderia agravar a situação do servidor, pois há vedação expressa na Lei. Mas, de qualquer forma, o item está certo, uma vez que o processo disciplinar poderá ser revisto, a qualquer tempo, a pedido ou de ofício, quando, dentre outras hipóteses, se aduzirem circunstâncias suscetíveis de justificar a inadequação da penalidade aplicada.

Letra **c**: ERRADA. Veja na Letra **a** acima que o prazo para conclusão da sindicância é de TRINTA dias prorrogável por igual período, a critério da autoridade superior.

Letra **d**: ERRADA. Primeiro, pense na seguinte indagação: *e se um investigado, em um processo administrativo disciplinar, ocupar uma posição relevante no órgão, de forma que, em razão de tal posição, possa vir a interferir no curso das investigações?* Neste caso, a Lei nº 8.112 dá a possibilidade do afastamento preventivo do servidor, que pode ser determinado pela autoridade instauradora do processo para que o servidor não venha a influir na apuração da irregularidade. O prazo de tal afastamento será de ATÉ 60 dias, sem prejuízo da remuneração, podendo ser prorrogado por igual período. Esse prazo (de 60 dias, prorrogável por igual período) é o mesmo do PAD. Agora, caso o PAD não tenha se encerrado no prazo (isso é possível!), o afastamento preventivo, ainda assim, se encerrará. Daí, a parte final do item está ERRADA.

Letra **e**: ERRADA. Faça a leitura da Lei nº 8.112/1990:

> Art. 168. O julgamento acatará o relatório da comissão, salvo quando contrário às provas dos autos.
> Parágrafo único. Quando o relatório da comissão contrariar as provas dos autos, a autoridade julgadora poderá, motivadamente, agravar a penalidade proposta, abrandá-la ou isentar o servidor de responsabilidade.

Assim, resolvido o item: a autoridade pode, sim, agravar a pena que lhe é SUGERIDA pela comissão. Não fosse assim, não seria "autoridade" e cumpriria à própria comissão julgar. O item está ERRADO, então.
Gabarito: Letra **b**.
Nível: **Médio**.

Questão 74 (FCC – TRF-1ª Região – Analista Administrativo – 2011) João, servidor público federal, estável, retorna a cargo anteriormente ocupado em virtude de inabilitação em estágio probatório relativo a outro cargo. Maria, servidora pública federal, aposentada por invalidez, retorna à atividade, tendo em vista que a junta médica oficial declarou insubsistentes os motivos de sua aposentadoria.
Os exemplos narrados correspondem, respectivamente, às seguintes formas de provimento de cargo público:
a) readaptação e aproveitamento;
b) reintegração e recondução;
c) reversão e readaptação;
d) recondução e reversão;
e) aproveitamento e reintegração.

Tema: Formas de Provimento (Lei nº 8.112 – arts. 5º a 32) – Lei nº 8.112/1990 (lei federal) – Agentes Administrativos (servidores públicos estatais) – Agentes Públicos.

COMENTÁRIOS

Analise, primeiramente, a situação de João — ele foi inabilitado em estágio probatório. Agora, veja o que diz a Lei nº 8.112/1990:

> Art. 29. Recondução é o retorno do servidor estável ao cargo anteriormente ocupado e decorrerá de:
> I – inabilitação em estágio probatório relativo a outro cargo;

Então, só com isso, a questão está resolvida. A situação de João é hipótese de recondução.
Já a segunda situação, de Maria, que estava aposentada, amolda-se ao seguinte dispositivo:

> Art. 25. Reversão é o retorno à atividade de servidor aposentado:
> I – por invalidez, quando junta médica oficial declarar insubsistentes os motivos da aposentadoria; ou

Então, a situação de Maria é de reversão. Com isso, está certa a letra **d**.
Gabarito: Letra **d**.
Nível: **Fácil**.

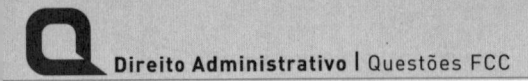

Questão 75 **(FCC – TRF-1ª Região – Analista Administrativo – 2011)** No processo administrativo, previsto na Lei nº 9.784/1999:

a) não pode ser objeto de delegação a decisão de recursos administrativos;
b) o ato de delegação não pode conter ressalva de exercício da atribuição delegada;
c) o ato de delegação e sua revogação não necessitam ser publicadas no meio oficial;
d) o ato de delegação não poderá ser revogado a qualquer tempo, tendo em vista a ocorrência do instituto da preclusão;
e) a avocação temporária de competência atribuída a órgão hierarquicamente inferior é admitida como regra, entretanto, deve ser devidamente justificada.

Tema: Processo Administrativo Federal (Lei nº 9.784/1999) – Processo Administrativo.

COMENTÁRIOS

A bem da objetividade, os comentários serão diretos aos itens.
Letra a: CERTA. Existem algumas matérias que, de acordo com a Lei nº 9.784/1999, são indelegáveis (art. 13 – ver legislação abaixo). Dentre elas consta a decisão de recursos administrativos. Aliás, essa é uma das boas passagens da Lei nº 9.784, pela seguinte razão: imagine que uma autoridade qualquer tome uma decisão que tenha sido potencialmente prejudicial a um particular. Este, então, recorre. O recurso administrativo é encaminhado, então, pela via hierárquica para a autoridade superior, a qual delegaria a competência para a apreciação do recurso.

Resultado: A autoridade hierárquica superior poderia delegar a competência para apreciar o recurso ao responsável pela decisão administrativa inicial, decisão esta que o potencial prejudicado quer ver reformulada. Daí ocorreria uma grande chance de "não valer nada" o recurso, pois este seria apreciado pelo mesmo responsável pela apreciação inicial.

Em síntese: Permitir a delegação da apreciação de recursos administrativos poderia simplesmente "fulminar" o "duplo grau administrativo". Registre-se, tão só, que, estrito senso, não é apropriado falar-se em duplo grau na via administrativa, pois nem jurisdição há. Quanto "duplo grau"!
Letra b: ERRADA. Veja o que diz a Lei nº 9.784/1999:

> § 1º. O ato de delegação especificará as matérias e poderes transferidos, os limites da atuação do delegado, a duração e os objetivos da delegação e o recurso cabível, podendo conter ressalva de exercício da atribuição delegada.

É possível, portanto, a delegação com "reserva de poderes" (ressalva).
É como se o delegante dissesse: "Olha, delego a você as competências para fazer isso, isso e aquilo, MAS NÃO TAL COISA". A parte final (tal coisa) seria a ressalva, no que se refere à competência delegada.
Letra c: ERRADA. Veja o que diz a norma:

> Art. 14. O ato de **delegação** e sua revogação deverão ser **publicados no meio oficial**.

Perceba que tanto o ato inicial de delegação como sua revogação devem ser publicados em meio oficial (leia-se: não é, necessariamente, *Diário Oficial,* pode ser um Boletim Interno do órgão/entidade, por exemplo).
E qual a utilidade desta publicação? Principalmente para efeito de controle por outras autoridades e órgãos, isso porque as decisões adotadas serão consideradas editadas pelo delegado.
Letra **d**: ERRADA. A simples leitura do dispositivo abaixo (art. 14) resolve o item:

> § 2º. O ato de delegação é revogável a qualquer tempo pela autoridade delegante.

Como o examinador afirma o contrário, está ERRADO.
Letra **e**: ERRADA. Veja o que a Lei nº 9.784/1999 menciona a respeito da avocação de competência, no art. 15:

> Será permitida, em **caráter excepcional** e por **motivos relevantes devidamente justificados**, a **avocação temporária** de competência atribuída a órgão hierarquicamente inferior.

Os destaques desse dispositivo referente à avocação são os seguintes:
I. **Caráter excepcional**: a avocação não deve ser prática, mas exceção. Não é desejável que a norma atribua competência a um órgão/agente e o superior hierárquico, então retire tal competência. Além disso, imagina a situação do sujeito que tem sua competência avocada. Acabaria sendo marcado em seu local de trabalho. Mais ou menos assim: *Olha, lá vai ele. O sujeito que teve sua competência avocada...*
II. **Motivos relevantes, justificados**: não poderia ser diferente. Se a avocação é excepcional, tem de ser explicada quando de sua ocorrência. **Daí sua necessária motivação**;
III. **Temporária**: o tempo certo é necessário na delegação. Caso contrário, ou seja, avocação permanente, é melhor que a competência passe a ser do avocante; e
IV. **Com relação a órgão inferior**: imagine diferente — avocar competência de quem é hierarquicamente superior. Não há sentido nisso, não é?
Agora, releia o item. Percebeu o erro? É afirmar que a avocação é uma regra. Não é. É exceção, como visto.
Legislação
Lei nº 9.784/1999:

> Art. 13. Não podem ser objeto de delegação:
> I – a edição de atos de caráter normativo;
> II – a decisão de recursos administrativos;
> III – as matérias de competência exclusiva do órgão ou autoridade.

Gabarito: Letra **a**.
Nível: **Fácil**.

Questão 76   (FCC – TRF-1ª Região – Analista Administrativo – 2011) No que concerne à comunicação dos atos, prevista na Lei nº 9.784/1999, é CORRETO afirmar que:
a) os atos do processo que resultem para o interessado em imposição de deveres, ônus, sanções ou outras restrições devem ser objeto de intimação, o mesmo não ocorrendo para os atos de outra natureza, ainda que de interesse do administrado;
b) a intimação pode ser efetuada por ciência no processo, por via postal com aviso de recebimento, ou ainda, por telegrama, não sendo cabível por outro meio, ainda que assegure a certeza da ciência do interessado;
c) no caso de interessados indeterminados, desconhecidos ou com domicílio indefinido, a intimação deve ser efetuada por meio de publicação oficial;
d) as intimações serão nulas quando feitas sem observância das prescrições legais, e o comparecimento do administrado não supre sua falta ou irregularidade;
e) a intimação observará a antecedência mínima de cinco dias úteis quanto à data de comparecimento.

Tema: Processo Administrativo Federal (Lei nº 9.784/1999) – Processo Administrativo.

COMENTÁRIOS

Para que tome conhecimento do acontecido no processo, o interessado deve ser intimado com relação às decisões e diligências realizadas. Se for necessária a presença do administrado, este deverá ser intimado com antecedência de três dias úteis, no mínimo. De acordo com a Lei nº 9.784/1999, **a intimação poderá ser**:
I. **pessoal** (ciência no processo), por ocasião do comparecimento do interessado;
II. por **via postal com aviso de recebimento**;
III. Por **telegrama ou outro meio que assegure a certeza da ciência do interessado**;
IV. por intermédio de meio de **publicação oficial**, no caso de **interessados indeterminados, desconhecidos ou com domicílio incerto**.

Não há ordem de preferência com relação às três primeiras hipóteses. Já a publicação oficial cabe somente nas hipóteses listadas no item IV, acima.

Aspectos importantes ainda podem ser destacados com relação à intimação do interessado:

a) no caso das intimações terem sido realizadas sem observância das prescrições legais, o que poderia levar à nulidade destas, o comparecimento do interessado suprirá a irregularidade, ou mesmo a falta da intimação. Essa hipótese é chamada de "comparecimento espontâneo" do interessado, que supre a ausência de intimação ou ilegalidade desta;
b) em razão do princípio da verdade material, o não comparecimento do interessado não implica a presunção de sua culpa, tampouco renúncia a direitos que porventura lhes sejam assegurados; e
c) devem ser objeto de intimação quaisquer atos do processo que resultem em imposição de deveres, ônus, sanções ou restrição ao exercício de direitos e atividades para o interessado.

Bem, agora, parta-se para a resolução dos itens.
Letra **a**: ERRADA. Veja o que diz a Lei nº 9.784/1999 a respeito do assunto:

Art. 28. Devem ser objeto de intimação os atos do processo que resultem para o interessado em imposição de deveres, ônus, sanções ou restrição ao exercício de direitos e atividades e os atos de outra natureza, de seu interesse.

Notem que não há a exceção colocada pelo examinador na parte final do item, uma vez que devem ser objeto de intimação todo e qualquer ato que sejam do interesse do Administrado.
Letra **b**: ERRADA. Qualquer outro meio que assegure a certeza da ciência do interessado pode ser utilizado para a intimação do Administrado, como visto acima.
Letra **c**: **CERTA**. Item em estrita conformidade com o § 4º do art. 26 da Lei nº 9.784 (veja legislação abaixo) e comentado mais acima.
Letra **d**: ERRADA. A parte final está errada. O comparecimento espontâneo do interessado supre irregularidade em eventual expediente por meio do qual se intimou o administrado.
Letra **e**: ERRADA. Questões que envolvem prazos são, quase sempre, "chatinhas", pois forçam os candidatos a "decorarem". Entretanto, acostume-se com isso [exigência de prazos] em provas da FCC. E o erro, no caso do item, está exatamente no prazo – a intimação será, no mínimo, TRÊS (não de cinco) dias úteis antes da data de comparecimento do interessado (veja o § 2º, do art. 27, logo abaixo).

Legislação
Lei nº 9.784/1999:

Art. 26 (...)
§ 4º. No caso de interessados indeterminados, desconhecidos ou com domicílio indefinido, a intimação deve ser efetuada por meio de publicação oficial.
Art. 27 (...)
§ 2º. A intimação observará a antecedência mínima de três dias úteis quanto à data de comparecimento.

Gabarito: Letra **c**.
Nível: **Médio**.

Questão 77 (FCC – TRF-1ª Região – Analista Administrativo – 2011) Carlos, auditor-fiscal do Tesouro Nacional, ao preencher incorretamente documento de arrecadação do Tesouro, causou prejuízo ao Fisco na ordem de 30 reais. Tal fato acarretou sua demissão do serviço público. Em razão disso, postulou no Judiciário a anulação da pena, o que foi acolhido pelos seguintes fundamentos: o servidor procurou regularizar o erro, buscando recolher aos cofres públicos a quantia inferior recolhida; sua ficha funcional é boa e não desabona sua atuação; a quantia inferior recolhida é irrisória; a pena de demissão é ato extremo que deve ser efetivado apenas em casos gravíssimos.

O exemplo citado refere-se ao restabelecimento dos princípios, que devem sempre nortear a atuação da Administração Pública:
a) moralidade e impessoalidade;
b) eficiência e motivação;
c) motivação e moralidade;
d) razoabilidade e proporcionalidade;
e) probidade e eficiência.

Tema: Princípios da Administração Pública – Regime Jurídico Administrativo.

COMENTÁRIOS

Sem adentrar de maneira mais contundente no esclarecimento dos princípios da Administração, não é difícil perceber que a conduta em desfavor de Carlos não foi adequada. Veja a situação mencionada: bom servidor, Carlos tentou regularizar o erro no preenchimento, tendo sido simplesmente "mandado embora" (demitido!) por conta do pequeno erro. Ora, mas que Administração é essa, que pune tão severamente aqueles que contribuem com seu funcionamento? E veja que a ficha de Carlos é boa! Enfim, a conduta da Administração não é razoável e/ou proporcional, pois o "fim" perseguido (o melhor funcionamento da Administração) não se coaduna com o "meio" utilizado (a demissão de Carlos). Por isso, os princípios que melhor se correlacionam à situação são, sem dúvida, os da razoabilidade e de proporcionalidade.

Gabarito: Letra **d**.
Nível: **Fácil**.

Questão 78   (FCC – TRF-1ª Região – Analista Administrativo – 2011) A anulação do ato administrativo:
a) não pode ser decretada pela Administração Pública;
b) pressupõe um ato legal;
c) produz efeitos *ex nunc*;
d) ocorre por razões de conveniência e oportunidade;
e) pode, em casos excepcionais, não ser decretada, em prol do princípio da segurança jurídica.

Tema: Formas de Desfazimento ou Retirada do Ato Administrativo (anulação, revogação, cassação, caducidade, contraposição) – Atos Administrativos

COMENTÁRIOS

A **anulação** é o desfazimento do ato por razões de ilegalidade. Para relembrar, cabe registrar que não se pode, de maneira alguma, confundir-se anulação com revogação: a primeira, refere-se a critérios de legalidade, e pode ser decretada pelo Judiciário ou por aquele que expediu o próprio ato; a segunda (revogação), insere-se na esfera de competência apenas da instituição que expediu o ato, e diz respeito a critérios de conveniência e de oportunidade em se manter um ato legítimo no mundo jurídico. Por esse motivo, não pode o Judiciário revogar atos de outro poder, mas tão somente anulá-los, quando eivados de vício de ilegalidade. A propósito, cite-se a consagrada Súmula/STF nº 473:

> A Administração pode anular seus próprios atos, quando eivados de vícios que os tornam ilegais, porque deles não se originam direitos; ou revogá--los, por motivo de conveniência e oportunidade, respeitados os direitos adquiridos, e ressalvados, em todos os casos, a apreciação judicial.

Há profunda divergência entre os autores brasileiros quanto à atitude a ser adotada pela Administração Pública ao verificar a ilegalidade de um ato que praticou: é seu **dever** anulá-lo ou é mera **faculdade**?

O melhor entendimento que se faz é o seguinte: a Administração, ao verificar ilegalidade em ato que praticara tem o **DEVER** de anulá-lo. Contudo, tal obrigação poderá ser flexibilizada. É que em determinados casos a Administração poderá deixar de anular determinados atos, ainda que ilegais. O que explica a situação é a prevalência do princípio do interesse público sobre a legalidade estrita. Trate-se um pouco mais disso.

Imagine que você vai a um órgão público e pede uma certidão, que é emitida por um servidor que lá está. Entretanto, o concurso no qual fora aprovado tal servidor foi anulado. Resta a pergunta: a certidão que ele emitiu para você, afinal, produz ou não efeitos jurídicos? CLARO QUE PRODUZ, não é? Isso, pois, além da questão da boa fé do terceiro (você, no caso), o direito é uma ciência que busca a segurança, isto é, a proteção social daqueles que por ele (direito) são tutelados. A esse "fenômeno" de preservação de algo que continha a ilicitude se nomina "convalidação", que vem a ser, em linhas gerais, situação a partir da qual o vício de um ato é corrigido, mantendo-se tal ato no mundo jurídico, a despeito de conter um vício.

De qualquer forma, a regra geral é que os atos nulos não geram efeitos, com a anulação produzindo **efeitos *ex tunc***, é dizer, retroagindo à origem do ato viciado, fulminando o que já ocorreu, no sentido de que se negam agora os efeitos de antes. Protegem-se, ressalte-se, os efeitos decorrentes do ato posteriormente anulado: no caso de atos produzidos por servidores nomeados ilegalmente surtirão efeitos junto a terceiros de boa-fé, ainda que o desempenho das funções do servidor ilegalmente investido no cargo tenha sido ilegítimo.

Isso não implica dizer que os efeitos do ato nulo se perpetuarão, podendo ser estendidos a terceiros. Não se pode, ao amparo de ilegalidade, dar origem a outra ilegalidade. Garante-se o que já se verificou, mas não situações futuras. Deve a Administração, sob o fundamento do princípio da legalidade, proceder à anulação do ato viciado, evitando que novas ilegalidades sejam perpetradas.

Passe-se aos itens.

Letra **a**: ERRADA. Em razão da autotutela, a Administração pode tanto anular, quanto revogar seus próprios atos.

Letra **b**.: ERRADA. A anulação pressupõe um ato **ILEGAL** (não é legal).

Letra **c**: ERRADA. Os efeitos da anulação são *EX TUNC* (retroativos).
Letra **d**: ERRADA. O que ocorre por razões de conveniência e oportunidade é a revogação.
Letra **e**: CERTA. Em exata conformidade com o que foi visto, em certas circunstâncias (casos excepcionais, no item), a nulidade pode não ser decretada, em prol do princípio da segurança jurídica.
   Gabarito: Letra **e**.
   Nível: **Médio**.

Questão 79   (FCC – TRF-1ª Região – Analista Administrativo – 2011) Dentre outros, são exemplos de ato administrativo negocial:
a) a deliberação e o apostilamento;
b) a aprovação e o protocolo administrativo;
c) o provimento e o atestado;
d) o parecer e o provimento;
e) a portaria e a resolução.

Tema: Classificação (atos administrativos) – Atos Administrativos.

COMENTÁRIOS

Questão rara, que aborda vários atos da rotina administrativa. Mas antes de abordá-los, trate-se do que mais importa para a solução da questão, que são os atos negociais.

Atos negociais são aqueles nos quais ocorre coincidência da pretensão do particular com relação ao interesse da Administração Pública, havendo interesse recíproco entre as partes, **sem, contudo, constituir contrato, que é ato bilateral**. De toda maneira, nos atos negociais estabelecem-se efeitos jurídicos entre a Administração e os administrados, impondo a ambos a observância de seu conteúdo e o respeito às condições de sua execução.

Como se percebe, **não há que se falar em imperatividade em tal tipo de ato**, à vista da coincidência da vontade administrativa com a do particular. Aponte-se essa tal "coincidência de vontades", para que seja entendida melhor.

Os amigos que leem esse trabalho certamente irão obter êxito em um concurso público em breve. Pergunta: A nomeação, que é o provimento originário do cargo público, é IMPOSTA ao aprovado no concurso? Claro que não! Ela ocorre porque conta com o interesse de ambos que concorrem para o ato: da Administração Pública, desejosa de um novo servidor e do pretendente ao cargo público, que quer extrair a partir do exercício do cargo recursos e reconhecimento profissional. A nomeação/posse no cargo público, portanto, são atos negociais, já que contam com o interesse de todos aqueles que participaram da formação de seu conteúdo.

Muito bem. Entendido, minimamente, o que é um ato negocial, parta-se para o comentário dos itens.

Letra **a**: ERRADA. As deliberações administrativas podem ser gerais ou individuais. As primeiras fazem parte dos atos normativos; as últimas são atos decisórios. Não são sempre atos negociais, pois não necessariamente haverá a coincidência da vontade administrativa com a do destinatário. Já o apostilamento é ato enunciativo, isto é, que contém uma informação prestada. A apostila corresponde ao que se chama no dia a dia da Administração de averbação, e significa que foi reconhecido um direito, nada mais. Enfim, também não é um ato negocial.

Letra **b**: CERTA. Na aprovação, a autoridade responsável analisa ato produzido consentindo. **Curiosidade**: A aprovação pode ser PRÉVIA, conforme indica a doutrina, isto é, antes do ato que será produzido, já é feita a aprovação por parte de outrem. Há, portanto, coincidência dos interesses, uma vez que o ato produzido por um, é aprovado por outro. Por meio do protocolo administrativo, o Poder Público ajusta com um particular a execução de empreendimento, atividade ou mesmo a abstenção de conduta, com interesse recíproco. Exemplo disso, os protocolos de intenção, que antecedem a firmatura de contratos ou a produção de outro ato administrativo. Enfim, tanto a aprovação, quanto o protocolo administrativo constituem atos negociais, e, com isso, foi encontrado o gabarito da questão — é a letra **b**.

Letra **c**: ERRADA. A questão está 50% correta. O provimento, do qual é exemplo a nomeação, é o ato pelo qual um cargo público passa a estar preenchido, sendo do interesse da Administração e da pessoa que ocupará o cargo. Entretanto, o atestado não é ato negocial. É enunciativo. Na realidade, Os **atestados** constituem uma declaração da Administração referente a uma situação de que tem conhecimento em razão de atividade de seus órgãos. CURIOSIDADE: a diferença essencial do atestado com relação à certidão é que o fato ou situação constante do atestado não consta de livro ou arquivo da administração. Basicamente isso. Mas, insiste-se, o atestado é meramente uma informação prestada.

Letra **d**: ERRADA. Já se sabe que o provimento é ato negocial. Entretanto, o parecer é outro ato enunciativo. No caso do parecer, há uma manifestação de órgão técnico, de caráter opinativo sobre assuntos submetidos a sua manifestação. Não vincula, regra geral, a Administração ou os particulares, enquanto não aprovado por um outro ato subsequente. Para determinados processos, a emissão de parecer é obrigatória e, excepcionalmente, até vinculantes. Para outros, não. **Sugestão:** Quando forem estudar a teoria dos atos administrativos, tenham atenção aos conteúdos referentes aos pareceres. O examinador costuma os cobrar em provas.

Letra **e**: ERRADA. As portarias são atos ordinatórios pelos quais são expedidas determinações ou designados servidores para cargos e funções. A determinação de apurações disciplinares (processos administrativos e sindicâncias) também se faz por portaria. Já as resoluções são atos administrativos normativos editados por altas autoridades. **Detalhe**: Existem resoluções legislativas, que fazem parte do processo legislativo, ou seja, tem força de lei, não sendo atos administrativos.

Gabarito: Letra **b**.
Nível: **Difícil**.

Capítulo 8

TRF-1ª Região – Prova de Técnico – 2011

Q.80 Formas de Provimento (Lei nº 8.112 – arts. 5º a 32) – Lei nº 8.112/1990 (lei federal) – Agentes Administrativos (servidores públicos estatais) – Agentes Públicos
Q.81. Vacância (Lei nº 8.112 – arts. 33 a 35) – Lei nº 8.112/1990 (lei federal) – Agentes Administrativos (servidores públicos estatais) – Agentes Públicos
Q.82. Das Férias (Lei nº 8.112) – Lei nº 8.112/1990 (lei federal) – Agentes Administrativos (servidores públicos estatais) – Agentes Públicos
Q.83. Formas de Desfazimento ou Retirada do Ato Administrativo (anulação, revogação, cassação, caducidade, contraposição) – Convalidação (atos administrativos) – Atos administrativos
Q.84. Do Regime Disciplinar (Lei nº 8.112 – arts. 116 a 142) – Lei 8.112/1990 (lei federal) – Agentes administrativos (servidores públicos estatais) – Agentes Públicos
Q.85. Do Regime Disciplinar (Lei nº 8.112 – arts. 116 a 142) – Lei nº 8.112/1990 (lei federal) – Agentes Administrativos (servidores públicos estatais) – Agentes Públicos
Q.86. Do Processo Administrativo Disciplinar (Lei nº 8.112, arts. 143 a 182) – Lei nº 8.112/1990 (lei federal) – Agentes administrativos (servidores públicos estatais) – Agentes Públicos
Q.87. Classificação (atos administrativos) – Atos Administrativos

Questão 80 **(FCC – TRF-1ª Região – Técnico – 2011)** Ana Maria foi nomeada para o cargo de Técnico Judiciário – Área Administrativa do TRF-1ª Região. Nesse caso, a Administração Pública deve saber que, em matéria de posse e exercício, o CORRETO é:
a) só haverá posse nos casos de provimento de cargo por nomeação;
b) a posse ocorrerá no prazo de quarenta e cinco dias contados da publicação do ato de provimento;
c) a posse não poderá dar-se mediante procuração, ainda que específica;
d) o prazo para o servidor empossado em cargo público entrar em exercício, é de trinta dias, contados da data da posse;
e) a posse em cargo público independe de prévia inspeção médica oficial.

Tema: Formas de Provimento (Lei nº 8.112 – arts. 5º a 32) – Lei nº 8.112/1990 (lei federal) – Agentes Administrativos (servidores públicos estatais) – Agentes Públicos.

COMENTÁRIOS

POSSE é o ato formal em que o NOMEADO para cargo público firma o compromisso de exercer o cargo, ou seja, é o compromisso solene, no qual se afirma: *eu quero o cargo!* É o momento em que se investe servidor (veja o art. 7º da Lei nº 8.112/1990, na legislação abaixo).

Apesar de fazerem parte do mesmo procedimento (o concurso), a nomeação e a posse não podem ser confundidas, embora só possamos falar em posse se tiver ocorrido, preliminarmente, nomeação. Feitos os esclarecimentos iniciais, passe-se à resolução dos itens.

Letra a: CERTA. Como dito acima, só há posse com a nomeação. Para confirmar, veja o que diz o § 4º do art. 13 da Lei nº 8.112/1990:

> § 4º. Só haverá posse nos casos de provimento de cargo por nomeação.

De fato, nas outras formas de provimento (art. 8º da Lei nº 8.112/1990), o servidor já tomará posse no cargo quando da nomeação. Item, portanto, CORRETO.

Letra b: ERRADA. De acordo com a Lei nº 8.112/1990, o prazo para posse é de **30** dias (não 45), conforme o § 1º do art. 13 (veja legislação abaixo).

Letra c: ERRADA. É o contrário – é possível posse mediante procuração específica (§ 3º, art. 13, Lei nº 8.112/1990). Ora, se é possível casamento por procuração, claro que pode se tomar posse procuração!

Letra d: ERRADA. Já o prazo para entrar em exercício, é de **15** dias, contados da data da posse (§ 1º do art. 15 – veja na legislação abaixo).

Letra e: ERRADA. Mais uma vez, o examinador inverteu o item. Na realidade, a posse em cargo público DEPENDE de prévia inspeção médica oficial (veja o art. 14 da Lei nº 8.112/1990, transcrito abaixo).

Legislação:
Lei nº 8.112/1990:

> Art. 7º A investidura em cargo público ocorrerá com a posse.
> Art. 13 (...)
> § 1º A posse ocorrerá no prazo de trinta dias contados da publicação do ato de provimento.
> (..)
> § 3º A posse poderá dar-se mediante procuração específica.
> Art. 14. A posse em cargo público dependerá de prévia inspeção médica oficial.
> Art. 15 (...)
> § 1º É de quinze dias o prazo para o servidor empossado em cargo público entrar em exercício, contados da data da posse.

Gabarito: Letra **a**.
Nível: **Fácil**.

Questão 81 **(FCC – TRF-1ª Região – Técnico – 2011)** Dentre outras hipóteses, a vacância do cargo público decorrerá de:
a) reintegração;
b) readaptação;
c) reversão;
d) aproveitamento;
e) remoção.

Tema: Vacância (Lei nº 8.112 – arts. 33 a 35) – Lei nº 8.112/1990 (lei federal) – Agentes Administrativos (servidores públicos estatais) – Agentes Públicos.

COMENTÁRIOS

Questão bem simples. **Vacância** é a situação em que o cargo público está vago, sem ocupante, tornando-o passível de ser provido por alguém. As formas de vacância previstas na Lei nº 8.112/1990 são (art. 33): exoneração, demissão, promoção, readaptação, aposentadoria, posse em outro cargo inacumulável e falecimento. Comparando-se estas com as alternativas disponíveis acima, chega-se, com tranquilidade, ao gabarito da questão — letra **b**.
Gabarito: Letra **b**.
Nível: **Fácil**.

Questão 82 **(FCC – TRF-1ª Região – Técnico – 2011) Sobre as férias dos servidores públicos federais, é CORRETO afirmar.**
a) O servidor fará jus a trinta dias de férias, que podem ser acumuladas até o máximo de dois períodos, no caso de necessidade do serviço, ressalvadas as hipóteses em que haja legislação específica.
b) Não é vedado ao servidor levar à conta de férias alguma falta ao serviço.
c) As férias poderão ser parceladas em até duas etapas, desde que assim requeridas pelo servidor, e no interesse da Administração Pública.
d) O servidor exonerado do cargo efetivo perceberá indenização, relativa ao período das férias a que tiver direito, calculada com base na remuneração do mês anterior ao da publicação do ato exoneratório.
e) O servidor que opera direta e permanentemente com raios X ou substâncias radioativas gozará trinta dias consecutivos de férias, por semestre de atividade profissional, proibida em qualquer hipótese a acumulação.

Tema: Das Férias (Lei nº 8.112) – Lei nº 8.112/1990 (lei federal) – Agentes Administrativos (servidores públicos estatais) – Agentes Públicos.

COMENTÁRIOS

Além de ser direito de índole constitucional, as férias dos servidores públicos encontram tratamento na Lei nº 8.112/1990 (arts. 77 a 80). Prezando pela objetividade, serão analisados os itens, a partir das disposições de tal norma:
Letra **a**: **CERTA.** Veja o que diz a Lei nº 8.112/1990:

> Art. 77. O servidor fará jus a trinta dias de férias, que podem ser acumuladas, até o máximo de dois períodos, no caso de necessidade do serviço, ressalvadas as hipóteses em que haja legislação específica.

O item é mera transcrição da norma e, claro, está certo. Ressalte-se que a questão da acumulação das férias é útil para a Administração, sobretudo porque, em caso de necessidade do serviço, o gozo pode ser "adiado" para momento oportuno. Essa é a ideia prevalente na possibilidade de acumulação de férias.

Letra **b**: ERRADA. É o contrário do que diz o item: **É VEDADO** ao servidor levar à conta de férias alguma falta ao serviço, em face do que diz § 2º, do art. 77, da Lei nº 8.112/1990 (confira na legislação abaixo). Noutras palavras: o servidor não pode faltar ao serviço para que se "desconte" nas férias. Não há previsão legal para isso.
Letra **c**: ERRADA. Há um pequeno detalhe que leva ao erro: as férias do servidor podem ser parceladas em até **TRÊS** etapas. O restante do item está correto.
Letra **d**: ERRADA. Veja o que diz o § 3º, do art. 77, da Lei nº 8.112/1990:

> § 3º. O servidor exonerado do cargo efetivo, ou em comissão, perceberá indenização relativa ao período das férias a que tiver direito e ao incompleto, na proporção de um doze avos por mês de efetivo exercício, ou fração superior a quatorze dias.

A princípio, pode parecer que o item está correto. Mas veja o que diz o § 4º do mesmo dispositivo:

> § 4º. A indenização será calculada com base na remuneração do mês em que for publicado o ato exoneratório.

O cálculo da indenização de férias, portanto, é feito com base na remuneração CORRENTE (do mês em curso), não do mês anterior, como disse o item que, por consequência, está ERRADO.
Letra **e**: ERRADA. O servidor que opera direta e permanentemente com raios X ou substâncias radioativas gozará **VINTE DIAS** (não trinta) consecutivos de férias, por semestre de atividade profissional, proibida em qualquer hipótese a acumulação (veja o art. 77, na legislação abaixo).

Legislação
Lei nº 8.112/1990:

> Art. 77 (...)
> § 2º. É vedado levar à conta de férias qualquer falta ao serviço.
> § 3º. As férias poderão ser parceladas em até três etapas, desde que assim requeridas pelo servidor, e no interesse da administração pública.
> Art. 79. O servidor que opera direta e permanentemente com Raios X ou substâncias radioativas gozará 20 (vinte) dias consecutivos de férias, por semestre de atividade profissional, proibida em qualquer hipótese a acumulação.

Gabarito: Letra a.
Nível: **Fácil.**

Questão 83 **(FCC – TRF-1ª Região – Técnico – 2011)** João, servidor público federal, pretende retirar do mundo jurídico determinado ato administrativo, em razão de vício nele detectado, ou seja, por ter sido praticado sem finalidade pública. No caso, esse ato administrativo:
a) deve ser revogado;
b) pode permanecer no mundo jurídico, pois trata-se de vício sanável;
c) possui vício de objeto e, portanto, deve ser retirado do mundo jurídico apenas pelo Judiciário;

d) deve ser anulado;
e) possui vício de motivo e, portanto, deve ser retirado do mundo jurídico por João.

Tema: Formas de Desfazimento ou Retirada do Ato Administrativo (anulação, revogação, cassação, caducidade, contraposição) – Convalidação (atos administrativos) – Atos administrativos.

COMENTÁRIOS

A ilegalidade de um ato administrativo leva à anulação deste, em regra. Em alguns casos, entretanto, é possível a convalidação do ato, se o vício (a irregularidade) for de menor gravidade. Nestes casos, diz-se que o vício é "convalidável", isto é, passível de correção. Ocorre que, na situação descrita no comando da questão, o vício do ato é referente à finalidade, já que foi praticado visando outro fim, que não foi o interesse público. Bem por isso, deverá ser anulado. Assim, achamos nosso gabarito – letra **d**.
Para fins didáticos, vejamos os demais itens:
Letra **a**: ERRADA. O fundamento para a revogação de um ato administrativo é a análise de conveniência e oportunidade, isto é, um juízo de valor, quanto a um ato que não possui vício. Não é o caso. Há vício, e, por isso, não é caso de anulação.
Letra **b**: ERRADA. O vício é insanável, pois se refere à finalidade. Se não foi atingido o interesse público, o ato não pode ser convalidado.
Letras **c** e **e**: ERRADAS. O vício é quanto ao elemento FINALIDADE, não quanto ao motivo ou ao objeto.
Gabarito: Letra **d**.
Nível: **Fácil**.

Questão 84 **(FCC – TRF-1ª Região – Técnico – 2011) Dentre outras situações, ao servidor é proibido:**
a) cometer a pessoa estranha à repartição, ainda que em casos previstos em lei, o desempenho de atribuição que seja de sua responsabilidade ou de seu subordinado;
b) retirar, ainda que com prévia anuência da autoridade competente, qualquer documento ou objeto da repartição;
c) opor resistência justificada ao andamento de documento e processo;
d) promover manifestação de apreço ou desapreço fora da repartição;
e) participar de gerência ou administração de sociedade privada, personificada ou não personificada.

Tema: Do Regime Disciplinar (Lei nº 8.112 – arts. 116 a 142) – Lei nº 8.112/1990 (lei federal) – Agentes Administrativos (servidores públicos estatais) – Agentes Públicos.

COMENTÁRIOS

A questão diz respeito às proibições do servidor e foi extraída do art. 117 da Lei nº 8.112/1990. Vejam-se, então, as comparações dos itens com as disposições da norma:

Letra **a**: ERRADA. A proibição que consta da Lei é quanto ao cometimento à pessoa estranha à repartição FORA dos casos previstos em lei do desempenho de atribuição que seja de sua responsabilidade ou de seu subordinado (veja o inciso VI, do art. 117, da Lei nº 8.112/1990, abaixo).

Letra **b**: ERRADA. A Lei nº 8.112 diz ser proibido retirar, SEM prévia anuência da autoridade competente, qualquer documento ou objeto da repartição (veja o inciso II, do art. 117, da Lei nº 8.112/1990, abaixo).

Letra **c**: ERRADA. É proibido opor resistência **IN**justificada ao andamento de documento e processo.

Letra **d**: ERRADA. Promover manifestação de apreço ou desapreço NO RECINTO da repartição é proibido (inciso V, do art. 117, da Lei nº 8.112/1990). Fora, não.

Letra **e**: **CERTA**. É proibição literal constante do inciso X, do art. 117, da Lei nº 8.112/1990.

Legislação
Lei nº 8.112/1990:

> Art. 117 Ao servidor é proibido:
> (...)
> II – retirar, sem prévia anuência da autoridade competente, qualquer documento ou objeto da repartição;
> (...)
> IV – opor resistência injustificada ao andamento de documento e processo ou execução de serviço;
> (...)
> V – promover manifestação de apreço ou desapreço no recinto da repartição;
> (...)
> VI – cometer a pessoa estranha à repartição, fora dos casos previstos em lei, o desempenho de atribuição que seja de sua responsabilidade ou de seu subordinado;

Gabarito: Letra **e**.
Nível: **Fácil**.

Questão 85 **(FCC – TRF-1ª Região – Técnico – 2011)** Da sindicância poderá resultar a aplicação das seguintes penalidades:
a) advertência ou suspensão de até trinta dias;
b) censura ou suspensão de até quarenta e cinco dias;
c) suspensão de até quarenta e cinco dias ou demissão;
d) destituição de cargo em comissão ou suspensão por até sessenta dias;
e) advertência ou destituição de cargo em comissão.

Tema: Do Regime Disciplinar (Lei nº 8.112 – arts. 116 a 142) – Lei nº 8.112/1990 (lei federal) – Agentes Administrativos (servidores públicos estatais) – Agentes Públicos.

COMENTÁRIOS

Em muitas circunstâncias, a sindicância constitui mero procedimento investigativo, equivalente ao inquérito policial, sem a formalização de acusação. Contudo, a Administração pode vir a aplicar penalidade a um servidor por meio de sindicância, mas, para tanto, deve abrir ao implicado prazo para apresentação de defesa.

A sindicância deve ser instaurada para apuração de infrações de menor gravidade, que impliquem as cominações de penas de advertência ou de suspensão, esta com prazo de até 30 dias.

Da sindicância pode decorrer três resultados: arquivamento do processo; aplicação direta das penalidades de advertência ou de suspensão de até 30 dias; ou instauração de Processo Administrativo Disciplinar (PAD), quando for o caso da aplicação de penalidade mais grave. Nesta última hipótese, os autos (documentos) da sindicância integrarão o PAD, como peça informativa da instrução.

A questão cuida especificamente das penalidades que podem resultar da sindicância. Estas, como visto, só podem ser a advertência e a suspensão, com um máximo de 30 dias. Por isso, CORRETA a letra **a**.

Gabarito: Letra **a**.
Nível: **Fácil**.

Questão 86   (FCC – TRF-1ª Região – Técnico – 2011) A revisão do processo disciplinar:
a) será dirigida ao Ministro de Estado, ou à autoridade equivalente, que, se autorizar a revisão, encaminhará o pedido ao dirigente do órgão ou entidade onde se originou o processo disciplinar;
b) somente poderá ser requerida, na hipótese de falecimento do servidor, pela pessoa da família titular da qualidade de inventariante;
c) em sendo julgada procedente, será declarada sem efeito a penalidade aplicada, restabelecendo-se todos os direitos do servidor, exceto em relação à destituição do cargo em comissão, que será convertida em exoneração;
d) não poderá, ao ser julgada, resultar agravamento de penalidade, valendo destacar que ao longo do processo revisional o ônus da prova cabe à Administração Pública;
e) também é admissível quando seu fundamento constituir-se na simples alegação de injustiça da penalidade.

Tema: Do Processo Administrativo Disciplinar (Lei nº 8.112 – arts. 143 a 182) – Lei nº 8.112/1990 (lei federal) – Agentes Administrativos (servidores públicos estatais) – Agentes Públicos.

COMENTÁRIOS

De antemão, registre-se que a questão foi anulada. Para entender a razão, vamos analisar os itens um a um.
Letra **a**: **CORRETA**. O item é a literalidade do art. 177 da Lei nº 8.112/1990 (confira na legislação abaixo).
Letra **b**: ERRADA. Veja o que diz o § 1º, do art. 174, da Lei nº 8.112/1990 (art. 174):

§ 1º. Em caso de falecimento, ausência ou desaparecimento do servidor, qualquer pessoa da família poderá requerer a revisão do processo.

Note que não é só o inventariante que poderá peticionar pela revisão do processo disciplinar. É qualquer pessoa da família.
Letra c: **CORRETA**. Veja o que diz a Lei nº 8.112, mais uma vez:

Art. 182. Julgada procedente a revisão, será declarada sem efeito a penalidade aplicada, restabelecendo-se todos os direitos do servidor, exceto em relação à destituição do cargo em comissão, que será convertida em exoneração.

O item, que é a literalidade do dispositivo citado, está correto, por consequência.
Letra d: **CORRETA**. De fato, a Lei nº 8.112/1990 proíbe o agravamento da penalidade, no caso de pedido de revisão. Entretanto, no processo revisional o ônus da prova cabe ao REQUERENTE (não à Administração Pública). E isso é natural: a princípio, no processo disciplinar, incumbiu à Administração o ônus de provar que o servidor cometera alguma infração. Provado isso, aplicada a penalidade, natural, como se disse, que o ônus da prova passa a ser daquele que clama pela revisão.
Letra e: ERRADA. O que justifica a revisão é a ocorrência de fato novo ou circunstância suscetível de justificar a inocência do punido ou a inadequação da penalidade aplicada (art. 175, Lei nº 8.112/1990). A mera alegação de injustiça não é, claro, um fato novo. Não permite a revisão (veja o art. 176, na legislação abaixo). Quando muito, justificaria um recurso, para que se redebatesse as provas que já constaram do processo inicial.
Bem, a questão foi anulada, como dito. A razão é clara: há TRÊS assertivas corretas. Daí, a anulação.
Legislação
Lei nº 8.112/1990:

Art. 176. A simples alegação de injustiça da penalidade não constitui fundamento para a revisão, que requer elementos novos, ainda não apreciados no processo originário.

Gabarito: ANULADA.
Nível: **Difícil**.

Questão 87 **(FCC – TRF-1ª Região – Técnico – 2011)** Dentre outros, é exemplo de ato administrativo ordinatório:
a) a circular;
b) o regulamento;
c) a resolução;
d) a admissão;
e) o decreto.

Tema: Classificação (atos administrativos) – Atos administrativos.

COMENTÁRIOS

Atos ordinatórios decorrem da hierarquia com que age a Administração ao se auto-organizar. São de ordem interna e têm por objetivo disciplinar o funcionamento da Administração e a conduta de seus agentes. O próprio nome já denuncia o seu conceito: ordinatório provém de ordem.

Os atos ordinatórios, por serem internos, não obrigam, nem atingem os particulares, EM REGRA, tampouco outros servidores que não estejam submetidos hierarquicamente àquele que expediu o ato, o qual, normalmente, não cria direito para o administrado. Como exemplo dos atos ora tratados podem ser citados: portarias, circulares, avisos, ordens de serviço, etc.

A partir dos exemplos, chega-se ao gabarito da questão, letra **a**.

Gabarito: Letra **a**.
Nível: **Fácil**.

Capítulo 9

Prova Defensoria Pública do Estado de São Paulo – 2012

Q.88. Princípios da Administração Pública – Regime Jurídico Administrativo
Q.89. Classificação (atos administrativos) – Atos Administrativos
Q.90. Cláusulas Necessárias nos Contratos Administrativos (art. 55 da Lei nº 8.666/1993) – Licitação Dispensável (art. 24 da Lei nº 8.666/1993) – Contratação Direta (dispensa e inexigibilidade) Execução dos Contratos (arts. 66 a 76 da Lei nº 8.666/1993) – Contratos Administrativos (Lei nº 8.666/1993)
Q.91. Leis Estaduais e Municipais (estatuto dos servidores) – Agentes Administrativos (servidores públicos estatais) – Agentes Públicos
Q.92. Parceria Público-Privada (Serviços Públicos, Lei nº 11.079/2004) – Serviços Públicos
Q.93. Administração Indireta – Organização Administrativa

Questão 88 **(FCC – Defensoria-SP – Defensor – 2012)** Com relação aos princípios constitucionais da Administração Pública, está em conformidade com a:
a) moralidade o ato administrativo praticado por agente público em favorecimento próprio, desde que revestido de legalidade;
b) eficiência a prestação de serviço público que satisfaça em parte às necessidades dos administrados, desde que realizados com rapidez e prontidão;
c) publicidade o sigilo imprescindível à segurança da sociedade e do Estado ou o indispensável à defesa da intimidade;
d) impessoalidade a violação da ordem cronológica dos precatórios para o pagamento dos créditos de natureza comum;
e) legalidade a inobservância a quaisquer atos normativos que não sejam lei em sentido estrito e provindos de autoridades administrativas.

Tema: Princípios da Administração Pública – Regime Jurídico Administrativo.

COMENTÁRIOS

Questão que envolve um assunto bastante relegado pelos candidatos a cargos públicos — os princípios constitucionais aplicáveis à Administração Pública, dos quais cinco são vistos de modo explícito no texto da CF (art. 37): legalidade, impessoalidade, moralidade, publicidade e eficiência. E cada um dos itens trata de um destes princípios. Vamos para as análises, então.
Letra **a**: ERRADA. O ato "**legal**" e o ato "**moral**" são próximos, **mas nem sempre idênticos**. Ambos têm origem em um mesmo conceito: a conduta, mas possuem círculos de abrangência diferenciados. Com um exemplo concreto fica melhor de ver isso.

Imagine-se que um servidor da Receita Federal passe a namorar a filha do ministro da Fazenda, que é muito ciumento. Tão logo descobre o relacionamento, o ministro remove o servidor para um distante rincão de nosso país, no intuito de separar o casal.

Pergunta-se: A conduta da autoridade seria legal? A princípio e em sentido estrito, sim. Todavia, no aspecto do comportamento que se espera de uma autoridade pública, o ato não se alinharia à moral, daí porque deveria ser anulado, uma vez que conteria um desvio de finalidade, ou seja, praticado visando a fins outros, que não o interesse público.

Ainda que se trate de conceitos concêntricos (origem no mesmo conceito: a conduta), moralidade e legalidade distinguem-se: **cumprir aparentemente a lei não implica necessariamente a observância da moral**. E, por isso, o item está ERRADO, já que um ato praticado por agente público em favorecimento próprio, ainda que revestido de legalidade, deverá ser invalidado, por afrontar preceitos morais.

Letra **b**: ERRADA. Para parte da doutrina, pelo princípio da eficiência, a Administração Pública deverá desempenhar suas atribuições com rendimento funcional, rapidez, em síntese, com perfeição. Como o item diz que as necessidades do Administrado foram atendidas apenas em PARTE, o examinador entendeu que a Administração não fora eficiente, e, por conseguinte, considerou o item ERRADO. Chama-se atenção para a circunstância de que, numa lógica de escassez de receitas, a Administração, de fato, não conseguirá atender a TODAS as necessidades do Administrado, isso por que os recursos públicos são insuficientes para que se atenda toda e qualquer necessidade advinda da coletividade. Mas, ainda assim, como a prova é de múltipla escolha, o candidato deve se preparar para, em questões semelhantes, marcar como gabarito o item que melhor se amolde ao comando da questão, o qual, no caso presente, será outro, como será visto logo abaixo.

Letra **c**: **CERTA**. Bem, a regra geral é simples: se a Administração é PÚBLICA, em regra deve tornar públicos seus atos, na forma prevista na norma. Pode-se afirmar, portanto, que a **publicidade é um princípio democrático, republicano**, por assim dizer, que faz com que se possibilite o controle dos atos da Administração, por razões que são dotadas de obviedade: sem se dar transparência aos atos da Administração, inviável pensar-se no controle desta.

No entanto, há exceções ao dever de a Administração tornar públicos seus atos, desde que assim necessário. Nesse sentido, a CF/1988 estabelece no inciso XXXIII do art. 5º:

> Todos têm direito a receber dos órgãos públicos informações de seu interesse particular, ou de interesse coletivo ou geral, que serão prestadas no prazo da lei, sob pena de responsabilidade, **ressalvadas aquelas cujo sigilo seja imprescindível à segurança da sociedade e do Estado**

Já noutra passagem, estabelece a mesma CF/1988:

> LX – a lei só poderá restringir a publicidade dos atos processuais quando a defesa da intimidade ou o interesse social o exigirem.

Agora, refaça a leitura do item **c** e veja como ele está certo, uma vez que, apesar de a publicidade ser a regra, a CF/1988 garante o sigilo dos atos imprescindíveis à segurança da sociedade e do Estado ou dos indispensáveis à defesa da intimidade.

Letra **d**: ERRADA. O art. 100 da CF/1988 estabelece o regime de pagamento de dívidas do Estado por intermédio dos famosos **precatórios**. A inscrição de tais títulos observa uma ordem cronológica de apresentação, proibida a designação de casos ou de pessoas nas dotações orçamentárias. Assim, a alteração da ordem cronológica dos precatórios para o pagamento dos créditos de natureza comum viola, claro, a impessoalidade, já que isso atenderia a determinadas pessoas ou grupos. Entretanto, há situações em que os precatórios contarão com uma "ordem especial" (veja no art. 100 da CF/1988, citado na legislação abaixo), coisa do que não se tratou no item, que está errado.

Letra **e**: ERRADA. O princípio da legalidade, de modo amplo, está construído no inciso II, do art. 5º, da CF/1988, que assim estabelece:

> II – ninguém será obrigado a fazer ou deixar de fazer alguma coisa senão em virtude de lei;

Entretanto, a doutrina considera que essa "Lei" mencionada no dispositivo é qualquer norma que orienta a conduta daqueles que se submetem à Administração Pública. Por conseguinte, a inobservância de quaisquer atos normativos, ainda que não sejam lei em sentido estrito, significa afronta ao Princípio da Legalidade, tomado na acepção que lhe dá a doutrina.

Legislação
CF/1988:

> Art. 5º. (...)
> II – ninguém será obrigado a fazer ou deixar de fazer alguma coisa senão em virtude de lei;
> (...)
> Art. 100. **à exceção dos créditos de natureza alimentícia**, os pagamentos devidos pela Fazenda Federal, Estadual ou Municipal, em virtude de sentença judiciária, far-se-ão exclusivamente na ordem cronológica de apresentação dos precatórios e à conta dos créditos respectivos, proibida a designação de casos ou de pessoas nas dotações orçamentárias e nos créditos adicionais abertos para este fim.
> (...)
> § 1º.-A Os débitos de natureza alimentícia compreendem aqueles decorrentes de salários, vencimentos, proventos, pensões e suas complementações, benefícios previdenciários e indenizações por morte ou invalidez, fundadas na responsabilidade civil, em virtude de sentença transitada em julgado.
> (...)

§ 3º. O disposto no caput deste artigo, relativamente à expedição de precatórios, não se aplica aos pagamentos de obrigações definidas em lei como de pequeno valor que a Fazenda Federal, Estadual, Distrital ou Municipal deva fazer em virtude de sentença judicial transitada em julgado.

Gabarito: Letra **c**.
Nível: **Médio**.

Questão 89   (FCC – Defensoria-SP – Defensor – 2012) O ato administrativo que se encontra sujeito a termo inicial e parcialmente ajustado à ordem jurídica, após ter esgotado o seu ciclo de formação, é considerado:
a)   perfeito, válido e eficaz;
b)   perfeito, inválido e ineficaz;
c)   imperfeito, inválido e eficaz;
d)   perfeito, válido e ineficaz;
e)   imperfeito, inválido e ineficaz.

Tema: Classificação (atos administrativos) – Atos administrativos

COMENTÁRIOS

Primeiramente, veja os conceitos dados pela doutrina a perfeição, validade e eficácia.

O ato é **perfeito** quando esgota todas as fases necessárias à sua produção, completando o ciclo necessário à sua formação, tais como assinatura, publicação etc. Ressalte-se que não há apenas um ciclo de formação para os atos administrativos, daí por que é desnecessário tentar saber todos. O importante é o seguinte: ATO PERFEITO É AQUELE QUE JÁ FOI PRODUZIDO, OU SEJA, O QUE JÁ EXISTE. **Perfeição**, portanto, é a situação do ato cujo processo de produção está concluído. Veja, então, que o comando fala que o ato já passou pelo ciclo de formação, e, por conseguinte, é perfeito.

A **validade** diz respeito à conformação do ato com a lei, ou seja, é válido o ato que se adequar às exigências do sistema normativo. Ato praticado de forma contrária à lei é, portanto, inválido. Perceba que o ato, de acordo com o comando da questão o ato é PARCIALMENTE ordenado ao direito, ou seja, é inválido.

Eficácia diz respeito à aptidão do ato para a produção dos efeitos que lhe são inerentes, não estando a depender de quaisquer tipos de eventos futuros. Ou seja, ato EFICAZ é aquele que não depende de nada para produzir efeitos. Contudo, note que o comando da questão fala que o ato está sujeito a um termo, que é um conceito lá do Direito Civil. Nesse sentido, seria o caso de uma Portaria (que é ato administrativo) editada em janeiro de um ano para produzir efeitos em julho desse mesmo ano. No período entre aquele e este mês, é ineficaz, dado que não chegou a seu termo, o momento certo para produzir efeitos. Por tudo, o ato da questão é perfeito, inválido e ineficaz, e o gabarito é a letra **b**.

Gabarito: Letra **b**.
Nível: **Médio**.

Questão 90 (FCC – Defensoria-SP – Defensor – 2012) Em relação às licitações, aos contratos e aos demais ajustes da Administração Pública é CORRETO afirmar que:

a) constitui cláusula desnecessária do contrato administrativo a especificação de seu conteúdo, desde que estipulado com clareza o preço e as condições de pagamento.;
b) as minutas de convênios devem ser previamente examinadas por assessoria jurídica dos órgãos públicos, à qual não compete aprová-las;
c) inexistindo interessado selecionado, em decorrência da inabilitação ou da desclassificação, a licitação deverá ser declarada deserta;
d) a subcontratação parcial pode ser realizada, desde que haja anterior previsão explicitada no edital da licitação e ratificada no contrato;
e) as sanções para o caso de inadimplemento não precisam ser indicadas no edital de licitação, mas sim no contrato a ser firmado.

Tema: Cláusulas Necessárias nos Contratos Administrativos (art. 55 da Lei nº 8.666/1993) – Licitação dispensável (art. 24 da Lei nº 8.666/1993) – Contratação Direta (dispensa e inexigibilidade) Execução dos Contratos (arts. 66 a 76 da Lei nº 8.666/1993) – Contratos Administrativos (Lei nº 8.666/1993).

COMENTÁRIOS

A bem da objetividade, os comentários serão feitos a cada um dos itens.
Letra **a**: ERRADA. O art. 55 da Lei nº 8.666/1993 estabelece as cláusulas necessárias dos contratos administrativos. Dentre elas, constam:

I – o objeto e seus elementos característicos;
(...)
III – o preço e as condições de pagamento, os critérios, data-base e periodicidade do reajustamento de preços, os critérios de atualização monetária entre a data do adimplemento das obrigações e a do efetivo pagamento;

Note que a descrição do objeto (conteúdo, no item) é ESSENCIAL nos contratos administrativos e a estipulação do preço e condições de pagamento não a suprem. Por isso, item ERRADO.
Letra **b**: ERRADA. Veja o que diz o art. 38 da Lei nº 8.666/1993:

Parágrafo único. **As minutas de** editais de licitação, bem como as dos contratos, acordos, **convênios** ou ajustes **devem ser previamente examinadas e aprovadas por assessoria jurídica da Administração.**

As minutas dos documentos são os próprios documentos a serem formalizados em futuro breve. As assessorias jurídicas devem, então, examinar e APROVAR tais documentos em face do que diz a Lei.
Letra **c**: ERRADA. A licitação deserta é quando não comparecem interessados ao procedimento. Constitui hipótese de contratação direta (sem se realizar uma

modalidade "tradicional"), por dispensa de licitação (inciso V, do art. 24, da Lei nº 8.666/1993 – veja legislação abaixo). O item que se examina diz que os licitantes foram INABILITADOS ou DESCLASSIFICADOS. Logo, a licitação, na situação que se descreveu, não pode ser considerada deserta.

Letra d: CERTA. Em primeiro lugar, veja que a Lei nº 8.6661/1993 autoriza a subcontratação da seguinte forma:

> Art. 72. O contratado, na execução do contrato, sem prejuízo das responsabilidades contratuais e legais, poderá subcontratar partes da obra, serviço ou fornecimento, até o limite admitido, em cada caso, pela Administração.

Daí se vê que a subcontratação pode ser realizada, tal qual diz a primeira parte do item. Agora, observe o que diz o seguinte dispositivo do art. 78 da mesma norma:

> Art. 78. Constituem motivo para rescisão do contrato:
> (...)
> VI – a subcontratação total ou parcial do seu objeto, a associação do contratado com outrem, a cessão ou transferência, total ou parcial, bem como a fusão, cisão ou incorporação, **não admitidas no edital e no contrato**;

Note que será hipótese de rescisão a subcontratação **não admitida no Edital e no contrato**. Então, caso haja essa previsão nos dois documentos (edital/contrato), isso é possível de ser feito.

Letra e: ERRADA. É uma das cláusulas obrigatórias do edital da licitação:

> Art. 40. O edital (...), e indicará, obrigatoriamente, o seguinte:
> (...)
> III – sanções para o caso de inadimplemento;

Assim, o item está ERRADO, pois desde o Edital as sanções devem ser previstas. Além disso, o próprio contrato também preverá as eventuais sanções aplicáveis ao contratado, sem prejuízo do que já dispõe a Lei nº 8.666/1993, já que e a norma coloca as penalidades contratuais como um das cláusulas necessárias dos contratos administrativos (veja o inciso VII, do art. 55, da Lei nº 8.666/1993 na legislação a seguir).

Legislação
Lei nº 8.666/1993:

> Art. 55. São cláusulas necessárias em todo contrato as que estabeleçam:
> (...)
> VII – os direitos e as responsabilidades das partes, as penalidades cabíveis e os valores das multas;

Gabarito: Letra **d**.
Nível: Médio.

Questão 91 (FCC – Defensoria-SP – Defensor – 2012) Instaurado processo administrativo disciplinar para apurar inassiduidade de servidor sujeito ao regime da Lei nº 10.261/68, se sobrevier pedido de exoneração do acusado, antes da data designada para o interrogatório, o processo deverá:

a) ser sobrestado, até posterior investidura do acusado em outro cargo de provimento efetivo, desde que não ocorrida a prescrição;
b) ter prosseguimento normal, até o relatório final, consignando tudo o que for apurado no prontuário do acusado, para fins de registro;
c) ser extinto, nesta hipótese ou ainda na de abandono de cargo ou função pública, por expressa determinação legal;
d) ter curso célere, de modo a se produzirem as provas para decisão de mérito, antes do deferimento do pedido de exoneração;
e) ser elevado à apreciação e decisão in limine da autoridade competente, para deferimento ou não do pedido de exoneração.

Tema: Leis Estaduais e Municipais (estatuto dos servidores) – Agentes Administrativos (servidores públicos estatais) – Agentes Públicos.

COMENTÁRIOS

Primeiramente, note que você deve nortear a resposta desta questão na norma própria dos servidores do estado de São Paulo (Lei Paulista nº 10.261/1968), que diz ser tanto o abandono de cargo ou função pública quanto a inassiduidade (ausência ao serviço) causas de demissão do servidor (veja o art. 256 da Lei nº 10.261/1968), o qual, portanto, será punido por essas infrações.

Agora, veja o que o estabelece ainda a norma do estado de São Paulo:

> Art. 310. Extingue-se o processo instaurado exclusivamente para apurar abandono de cargo ou função, bem como inassiduidade, se o indiciado pedir exoneração até a data designada para o interrogatório, ou por ocasião deste.

Como isso está previsto na Lei, sabendo dela, vê-se a resposta do item – é a letra **c**.
Legislação
Lei nº 10.261/1968:

> Art. 256. Será aplicada a pena de demissão nos casos de:
> (...)
> I – abandono de cargo;
> (...)
> V – ausência ao serviço, sem causa justificável, por mais de 45 (quarenta e cinco) dias, interpoladamente, durante 1 (um) ano.
> § 1º. Considerar-se-á abandono de cargo, o não comparecimento do funcionário por mais de (30) dias consecutivos "ex-vi" do art. 63.

Gabarito: Letra **c**.
Nível: Médio.

Questão 92 (FCC – Defensoria-SP – Defensor – 2012) Nos termos da legislação em vigor sobre as Parcerias Público-Privadas, a modalidade de concessão de serviços públicos ou obras públicas, que envolver, adicionalmente à tarifa cobrada dos usuários, contraprestação pecuniária do parceiro público ao parceiro privado, é denominada concessão:
a) comum;
b) administrativa;
c) ordinária;
d) tradicional;
e) patrocinada.

Tema: Parceria Público-Privada (Serviços Públicos, Lei nº 11.079/2004) – Serviços Públicos.

COMENTÁRIOS

Primeiro, identifique-se a norma regente das Parcerias Público-Privadas (PPP): a Lei nº 11.079/2004. Dito isso, veja o que estabelece aquela (art. 2º):

§ 1º. Concessão patrocinada é a concessão de serviços públicos ou de obras públicas de que trata a Lei nº 8.987, de 13 de fevereiro de 1995, quando envolver, adicionalmente à tarifa cobrada dos usuários contraprestação pecuniária do parceiro público ao parceiro privado.

Assim, está correta a letra **e**. Aproveite, então, para entender um pouco mais o assunto.

Conforme os §§ 1º e 2º, do art. 2º, da Lei nº 11.079/2004, **duas são as modalidades** de **PPP**: **patrocinada** e **administrativa**.

A **patrocinada** não oferece maiores problemas, afinal, o próprio nome já denuncia seu significado: é a concessão de serviços públicos ou de obras públicas **simples** (regida pela Lei nº 8.987/1995), **com cobrança de tarifas**, e **ADIÇÃO** da contraprestação pecuniária do parceiro público ao parceiro privado (**TARIFA + CONTRAPRESTAÇÃO PECUNIÁRIA**).

Em síntese: se não houver contraprestação do Poder Concedente, teremos uma **concessão COMUM** (leia-se: **regida pela Lei nº 8.987/1995**). Veja um gráfico que resume bem o assunto:

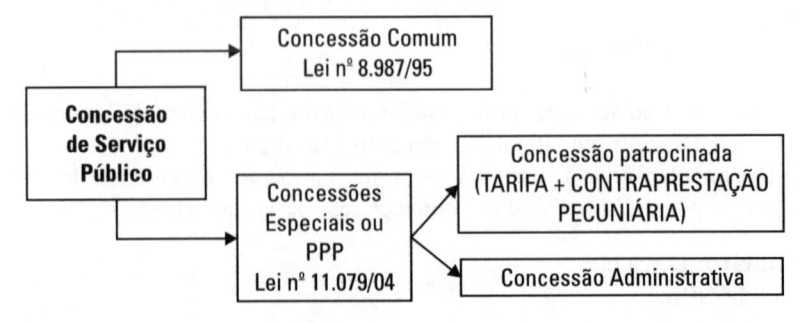

```
                          ┌─► Concessão Comum
                          │    Lei nº 8.987/95
  Concessão               │
  de Serviço              │                    ┌─► Concessão patrocinada
  Público                 │                    │   (TARIFA + CONTRAPRESTAÇÃO
                          │                    │    PECUNIÁRIA)
                          └─► Concessões ──────┤
                              Especiais ou     │
                              PPP              └─► Concessão Administrativa
                              Lei nº 11.079/04
```

Já a PPP **concessão administrativa** refere-se a contrato de prestação de serviços de que a Administração Pública seja a **usuária direta ou indireta**, *ainda que envolva execução de obra ou fornecimento e instalação de bens*.

Uma dúvida que ronda os amigos concursandos: *usuária direta, indireta, em PPP, o que isso representa?*

Imagine: serviços prestados em um presídio. Pergunta-se: a população é usuária direta? Não, o Estado faz uso do serviço diretamente, sendo sentido apenas indiretamente pelos cidadãos.

Agora, imagine serviços prestados em hospital à população. Nesse caso, a população recebe-os diretamente, sendo indiretamente prestados ao Estado.

Em outros termos, se os **serviços são internos à Administração**, o **Estado é usuário direto**; mas, se de **efeitos externos**, o Estado é **usuário indireto do serviço prestado**.

Gabarito: Letra **e**.
Nível: **Fácil**.

Questão 93 **(FCC – Defensoria-SP – Defensor – 2012)** As fundações de Direito Público, também denominadas autarquias fundacionais, são instituídas por meio de lei específica e:
a) seus agentes não ocupam cargo público e não há responsabilidade objetiva por danos causados a terceiros;
b) seus contratos administrativos devem ser precedidos de procedimento licitatório, na forma da lei;
c) seus atos constitutivos devem ser inscritos junto ao Registro Civil das Pessoas Jurídicas, definindo as áreas de sua atuação;
d) seus atos administrativos não gozam de presunção de legitimidade e não possuem executoriedade;
e) seu regime tributário é comum sobre o patrimônio, a renda e os serviços relacionados às suas finalidades essenciais.

Tema: Administração Indireta – Organização Administrativa.

COMENTÁRIOS

Interessante esta questão, pois trata de um tema raro em provas de concurso: as Fundações Públicas com natureza jurídica de Direito Público. Para a resolução, primeiro veja o conceito de fundação pública, dado pelo inciso IV, do art. 5º, do DL nº 200/1967:

> Entidade dotada de personalidade jurídica de **Direito Privado**, sem fins lucrativos, criada em virtude de autorização legislativa, para o desenvolvimento de atividades que não exijam execução por órgãos ou entidades de Direito Público, com autonomia administrativa, patrimônio próprio gerido pelos respectivos órgãos de direção, e funcionamento custeado por recursos da União e de outras fontes.

A despeito de a norma prever a personalidade jurídica de Direito Privado para as fundações públicas, a doutrina majoritária admite a existência de fundações com personalidade de Direito Público. Ademais, conforme entendimento do STF no Recurso Extraordinário nº 101.126, caso uma fundação pública seja dotada de personalidade jurídica de Direito Público, constituirá uma "espécie" do gênero autarquia.

Ressalta-se que dizer que a fundação pública é espécie de autarquia é a mesma coisa que dizer que é uma autarquia, pois ser espécie do gênero é o mesmo que dizer que é uma das...

Ainda que objeto de severas críticas doutrinárias, a matéria deve ser incorporada para fins de concurso público. Então, para esse fim (concurso), pode-se falar, tranquilamente, em uma "fundação autárquica" ou "autarquia fundacional", como de vez em quando se vê na doutrina, fundamentada na jurisprudência do STF.

Indaga-se: Mas, então, se a fundação pública de Direito Público é uma espécie de autarquia, como nascem as fundações públicas de Direito Público? **Resposta: COM LEI ESPECÍFICA,** uma vez se tratar de uma autarquia.

Interessante anotar, ainda, que, conforme a natureza jurídica da fundação, lhe será aplicado um regime jurídico prevalente: À FUNDAÇÃO PÚBLICA DE DIREITO PÚBLICO APLICAM-SE, PREDOMINANTEMENTE, NORMAS DO DIREITO PÚBLICO; ÀS FUNDAÇÕES PÚBLICAS DE DIREITO PRIVADO, NORMAS DO DIREITO PRIVADO, PREDOMINANTEMENTE.

Ainda com relação às fundações públicas de Direito Público, é bom que se diga que é tudo mais ou menos igual ao que é para as autarquias, já que são espécies destas: regime jurídico predominante: DIREITO PÚBLICO; justiça competente para julgamento das causas: FEDERAL; e outros detalhes, que não serão vistos agora, por amor à objetividade. Há, entretanto, um ponto de convergência entre as fundações públicas de direito PÚBLICO e as fundações públicas de direito PRIVADO digno de destaque: as atividades exercidas. Ambas exercem atividades de interesse social. E o examinador gosta de dizer que as fundações públicas, pelas atividades exercidas, não precisam ter personalidade jurídica de Direito Público, enquanto as autarquias precisam. E ele está CERTO! Como as atividades das autarquias são TÍPICAS da Administração, elas DEVEM ter as prerrogativas e sujeições (e, CONSEQUENTEMENTE PERSONALIDADE) TÍPICAS DO DIREITO PÚBLICO. Porém, como as fundações exercem atividades de INTERESSE SOCIAL, NÃO PRECISAM, mas PODEM ter personalidade jurídica do Direito Público.

Agora, sim, vamos "atacar" os itens.

Letra **a**: ERRADA. Duplamente errada: 1º. os que trabalham nas fundações públicas de Direito Público ocupam CARGOS (e não empregos); 2º. sendo de Direito Público, valerá para a fundação pública a responsabilidade civil objetiva pelos prejuízos causados a terceiros, em face do que diz o § 6º, art. 37, da CF (veja na legislação abaixo).

Letra **b**: CERTA. Vale para qualquer entidade da Administração Pública, o dever de licitar estabelecido no inciso XXI, do art. 37, da CF (veja na legislação abaixo). Assim, os contratos das Fundações Públicas, sejam elas de Direito Público ou Privado, devem ser precedidos de licitação, de modo geral.

Letra **c**: ERRADA. Muito interessante este item, pois as fundações, DE MODO GERAL, têm os registros de seus atos constitutivos junto ao Registro Civil das Pessoas Jurídicas, definindo as áreas de sua atuação. Entretanto, como visto na parte teórica acima, as fundações públicas de Direito Público têm sua criação feita diretamente pela Lei, tal qual as autarquias, das quais são parte (as fundações públicas de Direito Público são autarquias, lembre-se!).

Letra **d**: ERRADA. Como é entidade administrativa, as fundações públicas produzem atos administrativos, os quais contam com presunção de legitimidade e possuem executoriedade sim!

Letra **e**: ERRADA. Veja o que diz a CF:

> Art. 150. Sem prejuízo de outras garantias asseguradas ao contribuinte, é vedado à União, aos Estados, ao Distrito Federal e aos Municípios:
> (...)
> VI – instituir impostos sobre:
> a) patrimônio, renda ou serviços, uns dos outros;
> (...)
> § 2º. A vedação do inciso VI, a, é extensiva às autarquias e às **fundações** instituídas e mantidas pelo Poder Público, no que se refere ao patrimônio, à renda e aos serviços, vinculados a suas finalidades essenciais ou às delas decorrentes.

Observe, então, que as fundações contam com um regime tributário diferenciado, e, por isso, o item está ERRADO.

Legislação
CF/1988:

> Art. 37 (...)
> XXI – ressalvados os casos especificados na legislação, as obras, serviços, compras e alienações serão contratados mediante processo de licitação pública que assegure igualdade de condições a todos os concorrentes, com cláusulas que estabeleçam obrigações de pagamento, mantidas as condições efetivas da proposta, nos termos da lei, o qual somente permitirá as exigências de qualificação técnica e econômica indispensáveis à garantia do cumprimento das obrigações.
> § 6º. As pessoas jurídicas de Direito Público e as de Direito Privado prestadoras de serviços públicos responderão pelos danos que seus agentes, nessa qualidade, causarem a terceiros, assegurado o direito de regresso contra o responsável nos casos de dolo ou culpa.

Gabarito: Letra **b**.
Nível: **Médio**.

Capítulo 10

Prova TCE-AP – Analista Contábil – 2012

Q.94. Princípios da Administração Pública – Regime Jurídico Administrativo
Q.9. Concessões (Serviços Públicos, Lei nº 8.987) – Conceitos (Serviços Públicos, Lei nº 8.987) – Serviços Públicos
Q.96. Administração Indireta – Organização Administrativa
Q.97. Classificação (atos administrativos) – Atos Administrativos
Q.98. Desfazimento ou Retirada do Ato Administrativo (anulação, revogação, cassação, caducidade, contraposição) – Atos Administrativos
Q.99. Leis Estaduais e Municipais (estatuto dos servidores) – Agentes Administrativos (servidores públicos estatais) – Agentes Públicos

Questão 94 **(FCC – TCE-AP – Analista Contábil – 2012)** De acordo com a Constituição Federal, os princípios da Administração Pública aplicam-se:

a) às entidades integrantes da Administração Direta e indireta de qualquer dos poderes;
b) à Administração Direta, autárquica e fundacional, exclusivamente;
c) às entidades da Administração Direta e indireta, exceto às sociedades de economia mista exploradoras de atividade econômica;
d) à Administração Direta, integralmente, e à indireta de todos os poderes e às entidades privadas que recebem recursos públicos, parcialmente;
e) à Administração Direta, exclusivamente, sujeitandose as entidades da Administração Indireta ao controle externo exercido pelo Tribunal de Contas.

Tema: Princípios da Administração Pública – Regime Jurídico Administrativo.

COMENTÁRIOS

Item bem simples, a partir da leitura do art. 37 da CF. Veja, com atenção aos destaques:

> Art. 37. A Administração Pública Direta e Indireta de **qualquer dos Poderes** da União, dos estados, do Distrito Federal e dos municípios **obedecerá aos princípios de legalidade, impessoalidade, moralidade, publicidade e eficiência** e, também, ao seguinte:

Observe que os princípios da Administração Pública, portanto, valem para toda a Administração Direta e Indireta de todos os entes federativos, o que indica o gabarito, letra **a**.

Gabarito: Letra a.
Nível: Fácil.

Questão 95 (FCC – TCE-AP – Analista Contábil – 2012) A propósito dos elementos definidores e traços característicos dos serviços públicos, é CORRETO afirmar.

a) Independem de definição por lei, podendo ser de titularidade do Poder Público, quando de natureza não econômica, ou privada, quando passíveis de exploração mediante concessão ou permissão.
b) São definidos por lei e de titularidade pública ou privada, conforme sua natureza essencial ou econômica.
c) Independem de definição por lei, bastando sua caracterização como atividade essencial, de titularidade exclusiva do Poder Público.
d) São definidos por lei e de titularidade do Poder Público, que pode prestá-los diretamente ou sob o regime de concessão ou permissão.
e) São definidos em lei como obrigação do Poder Público e direito dos cidadãos, devendo ser prestados de forma universal e independentemente de cobrança de tarifa.

Tema: Concessões (Serviços Públicos, Lei nº 8.987) – Conceitos (Serviços Públicos, Lei nº 8.987) – Serviços Públicos

COMENTÁRIOS

Inicialmente, veja o que diz a CF:

> Art. 175. Incumbe ao Poder Público, na forma da lei, diretamente ou sob regime de concessão ou permissão, sempre através de licitação, a prestação de serviços públicos.
> Parágrafo único. A lei disporá sobre:
> I – o regime das empresas concessionárias e permissionárias de serviços públicos, o caráter especial de seu contrato e de sua prorrogação, bem como as condições de caducidade, fiscalização e rescisão da concessão ou permissão;
> II – os direitos dos usuários;
> III – política tarifária;
> IV – a obrigação de manter serviço adequado.

Da leitura do artigo, podemos extrair algumas conclusões.

A primeira é a de que a menção a **Poder Público** inclui tanto a **Administração Direta como Indireta**. Alguém duvida que a Empresa de Correios e Telégrafos é prestadora de serviços públicos, embora detenha a natureza de empresa pública, enfim, **entidade da Administração Indireta**? Mas, obviamente, frisamos que, tratando-se de entidades da Administração Indireta, o Estado **outorga** os serviços públicos mediante lei. Em outras palavras, a prestação continua sendo **DIRETA**, porém, com a participação da Administração **INDIRETA**.

Nota: A título de lembrança, na **outorga (prestação direta)**, a descentralização dos serviços ocorre mediante lei, transferindo-se a **titularidade** e a **execução**; enquanto na **delegação (prestação indireta)**, procedida por **ato ou contrato**, transfere-se apenas a execução. Por conseguinte, quando o Estado delega um serviço público, transfere tão só a EXECUÇÃO (nunca a titularidade) dos serviços públicos. Entretanto, essa distinção é mais feita pela doutrina, já que em diversas normas se menciona "outorga de concessão", o que é expressão, em si, contraditório. É que, PARA A DOUTRINA, insista-se, concessão é delegação (e não outorga) de competência.

A segunda conclusão (extraída implicitamente) é a de que, **além da concessão e da permissão**, perceberemos que o Estado pode prestar **indiretamente** serviços mediante **autorização** de serviços públicos, sem previsão, obviamente, no art. 175, mas sim conforme disposto no art. 21, inciso XII, da Constituição.

Assinale-se, de antemão, que as autorizações de serviços públicos são formalizadas por ato administrativo e não contratos administrativos, como são as concessões e as permissões de serviços públicos. Ressalte-se que a CF/1988 dispõe que apenas as concessões e as permissões é que serão precedidas de licitação, ou seja, as autorizações dispensam procedimento prévio de licitação, de uma forma geral. Por isso, percebe-se a correção da letra **d**. Alguns comentários adicionais a alguns itens:

Na letra **c**, afirma-se que é desnecessária a definição legal. Isso está ERRADO, pois é preciso que as normas definam o que e quais são os serviços públicos.

Na letra **e**, o examinador afirma que serviços "são definidos em lei como obrigação do Poder Público e direito dos cidadãos, devendo ser prestados de forma universal e **independentemente de cobrança de tarifa**". Há um erro crasso na parte final do item: a CF, ou mesmo as leis, não determinam que serviços públicos sejam gratuitos. De modo contrário, em regra, serviços públicos são cobrados, já que precisam ser mantidos. Nesse sentido, é que o inciso III, do art. 175, da CF diz que a Lei tratará da política tarifária dos serviços públicos.

Gabarito: Letra **d**.
Nível: **Médio**.

Questão 96 (FCC – TCE-AP – Analista Contábil – 2012) Determinado dirigente de autarquia estadual passou a orientar a atuação da entidade para fins diversos daqueles que justificaram a criação da entidade. Para a correção dessa situação, o ente instituidor da autarquia deverá exercer o poder:
a) disciplinar;
b) normativo;
c) regulamentar;
d) de revisão *ex officio*;
e) de tutela.

Tema: Administração Indireta – Organização Administrativa.

COMENTÁRIOS

As entidades da administração indireta desenvolvem diversas atividades. Destas, a principal determinará um vínculo junto a um Ministério que lhe fará uma espécie de supervisão, desde que se trate de uma entidade federal. Se a entidade for estadual ou municipal, quem procederá à supervisão é o órgão correspondente ao Ministério Federal, ou seja, a Secretaria Estadual ou Municipal, conforme o caso.

O vínculo da entidade da Administração Indireta junto a um Ministério é do tipo nãohierárquico, não subordinado, tratando-se de um controle administrativo de resultados (ou finalístico). Em outras palavras, o controle da Administração Direta sobre a Indireta será efetuado dentro da finalidade para a qual foi criada, dentro do que a doutrina denomina princípio da especialidade. E o vínculo da entidade da Administração Indireta é nominado de "tutela administrativa". Por isso, a letra **e** é o gabarito.

Gabarito: Letra **e**.
Nível: **Fácil**.

Questão 97 **(FCC – TCE-AP – Analista Contábil – 2012)** Os atos administrativos podem ser:
a) vinculados, quando a competência para a sua edição é privativa de determinada autoridade e não passível de delegação;
b) discricionários, quando a lei estabelece margem de decisão para a autoridade de acordo com critérios de conveniência e oportunidade;
c) vinculados, assim entendidos os que devem ser editados quando presentes os requisitos legais e de acordo com juízo de conveniência e oportunidade;
d) discricionários, quando, embora o objeto e requisitos para edição sejam pré-estabelecidos em lei, a edição ou não depende do juízo de mérito da Administração;
e) vinculados, quando o objeto, competência e finalidade são definidos em lei, restando à autoridade apenas o juízo de conveniência quanto à sua edição no caso concreto.

Tema: Classificação (atos administrativos) – Atos Administrativos.

COMENTÁRIOS

Sinteticamente, a vinculação pode ser vista como uma única saída juridicamente admissível em determinada circunstância. Já a discricionariedade diz respeito à circunstância em que a Lei faculta ao administrador a possibilidade de adotar uma dentre várias (ou pelo menos mais de uma) condutas possíveis, a qual deve estar alinhada ao melhor atendimento do interesse público, o que resulta num juízo discricionário por parte do responsável pelo ato. Mas, atenção: **o juízo discricionário de forma alguma pode ser confundido com "livre-arbítrio"**.

De fato, a Administração Pública, ao contrário dos particulares de modo geral, só pode fazer aquilo que a Lei lhe determina ou autoriza (princípio da legalidade administrativa – art. 37, *caput*, da CF/1988). Neste último caso (autorização da lei) é que há discricionariedade. Todavia, em ambas as situações, a conduta do agente deve estar pautada na Lei, não se admitindo ações que desbordem os limites impostos.

Falta ao administrador público, portanto, a possibilidade de escolher livremente, da forma que melhor entender (livre-arbítrio), uma vez que limitado, SEMPRE, pela Lei. Portanto, pode-se afirmar que **arbitrariedade é, para a Administração Pública, sinônimo de ilegalidade**.

A discricionariedade, na visão da maior parte dos doutrinadores, é resumida em um binômio: CONVENIÊNCIA E OPORTUNIDADE. A primeira indica em que condições vai se conduzir o agente (o modo de agir deste); a segunda diz respeito ao momento em que a atividade deve ser produzida.

Muito bem. Tem-se assim, resumidamente, que a discricionariedade diz respeito à possibilidade de avaliação por parte do agente público quanto à conveniência e à oportunidade de agir. Com isso, chega-se ao gabarito do item – letra **a**.

Um breve comentário com relação à letra e: no que diga respeito aos elementos dos atos administrativos, três deles são sempre vinculados — COMPETÊNCIA, FINALIDADE E FORMA. Os outros dois, motivo e objeto, por vezes, são discricionários; por outras, vinculados. A letra **e** "esqueceu" de apontar como elemento vinculado a finalidade. E por isso, está ERRADA.

Gabarito: Letra **b**.
Nível: **Fácil**.

Questão 98 (FCC – TCE-AP – Analista Contábil – 2012) Em relação a seus próprios atos, a Administração:
a) pode anular os atos eivados de vício de legalidade, a qualquer tempo, vedada a repercussão patrimonial para período anterior à anulação;
b) pode anulá-los, apenas quando eivados de vício quanto à competência e revogá-los quando identificado desvio de poder ou de finalidade;
c) pode anulá-los, por razões de conveniência e oportunidade, observado o prazo prescricional;
d) não pode anular os atos que gerem direitos para terceiros, exceto se comprovado fato superveniente ou circunstância não conhecida no momento de sua edição;
e) pode revogá-los, por razões de conveniência e oportunidade, preservados os direitos adquiridos.

Tema: Desfazimento ou Retirada do Ato Administrativo (anulação, revogação, cassação, caducidade, contraposição) – Atos Administrativos.

COMENTÁRIOS

Inicialmente, relembre-se que a **anulação** é o desfazimento do ato por **razões de ilegalidade**. Não se pode, de maneira alguma, confundir-se anulação com revogação (vista mais abaixo): a primeira refere-se a critérios de legalidade, e pode ser decretada pelo Judiciário ou por aquele que expediu o próprio ato; a segunda (revogação) insere-se na esfera de competência apenas do Poder que expediu o ato, e diz respeito a critérios de conveniência e de oportunidade em se manter um ato legítimo no mundo jurídico. Por esse motivo, não pode o Judiciário revogar atos de outro poder, mas tão somente anulá-los, quando eivados de vício de ilegalidade. A propósito, cite-se a consagrada Súmula/STF nº 473:

> A Administração pode anular seus próprios atos, quando eivados de vícios que os tornam ilegais, porque deles não se originam direitos; ou revogá-los, por motivo de conveniência e oportunidade, respeitados os direitos adquiridos, e ressalvados, em todos os casos, a apreciação judicial.

Há profunda divergência entre os autores brasileiros quanto à atitude a ser adotada pela Administração Pública ao verificar a ilegalidade de um ato que praticou: é seu **dever** anulá-lo ou é mera **faculdade**?

O melhor entendimento que se faz é o seguinte: a Administração, ao verificar ilegalidade em ato praticado tem o **DEVER** de anulá-lo. Contudo, tal obrigação poderá ser flexibilizada. É que, em certos casos, a Administração poderá deixar de anular determinados atos, ainda que ilegais. O que explica a situação é a prevalência do princípio do interesse público sobre a legalidade estrita, em situações específicas — por vezes, é melhor manter um ato no mundo jurídico do que anulá-lo, em face de prejuízo menor resultante de tal decisão.

De qualquer forma, a regra geral é que os atos nulos não geram efeitos, com a anulação produzindo **efeitos *ex tunc***, isto é, retroagindo à origem do ato viciado, fulminando o que já ocorreu, no sentido de que se negam agora os efeitos de antes. Protegem-se, ressalte-se, os efeitos decorrentes do ato posteriormente anulado: no caso de atos produzidos por servidores nomeados ilegalmente surtirão efeitos junto a terceiros de boa-fé, ainda que o desempenho das funções do servidor ilegalmente investido no cargo tenha sido ilegítimo.

Isso não implica dizer que os efeitos do ato nulo se perpetuarão, podendo ser estendidos a terceiros. Não se pode, ao amparo de ilegalidade, dar origem a outra ilegalidade. Garante-se o que já se verificou, mas não situações futuras. Deve a Administração, sob o fundamento do princípio da legalidade, proceder à anulação do ato viciado, evitando que novas ilegalidades sejam perpetradas.

Quando o ato a ser anulado atingir direitos individuais deverá ser aberto o contraditório aos atingidos pela anulação, conforme já decidiu o STF, em razão dos princípios do contraditório e da ampla defesa.

Com relação ao direito da Administração de anular atos ilegais que tenham produzido efeito favoráveis a terceiros (de boa-fé), o prazo (DECADENCIAL) é de cinco anos contados da prática do ato, salvo comprovada má-fé por parte do destinatário do ato. Exemplifique-se essa última situação.

Já na **revogação** a retirada do ato administrativo do mundo jurídico se dá por razões de oportunidade e de conveniência. Na revogação, um ato administrativo, legítimo e eficaz (gerador de efeitos) é suprimido pela Administração – e somente por ela – por não mais lhe convir sua existência.

A revogação pressupõe, portanto, um **ato legal e perfeito**, mas que se tornou **inconveniente** ao interesse público, sendo certo que é inerente ao **poder discricionário** da Administração. A revogação do ato opera da data em diante, ou seja, **tem efeitos *ex nunc*** (proativos).

Destaque-se que há categorias de atos ditos irrevogáveis, desde o seu nascedouro, ou assim se tornam por circunstâncias supervenientes à sua edição, a exemplo dos que geram direitos subjetivos (adquiridos) aos destinatários; os que exaurem, desde logo, os seus efeitos (chamados de consumados ou exauridos, por alguns autores); e os que transpõem prazos dos recursos internos, decaindo a Administração do poder de modificá-los ou revogá-los (espécie de preclusão administrativa).

Sob esse aspecto, aliás, é de se ressaltar que é entendimento pacífico da doutrina e na jurisprudência que a correta interpretação do Enunciado nº 473 da Súmula do STF (vista acima) leva à conclusão de que **não pode ser revogado unilateralmente ato do qual resultaram direitos adquiridos**.

Pense na seguinte indagação: o Poder Judiciário tem legitimidade para promover a revogação dos atos administrativos de outros poderes? NÃO, dado que só a Administração pode promover a revogação de um ato administrativo.

Mas analise-se outra afirmativa: O PODER JUDICIÁRIO NÃO PODE, DE NENHUMA MANEIRA, REVOGAR UM ATO ADMINISTRATIVO. **ERRADO**, pelo fato de que o Judiciário pode estar, atipicamente, no desempenho da função administrativa. Neste caso, só o Judiciário é quem poderá revogar tal ato, não como Estado-juiz, mas sim como Estado-administrador.

Pois bem. Visto tudo isso, analisem-se os itens.

Letra **a**: ERRADA. Dois erros: primeiro, a Administração tem cinco anos para promover a anulação de um ato administrativo (veja o art. 54 da Lei nº 9.784/1999, na legislação abaixo); segundo, mesmo no caso de anulação de um ato administrativo há de se reconhecer os efeitos (repercussão) patrimonial. **Exemplo:** Anula-se a nomeação de um servidor por conta de alguma ilegalidade, mas tudo aquilo que houver sido pago a ele não deve ser devolvido, uma vez que houve, efetivamente, o trabalho prestado.

Letra **b**: ERRADA. O desvio de poder ou finalidade é vício grave, que não permite a manutenção de um ato administrativo. Não é situação de revogação, mas sim de anulação, em razão do grave vício.

Letra **c**: ERRADA. Dois erros, mais uma vez: primeiro, conveniência e oportunidade levarão à anulação de um ato administrativo; segundo, o prazo que estabelece a Lei nº 9.784/1999 é de decadência, não de prescrição (veja o art. 54 na legislação abaixo).

Letra **d**: ERRADA. Em nenhum momento o ordenamento estabelece tal condicionamento. Além disso, mesmo que o ato a ser anulado gere direitos para terceiros, poderá ser anulado.

Letra **e**: CERTA. Releia a Súmula nº 473 acima, para concluir que o item está CORRETO.

Legislação
Lei nº 9.784/1999:

> Art. 54. O direito da Administração de anular os atos administrativos de que decorram efeitos favoráveis para os destinatários decai em cinco anos, contados da data em que foram praticados, salvo comprovada má-fé.

Gabarito: Letra **e**.
Nível: **Fácil**.

Questão 99 (FCC – TCE-AP – Analista Contábil – 2012) Nos termos do Estatuto dos Servidores Públicos Civis do estado do Amapá, o percentual de vagas que deve ser reservado aos portadores de deficiência nos concursos públicos, para provimento de cargo cujas atribuições sejam compatíveis com a deficiência de que são portadores, é de até:
a) 1%;
b) 2%;
c) 5%;
d) 10%;
e) 20%.

Tema: Leis Estaduais e Municipais (estatuto dos servidores) – Agentes Administrativos (servidores públicos estatais) – Agentes Públicos.

COMENTÁRIOS

Para resolver a questão, basta verificar o que diz o seguinte dispositivo, que estabelece o regime jurídico dos servidores do estado do Amapá (Lei Estadual nº 66/1993):

> Art. 4º. (...)
> Parágrafo único. Às pessoas portadoras de deficiência é assegurado o direito de inscrever-se em concurso público para provimento de cargo cujas atribuições sejam compatíveis com a deficiência de que são portadores; para tais pessoas serão reservadas até 20% (vinte por cento) das vagas oferecidas no concurso.

A reserva de vagas para deficientes no estado do Amapá é de 20%, portanto. E, com isso, está certa a letra **e**.
Gabarito: Letra **e**.
Nível: **Fácil**.

Capítulo 11

TCE-AP – Analista Jurídico – 2012

Q.100. Alteração Unilateral (Cláusulas Exorbitantes) – Cláusulas Exorbitantes – Contratos Administrativos (Lei nº 8.666/1993) – Deveres e Direitos dos Usuários, Poder Concedente e Concessionária (Serviços Públicos, Lei nº 8.987) – Concessões (Serviços Públicos, Lei nº 8.987) – Serviços Públicos
Q.101. Lei nº 10.520/2002 – Modalidade de Licitação Pregão
Q.102. Sujeitos: Ativo e Passivo (Lei nº 8.429, arts. 1º a 8º) – Improbidade Administrativa (Lei nº 8.429/1992)
Q.103. Alienação de Bens Móveis e Imóveis (arts. 17 a 19, Lei nº 8.666) – Licitações (Lei nº 8.666/1993)
Q.104. Desconcentração e Descentralização – Organização Administrativa
Q.105. Convalidação (atos administrativos) – Formas de Desfazimento ou Retirada do Ato Administrativo (anulação, revogação, cassação, caducidade, contraposição) – Atos Administrativos
Q.106. Responsabilidade por Atos Omissivos – Responsabilidade Civil do Estado

Questão 100 (FCC – TCE-AP – Analista Jurídico – 2012) O Estado concedeu a particular exploração de rodovia, mediante procedimento licitatório no qual se sagrou vencedor o licitante que ofereceu o maior valor pela outorga da concessão, paga em parcelas anuais (ônus de outorga), tendo o Poder Concedente fixado a tarifa (pedágio) no momento da assinatura do contrato e assegurado, contratualmente, o seu reajuste anual. No curso da concessão, o Estado decidiu reduzir o valor do pedágio, alegando que o mesmo estaria onerando demasiadamente os usuários. A conduta do Estado é:
a) legítima, em face do poder de alteração unilateral dos contratos administrativos, desde que limitada ao percentual de 25% (vinte e cinco por cento) do valor atualizado do contrato;
b) legítima, apenas se comprovar que o fluxo de veículos excedeu as projeções de demanda realizadas no momento da licitação, gerando ganhos injustificados para o concessionário;
c) legítima, desde que restabeleça o equilíbrio econômico financeiro do contrato, o que pode ser feito pela redução do ônus de outorga;
d) ilegítima, em face da imutabilidade da equação econômico-financeira e da garantia de rentabilidade assegurada nos contratos de concessão (taxa interna de retorno);
e) legítima, independentemente da recomposição do equilíbrio econômico-financeiro tendo em vista que a concessão pressupõe a exploração do serviço por conta e risco do concessionário.

Tema: Alteração Unilateral (Cláusulas Exorbitantes) – Cláusulas Exorbitantes – Contratos Administrativos (Lei nº 8.666/1993) – Deveres e Direitos dos Usuários, Poder Concedente e Concessionária (Serviços Públicos, Lei nº 8.987) – Concessões (Serviços Públicos, Lei nº 8.987) – Serviços Públicos.

COMENTÁRIOS

Em primeiro lugar, relembre-se que o Estado é o legítimo titular dos serviços públicos, ante o que estabelece a CF (veja o art. 175, na legislação abaixo). Ao delegar um serviço público, o Estado não renuncia a esta titularidade. Entretanto, deve respeitar o equilíbrio do contrato de concessão. Por isso, caso altere as cláusulas um contrato dessa espécie (de concessão), tal qual o exemplo do comando da questão, o Poder Público deverá promover a compensação. Desse modo, poderia, tal como o descrito no comando, reduzir o quanto o particular pagará pela outorga, de modo a manter o equilíbrio econômico financeiro da avença. Por isso, CORRETA a letra **c**.

Detalhe: É bem conhecido o limite de alteração de 25% dos contratos administrativos (veja o § 1º, do art. 65, da Lei nº 8.666/1993 abaixo). Ocorre que tal limitação é referente às cláusulas de EXECUÇÃO dos contratos administrativos. Assim, ao promover alteração do contrato DEVE MANTER O EQUILÍBRIO ECONÔMICO FINANCEIRA DA AVENÇA, o que não foi mencionado no item. Por isso, ERRADA a letra **a**.

Lei nº 8.666/1993:

> Art. 65. Os contratos regidos por esta Lei poderão ser alterados, com as devidas justificativas, nos seguintes casos:
> (...)
> § 1º. O contratado fica obrigado a aceitar, nas mesmas condições contratuais, os acréscimos ou supressões que se fizerem nas obras, serviços ou compras, até 25% (vinte e cinco por cento) do valor inicial atualizado do contrato, e, no caso particular de reforma de edifício ou de equipamento, até o limite de 50% (cinquenta por cento) para os seus acréscimos.

Gabarito: Letra **c**.
Nível: Médio.

Questão 101 **(FCC – TCE-AP – Analista Jurídico – 2012) Instaurado procedimento licitatório na modalidade pregão para aquisição de material de escritório, na forma regrada pela Lei nº 10.520/2002, foram recebidas as seguintes propostas: R$ 100.000,00 (licitante A); R$ 120.000,00 (licitante B); R$ 140.000,00 (licitante C), R$ 150.000,00 (licitante D); e R$ 155.000,00 (licitante E), todos esses valores situados abaixo do valor estimado pela Administração para a aquisição pretendida, de acordo com orçamento. Diante desse cenário, o pregoeiro deverá:**

a) encerrar a etapa de recebimento das propostas, passando à abertura da documentação de habilitação do licitante A;

b) iniciar o procedimento de negociação com o licitante A, de forma a obter o desconto mínimo de 10% sobre o valor ofertado;

c) reabrir a fase de apresentação de propostas, eis que não foram apresentadas ao menos 3 propostas situadas até 10% acima da melhor proposta, inviabilizando a etapa de lances;

d) franquear aos licitantes A, B, C e D, apenas, a apresentação de lances verbais e sucessivos;

e) franquear a todos os licitantes, exceto o licitante A (autor da melhor proposta), a apresentação de lances verbais e sucessivos, com vistas a obter a redução de suas propostas, e, após, a abertura de nova etapa de lances entre aquele que oferecer a maior redução e o licitante A.

Tema: Lei nº 10.520/2002 – Modalidade de Licitação Pregão.

✎ COMENTÁRIOS

Esta questão é a típica de "marque o menos pior"...
Em primeiro lugar, veja o que diz o art. 4º da Lei nº 10.520/2002, que cuida do pregão:

> Art. 4º. A fase externa do pregão será iniciada com a convocação dos interessados e observará as seguintes regras:
> (...)
> VIII – no curso da sessão, o autor da oferta de valor mais baixo e os das ofertas com preços até 10% (dez por cento) superiores àquela poderão fazer novos lances verbais e sucessivos, até a proclamação do vencedor;

Vamos entender a partir de um exemplo com números. Observem:
Empresas participantes e respectivos preços:
"X" – R$ 100; "Y" – R$ 101; "Z" – R$ 103; "W" – R$ 110; "H" – R$ 115; "I" – R$ 120; "J" – R$ 125.
Sobre a menor proposta, que é a de "X", aplicar percentual de 10% (100*1,10 = R$ 110)
Logo, participam da próxima fase: R$ 100, R$ 101, R$ 103, e R$ 110. As demais, que têm diferença superior a 10%, serão DESCLASSIFICADAS.
Pergunta: Mas e se não tiver quem se enquadre nessa diferença de 10%, como é que faz? Acabou o pregão? Essa pergunta normalmente é feita antes de tudo, em aulas presenciais. Veja, então, o que diz, novamente, o art. 4º da Lei nº 10.520, só que no inciso IX:

> não havendo pelo menos 3 (três) ofertas nas condições definidas no inciso anterior, poderão os autores das melhores propostas, até o máximo de 3 (três), oferecer novos lances verbais e sucessivos, quaisquer que sejam os preços oferecidos.

Vamos para os números de novo:
Empresas participantes e respectivos preços:
"X" – R$ 100; "Y" – R$ 101; "H" – R$ 115; "I" – R$ 120; "J" – R$ 125.
Sobre a menor proposta, aplicar percentual de 10% (100*1,10 = R$ 110), logo, participariam da próxima fase: R$ 100, que é a menor, e R$ 101, dentro do "critério dos 10%". Mas, como devem existir três na próxima fase, apesar de R$ 115,00 ultrapassar o limite legal de 10%, fica franqueada sua participação.
Agora, para finalizar essa passagem acerca de quem participa da próxima etapa no pregão, note que essa última explicação é um critério ALTERNATIVO ao dos 10%. Com efeito, se houvesse centenas de propostas enquadráveis no primeiro critério (o dos 10%), todas elas participariam da próxima etapa.
Agora, trabalhem-se os números da presente questão, com a qual, adiante-se, não se concorda com o gabarito:
- Primeiro passo: identificar a proposta de menor preço – R$ 100.000,00;
- Segundo passo: calcular diferença de 10% com relação a esta proposta (R$ 10.000,00).
Somar à proposta de referência (R$ 100.000,00) – total: R$ 110.000,00;

- Terceiro passo: identificar todas as propostas enquadráveis no limite (R$ 110.000,00). Resultado: NENHUMA;
- Quarto passo: partir para o critério alternativo, visto anteriormente e repetido abaixo, para que o ajude em sua fixação:

> não havendo pelo menos 3 (três) ofertas nas condições definidas no inciso anterior, poderão os autores das melhores propostas, até o máximo de 3 (três), oferecer novos lances verbais e sucessivos, quaisquer que sejam os preços oferecidos.

Só que, pela doutrina e em conformidade com a jurisprudência do TCU, deveriam ir para a próxima etapa, a fase de lances verbais, as três melhores propostas, INCLUSA a de menor preço (a de R$ 100.000,00). Ou seja, não seria a de menor preço MAIS outras três propostas. Seria, como dito, a de menor preço mais OUTRAS DUAS, perfazendo as três melhores propostas. Mas veja que não há item que diga isso. O que mais se aproxima é a letra **d**, que foi o gabarito dado pelo examinador, em razão da interpretação equivocada.

Gabarito: Letra **d**.
Nível: **Difícil**.

Questão 102 (FCC – TCE-AP – Analista Jurídico – 2012) Os dirigentes de empresa privada da qual o Estado participou com 49% para a criação, aportando recursos a título de subscrição do capital social, apropriaram-se ilegalmente de recursos da referida empresa. De acordo com a Lei nº 9.429/1992, que trata dos atos de improbidade administrativa, os dirigentes:

a) somente estão sujeitos à Lei de Improbidade se forem agentes públicos e tiverem auferido a vantagem em função de tal condição;
b) estão sujeitos à Lei de Improbidade, limitando-se a sanção patrimonial à repercussão do ilícito sobre os cofres públicos, sem prejuízo das demais sanções previstas no referido diploma legal e em outras leis específicas;
c) somente poderão ser apenados com a apreensão dos valores auferidos indevidamente, recaindo as sanções administrativas sobre os agentes públicos responsáveis pela fiscalização da aplicação dos recursos públicos;
d) não estão sujeitos à Lei de Improbidade, eis que o prejuízo foi causado a entidade de natureza privada, ficando, contudo, impedidos de contratar com a Administração e de receber recursos públicos a qualquer título;
e) estão sujeitos apenas às sanções patrimoniais previstas na Lei de Improbidade excluídas outras sanções civis e penais previstas em leis específicas.

Tema: Sujeitos: ativo e passivo (Lei nº 8.429, arts. 1º a 8º) – Improbidade Administrativa (Lei nº 8.429/1992).

COMENTÁRIOS

Não é somente aquele que podemos qualificar como "servidor", em sentido estrito. Com efeito, vejamos o que diz o art. 2º da Lei nº 8.429, ao conceituar agente público, para efeitos de improbidade:

> Reputa-se agente público, para os efeitos desta lei, todo aquele que exerce, ainda que transitoriamente ou sem remuneração, por eleição, nomeação, designação, contratação ou qualquer outra forma de investidura ou vínculo, mandato, cargo, emprego ou função nas entidades mencionadas no art. anterior.

Enfim, a lei atinge todos aqueles que, **com ou sem remuneração**, com ou sem caráter de permanência nos quadros da Administração, sejam responsáveis pela execução dos fins da Administração.

Além disso, veja o que diz o parágrafo único do mesmo artigo:

> Parágrafo único. Estão também sujeitos às penalidades desta lei os atos de improbidade praticados contra o patrimônio de entidade que receba subvenção, benefício ou incentivo, fiscal ou creditício, de órgão público bem como daquelas para cuja criação ou custeio o erário haja concorrido ou concorra com menos de cinquenta por cento do patrimônio ou da receita anual, limitando-se, nestes casos, a sanção patrimonial à repercussão do ilícito sobre a contribuição dos cofres públicos.

Ou seja, mesmo que a entidade não seja pertencente à estrutura administrativa do Estado, alguém poderá ser entendido como cometedor de ato de improbidade contra ela, desde que o Estado contribua, de algum modo, com a entidade. Ademais, além dos agentes públicos, terceiros podem ser sujeitos ativos da prática de ato de improbidade. Veja o conceito de terceiros, nos termos do art. 3º da Lei:

> As disposições desta lei são aplicáveis, no que couber, àquele que, mesmo não sendo agente público, induza ou concorra para a prática do ato de improbidade ou dele se beneficie sob qualquer forma direta ou indireta.

Mas, em prova, **cuidado!** O terceiro, ao ser beneficiado pela improbidade, só será responsabilizado se tiver agido com dolo (intencionalmente), enfim, tiver ciência da ilicitude do ato. Portanto, não será responsabilizado a título de culpa.

Em suma: não é estritamente necessário que o sujeito ativo seja *agente público* para ser enquadrado como praticante de improbidade administrativa. Basta tão só que ele seja abarcado pelo art. 3º, e, pronto, responderá por improbidade. Feita esta rápida explanação teórica, examinem-se os itens, para que sejam identificados os erros:

Letra **a**: ERRADA. Dois erros – primeiro: não só os agentes públicos estão sujeitos a responder por improbidade administrativa; segundo: é possível que alguém responda por improbidade, mesmo que não tenha auferido vantagem alguma, em razão do ato de improbidade. É que, além dos atos que importam enriquecimento ilícito, há ainda os atos de improbidade que importam prejuízo ao erário e os que tão só lesam princípios da Administração. (veja os arts. 9º ao 11 logo abaixo).

Letra **b**: **CERTA**. De fato, mesmo que alguém não seja um servidor/agente público, poderá responder por improbidade administrativa, como visto a partir da leitura do parágrafo único do art. 2º da Lei nº 8.429/1992 acima transposto. Como também tratado, a sanção patrimonial deve se limitar à repercussão do ilícito sobre os cofres públicos, sem prejuízo das demais sanções previstas no referido diploma legal e em outras leis específicas. Por tudo, o item está CORRETO.

Letra c: ERRADA. Pela Lei nº 8.429, mesmo que o cometedor do ato não seja servidor, poderá responder por improbidade administrativa. E as sanções previstas em Lei a serem aplicadas ao infrator não serão tão só a apreensão dos valores auferidos indevidamente. Podem ser aplicadas as seguintes penalidades, ainda: multa; proibição de contratar com o Poder Público; perda da função pública; ressarcimento ao erário; e, suspensão dos direitos políticos. Por tudo, item ERRADO.

Letras d e e: ERRADAS. Ver comentários aos itens anteriores.

Legislação
Lei nº 8.429/1992:

> Art. 9º. Constitui ato de improbidade administrativa importando enriquecimento ilícito auferir qualquer tipo de vantagem patrimonial indevida em razão do exercício de cargo, mandato, função, emprego ou atividade nas entidades mencionadas no art. 1º desta lei, e notadamente:
> (...)
> Art. 10. Constitui ato de improbidade administrativa que causa lesão ao erário qualquer ação ou omissão, dolosa ou culposa, que enseje perda patrimonial, desvio, apropriação, malbaratamento ou dilapidação dos bens ou haveres das entidades referidas no art. 1º desta lei, e notadamente:
> (...)
> Art. 11. Constitui ato de improbidade administrativa que atenta contra os princípios da administração pública qualquer ação ou omissão que viole os deveres de honestidade, imparcialidade, legalidade, e lealdade às instituições, e notadamente:

Gabarito: Letra **b**.
Nível: Médio.

Questão 103   (FCC – TCE-AP – Analista Jurídico – 2012) O Estado adquiriu imóvel em procedimento judicial (adjudicação em execução fiscal) e, não havendo interesse em destiná-lo ao serviço público, decidiu aliená-lo onerosamente. Para isso, com base na Lei de Licitações:

a) está dispensado de realizar procedimento licitatório, bastando a avaliação prévia do imóvel e a sua alienação por valor compatível com os praticados no mercado;
b) está obrigado a instaurar procedimento licitatório, na modalidade concorrência, não sendo necessária autorização legislativa, já que o imóvel não foi afetado ao serviço público;
c) deverá obter autorização legislativa para alienação do imóvel, realizar avaliação prévia e instaurar procedimento licitatório na modalidade pregão;
d) deverá realizar avaliação prévia e procedimento licitatório, que pode adotar a modalidade leilão;
e) está dispensado da realização do procedimento licitatório e da obtenção de autorização legislativa, exceto se o imóvel já estiver incorporado ao patrimônio público.

Tema: Alienação de Bens Móveis e Imóveis (arts. 17 a 19, Lei nº 8.666) – Licitações (Lei nº 8.666/1993).

🖉 COMENTÁRIOS

A Lei nº 8.666/1993 também trata de alienações de bens (móveis e imóveis). O art. 17, entre outros assuntos, dispõe sobre a alienação de bens da Administração Pública, subordinada à existência de interesse público devidamente justificado, que **será precedida de avaliação** e obedecerá às seguintes normas:
Se imóveis, são exigidas:
✓ prévia autorização legislativa;
✓ subordinação à existência de interesse público devidamente justificado (motivação);
✓ avaliação prévia; e
✓ licitação na modalidade de concorrência (via de regra);
Se móveis, são requeridas:
✓ subordinação à existência de interesse público devidamente justificado (motivação);
✓ avaliação prévia; e
✓ licitação na modalidade de leilão (via de regra).
Dos requisitos acima, notamos:
- para a **alienação de bens móveis**, a autorização legislativa não se faz necessária;
- a modalidade utilizada, regra geral, para a alienação de bens móveis é o **Leilão**. Porém, para a venda de bens **móveis** avaliados, isolada ou globalmente, em quantia superior ao limite da modalidade de tomada de preços (R$ 650.000,00), a Administração não poderá utilizá-lo (**§ 6º do art. 17**), **restando à Administração usar a CONCORRÊNCIA**; e
- a modalidade regra para a alienação de bens **imóveis** é a **Concorrência**. Entretanto, de acordo com o art. 19 da Lei de Licitações, os bens imóveis da Administração Pública, cuja aquisição haja derivado de **procedimentos judiciais** ou de **dação em pagamento**, poderão ser alienados sob a modalidade de **concorrência ou leilão**. Chamamos atenção para o fato de que os imóveis ADQUIRIDOS PELA ADMINISTRAÇÃO POR PROCEDIMENTOS JUDICIAIS OU POR DAÇÃO EM PAGAMENTO PODEM SER ALIENADOS MEDIANTE ATO (decisão) DA AUTORIDADE COMPETENTE. Neste sentido, atente para os termos do art. 19 da Lei nº 8.666/1993, com destaques em negrito:

> Os bens imóveis da Administração Pública, cuja aquisição haja derivado de procedimentos judiciais ou de dação em pagamento, poderão ser alienados por **ato da autoridade competente**, observadas as seguintes regras:

Assim, NEM SEMPRE É NECESSÁRIA AUTORIZAÇÃO LEGISLATIVA PARA ALIENAÇÃO DE BENS IMÓVEIS POR PARTE DA ADMINISTRAÇÃO PÚBLICA, uma vez que estes tiverem sido adquiridos pela Administração Pública por DAÇÃO EM PAGAMENTO ou PROCEDIMENTOS JUDICIAIS não será necessária autorização legislativa para serem alienados.

Destaque-se, ainda, que prescinde (não é necessária) de **autorização legislativa** a venda de bens móveis ou imóveis **pelos entes paraestatais. Cuidado!** No contexto em que a lei foi feita, as entidades paraestatais eram as **empresas estatais** (empresas públicas e sociedades de economia mista) e **serviços sociais autônomos**.

Atenção: Muita (ou toda) cautela com nossa última observação! Só deve ser lembrada dentro de um item de **licitações**, isso porque a doutrina atualmente aponta que empresas estatais são entidades administrativas e empresariais (sociedades de economia mista e empresas públicas), portanto, inconfundíveis com as paraestatais (OS, Oscip, "Sistema S", e as entidades de apoio).

Agora, analisem-se os itens, para que sejam identificados os principais erros de cada um:

Letra **a**: ERRADA. O Estado não está dispensado do processo licitatório. É o contrário. Deverá realizá-lo.

Letra **b**: ERRADA. Releia o comando da questão. Veja que o imóvel havia sido adquirido por PROCEDIMENTO JUDICIAL. Então, poderá ser alienado por concorrência OU LEILÃO.

Letra **c**: ERRADA. Em primeiro lugar, como o imóvel havia sido adquirido por procedimento judicial, não era necessária autorização legislativa para ser alienado. Além disso, o pregão não pode, jamais, ser utilizado para alienação, já que a Lei regente de tal modalidade, a 10.520/2002, diz ser o pregão utilizável tão só para a AQUISIÇÃO de bens e serviços comuns (veja na legislação abaixo).

Letra **d**: **CERTA.** De fato, para a alienação de seus imóveis, o Poder Público deverá realizar avaliação prévia e procedimento licitatório, que pode adotar a modalidade leilão. Poderia ser adotada também a concorrência, destaque-se, mas nada impede o uso do Leilão, já que o imóvel foi adquirido por procedimento judicial.

Letra **e**: ERRADA. A Lei não coloca exceção como tal e, por isso, o item está ERRADO.

Legislação
Lei nº 10.520/2002

> Art. 1º. Para aquisição de bens e serviços comuns, poderá ser adotada a licitação na modalidade de pregão, que será regida por esta Lei.

Gabarito: Letra **d**.
Nível: **Médio**.

Questão 104 **(FCC – TCE-AP – Analista Jurídico – 2012) O Decreto-Lei nº 200/1967 constituiu um marco na reforma administrativa e estabeleceu como premissa para o exercício das atividades da Administração Pública Federal a descentralização, que deveria ser posta em prática:**
a) dentro da Administração Federal, mediante a distinção dos níveis de direção dos de execução; da Administração federal para as unidades federadas, mediante convênio, e para a órbita privada, mediante contratos ou concessões;
b) mediante delegação ampla de competências, na forma prevista em regulamento e desvinculada da supervisão ministerial;
c) com a criação de sociedades de economia mista, empresas públicas, autarquias e fundações, afastando a anterior descentralização feita por meio de concessão de serviços à iniciativa privada;
d) mediante, principalmente, a transferência de competências executivas e legislativas aos Estados e Municípios para o exercício de atividades de interesse comum e criação de sociedades de economia mista para exploração de atividade econômica;
e) por intermédio, principalmente, da criação de entidades de Direito Privado para a prestação de serviços públicos e exercício de atividade econômica, ligadas à União por contrato de concessão.

Tema: Desconcentração e Descentralização ς Organização Administrativa.

COMENTÁRIOS

Primeiro ponto: de fato, o Decreto Lei nº 200, de 1967 – DL nº 200 é importante na trajetória da Administração Pública Nacional. É considerado uma das reformas administrativas, junto com as reformas de 1936-37 (do Governo Vargas, de inspiração burocrática), 1988 (com a promulgação da CF/1988) e 1995 (com a edição do Plano Diretor da Reforma do Aparelho de Estado).

Entretanto, o DL nº 200 cuida da descentralização de modo diferente da atual (lembre que a norma é de 1967). A doutrina corrente diz que a descentralização se opera de três formas: com a criação de novos territórios federais, com a criação de novas entidades da Administração Indireta ou com a delegação de serviços públicos. Já o DL nº 200 afirma o seguinte (art. 10):

> § 1º. A descentralização será posta em prática em três planos principais:
> a) dentro dos quadros da Administração Federal, distinguindo-se claramente o nível de direção do de execução;
> b) da Administração Federal para a das unidades federadas, quando estejam devidamente aparelhadas e mediante convênio;
> c) da Administração Federal para a órbita privada, mediante contratos ou concessões.

Não há dúvida, portanto, que, DE ACORDO COM O DL Nº 200, está correta a letra **a**. Só que, como dito, a descentralização, na doutrina de hoje, significa outra coisa. Daí, nesse tipo de questão, preste atenção nisto, ok? A descentralização, no DL nº 200, tem outro sentido.

Gabarito: Letra **a**.
Nível: **Difícil**.

Questão 105   **(FCC – TCE-AP – Analista Jurídico – 2012)** A Administração promoveu determinado servidor, constando, *a posteriori*, que não estavam presentes, no caso concreto, os requisitos legais para a promoção. Diante desse cenário, o ato:

a) somente poderá ser anulado pela via judicial, em face do ato jurídico perfeito e do direito adquirido do servidor;
b) poderá ser anulado ou convalidado, de acordo com os critérios de conveniência e oportunidade, avaliando o interesse público envolvido;
c) não poderá ser anulado ou revogado, uma vez que operada a preclusão, exceto se comprovar má-fé do servidor, que tenha concorrido para a prática do ato;
d) deve ser anulado, desde que não decorrido o prazo decadencial previsto em lei;
e) poderá ser revogado, se ficar entendido que a promoção não atende o interesse público, vedada, contudo, a cobrança retroativa de diferenças salariais percebidas pelo servidor.

Tema: Convalidação (atos administrativos) – Formas de Desfazimento ou Retirada do Ato Administrativo (anulação, revogação, cassação, caducidade, contraposição) – Atos Administrativos.

COMENTÁRIOS

Se os requisitos legais para que algo se concretizasse não se faziam presentes, é hipótese de anulação de algo. Entretanto, para que isso ocorra (a anulação), não poderá ter incidido a decadência, que se dá em cinco anos, a contar da prática do ato (de acordo com a Lei nº 9.784/1999 – ver legislação abaixo). Por tudo, está correta a letra *d*. Comentários adicionais:

Letra a: ERRADA. A anulação de um ato administrativo não precisa ser feita somente no Judiciário. Pode ser feita, também, pela própria Administração, por conta do princípio da autotutela, consagrado na Súmula nº 473 do STF.

Letra b: ERRADA. Um ato que traga prejuízos ao interesse público não pode ser convalidado. É o caso da promoção em questão, já que o servidor passará a receber remuneração maior, e, com isso, gerando dano ao erário. Não há que se falar em convalidação, neste caso.

Letra c: ERRADA. Veja os comentários gerais, antes dos itens. Suficientes para levar à conclusão de que, se não operada a decadência, o ato poderá ser anulado.

Letra e: ERRADA. O caso é de anulação, pela ilegalidade ocorrida. Para que o ato pudesse ser revogado, não poderia se ter um ato contenedor de ilegalidade, mas sim um ato legítimo e eficaz, o qual, a partir de avaliação discricionária por parte da Administração, seria retirado do mundo jurídico.

Legislação
Lei nº 9.784/1999:

> Art. 54. O direito da Administração de anular os atos administrativos de que decorram efeitos favoráveis para os destinatários decai em cinco anos, contados da data em que foram praticados, salvo comprovada má-fé. (...)
> Art. 55. Em decisão na qual se evidencie não acarretarem lesão ao interesse público nem prejuízo a terceiros, os atos que apresentarem defeitos sanáveis poderão ser convalidados pela própria Administração.

Gabarito: Letra **d**.
Nível: **Fácil**.

Questão 106 **(FCC – TCE-AP – Analista Jurídico – 2012)** Paciente internado em hospital público estadual sofreu lesão ocasionada por conduta negligente de funcionário público que lhe prestou atendimento médico, resultando na sua incapacitação permanente para o trabalho. Diante dessas circunstâncias, o Estado, com base no disposto no art. 37, § 6º, da Constituição Federal:
a) poderá ser responsabilizado pelos danos sofridos pelo paciente somente após a condenação do funcionário público em processo disciplinar;
b) está obrigado a reparar o dano, podendo exercer o direito de regresso em face do funcionário desde que comprovada a atuação culposa do mesmo;
c) está obrigado, exclusivamente, a compensar o paciente pela incapacitação sofrida, com a concessão de benefício previdenciário por invalidez;

d) somente estará obrigado a reparar o dano se comprovada, em processo judicial, a conduta culposa do funcionário e o nexo de causalidade com o dano sofrido;

e) está obrigado a reparar o dano apenas se comprovada culpa grave ou conduta dolosa do funcionário, em processo administrativo instaurado para esse fim específico.

Tema: Responsabilidade por Atos Omissivos – Responsabilidade Civil do Estado.

COMENTÁRIOS

É de conhecimento mediano que a Administração Pública se responsabilizará pelos eventuais prejuízos causados a terceiros. A isso se chama "responsabilidade civil da Administração Pública", que, de modo geral, é objetiva, independendo da necessidade de comprovação de culpa.

Há diversos "casos especiais", na doutrina. Dentre estes, o relacionado a pessoas sob a guarda da Administração Pública. Conforme entendimentos jurisprudenciais, o Estado tem responsabilidade pelas pessoas sob sua **custódia e guarda**, tal como construído no comando da questão que se examina (internado em hospitais públicos). Nestas situações haverá a **responsabilidade objetiva do Estado**, mesmo que o prejuízo não decorra de ação direta de um agente do Poder Público, o qual, quando tiver o papel de garantidor da integridade de pessoas, responderá com base no § 6º, art. 37, da CF/1988, ou seja, de modo objetivo.

Por evidente, depois de o Estado ser condenado a indenizar o prejudicado, poderá acionar o agente causador direto do dano. E isso será feito por intermédio de uma ação própria, a regressiva, sendo assegurado pela CF tal procedimento (veja o § 6º, art. 37, da CF/1988, na legislação abaixo).

Legislação
CF/1988:

> § 6º. As pessoas jurídicas de Direito Público e as de Direito Privado prestadoras de serviços públicos responderão pelos danos que seus agentes, nessa qualidade, causarem a terceiros, assegurado o direito de regresso contra o responsável nos casos de dolo ou culpa.

Gabarito: Letra **b**.
Nível: Fácil.

Capítulo 12

TCE-AP – Prova de Técnico – 2012

Q.107. Leis Estaduais e Municipais (estatuto dos servidores) – Agentes Administrativos (servidores públicos estatais) – Agentes Públicos
Q.108. Sujeitos: ativo e passivo (Lei nº 8.429, arts. 1º a 8º) – Improbidade Administrativa (Lei 8.429/1992)
Q.109. Administração Indireta – Organização Administrativa
Q.110. Mérito Administrativo – Atos Administrativo
Q.111. Autorização, Permissão e Concessão (Serviços Públicos) – Serviços Públicos
Q.112. Administração Direta (órgãos públicos) – Organização Administrativa
Q.113. Poder Disciplinar – Poderes da Administração
Q.114. Dos atos de improbidade (Lei nº 8.249 – arts. 9º a 11) – Improbidade Administrativa (Lei nº 8.429/1992)

Questão 107   (FCC – TCE-AP – Técnico – 2012) Nos termos do Estatuto dos Servidores Públicos Civis do Estado do Amapá, considera-se como efetivo exercício o afastamento a título de:
a) exercício de cargo eletivo, salvo no caso de vereador, se houver compatibilidade de horários;
b) licença por motivo de doença em pessoa da família, desde que sem remuneração;
c) exercício de cargo em comissão em órgãos dos Poderes da União;
d) licença para tratamento da própria saúde, até o limite de trinta e seis meses;
e) missão ou estudo, no país ou exterior, quando o afastamento não for remunerado.

Tema: Leis Estaduais e Municipais (estatuto dos servidores) – Agentes Administrativos (servidores públicos estatais) – Agentes Públicos.

COMENTÁRIOS

A Lei amapaense nº 66/1993 estabelece o Regime Jurídico dos Servidores Públicos Civis do Estado, das Autarquias e Fundações Públicas daquele Estado. Dentre vários outros assuntos, a norma em questão estabelece a forma de cômputo de tempo de serviço dos servidores do Amapá. Veja, então, o que a norma referenciada diz, acerca de cada um dos itens tratados na questão:
Letra **a**: ERRADA. O art. 114 assim estabelece:

> § 1º. Em qualquer caso que exija o afastamento para o exercício de mandato eletivo, seu tempo de serviço será contado para todos os efeitos legais, exceto para promoção, progressão e licença – prêmio.

O exercício do mandato de vereador, portanto, deve ser computado como de efetivo exercício, pois a norma não o exclui. O item está errado, então.

Letra **b**: ERRADA. O que se conta como tempo de serviço é o período de licença por motivo de doença em pessoa da família, desde que COM remuneração (veja o inciso X do art. 118 abaixo).
Letra **c**: **CERTA**. Em conformidade com o inciso V do art. 118, apontado na legislação abaixo.
Letra **d**: ERRADA. O limite para que a licença para tratamento da própria saúde seja computada como tempo de serviço é de 24 (não 36) meses. Confira no inciso IX do art. 118 abaixo.
Letra **e**: ERRADA. Aqui, o examinador inverteu: o que conta como tempo de serviço é o período REMUNERADO de missão ou estudo, no país ou exterior. Veja no inciso XIII do art. 118 a seguir.

Legislação
Lei do Estado do Amapá nº 066/1993:

> Art. 118. Considera-se como efetivo exercício, além das ausências previstas no art. 114, o afastamento por:
> (...)
> V – exercício de cargo em comissão ou função de confiança, em órgão ou entidade dos Poderes da União, dos Estados e dos Municípios;
> (...)
> IX – licença para tratamento da própria saúde até o limite máximo de 24 (vinte e quatro) meses;
> (...)
> X – licença por motivo de doença em pessoa da família, enquanto remunerado;
> (...)
> XIII – missão ou estudo no país ou no exterior, quando o afastamento for remunerado;

Gabarito: Letra **c**.
Nível: Fácil.

Questão 108 **(FCC – TCE-AP – Técnico – 2012) Estão sujeitos às penalidades previstas na Lei de Improbidade Administrativa:**
a) agentes públicos, assim entendidos apenas aqueles detentores de mandato eletivo e seus auxiliares diretos;
b) ocupantes de cargo, função ou emprego público, exclusivamente;
c) agentes públicos e detentores de mandato eletivo, exclusivamente;
d) servidores públicos e particulares, desde que ligados ao Poder Público por vínculo contratual;
e) agentes públicos e particulares que se beneficiem de forma direta ou indireta do ato de improbidade.

Tema: Sujeitos: ativo e passivo (Lei nº 8.429, arts. 1º a 8º) – Improbidade Administrativa (Lei nº 8.429/1992).

COMENTÁRIOS

Para responder a questão, veja o que diz a Lei nº 8.429/1992, de improbidade administrativa, acerca da definição do conceito de agente público:

> Art. 2º. Reputa-se agente público, para os efeitos desta lei, todo aquele que exerce, ainda que transitoriamente ou sem remuneração, por eleição, nomeação, designação, contratação ou qualquer outra forma de investidura ou vínculo, mandato, cargo, emprego ou função nas entidades mencionadas no art. anterior.
>
> Art. 3º. As disposições desta lei são aplicáveis, no que couber, àquele que, mesmo não sendo agente público, induza ou concorra para a prática do ato de improbidade ou dele se beneficie sob qualquer forma direta ou indireta.

Veja que o art. 3º diz, com outras palavras, que particulares que não sejam agentes públicos podem ser responsabilizados por atos de improbidade, desde que induzam ou concorram para a prática do ato de improbidade ou dele se beneficiem sob qualquer forma direta ou indireta. Por isso, está CERTA a letra **e**.

Gabarito: Letra **e**.
Nível: **Fácil**.

Questão 109 (FCC – TCE-AP – Técnico – 2012) O Estado pretende criar entidade dotada de autonomia, integrante da Administração Indireta, para exercer atividade de natureza econômica, com a participação de entidade privada na constituição do correspondente capital social.
Atende a tal objetivo:
a) uma empresa pública;
b) uma sociedade de economia mista;
c) uma Parceria Público-Privada;
d) um consórcio público;
e) uma Organização Social – OS.

Tema: Administração Indireta – Organização Administrativa.

COMENTÁRIOS

As Sociedades de Economia Mista – SEM também são definidas pelo multicitado DL nº 200/1967 como:

> Entidade dotada de personalidade jurídica de Direito Privado, criada por lei para a exploração de atividade econômica, sob a forma de sociedade anônima, cujas ações com direito a voto pertençam, em sua maioria, à União ou a entidade da administração indireta.

Assim como a empresa pública, a SEM é uma empresa estatal, ou seja, integrante da Administração Indireta. Todavia, a diferença (dentre outras) da empresa mista para a pública é que nas mistas FEDERAIS exige-se que a maioria das ações com DIREITO A VOTO (em regra: ações ordinárias) fique com a União, MAS SEM A NECESSIDADE DE A INTEGRALIDADE DO CAPITAL SER PÚBLICO, como é exigido no caso da empresa pública. Desse modo, como o comando da questão fala de participação de entidade privada na constituição do capital social, fica descartada a letra **a**, já que empresas públicas SÓ SERÃO FORMADAS POR CAPITAL PÚBLICO.

Já as Parcerias Público-Privadas não integram a Administração. Na realidade, tais parcerias são forma especial de CONCESSÃO DE SERVIÇOS PÚBLICOS, regidas por uma norma própria (A Lei nº 11.079/2004).

A letra **d** fala dos consórcios públicos, tratados pela Lei nº 11.107/2005. Tais consórcios, desde que dotados de personalidade jurídica de Direito Público, integram a Administração Indireta. Mas vamos entender um pouco mais esse assunto.

A figura dos consórcios públicos encontra-se expressamente mencionada no texto da atual Constituição Federal. A bem do esclarecimento, veja-se o que diz o art. 241 do texto da Carta Magna, que assim dispõe:

> A União, os estados, o Distrito Federal e os municípios disciplinarão por meio de lei os **consórcios públicos** e os convênios de cooperação entre os entes federados, autorizando a **gestão associada de serviços públicos**, bem como a transferência total ou parcial de encargos, serviços, pessoal e bens essenciais à continuidade dos serviços transferidos.

Os grifos feitos ao original são para destacar qual a razão de ser dessa "nova figura" dos consórcios públicos: a prestação de serviços públicos de forma associada.

Regulamentando o art. 241 da CF/1988, a Lei nº 11.107/2005 deu a possibilidade de criação de consórcios públicos dotados de personalidade jurídica de Direito Público ou de Direito Privado. No 1º caso (de Direito Público), os consórcios são denominados de "Associações Públicas" (§ 1º do art. 6º da Lei nº 11.107/2005), e integrarão a Administração Indireta de todos os entes da Federação consorciados.

Os consórcios públicos DE DIREITO PÚBLICO são apontados pela (ainda escassa) doutrina como verdadeiras AUTARQUIAS, de caráter interfederativo, uma vez que conta com a participação de diversos entes da Federação. Os consórcios públicos criados na forma aqui explicitada integram, como já dito, a Administração Indireta de todos os entes consorciados, ou seja, de todos os municípios, estados, DF e União, conforme o caso, que participem do consórcio. Feitos os esclarecimentos quanto ao consórcio público de Direito Público, fica a pergunta: E os consórcios públicos de Direito Privado, onde se colocam? Não integram a Administração Indireta?

Resposta: A LEGISLAÇÃO É OMISSA QUANTO AOS CONSÓRCIOS PÚBLICOS DE DIREITO PRIVADO, PASMEM! SIMPLESMENTE APONTA QUE ELES PODEM SER CRIADOS, MAS NÃO DÁ SOLUÇÃO QUANTO À SUA LOCALIZAÇÃO. Mas, então, pela Lei nº 11.107, **SÓ OS CONSÓRCIOS PÚBLICOS DE DIREITO PÚBLICO INTEGRAM A ADMINISTRAÇÃO INDIRETA DOS ENTES FEDERATIVOS QUE FIZEREM PARTE DO CONSÓRCIO.**

De qualquer modo, o capital dos consórcios públicos é integralmente público, já que se trata de verdadeiras autarquias. Descartada, portanto, a letra **d**.

Por fim, na letra **e** fala-se da Organização Social, vulgarmente conhecidas como OS, que são instituições do Terceiro Setor, regidas pela Lei nº 9.637/1998. Em suma, entidades que não integram a Administração.

Por tudo, chega-se ao gabarito, letra **b**.

Gabarito: Letra **b**.

Nível: **Fácil**.

Questão 110   (FCC – TCE-AP – Técnico – 2012) O denominado "mérito" do ato administrativo discricionário corresponde:

a) ao espaço de liberdade de ação da Administração, no que diz respeito à motivação, finalidade e competência para a prática do ato;
b) à análise de adequação do ato com os requisitos de validade previstos em lei;
c) à avaliação de eficácia e efetividade da ação da Administração em face da situação concreta;
d) às razões de conveniência e oportunidade levadas em conta pela Administração para a sua edição;
e) aos aspectos passíveis de controle pelo Poder Judiciário, que pode anular o ato que não atenda à conveniência administrativa.

Tema: Mérito Administrativo – Atos Administrativo.

COMENTÁRIOS

O mérito administrativo corresponde à liberdade (com limites) de a autoridade administrativa escolher determinado comportamento e praticar o ato administrativo correspondente, referindo-se ao juízo de valor sobre a conveniência e a oportunidade da prática de tal ato. Chegou-se, então, ao gabarito da questão – letra d. Mas, por oportuno, prossiga-se falando um pouco mais sobre o assunto.

Em decorrência do mérito administrativo, a Administração pode decidir ou atuar valorando internamente as consequências ou vantagens do ato, traduzindo-se, pois, na *valoração dos motivos e na escolha do objeto do ato, feitas pela Administração incumbida de sua prática, quando autorizada a decidir sobre a conveniência, oportunidade e justiça do ato a realizar*. Em síntese, o mérito administrativo poderia ser definido como uma espécie de liberdade administrativa, a qual, contudo, não é ilimitada.

De fato, a liberdade dada ao administrador público para tomar determinadas decisões não pode ser entendida como arbítrio, ou seja, irrestrita liberdade, dado que A LEI, direta ou indiretamente, sempre constitui limite ao exercido da atividade administrativa.

Por consequência da definição de mérito, observa-se que este é ligado estreitamente ao **ato discricionário**, assim entendido como aquele ato em que há liberdade, margem de flexibilidade de atuação, conferida legalmente à Administração, a qual sempre terá limites. Para que fique mais fácil: o ato é discricionário quando há pelo menos duas alternativas juridicamente válidas para sua produção, encontrando-se a Administração Pública apta a valorar entre ambas, ou seja, tem pelo menos duas saídas jurídicas.

Lembre-se que a CF/1988 consagra a separação (não absoluta) das funções de Estado, quando trata da independência dos Poderes, em seu art. 2º. Nesse sentido, é clássica a afirmativa de que **não cabe ao Judiciário rever os critérios adotados pelo administrador**, a não ser que sob a rotulação de mérito administrativo encontre-se inserida qualquer ilegalidade resultante de abuso ou desvio de poder ou, ainda, falta de proporcionalidade, de razoabilidade, de adequação entre os meios utilizados para os fins que a Administração deseja alcançar. De fato, não fosse assim, seria melhor o juiz (o Poder Judiciário) substituir o administrador, assumindo o papel deste. Caberia ao Judiciário, por exemplo, determinar por onde passará o ônibus e quais serão suas paradas, **o que é impensável**.

Todavia, a doutrina mais moderna tem apontado ser cada vez menor a discricionariedade da Administração, em razão da ampliação dos fundamentos permissivos do controle judicial dos atos administrativos. Embora permaneça válido, para fins de concurso, que ao Poder Judiciário não é dado o exame do mérito do ato administrativo, nota-se, atualmente, forte tendência a reduzir-se o espaço entre a legalidade e o mérito, admitindo-se a apreciação judicial sobre a legalidade da discricionariedade e dos limites de opção do agente administrativo, sobremodo em face dos novos princípios diretores da atividade administrativa e de teorias que permitem a aferição da LEGALIDADE do ato discricionário.

Princípios como os da razoabilidade e da proporcionalidade e as teorias como dos motivos determinantes e do desvio de finalidade estreitam, cada vez mais, a faixa de liberdade concedida à Administração Pública, enfim, o denominado mérito administrativo.

Assim, pode-se afirmar que o controle judicial com relação aos atos da Administração, em especial, os discricionários, é cada vez mais amplo, sobretudo se o administrador alegar uma suposta discricionariedade para praticar atos desviados de sua finalidade, qual seja, o interesse público.

Muito bem. Feita a revisão teórica do assunto, analisem-se os demais itens para que se verifiquem os erros.

Letra **a**: ERRADA. Relembrando os elementos dos atos administrativos – COMPETÊNCIA, FINALIDADE, FORMA, MOTIVO E OBJETO. Destes, os três primeiros SEMPRE serão vinculados (predeterminados pelas normas). Assim, não há que se falar em "liberdade" para a Administração quanto aos elementos competência e finalidade, tal qual diz o item, que está errado, por conseguinte. No que se refere à motivação do ato, que, em linhas gerais, significa declinar as razões que levaram à prática deste, quase sempre é necessária, já que, além de ser um princípio dos processos administrativos (veja o art. 2º da Lei nº 9.784/1999, abaixo), permitirá o controle das razões que levaram à produção de um ato. Entretanto, como dito, QUASE SEMPRE a motivação é necessária, sendo raros os casos em que tal é facultativa.

Letra **b**: ERRADA. A análise da validade dos atos administrativos diz respeito à LEGALIDADE, não ao mérito de tais atos.

Letra **c**: ERRADA. Eficácia e efetividade da ação da Administração em face da situação concreta dizem respeito aos resultados da ação pública. Não é bem o conceito

de mérito dado pela doutrina, que diz respeito à análise de conveniência e oportunidade, como vimos ainda há pouco.
Letra **e**: ERRADA. Como dito, ao Poder Judiciário não é dado o exame do mérito do ato administrativo. Quando o Judiciário aprecia um ato administrativo, analisa aspectos de LEGALIDADE, não de mérito.

Legislação
Lei nº 9.784/1999:

> Art. 2º. A Administração Pública obedecerá, dentre outros, aos princípios da legalidade, finalidade, **motivação**, razoabilidade, proporcionalidade, moralidade, ampla defesa, contraditório, segurança jurídica, interesse público e eficiência.

Gabarito: Letra **d**.
Nível: **Fácil**.

Questão 111   (FCC – TCE-AP – Técnico – 2012) Os serviços públicos:
a) não são passíveis de exploração por particulares, exceto os denominados serviços públicos impróprios;
b) somente podem ser prestados por entidades públicas ou privadas sem fins lucrativos;c) constituem obrigação do Poder Público, que pode prestá-los diretamente ou mediante concessão ou permissão a particular, precedida de licitação;
d) podem ter a sua titularidade transferida a particular, mediante concessão, precedida de autorização legislativa específica;
e) devem ser prestados pelo Poder Público, exclusivamente, podendo ser delegados a entidade integrante da Administração Indireta criada para esse fim.

Tema: Autorização, Permissão e Concessão (Serviços Públicos) – Serviços Públicos.

COMENTÁRIOS

Relembre o que a CF diz a respeito dos serviços públicos, no art. 175:

> Art. 175. Incumbe ao Poder Público, na forma da lei, diretamente ou sob regime de concessão ou permissão, sempre através de licitação, a prestação de serviços públicos.

Perceba que, pela CF, o serviço público pode ser prestado tanto pelo Poder Público quanto por particulares (por concessão ou permissão). No último caso (serviço público prestado por particular), necessário que haja licitação. Por tudo, CORRETA a letra c. Alguns comentários adicionais com relação aos demais itens:
Letra **a**: ERRADA. Como já dito, nada impede que serviços públicos sejam "explorados" por particulares. Na realidade, lembre-se que, *stricto sensu*, serviços públicos devem ser prestados, não explorados.
No que se refere aos serviços públicos **impróprios**, a doutrina aponta que, embora atendam necessidades coletivas, não são de titularidade do Estado e nem

por ele executados. Porém, não refogem ao poder de polícia estatal, visto que devem ser **autorizados**, **regulamentados** e **fiscalizados**. Não deixam de ser, portanto, **verdadeiras atividades privadas, controladas pelo Estado.**

Ainda para a doutrina, boa parte considera que os serviços impróprios sequer deveriam ser reconhecidos como serviço público, em sentido jurídico estrito, já que, no fim das contas, teriam muito mais feição de atividade econômica. Como exemplos de tais serviços, podem ser citados: os prestados por instituições financeiras e os de seguro e previdência privada. Então, nesse aspecto não há erro em dizer que os serviços impróprios podem ser prestados por particulares. O problema do item, como visto, foi sua primeira parte.

Letra **b**: ERRADA. Viu-se, e é um tanto evidente, que entidades públicas podem prestar serviços públicos. Entretanto, os particulares que se responsabilizam por tal atividade (serviços públicos), intencionam, sem nenhum problema, o lucro. Ademais, os entes desprovidos de fins lucrativos, tal como uma Organização Social, não são exatamente prestadores de serviços públicos, pois as atividades que exercem, a despeito de serem de interesse público, não são objeto de delegação.

Letra **d**: ERRADA. Veja, pelo *caput* do art. 175 da CF, que o Poder Público SEMPRE é o titular dos serviços públicos. De fato, como o dispositivo mencionado diz que o Poder Público tem a incumbência de prestar o serviço público, por mais que delegue, delegará tão só a EXECUÇÃO da atividade a um particular, que jamais poderá ser titular de tal serviço, ante o que estabelece o texto constitucional.

Letra **e**: ERRADA. Como dito: o Poder Público pode repassar a particulares a EXECUÇÃO (nunca a titularidade!) dos serviços públicos a particulares. Não há necessidade, portanto, de que o serviço público seja repassado tal só a entidades da Indireta.

Gabarito: Letra **c**.
Nível: **Fácil**.

Questão 112 (FCC – TCE-AP – Técnico – 2012) O Estado pretende efetuar reorganização administrativa, desmembrando determinados órgãos da Administração Direta, extinguindo cargos vagos e realocando atribuições, tendo como premissa o não incremento de despesa. De acordo com a Constituição Federal, a referida reorganização deverá ser feita por:

a) lei, obrigatoriamente em face do princípio da legalidade a que se submete a Administração Pública;
b) decreto, eis que a matéria de organização e funcionamento da Administração não se sujeita à reserva legal;
c) decreto, precedido, necessariamente, de lei autorizativa delegando competência ao Chefe do Executivo para dispor sobre a matéria;
d) contrato de gestão, precedido de decreto estabelecendo os indicadores de qualidade e as metas de melhoria dos serviços;
e) contrato de gestão, precedido de lei autorizativa, com eficácia apenas para o próximo exercício orçamentário.

Tema: Administração Direta (órgãos públicos) – Organização Administrativa.

COMENTÁRIOS

Questão interessante. Para resolvê-la, primeiro leia o dispositivo abaixo, extraído da CF:

> Art. 84. Compete privativamente ao Presidente da República:
> (...)
> VI – dispor, mediante decreto, sobre:
> a) organização e funcionamento da administração federal, quando não implicar aumento de despesa nem criação ou extinção de órgãos públicos;

Inequívoco, portanto, que é possível o Chefe do Executivo, no caso federal, o Presidente da República, tratar da organização e funcionamento da Administração por intermédio de Decreto, que a doutrina chama de "autônomo", para indicar que tal ato é diferente dos Decretos ditos "regulamentares", constantes do inciso IV, do art. 84, da CF (veja legislação abaixo). Estes últimos vêm a "explicar melhor" o conteúdo de uma Lei, sendo em razão delas (leis) editados.

O que pode causar certa dúvida, na questão, é que se diz que alguns órgãos seriam "desmembrados". O examinador, corretamente, entendeu que isto não se encontra na proibição da CF de criação/extinção de órgãos, matéria, portanto, que se reservaria à Lei. De fato, o desmembramento de um órgão é a repartição deste em dois ou mais. Não um novo órgão, mas o mesmo, agora fracionado. Por isso, CORRETA a letra **b**, já que fracionar (dividir) um órgão já existente não significa a criação de um novo.

Uma última observação, aproveitando que os itens **d** e **e** falam dos contratos de gestão, que é uma das mais importantes figuras de nosso processo de reforma administrativa. Primeiramente, observe o que a CF/1988 diz a respeito. Assim dispõe o § 8º do art. 37:

> A autonomia gerencial, orçamentária e financeira dos órgãos e entidades da administração direta e indireta poderá ser ampliada mediante contrato, a ser firmado entre seus administradores e o Poder Público, que tenha por objeto a fixação de metas de desempenho para o órgão ou entidade, cabendo à lei dispor sobre:
> I – o prazo de duração do contrato;
> II – os controles e critérios de avaliação de desempenho, direitos, obrigações e responsabilidade dos dirigentes;
> III – a remuneração do pessoal.

Algumas observações podem e merecem ser feitas:

I. A CF/1988 não menciona no dispositivo citado contrato DE GESTÃO, mas tão só contrato. Contudo, quis referir-se aos contratos de gestão, conforme ensina a doutrina. Certamente, até mesmo em razão de experiências anteriores à atual redação do § 8º, do art. 37, da CF/1988, com redação pela Emenda Constitucional nº 19/1998, conhecida como "Reforma Administrativa".

De fato, os primeiros contratos de gestão foram firmados com a ex-estatal Companhia Vale do Rio Doce – CVRD e com a Petrobras, em razão do que dispunha o Decreto nº 137, de 27/5/1991, que instituiu o Programa de Gestão das Empresas Estatais. Contudo, ante a falta de previsão legal, o Tribunal de Contas impugnou os referidos acordos. Daí a alteração constitucional, para tentar equacionar a questão.

II. Outra questão importante diz respeito à assinatura do contrato de gestão entre órgãos, o que foi (e ainda é) bastante criticado pela doutrina. Como poderiam os órgãos firmar contratos, uma vez que destituídos de personalidade própria? A explicação é que esses (pseudo) contratos se conformam mais a uma forma de ajuste, um acordo, pela melhoria da gestão pública. O nome dado ao instituto é que é muito ruim. Explique-se.

O contrato de gestão, na realidade, é tão somente um pacto firmado pela Administração Pública (acordo-programa), por intermédio de um órgão supervisor com outro órgão ou entidade Administrativa. Por intermédio do acordo, estabelecem-se indicadores, metas, a serem atingidas, ao passo que se garante ao órgão/entidade beneficiário recursos para atingimento dos resultados pretendidos. Diante o fato de ser um pacto em que os partícipes buscam interesses paralelos, mútuos, a doutrina, e mesmo a jurisprudência do STF (ADI nº 1923) costuma aproximar os contratos de gestão aos convênios.

Mas, voltando ao comando da questão: não é o contrato de gestão que promoverá tal reestrutação, já que não que não há previsão constitucional ou legal para tanto.

Legislação:

> Art. 84. Compete privativamente ao Presidente da República:
> (...)
> IV – sancionar, promulgar e fazer publicar as leis, bem como expedir decretos e regulamentos para sua fiel execução;

Gabarito: Letra **b**.
Nível: **Médio**.

Questão 113   (FCC – TCE-AP – Técnico – 2012) Submetem-se ao poder disciplinar da Administração:
a) servidores submetidos ao regime estatutário e servidores ocupantes de emprego público.
b) funcionários públicos, exclusivamente;
c) particulares que atuam em setores considerados de interesse público;
d) as entidades da Administração Indireta, em face da tutela exercida pelo ente instituidor;
e) os administrados, em face do poder da Administração de limitar a atuação privada em prol do interesse coletivo.

Tema: Poder Disciplinar – Poderes da Administração.

COMENTÁRIOS

O Poder Disciplinar, que é de ordem interna à Administração, decorre, em boa medida, do escalonamento hierárquico verificado no exercício da atividade administrativa. Com efeito, se ao superior é dado o poder de fiscalizar os atos dos subordinados, nada mais lógico que, em verificando o descumprimento de ordens ou normas, tenha a possibilidade de impor as devidas sanções que a conduta infratora exija.

Nesse quadro, parte da doutrina entende que o Poder Disciplinar seria uma faculdade de sancionar, no âmbito interno da Administração Pública, as infrações funcionais dos servidores e demais pessoas sujeitas à disciplina dos órgãos e serviços da Administração.

Entretanto, chame-se atenção para o fato de que PARTICULARES também podem se submeter às vias do Poder Disciplinar. É o caso, por exemplo, dos que firmam contratos com a Administração Pública, os quais estarão submetidos às sanções disciplinares pelo vínculo estabelecido por meio do instrumento contratual (o contrato cria um vínculo "especial" do contratado, que permite à Administração lançar mão de seu Poder Disciplinar).

Nesse sentido, o art. 87 da Lei nº 8.666/1993, por exemplo, fixa penas que podem ser aplicadas aos contratados, pelo descumprimento de suas obrigações. Claro que, para tanto, as sanções devem estar previstas no contrato firmado, sobretudo especificando as infrações puníveis. Mas isso demonstra que particulares, desde que tenham algum tipo de "vínculo diferenciado" com a Administração Pública, também se submetem ao Poder Disciplinar.

Muito bem. Depois de toda essa exposição, analisem-se os itens.

Letra **a**: **CERTA**. Alguns candidatos certamente devem ter desconfiado da expressão "servidores ocupantes de emprego público". Alguns doutrinadores, tal como a Professora Maria Sylvia di Pietro, por exemplo, usam tal expressão. Por tal linha, todos aqueles que exercem atribuições administrativas públicas são servidores. Neste contexto, são servidores públicos os que ocupam cargos efetivos; os comissionados; os temporários; e, como diz o item, os empregados públicos, que está correto, portanto.

Letra **b**: ERRADA. O conceito (arcaico) de "funcionário público" é dado pelo Código Penal. Veja:

> Art. 327. Considera-se funcionário público, **para os efeitos penais**, quem, embora transitoriamente ou sem remuneração, exerce cargo, emprego ou função pública.

Em primeiro lugar, note, na parte negritada acima, que a norma é clara: tal conceito de funcionário público é para fins PENAIS. Desta forma, não serve para toda circunstância. E, voltando ao item: como explicado, o Poder Disciplinar pode atingir particulares, desde que possuam um vínculo específico. Como o item diz que tal Poder abarca exclusivamente funcionários públicos, está ERRADO.

Letra **c**: ERRADA. Como já explicado, alguns particulares se submetem ao Poder Disciplinar, MAS DESDE QUE POSSUAM ALGUM TIPO DE VÍNCULO DIFERENCIADO JUNTO À ADMINISTRAÇÃO. O item não diz isso, e, portanto, está ERRADO.

Letra **d**: ERRADA. De acordo com o princípio da tutela, não há subordinação entre as entidades da Indireta e os órgãos da Administração Direta, que lhe fazem supervisão. Na realidade, tal vínculo é do tipo não hierárquico, desprovido de aspectos de subordinação.

Letra **e**: ERRADA. A descrição do item se refere ao Poder de POLÍCIA, não ao Disciplinar.

Gabarito: Letra a.
Nível: **Médio**.

Questão 114 (FCC – TCE-AP – Técnico – 2012) De acordo com a Lei nº 8.429/1992, configuram atos de improbidade administrativa:
a) os que causem dano ao erário, exclusivamente;
b) os que causem, sempre cumulativamente, dano ao erário e enriquecimento ilícito;
c) também aqueles que atentem contra os princípios da Administração pública, ainda que não causem dano ao erário;
d) apenas os que configuram crimes contra a Administração, na forma prevista na legislação penal;
e) os que causem, sempre cumulativamente, dano ao erário, enriquecimento ilícito e violação aos princípios da Administração.

Tema: Dos Atos de Improbidade (Lei nº 8.249, arts. 9º a 11) – Improbidade Administrativa (Lei nº 8.429/1992).

COMENTÁRIOS

Há três espécies de atos de improbidade, em conformidade com a Lei nº 8.429/1992 (Lei de Improbidade Administrativa): os que importam enriquecimento ilícito (art. 9º), os que geram prejuízos ao erário (art. 10) e os que atentam contra princípios da Administração Pública (art. 11). Apenas com tal informação, eliminamos a letra **a**.

No enriquecimento ilícito, tem-se que o ímprobo recebe algum tipo de vantagem INDEVIDA em razão do exercício de cargo, mandato, função, emprego públicos. Isso nem sempre importará dano ao erário. Por exemplo, um servidor intermedia a liberação de verba pública em um ministério, para liberação a uma prefeitura do interior do país. Por isso, recebe uma "ponta" do prefeito. Houve, efetivamente, enriquecimento sem causa (ilícito), já que o papel dos servidores é prestar o atendimento necessário ao melhor cumprimento dos interesses públicos. Entretanto, não houve prejuízo ao erário, na prática. Assim, não são cumulativas as situações — é possível o cometimento de ato de improbidade, por dano ao erário, mesmo que não haja enriquecimento ilícito e vice-versa. ERRADA a letra **b**, portanto. Outro ponto importante: o ato de improbidade, em si, não é necessariamente um crime. Veja o que diz o § 4º, do art. 37, da CF:

> § 4º. Os **atos** de improbidade administrativa importarão a suspensão dos direitos políticos, a perda da função pública, a indisponibilidade dos bens e o ressarcimento ao erário, na forma e gradação previstas em lei, **sem prejuízo da ação penal cabível**.

Perceba, no negrito, que a CF menciona ATOS de improbidade (não crimes). E mais: na parte final ainda diz: **sem prejuízo da ação penal cabível**. É como se o legislador constituinte dissesse: *olha, o ato de improbidade pode implicar, também, uma ação de natureza penal, para que o ímprobo responda também nessa esfera (penal).* Mas, notadamente, caso o constituinte quisesse tratar da improbidade como crime, teria dito isso na CF, não é? Enfim, nem sempre o ato de improbidade importará um crime, muito menos necessariamente contra a Administração. Por isso, ERRADA também a letra d.

Na letra **e**, vale aproveitar os comentários anteriores: não é necessário que o ato que vá ser enquadrado como de improbidade cause, cumulativamente, dano ao erário, enriquecimento ilícito e violação aos princípios da Administração. Basta que se enquadre em uma dessas três hipóteses para que o infrator responda pela conduta ilícita.

Por exclusão, chegou-se ao gabarito da questão – letra c; afinal certos atos podem ser enquadrados como de improbidade, ainda que não causem dano ao erário ou mesmo que não gerem enriquecimento ilícito. Basta, para tanto, que atentem contra os princípios da Administração Pública.

Gabarito: Letra **c**.
Nível: **Médio**.

Capítulo 13

TRE – Prova de Técnico – Área de Tecnologia – 2012

Q.115. Remoção, Redistribuição e Substituição (Lei nº 8.112 – arts. 36 a 39) – Lei nº 8.112/1990 (lei federal) – Agentes Administrativos (servidores públicos estatais) – Agentes Públicos

Q.116. Das Indenizações (Lei nº 8.112 – arts. 51 a 60) – Lei nº 8.112/1990 (lei federal) – Agentes Administrativos (servidores públicos estatais) – Agentes Públicos

Q.117. Do Regime Disciplinar (Lei nº 8.112 – arts. 116 a 142) – Lei nº 8.112/1990 (lei federal) – Agentes Administrativos (servidores públicos estatais) – Agentes Públicos

Q.118. Formas de Provimento (Lei nº 8.112 – arts. 5º a 32) – Lei nº 8.112/1990 (lei federal) – Agentes Administrativos (servidores públicos estatais) – Agentes Públicos

Q.119. Do Processo Administrativo Disciplinar (Lei nº 8.112 – arts. 143 a 182) – Lei nº 8.112/1990 (lei federal) – Agentes Administrativos (servidores públicos estatais) – Agentes Públicos

Q.120. Das Licenças, Afastamentos e Concessões (Lei nº 8.112 – arts. 81 a 99) – Lei nº 8.112/1990 (lei federal) – Agentes Administrativos (servidores públicos estatais) – Agentes Públicos

Q.121. Vencimento e Remuneração (Lei nº 8.112 – arts. 40 a 50) – Lei nº 8.112/1990 (lei federal) – Agentes Administrativos (servidores públicos estatais) – Agentes Públicos

Q.122. Das Licenças, Afastamentos e Concessões (Lei nº 8.112 – arts. 81 a 99) – Lei nº 8.112/1990 (lei federal) – Agentes Administrativos (servidores públicos estatais) – Agentes Públicos

Q.123. Lei nº 11.416, de 2006 (Lei dos Servidores do Poder Judiciário da União) – Agentes Administrativos (servidores públicos estatais) – Agentes Públicos

Q.124. Lei nº 11.416, de 2006 (Lei dos Servidores do Poder Judiciário da União) – Agentes Administrativos (servidores públicos estatais) – Agentes Públicos

Instrução: Para responder às questões, considere a Lei nº 8.112/1990 – TRE-SP.

Questão 115   (FCC – TRE – Técnico-SP – 2012) Tiago ocupa cargo de direção em Tribunal Regional Eleitoral, estando atualmente em gozo de férias. Para tanto, seus substitutos devem ser indicados:
a) por deliberação do Plenário, ou na falta desta, previamente designados pela Corregedoria do Tribunal;
b) no anexo da lei que dispõe sobre as carreiras dos servidores do Poder Judiciário da União ou designados pela diretoria competente;
c) em ato do Presidente do Tribunal ou, em caso de omissão, assumirão como substitutos os servidores mais antigos do órgão;
d) no regimento interno ou, no caso de omissão, previamente designados pelo Presidente do Tribunal;
e) em ato do diretor-geral, e, na falta deste, será observada a substituição automática regulamentar.

Tema: Remoção, Redistribuição e Substituição (Lei nº 8.112, arts. 36 a 39) – Lei nº 8.112/1990 (lei federal) – Agentes Administrativos (servidores públicos estatais) – Agentes Públicos.

COMENTÁRIOS

Veja o que diz a Lei nº 8.112 a respeito das chefias e de seus substitutos:

> Art. 38. Os servidores investidos em cargo ou função de direção ou chefia e os ocupantes de cargo de Natureza Especial terão substitutos indicados no regimento interno ou, no caso de omissão, previamente designados pelo dirigente máximo do órgão ou entidade.

Observe que os chefes devem ter substitutos designados nos regimentos internos das instituições públicas. Caso omissa tal norma, o substituto da chefia deve ser designado pela maior autoridade da instituição nomeante, que, no caso do TRE, será seu presidente. Por isso, CORRETA a letra **d**.

Gabarito: Letra **d**.
Nível: **Fácil**.

Questão 116 (FCC – TRE – Técnico-SP – 2012) Celso, servidor público federal em São Paulo, foi designado para prestar serviço no Rio de Janeiro, com afastamento em caráter eventual. No caso, o servidor terá despesas extraordinárias, entre outras, com pousada. Esse deslocamento ocorre por força de alteração de lotação. Assim, essas despesas serão ressarcidas com a concessão de:

a) diárias;
b) auxílio-moradia;
c) ajuda de custo;
d) indenização de transporte;
e) gratificação por serviços extraordinários.

Tema: Das Indenizações (Lei nº 8.112, arts. 51 a 60) – Lei nº 8.112/1990 (lei federal) – Agentes Administrativos (servidores públicos estatais) – Agentes Públicos.

COMENTÁRIOS

No caso de deslocamento eventual, em nome da Administração, o servidor fará jus a diárias, para cobrir as despesas extraordinárias advindas da viagem. Ressalte-se que as diárias constituem uma indenização, ou seja, uma espécie de ressarcimento, o qual não será incorporado à remuneração do servidor, para nenhum efeito (veja a legislação abaixo).

Legislação:

> Art. 49. Além do vencimento, poderão ser pagas ao servidor as seguintes vantagens:
> I – indenizações;
> § 1º. As indenizações não se incorporam ao vencimento ou provento para qualquer efeito.
> Art. 51. Constituem indenizações ao servidor:
> I – ajuda de custo;
> II – diárias;

Art. 58. O servidor que, a serviço, afastar-se da sede em caráter eventual ou transitório para outro ponto do território nacional ou para o exterior, fará jus a passagens e diárias destinadas a indenizar as parcelas de despesas extraordinária com pousada, alimentação e locomoção urbana, conforme dispuser em regulamento.

Gabarito: Letra **a**.
Nível: **Fácil**.

Questão 117   **(FCC – TRE – Técnico-SP – 2012)** Gilmar, não ocupante de cargo efetivo, exerce cargo em comissão na Administração Pública Federal. Tendo praticado infração disciplinar, Gilmar foi exonerado a juízo da autoridade competente. Porém, constatou-se que a referida infração estava sujeita à penalidade de suspensão. Nesse caso, a exoneração de Gilmar:

a) ficará mantida por ter ocorrido sua consumação administrativa;
b) será convertida em destituição de cargo em comissão;
c) será convertida em pena de demissão, a bem do serviço público;
d) tornar-se-á insubsistente para que, previamente, cumpra a pena de suspensão;
e) o impedirá de prestar serviços na Administração Pública pelo prazo de 1(um) ano.

Tema: Do Regime Disciplinar (Lei nº 8.112, arts. 116 a 142) – Lei nº 8.112/1990 (lei federal) – Agentes Administrativos (servidores públicos estatais) – Agentes Públicos.

COMENTÁRIOS

Dentre as punições aplicáveis aos servidores, de acordo com a Lei nº 8.112/1990, está a destituição do cargo em comissão (veja na legislação abaixo – inciso V do art. 127), penalidade específica a ser aplicada àqueles que não ocupam cargos efetivos. Já a exoneração do ocupante do cargo em comissão NUNCA possui caráter punitivo. Entretanto, veja o que a Lei nº 8.112 diz a respeito do servidor comissionado que pede exoneração, tendo cometido infração passível de destituição:

> Art. 135. A destituição de cargo em comissão exercido por não ocupante de cargo efetivo será aplicada nos casos de infração sujeita às penalidades de suspensão e de demissão.
> Parágrafo único. Constatada a hipótese de que trata este artigo, a exoneração efetuada nos termos do art. 35 será convertida em destituição de cargo em comissão.

Assim, caso um servidor que ocupe cargo em comissão peça exoneração deste, tendo cometido infração passível de destituição do cargo em comissão, deve-se converter a exoneração na referida penalidade. Por isso, CORRETA a letra **c**.

Legislação:

> Art. 127. São penalidades disciplinares:
> (...)
> V – destituição de cargo em comissão;

Gabarito: Letra **b**.
Nível: **Fácil**.

Questão 118 (FCC – TRE – Técnico-SP – 2012) Beatriz é servidora pública federal aposentada e requereu a reversão. Há interesse da Administração no seu retorno à atividade. Nesse caso, NÃO é requisito para ocorrer a reversão que:
a) haja cargo vago;
b) a aposentadoria tenha sido voluntária;
c) a servidora tenha domicílio na mesma sede;
d) a servidora tenha sido estável quando na atividade;
e) a aposentadoria tenha ocorrido nos cinco anos anteriores à solicitação.

Tema: Formas de Provimento (Lei nº 8.112 – arts. 5º a 32) – Lei nº 8.112/1990 (lei federal) – Agentes Administrativos (servidores públicos estatais) – Agentes Públicos.

COMENTÁRIOS

Reversão é o retorno do servidor aposentado à atividade (APOSENTADO é a palavra-chave para esta forma de provimento. Aposentou, voltou, volta por reversão). A reversão pode ser de dois tipos: por insubsistência de motivo de invalidez ou no interesse da Administração.

Na insubsistência de motivo de invalidez (**reversão DE OFÍCIO**), a causa que levou à aposentadoria (uma enfermidade) não existe mais. Em tal situação, o servidor em processo de reversão deverá ser submetido ao exame da junta médica oficial, a qual, então, deverá declarar que inexiste (insubsistente) o fato motivador da aposentadoria. Estando provido o cargo do servidor revertido, este exercerá suas atribuições como **excedente**, até a ocorrência de vaga.

Já na reversão no interesse da Administração, os seguintes requisitos devem ser satisfeitos (de acordo com o art. 25 da Lei nº 8.112):
a) o pedido do servidor em processo de reversão — isso faz com que a Administração não possa determinar a reversão de ofício;
b) a aposentadoria tenha sido voluntária – a questão aqui é interessante: caso o servidor tenha se aposentado compulsoriamente (o que ocorre no dia seguinte ao que completar 70 anos), não poderá reverter. Já o servidor que tenha se aposentado por invalidez, caso reverta, isso ocorrerá de ofício (conforme vimos na hipótese de reversão anterior);
c) estável quando na atividade;
d) a aposentadoria tenha ocorrido nos cinco anos anteriores à solicitação;
e) haja cargo vago – note-se que, NA REVERSÃO NO INTERESSE DA ADMINISTRAÇÃO, não se gerará excedente, sendo nesse aspecto, portanto, diferente da reversão anterior (de ofício), em que isso pode acontecer.

Detalhe: Mesmo que todos os requisitos acima estejam preenchidos, na reversão no interesse da Administração a decisão quanto a quem reverterá caberá à própria Administração, uma vez que o ato ocorrerá tão somente no interesse da Administração.

Comparando tais requisitos com os itens acima, notando que o examinador demanda algo que NÃO é necessário para a reversão NO INTERESSE DA ADMINISTRAÇÃO, perceba que o item c é o único que não está previsto na norma, sendo por isso o gabarito da questão.

Legislação:

Art. 187. A aposentadoria compulsória será automática, e declarada por ato, com vigência a partir do dia imediato àquele em que o servidor atingir a idade-limite de permanência no serviço ativo.

Gabarito: Letra **c**.
Nível: **Fácil**.

Questão 119 (FCC – TRE – Técnico-SP – 2012) Vanda, analista judiciário (área judiciária), ocupando cargo de direção, praticou grave infração administrativa. Instaurado o processo administrativo disciplinar e para que a servidora não influa na apuração da irregularidade, a autoridade instauradora desse processo, dentre outras providências,

a) determinará o afastamento da servidora do exercício do cargo pelo prazo de 30 (trinta) dias, prorrogável por mais 10 (dez), com prejuízo da remuneração;
b) ficará impedida de afastar, preventivamente, do cargo a servidora, em face da natureza da função de direção no órgão;
c) representará ao dirigente do órgão para que a servidora seja afastada preventivamente até o final do processo administrativo;
d) poderá determinar seu afastamento do exercício do cargo, pelo prazo de até 60 (sessenta) dias, sem prejuízo da remuneração;
e) colocará a servidora em disponibilidade remunerada, redistribuindo seu cargo no âmbito do mesmo quadro, pelo prazo de 90 (noventa) dias.

Tema: Do Processo Administrativo Disciplinar (Lei nº 8.112, arts. 143 a 182) – Lei nº 8.112/1990 (lei federal) – Agentes Administrativos (servidores públicos estatais) – Agentes Públicos.

COMENTÁRIOS

Em primeiro lugar, cabe ressaltar que é dever da autoridade competente determinar a apuração cometida por um servidor, quando tem conhecimento disso (veja o art. 143 da Lei nº 8.112/1990, na legislação abaixo). Em tal situação, muitas vezes é bem complicado, para dizer o mínimo, que o servidor permaneça em atividade durante a investigação dos fatos. Por consequência, a Lei nº 8.112/1990 coloca a possibilidade de se determinar o afastamento preventivo do investigado (art. 147, na legislação a seguir), a durar 60 dias, prorrogável por igual período.

Por se tratar de uma medida de cautela, portanto, não uma punição, durante o afastamento não haverá prejuízo do servidor quanto a sua remuneração, que continuará sendo percebida. Ao fim do afastamento, mesmo que o processo apuratório/punitivo não haja se encerrado, o servidor afastado deve voltar ao trabalho, permanecendo em atividade, até a conclusão das apurações. Por tudo, percebe-se que o gabarito da questão é a letra **d**.

Legislação:

Art. 143. A autoridade que tiver ciência de irregularidade no serviço público é obrigada a promover a sua apuração imediata, mediante sindicância ou processo administrativo disciplinar, assegurada ao acusado ampla defesa.
Art. 147. Como medida cautelar e a fim de que o servidor não venha a influir na apuração da irregularidade, a autoridade instauradora do processo disciplinar poderá determinar o seu afastamento do exercício do cargo, pelo prazo de até 60 (sessenta) dias, sem prejuízo da remuneração.

Gabarito: Letra **d**.
Nível: Fácil.

Questão 120 **(FCC – TRE – Técnico-SP – 2012) Rogério, na qualidade de servidor público federal, tem alguns problemas pessoais a serem resolvidos com urgência e outros a médio prazo. Diante disso, Rogério ingressou com um pedido de licença para tratar de assuntos particulares. Nesse caso, a Administração poderá conceder a referida licença, desde que observe, dentre outros requisitos:**
a) ser o servidor ocupante de cargo efetivo;
b) ser o servidor ocupante de cargo em comissão há pelo menos 3 (três) anos;
c) que a licença não poderá ser interrompida em qualquer hipótese;
d) que a licença terá o prazo de até 3 (três) meses consecutivos;
e) ter o servidor direito à remuneração no primeiro mês da licença, cessando em relação aos demais.

Tema: Das Licenças, Afastamentos e Concessões (Lei nº 8.112 – arts. 81 a 99) – Lei nº 8.112/1990 (lei federal) – Agentes Administrativos (servidores públicos estatais) – Agentes Públicos.

COMENTÁRIOS

Em conformidade com o art. 91 da Lei nº 8.112/1990, são estes, basicamente, os principais apontamentos quanto à licença para tratar de interesses particulares (LTIP), que pode ser dada ao servidor público:
- Limite de tempo: até 3 anos, podendo ser interrompida a qualquer tempo.
- Remuneração: não há.
- Tempo de serviço: não é computado como tempo de serviço para qualquer efeito.
- Concessão do direito: ao servidor estável (que não esteja mais em estágio probatório). Note que, para ser estável, o servidor, claro, deve ser efetivo. A informação será fundamental para gabaritar o item, preste atenção.
- Prorroga a posse? Não.

Observação: Pode ser interrompida a qualquer tempo, a pedido do servidor ou no interesse da Administração;

Vamos partir para análise dos itens:

Letra **a**: **CERTA**. Interessante este item. Fala que o servidor deve ser efetivo, para obter a LTIP. De fato, é o que diz a Lei nº 8.112. Veja:

> Art. 91. A critério da Administração, poderão ser concedidas ao servidor ocupante de cargo efetivo, desde que não esteja em estágio probatório, licenças para o trato de assuntos particulares pelo prazo de até três anos consecutivos, sem remuneração.

Daí, item CORRETO.

Letra **b**: ERRADA. Apenas servidores de cargo efetivo têm direito à LTIP.
Letra **c**: ERRADA. Veja em nossa observação que a LTIP pode ser interrompida A QUALQUER TEMPO.
Letra **d**: ERRADA. A LTIP dura até TRÊS ANOS (não meses).
Letra **e**: ERRADA. A LTIP é SEM REMUNERAÇÃO.

Gabarito: Letra **a**.
Nível: **Fácil**.

Questão 121 (FCC – TRE – Técnico-SP – 2012) Vitória exerce o cargo de técnico judiciário (área de apoio especializado) e reside em município vizinho ao local onde exerce suas funções para o Tribunal Regional Eleitoral. Em razão de um acidente climático que comprometeu a execução de alguns serviços públicos e o trânsito em rodovias, faltou ao serviço durante três dias. Nesse caso, é certo que essas faltas, que foram justificadas por serem decorrentes de:

a) força maior, não estão sujeitas a compensação e nem se consideram como se efetivo exercício;
b) força maior, devem ser compensadas pela Diretoria-Geral, mas não serão consideradas como de efetivo exercício;
c) caso fortuito, não podem ser compensadas, mas serão consideradas como de efetivo exercício;
d) caso fortuito ou de força maior, serão obrigatoriamente compensadas, e serão consideradas como de efetivo exercício;
e) caso fortuito ou de força maior, poderão ser compensadas a critério da chefia imediata, sendo assim consideradas como de efetivo exercício.

Tema: Vencimento e Remuneração (Lei nº 8.112, arts. 40 a 50) – Lei nº 8.112/1990 (lei federal) Agentes Administrativos (servidores públicos estatais) – Agentes Públicos.

COMENTÁRIOS

Analise o que aconteceu com a servidora Vitória, de acordo com o comando da questão: um acidente climático (uma inundação, por exemplo) acabou a impedindo de chegar ao serviço por três dias. Alguns autores chamam a situação descrita de força maior. Outros, de caso fortuito. Isto é, há uma divergência doutrinária quanto à nomenclatura, que não influenciou a decisão adotada: houve compensação por parte da chefia imediata, em razão do fato. Agora, veja o que diz a Lei nº 8.112/1990:

Art. 44. (...)
Parágrafo único. As faltas justificadas decorrentes de caso fortuito ou de força maior poderão ser compensadas a critério da chefia imediata, sendo assim consideradas como efetivo exercício.

O chefe fez exatamente o que lhe autoriza a lei e que está descrito na letra **e**, que está correta, em consequência.
Gabarito: Letra **e**.
Nível: **Fácil**.

Questão 122 **(FCC – TRE – Técnico-SP – 2012)** Gabriela, Guilherme e Gilda, todos servidores públicos do Tribunal Regional Eleitoral, necessitam ausentar-se do serviço, sendo a primeira por motivo de casamento, o segundo para doação de sangue e a terceira para se alistar como eleitora. Nesses casos, os referidos servidores poderão ausentar-se do serviço, sem qualquer prejuízo, respectivamente, por:
a) 8 (oito) dias; 2 (dois) dias e 2(dois) dias;
b) 8 (oito) dias; 1(um) dia e 2 (dois) dias;
c) 6 (seis) dias; 1(um) dia e 1(um) dia;
d) 8 (oito) dias; 2 (dois) dias e 1 (um) dia;
e) 6 (seis) dias; 1(um) dia e 2 (dois) dias.

Tema: Das Licenças, Afastamentos e Concessões (Lei nº 8.112, arts. 81 a 99) – Lei nº 8.112/1990 (lei federal) – Agentes Administrativos (servidores públicos estatais) – Agentes Públicos.

COMENTÁRIOS

Em questões relacionadas a prazo não há muito o que fazer. É saber (ou não...) o prazo. Analise o que diz a Lei nº 8.112/1990 a respeito das situações descritas no comando da questão:

Art. 97. Sem qualquer prejuízo, poderá o servidor ausentar-se do serviço:
I – por 1 (um) dia, para doação de sangue;
II – por 2 (dois) dias, para se alistar como eleitor;
III – por 8 (oito) dias consecutivos em razão de:
a) casamento;

Compare agora com a situação de cada um dos servidores:
- Gabriela: irá casar (parabéns!) – faz jus a 8 dias de ausência compensada;
- Guilherme: doará sangue – faz jus a 1 dia de ausência compensada;
- Gilda: se alistará como eleitora – faz jus a 2 dias de ausência compensada.

Logo, achamos o gabarito: é a letra **b**!
Gabarito: Letra **b**.
Nível: **Fácil**.

Instrução: Para responder à questão, considere a Lei nº 11.416/2006.

Questão 123 (FCC – TRE – Técnico-SP – 2012) Marcelo, técnico judiciário (área de apoio especializado) do Tribunal Regional Eleitoral, foi movimentado de um padrão para o seguinte, dentro de uma mesma classe, observado o interstício de um ano, conforme os critérios regulamentares aplicáveis e de acordo com a avaliação formal de desempenho. A situação posta caracteriza, legalmente:
a) a redistribuição;
b) a promoção;
c) o aproveitamento;
d) o acesso;
e) a progressão funcional.

Tema: Lei nº 11.416, de 2006 (Lei dos Servidores do Poder Judiciário da União) – Agentes Administrativos (servidores públicos estatais) – Agentes Públicos.

COMENTÁRIOS

A questão trata da Lei nº 11.416/2006. Entretanto, conseguimos resolvê-lo a partir de alguns esclarecimentos da doutrina.

Os cargos a serem ocupados por servidores públicos organizados em carreira são distribuídos em padrões e classes.

Classes constituem o agrupamento de cargos da mesma profissão, com idênticas atribuições, responsabilidades e vencimentos. Classes, portanto, constituem os "degraus" de crescimento em uma carreira.

Interessante notar que PADRÃO é a subdivisão de uma classe, ou seja, DENTRO DAS CLASSES, TEMOS OS PADRÕES.

Quando um servidor ocupante de cargo organizado em carreira muda de CLASSE é PROMOVIDO. Já quando ele muda de padrão, SEM MUDAR DE CLASSE, é PROGREDIDO. A Lei nº 8.112/1990 fala só de PROMOÇÕES e não de progressões. Entretanto, a questão já está resolvida: veja que o Marcelo foi movimentado de um padrão para o seguinte, dentro de uma mesma classe, ou seja, ele foi PROGREDIDO. Então, está correta a letra **e**. Mas, de todo modo, observe o que diz o art. 9º da Lei nº 11.416/2006:

> § 1º. A progressão funcional é a movimentação do servidor de um padrão para o seguinte dentro de uma mesma classe, observado o interstício de um ano, sob os critérios fixados em regulamento e de acordo com o resultado de avaliação formal de desempenho.

O parágrafo acima reforça a correção da letra **e**, já que é literalmente o que diz a Lei.
Gabarito: Letra **e**.
Nível: **Fácil**.

Instrução: Para responder à questão, considere a Lei nº 11.416/2006.

Questão 124 (FCC – TRE – Técnico-SP – 2012) Milton é ocupante do cargo de analista (Área Administrativa), tendo como atribuições funções de segurança. Marlene é ocupante do cargo de analista (Área Judiciária), tendo como atribuições a execução de mandados. Nesses casos, ambos têm direito, respectivamente, à Gratificação de Atividade e Segurança – GAS e à Gratificação de Atividade Externa – GAE no valor de:

a) 35% (trinta e cinco por cento) do vencimento básico do servidor;
b) 25% (vinte e cinco por cento) do vencimento básico do servidor;
c) 30% (trinta por cento) do vencimento básico do servidor;
d) 40% (quarenta por cento) dos vencimentos do servidor;
e) 25% (vinte por cento) dos vencimentos do servidor.

Tema: Lei nº 11.416, de 2006 (Lei dos Servidores do Poder Judiciário da União) – Agentes Administrativos (servidores públicos estatais) – Agentes Públicos.

COMENTÁRIOS

Não há muito que comentar aqui. É apenas saber qual é o percentual das gratificações a serem pagas aos servidores. Veja:

> Art. 16. Fica instituída a Gratificação de Atividade Externa – GAE, devida exclusivamente aos ocupantes do cargo de Analista Judiciário referidos no § 1º do art. 4º desta Lei.
> § 1º. A gratificação de que trata este artigo corresponde a 35% (trinta e cinco por cento) do vencimento básico do servidor.
> Art. 17. Fica instituída a Gratificação de Atividade de Segurança – GAS, devida exclusivamente aos ocupantes dos cargos de Analista Judiciário e de Técnico Judiciário referidos no § 2º do art. 4º desta Lei.
> § 1º. A gratificação de que trata este artigo corresponde a 35% (trinta e cinco por cento) do vencimento básico do servidor.

Está correta a letra **a**.
Gabarito: Letra **a**.
Nível: Fácil.

Capítulo 14

TJ-GO – Prova de Juiz – 2012

Q.125. Subconcessão (Serviços Públicos, Lei nº 8.987) – Concessões (Serviços Públicos, Lei nº 8.987) – Serviços Públicos
Q.126. Leis Estaduais e Municipais (estatuto dos servidores) – Agentes Administrativos (servidores públicos estatais) – Agentes Públicos
Q.127. Poder Disciplinar – Poderes da Administração
Q.128. Consórcios Públicos (Serviços Públicos, Lei nº 11.107/2005) – Serviços Públicos
Q.129. Alienação de Bens Móveis e Imóveis (arts. 17 a 19, Lei nº 8.666) – Licitações (Lei nº 8.666/1993)
Q.130. Risco Administrativo (teoria da responsabilidade objetiva do Estado) – Responsabilidade Civil do Estado

Questão 125 **(FCC – TJ-GO – Juiz – 2012) No tocante ao regime da concessão de serviços públicos, na sua forma tradicional, a Lei Federal nº 8.987/1995:**
a) condiciona a outorga de subconcessão, a transferência da concessão e a transferência do controle societário da concessionária à expressa concordância do poder concedente;
b) admite a possibilidade de subconcessão, desde que haja previsão no contrato original de concessão, o que torna dispensável nova autorização do poder concedente;
c) exige que a transferência da concessão seja expressamente autorizada pelo poder concedente, mas nada estabelece no tocante à transferência do controle societário da concessionária;
d) veda a subconcessão do serviço delegado, pois o contrato de concessão é *intuitu personae*;
e) permite a transferência da concessão, mediante a realização prévia de concorrência para a escolha do novo concessionário.

Tema: Subconcessão (Serviços Públicos, Lei nº 8.987) – Concessões (Serviços Públicos, Lei nº 8.987) – Serviços Públicos.

COMENTÁRIOS

Concessões de serviço público possuem sua própria Lei, qual seja, a Lei nº 8.987/1995. A questão fala sobre tal norma, que servirá de base para o exame dos itens, que serão tratados um a um.
Letra **a: CERTA.** De fato, veja o que diz a Lei nº 8.987, nos dispositivos abaixo:

Art. 26. É admitida a subconcessão, nos termos previstos no contrato de concessão, desde que expressamente autorizada pelo poder concedente.
(...)
Art. 27. A transferência de concessão ou do controle societário da concessionária sem prévia anuência do poder concedente implicará a caducidade da concessão.

Chame-se atenção para o fato de que o art. 27 estabelece que a transferência de concessão ou do controle societário da concessionária que não forem previamente autorizados pelo Poder Público implicarão a CADUCIDADE do contrato de concessão, que vem a ser a extinção da avença por CULPA do concessionário. Na realidade, o intuito da lei é que o Estado possa controlar quem são os concessionários do serviço público, de modo a evitar que aqueles que não pudessem assumir a concessão (por serem inidôneos, por exemplo) acabem recebendo o objeto de outros, sem o conhecimento do concedente. Por isso, está correta a letra **a**: a Lei nº 8.987/1995 condiciona a outorga de subconcessão, a transferência da concessão e a transferência do controle societário da concessionária à expressa concordância do poder concedente. Como todos os demais itens dizem coisa diferente disso, estão errados.

Gabarito: Letra **a**.
Nível: **Médio**.

Questão 126 **(FCC – TJ-GO – Juiz – 2012) O Estatuto dos Funcionários Públicos Civis de Goiás (Lei Estadual nº 10.460/88):**
a) é aplicável aos servidores da Assembleia Legislativa do Estado de Goiás;
b) estabelece a competência do Secretário da Administração para dar posse a todos os agentes políticos e administrativos do Poder Executivo e das autarquias estaduais;
c) considera como de efetivo exercício o tempo de afastamento em virtude de exercício de cargo ou função de governo ou administração, em qualquer parte do território nacional, por nomeação do Presidente da República;
d) permite o empossamento e a assunção de exercício do cargo pelo funcionário público, por meio de procuração;
e) garante a todos os funcionários públicos falecidos o direito à promoção *post mortem*.

Tema: Leis Estaduais e Municipais (estatuto dos servidores) – Agentes Administrativos (servidores públicos estatais) – Agentes Públicos

COMENTÁRIOS

Item que cuida da norma específica dos servidores do estado de Goiás. Os comentários, então, serão feitos levando em consideração tal norma.
Letra **a**: ERRADA. Veja o que diz a Lei goiana nº 10.460/1988:

> Art. 2º. As disposições desta lei não se aplicam aos integrantes da carreira do Ministério Público, bem como aos servidores da Assembleia Legislativa do Estado de Goiás.

O item, portanto, está ERRADO, já que, por expressa determinação legal, a norma de referência não se aplica aos servidores da Assembleia Legislativa do Estado de Goiás.
Letra **b**: ERRADA. São diversos os responsáveis por dar posse a novos egressos na Administração do estado de Goiás. Veja, mais uma vez, o que diz a Lei:

Art. 25 – São competentes para dar posse:
I – o governador do Estado, às autoridades que lhe sejam diretamente subordinadas;
II – os secretários de Estado, aos dirigentes das entidades jurisdicionadas às respectivas Pastas;
III – o secretário da Administração, aos demais funcionários do Poder Executivo e das autarquias estaduais.

O item está ERRADO, então.
Letra c: CERTA. Simples leitura da Lei goiana nº 10.460/1988. Veja:

Art. 35 – Considera-se como de efetivo exercício, além dos dias feriados ou em que o ponto for considerado facultativo, o afastamento motivado por:
(...)
VII – exercício de cargo ou função de governo ou administração, em qualquer parte do território nacional, por nomeação do governador do Estado ou do Presidente da República;

Item CORRETO, então.
Letra d: ERRADA. Bem, o empossamento no cargo, assim entendida a aceitação formal das atribuições deste, é possível por procuração, no caos de doença comprovada, no caso do Estatuto goiano. Mas, por razões óbvias, não é possível o EXERCÍCIO por procuração. Pense: alguém, "bom de concurso", passa em um monte, depois dá procuração para que outro entre em exercício em seu lugar... Já imaginou isto?! "Tercerização" do exercício do cargo... Piada do examinador, claro! O item está ERRADO!
Letra e: ERRADA. Outra "piadinha" do examinador... Como alguém seria promovido depois da morte? Não há, obviamente, nenhuma previsão legal nesse sentido e o item está ERRADO.

Legislação
Lei Goiana nº 10.460/1988:

Art. 27 – Em casos de doença devidamente comprovada, admitir-se-á a posse por procuração.

Gabarito: Letra **c**.
Nível: Médio.

Questão 127 **(FCC – TJ-GO – Juiz – 2012) NÃO se inclui no rol das sanções aplicáveis pela Administração Pública, no exercício de seus poderes típicos:**
a) a pena de perda da função pública, no processo de improbidade;
b) a prisão administrativa, no processo disciplinar militar;
c) a caducidade, nas concessões de serviço público;
d) a pena de comisso, no regime jurídico dos bens públicos aforados;
e) o licenciamento compulsório de patentes, no regime jurídico da propriedade industrial.

Tema: Poder Disciplinar – Poderes da Administração.

COMENTÁRIOS

Trate-se dos itens, um a um, por ser mais produtivo, nesta questão. Tenha atenção para o fato de que o que se demanda é o NÃO PREVISTO nas competências da Administração, ok?

Letra a: CERTA. Veja o que diz o art. 20 da Lei nº 8.429/1992, a Lei de Improbidade Administrativa:

> Art. 20. A perda da função pública e a suspensão dos direitos políticos só se efetivam com o trânsito em julgado da sentença condenatória.

Perceba que, no caso de improbidade, a perda da função pública DEPENDE DE SENTENÇA JUDICIAL TRANSITADA EM JULGADO. Logo, não haverá perda do cargo/função baseada em improbidade administrativa, na via administrativa, exclusivamente. Para que isso ocorra, insista-se, necessária uma sentença judicial transitada em julgado. Como o examinador pede algo que não se enquadre em sanções aplicadas pela própria Administração, eis o seu gabarito, já que, no caso de condenação por improbidade administrativa, a perda do cargo deverá ocorrera mediante sentença judicial transitada em julgado.

Letra b: ERRADA. Dentre outras, a Lei nº 6.880 dá a possibilidade de prisão administrativa, no processo disciplinar militar. Entretanto, nos concursos "comuns" (a prova que você está examinando é de juiz!) não caiem disposições sobre militares. Mas aproveite-se para registrar que militares não se submetem às regras aplicáveis aos servidores de modo geral. Isso sim é importante!

Letra c: ERRADA. A CADUCIDADE do contrato de concessão, que vem a ser a extinção da avença por CULPA do concessionário. Pode ser aplicada, portanto, no caso de falhas imputáveis ao concessionário, em tal tipo de contrato. Logo, pode ser utilizada pela Administração.

Letra d: ERRADA. Há previsão de tal penalidade no Decreto-lei nº 3.438/1941 (veja na legislação abaixo). Como o item é muito específico, não sendo objeto de exames em provas de concurso, de modo geral (note que a prova era para juiz!), deixa-se, aqui, de adentrar mais a fundo no assunto.

Letra e: ERRADA. Como, mais uma vez, trata-se de tema raro, apenas se aponta o fundamento da penalidade a ser aplicada pela própria Administração: a doutrina entende que o inciso IV Lei nº 9.279/1996 estabelece uma espécie de sanção ao titular que não iniciou a exploração de sua patente no prazo de três anos de sua concessão, a não ser que prove que isto se deu em função de força maior.

Legislação
Decreto-lei nº 3.438/1941:

> Art. 13. Aprovada a concessão lavrar-se-á o contrato de constituição da enfiteuse, de acordo com a minuta que previamente for elaborada por procurador da Fazenda e aprovada pelo chefe do Serviço Regional.
> § 1º. Constará especificadamente do contrato, alem dos elementos necessários à perfeita identificação do terreno:

(...)
b) que o atraso no pagamento do foro por mais de 3 anos consecutivos importará na pena de comisso (art. 27);
(...)
Art. 27. No caso de atraso do pagamento de foros por três anos consecutivos, o chefe do Serviço Regional, independente de outras formalidades, declarará caduco o aforamento.

§ 1º. Nos 90 dias seguintes à publicação desse ato, o foreiro poderá recorrer da decisão ou pedir que o aforamento seja revigorado, feita a avaliação do terreno para o novo cálculo do foro.

§ 2º. Deferido o requerimento, pagos os foros atrasados, e depois das diligências do parágrafo anterior, será lavrado termo de revigoração do aforamento, do qual constarão as cláusulas usadas para os termos de constituição desse direito real.

§ 3º. Do termo de revigoração do aforamento, depois de sua aprovação pelo diretor e de seu registo pelo Tribunal de Contas, será expedida certidão, que o foreiro fará averbar no Registo de Imoveis.

§ 4º. A União poderá negar a revigoração do aforamento se necessitar do terreno para serviço público.

Gabarito: Letra **a**.
Nível: **Difícil**.

Questão 128 (FCC – TJ-GO – Juiz – 2012) Recentemente, por meio da Lei Federal nº 12.396/2011, foram ratificados os termos do Protocolo de Intenções celebrado entre a União, o estado do Rio de Janeiro e o município do Rio de Janeiro, com o fim de criar a Autoridade Pública Olímpica, entidade de Direito Público que será responsável pela coordenação das atividades necessárias à preparação das Olimpíadas Rio 2016. Referida entidade é:
a) fundação pública multipatrocinada;
b) consórcio público, na modalidade de associação pública;
c) agência executiva;
d) empresa pública interfederativa;
e) parceria público-privada, na modalidade de concessão administrativa.

Tema: Consórcios Públicos (Serviços Públicos, Lei nº 11.107/2005) – Serviços Públicos.

COMENTÁRIOS

Primeiramente, esclareça-se do que trata a questão. Veja o que estabelece **expressamente** a CF/1988, em seu art. 241:

Art. 241. A União, os ESTADOS, o Distrito Federal e os municípios disciplinarão por meio de lei os **consórcios públicos** e os convênios de cooperação entre os entes federados, autorizando a **gestão associada de serviços públicos**, bem como a transferência total ou parcial de encargos, servi-

ços, pessoal e bens essenciais à continuidade dos serviços transferidos.
(Redação dada pela Emenda Constitucional nº 19, de 1998)

Perceba que o comando da questão trata do que se destacou acima: de um consórcio público, criado pelos esforços conjuntos da União, do estado do Rio e do município do Rio. Então, está gabaritada a questão – letra **b**. Mas vejam-se outros comentários com relação ao assunto, por oportuno.

Consórcios públicos são pessoas jurídicas, ou de **Direito Público ou de Direito Privado**. Quando de **Direito Público**, **integram a Administração Indireta de todos os entes consorciados**, de acordo com a Lei nº 11.107/2005, **na qualidade de ASSOCIAÇÃO PÚBLICA**.

Entretanto, os **consórcios públicos** tanto podem ser pessoas jurídicas de **Direito Público ou de Direito Privado**. Quando de **Direito Público**, integram a **Administração Indireta** de todos os entes consorciados, **de acordo com a Lei**, isso na qualidade de **ASSOCIAÇÃO PÚBLICA**. Porém, tratando-se de **consórcio público** constituído nos termos da **legislação civil**, a **personalidade** será de **Direito Privado**.

Com relação aos demais itens, alguns comentários:
Letra **a**: ERRADA. Em primeiro lugar, pela descrição do comando da questão, não seria uma fundação, que é assim conceituada pelo DL nº 200/1967:

> Art. 5º. (...)
> IV – Fundação Pública – a entidade dotada de personalidade jurídica de Direito Privado, sem fins lucrativos, criada em virtude de autorização legislativa, para o desenvolvimento de atividades que não exijam execução por órgãos ou entidades de Direito Público, com autonomia administrativa, patrimônio próprio gerido pelos respectivos órgãos de direção, e funcionamento custeado por recursos da União e de outras fontes.

Além disso, não há, no Direito Administrativo, o emprego da expressão "multipatrocinada", para descrever uma fundação. Enfim, não se trata de uma fundação, a entidade a ser constituída pelos três federativos participantes.
Letra **c**: ERRADA. Agências executivas são autarquias ou fundações qualificadas na forma do Decreto nº 2.487. Exemplo de um delas (ag. executivas), apenas para ilustrar: o Inmetro. Não há previsão na referida norma de uma agência executiva "interfederativa". Logo, não há possibilidade de a entidade citada no comando da questão ser constituída sob a forma de agência executiva.
Letra **d**: ERRADA. Mais uma vez, cabe citar o DL nº 200. Veja aí:

> Art. 5º. (...)
> II – Empresa Pública – a entidade dotada de personalidade jurídica de Direito Privado, com patrimônio próprio e capital exclusivo da União, criado por lei para a exploração de atividade econômica que o Governo seja levado a exercer por força de contingência ou de conveniência administrativa podendo revestir-se de qualquer das formas admitidas em direito.

Note que a entidade do comando da questão não se ajusta a esse conceito. O item, portanto, está ERRADO.

Letra e: ERRADA. As Parcerias Público-Privadas podem ser administrativas ou patrocinadas. Ambas são concessões, regidas por uma norma própria (a Lei nº 11.079/2004). Veja, rapidamente, o conceito de cada uma delas, na norma de referência:

> Art. 2º. Parceria Público-Privada é o contrato administrativo de **concessão**, na modalidade patrocinada ou administrativa.
>
> § 1º. Concessão patrocinada é a concessão de serviços públicos ou de obras públicas de que trata a **Lei nº 8.987, de 13 de fevereiro de 1995**, quando envolver, adicionalmente à tarifa cobrada dos usuários contraprestação pecuniária do parceiro público ao parceiro privado.
>
> § 2º. Concessão administrativa é o contrato de prestação de serviços de que a Administração Pública seja a usuária direta ou indireta, ainda que envolva execução de obra ou fornecimento e instalação de bens.

Observe que nenhum dos dois se amolda ao comando da questão. O item, por conseguinte, também está ERRADO.

Gabarito: Letra **b**.
Nível: **Médio**.

Questão 129 **(FCC – TJ-GO – Juiz – 2012) A alienação de bens imóveis da Administração:**
a) somente pode ser realizada em favor de outro órgão ou entidade da Administração Pública, em vista da indisponibilidade dos bens públicos;
b) deve ser sempre realizada mediante licitação na modalidade concorrência, excetuados os casos de dispensa;
c) depende de autorização legislativa, quando se tratar de bem de empresa pública ou sociedade de economia mista;
d) não depende de licitação, quando se tratar de venda a outra entidade da Administração Pública, desde que seja entidade de maior abrangência;
e) depende de licitação, caso seja feita por meio de doação com encargo, exceto se houver interesse público devidamente justificado.

Tema: Alienação de Bens Móveis e Imóveis (arts. 17 a 19, Lei nº 8.666) – Licitações (Lei nº 8.666/1993).

COMENTÁRIOS

O art. 17 da Lei nº 8.666/1993, entre outros assuntos, dispõe sobre a alienação de bens da Administração Pública, subordinada à existência de interesse público devidamente justificado, **será precedida de avaliação** e obedecerá às seguintes normas:
Se imóveis, são exigidas:
   ✓   prévia autorização legislativa, em regra (necessária para autarquias e fundações);
   ✓   subordinação à existência de interesse público devidamente justificado (motivação);
   ✓   avaliação prévia; e
   ✓   licitação na modalidade de concorrência (via de regra);

Se móveis, são requeridas:
- ✓ subordinação à existência de interesse público devidamente justificado (motivação);
- ✓ avaliação prévia; e
- ✓ licitação na modalidade de leilão (via de regra).

Dos requisitos acima, notamos:
- para a **alienação de bens móveis**, a autorização legislativa não se faz necessária;
- a modalidade utilizada, regra geral, para a alienação de bens móveis é o **Leilão**. Porém, para a venda de bens **móveis** avaliados, isolada ou globalmente, em quantia superior ao limite da modalidade de tomada de preços (R$ 650.000,00), a Administração não poderá utilizá-lo (**§ 6º do art. 17**), **restando à Administração usar a CONCORRÊNCIA**; e
- a modalidade regra para a alienação de bens **imóveis** é a **Concorrência**. Entretanto, de acordo com o art. 19 da Lei de Licitações, os bens imóveis da Administração Pública, cuja aquisição haja derivado de procedimentos judiciais ou de **dação em pagamento**, poderão ser alienados sob a modalidade de **concorrência ou leilão**. Chamamos atenção para o fato de que os imóveis ADQUIRIDOS PELA ADMINISTRAÇÃO POR PROCEDIMENTOS JUDICIAIS OU POR DAÇÃO EM PAGAMENTO PODEM SER ALIENADOS MEDIANTE ATO (decisão) DA AUTORIDADE COMPETENTE. Neste sentido, vejamos os termos do art. 19 da LLC, com destaque nosso:

> Os bens imóveis da Administração Pública, cuja aquisição haja derivado de procedimentos judiciais ou de dação em pagamento, poderão ser alienados por **ato da autoridade competente**, observadas as seguintes regras:

Assim, NEM SEMPRE É NECESSÁRIA AUTORIZAÇÃO LEGISLATIVA PARA ALIENAÇÃO DE BENS IMÓVEIS POR PARTE DA ADMINISTRAÇÃO PÚBLICA.

Vistos estes comentários iniciais, parta-se para a resolução dos itens.

Letra **a**: ERRADA. A resposta do item é intuitiva — evidentemente, o Poder Público pode vender bens públicos, móveis ou imóveis, aos particulares, de modo geral. Não há nenhuma proibição nesse sentido.

Letra **b**: ERRADA. Como visto, além da concorrência, é possível o uso do Leilão para alienação de bens, também. O item está incorreto, portanto. Ressalte-se que é possível, ainda, dispensa de licitação (confira no art. 17 da Lei nº 8.666/1993, caso necessário).

Letra **c**: ERRADA. Em primeiro lugar, só é necessária a autorização legislativa para alienação de IMÓVEIS. E, ainda, essa autorização legislativa não necessária para empresas públicas ou sociedades de economia mista venderem seus imóveis. A exigência de autorização legislativa é para autarquias, fundações e órgãos da Administração (veja o inciso I, do art. 17, da Lei nº 8.666/1993, na legislação abaixo).

Letra **d**: ERRADA. Pura invencionice do examinador... Não há qualquer disposição legal nesse sentido. Logo, o item está ERRADO.

Letra **e**: ERRADA. Veja o que diz a Lei nº 8.666/1993 acerca do assunto tratado no item, com os destaques do negrito:

Art. 17 (...)

§ 4º. *A doação com encargo será licitada* e de seu instrumento constarão, obrigatoriamente os encargos, o prazo de seu cumprimento e cláusula de reversão, sob pena de nulidade do ato, *sendo dispensada a licitação no caso de interesse público devidamente justificado;*

O item, então, resume o dispositivo acima, estando correto, em consequência.

Legislação
Lei nº 8.666/1993:

Art. 17. A alienação de bens da Administração Pública, subordinada à existência de interesse público devidamente justificado, será precedida de avaliação e obedecerá às seguintes normas:
I – quando imóveis, dependerá de autorização legislativa para órgãos da administração direta e entidades autárquicas e fundacionais, e, para todos, inclusive as entidades paraestatais, dependerá de avaliação prévia e de licitação na modalidade de concorrência, dispensada esta nos seguintes casos:

Gabarito: Letra **e**.
Nível: **Difícil**.

Questão 130 (FCC – TJ-GO – Juiz – 2012) O regime publicístico de responsabilidade objetiva, instituído pelo art. 37, § 6º da Constituição Federal NÃO é aplicável:
a) a pessoas jurídicas privadas que atuem como parceiras privadas no âmbito das Parcerias Público-Privadas (PPPs);
b) a pessoas jurídicas privadas que atuem como concessionárias de serviço público;
c) aos danos causados por particular que exerça atividade econômica em sentido estrito, sob fiscalização da Administração Pública;
d) aos danos decorrentes de atos notariais e de registros praticados por particulares, mediante delegação estatal;
e) aos danos causados pela atuação de entidades da Administração Indireta que tenham personalidade jurídica de Direito Privado.

Tema: Risco Administrativo (teoria da responsabilidade objetiva do Estado) – Responsabilidade Civil do Estado.

COMENTÁRIOS

O § 6º, do art. 37, da CF estabelece a responsabilidade civil objetiva da Administração Pública, que é aquela que independe de comprovação de culpa, para que se tenha como resultado o dever de indenizar o prejudicado. Veja o que estabelece o dispositivo em questão:

Art. 37 (...)
§ 6º. As pessoas jurídicas de Direito Público e as de Direito Privado prestadoras de serviços públicos responderão pelos danos que seus agentes,

nessa qualidade, causarem a terceiros, assegurado o direito de regresso contra o responsável nos casos de dolo ou culpa.

Note que tal regra é aplicável a:
i) pessoas do Direito Público, tais quais as autarquias;
ii) prestadoras de serviço público. Neste caso, não há necessidade de a entidade integrar a Administração Pública. Desse modo, um particular que preste serviço público também se submete a esta regra, desde que seja prestador de serviço público, insista-se. Como exemplo, uma empresa privada de transporte coletivo também se sujeita à responsabilidade civil objetiva. Por outro lado, instituições como o Banco do Brasil e Petrobras não se submetem a tal regra. É que ambas são pessoas jurídicas do Direito Privado (são sociedades de economia mista) e exploram atividades econômicas. Vale para estas instituições, então, a responsabilidade civil SUBJETIVA, baseada na necessidade de comprovação de culpa.

Feitos os esclarecimentos preliminares, analisem-se os itens, tendo atenção para o fato de que o examinador demanda o item que NÃO SE SUJEITA AO § 6º, DO ART. 37, DA CF.

Letra **a**: ERRADA. Parcerias Público-Privadas, regidas pela Lei nº 11.079/2004, são concessões de serviços públicos, ou seja, formas de prestação de serviços públicos, regidas pela responsabilização civil objetiva.

Letra **b**: ERRADA. Como visto, prestadores serviços públicos são regidos pela responsabilidade civil objetiva.

Letra **c: CERTA.** É o comentado na parte acima, quando se tratou dos particulares: danos causados por exploradores de atividade econômica em sentido estrito, particulares ou até mesmo entidades públicas, são regidos pela responsabilidade civil SUBJETIVA. A fiscalização por parte da Administração Pública não muda tal conformação. Daí, é o nosso gabarito, já que o examinador pede a hipótese NÃO SUBMISSA aos ditames do dispositivo constitucional examinado (§ 6º, do art. 37, da CF).

Letra **d**: ERRADA. Atos notariais e de registros praticados por particulares, mediante delegação estatal, implicam prestação de serviços públicos. Daí, submissos ao § 6º, do art. 37, da CF.

Letra **e**: ERRADA. Item complicado... O examinador compreendeu que os danos causados pela atuação de entidades da Administração Indireta que tenham personalidade jurídica de Direito Privado são sujeitas ao § 6º, do art. 37, da CF. E de fato o são, desde que tais entidades sejam PRESTADORAS DE SERVIÇO PÚBLICO, coisa que não foi esclarecida no item, o qual, apesar da informação, está CORRETO.

Gabarito: Letra **c**.
Nível: **Médio**.

Capítulo 15

TRE-SP – Analista Judiciário – 2012

Q.131. Alteração unilateral (Cláusulas exorbitantes) – Cláusulas Exorbitantes – Contratos Administrativos (Lei 8.666/1993)
Q.132. Das Disposições Penais (Lei nº 8.429 – arts. 19 a 22) – Sujeitos: ativo e passivo (Lei nº 8.429 – arts. 1º a 8º) – Improbidade Administrativa (Lei nº 8.429/1992)
Q.133. lassificação (bens públicos) – Bens Públicos – Domínio Público
Q.134. Sistema de Registro de Preços (SRP) – Licitações (Lei nº 8.666/1993)
Q.135. Responsabilidade das Prestadoras de Serviços Públicos – Responsabilidade Civil do Estado
Q.136. Poder Regulamentar – Poder Disciplinar – Poder de Polícia – Poderes da Administração
Q.137. Do Regime Disciplinar (Lei nº 8.112) – Lei 8.112/1990 (lei federal) – Agentes Administrativos (servidores públicos estatais) – Agentes Públicos
Q.138. Lei nº 11.416, de 2006 (Lei dos Servidores do Poder Judiciário da União) – Agentes Administrativos (servidores públicos estatais) – Agentes Públicos
Q.139. Administração Direta (órgãos públicos) – Administração Indireta – Desconcentração e Descentralização – Organização Administrativa
Q.140. Poder Vinculado e Discricionário – Poderes da Administração

Questão 131   (FCC – TRE-SP – Analista Judiciário – 2012) O Estado contratou, mediante prévio procedimento licitatório, a construção de um conjunto de unidades escolares em diferentes localidades. No curso da execução do contrato, identificou decréscimo na demanda escolar em município no qual seria construída uma das unidades. Diante dessa situação, decidiu reduzir, unilateralmente, o objeto inicialmente contratado, não contando, contudo, com a concordância da empresa contratada. De acordo com a Lei nº 8.666/1993, a contratada:

    a) está obrigada a aceitar a supressão quantitativa determinada pela Administração, desde que não ultrapasse 25% do valor inicial atualizado do contrato;
    b) não está obrigada a aceitar a supressão, em face do princípio da vinculação ao edital, exceto quando decorrente de contingenciamento de recursos orçamentários;
    c) está obrigada a aceitar a supressão quantitativa determinada pela Administração, desde que não ultrapasse 50% do valor do contrato, assegurado o direito ao recebimento por materiais já adquiridos e eventuais prejuízos devidamente comprovados;
    d) não está obrigada, em nenhuma hipótese, a aceitar a supressão do objeto do contrato, que somente poderá ser implementada por acordo entre as partes e observado o limite de 50% do valor inicial atualizado do contrato;
    e) poderá rescindir o contrato, unilateralmente, desde que comprove que a sua execução tornou-se economicamente desequilibrada, fazendo jus à indenização por prejuízos comprovados e lucros cessantes.

Tema: Alteração Unilateral (Cláusulas exorbitantes) – Cláusulas Exorbitantes – Contratos Administrativos (Lei nº 8.666/1993).

COMENTÁRIOS

Em termos quantitativos, os contratos administrativos podem ser amoldados em certa medida às necessidades da Administração. Nesse contexto, veja o que diz o § 1º do art. 65 da Lei nº 8.666/1993:

> § 1º. O contratado fica obrigado a aceitar, nas mesmas condições contratuais, os acréscimos ou supressões que se fizerem nas obras, serviços ou compras, até 25% (vinte e cinco por cento) do valor inicial atualizado do contrato, e, no caso particular de reforma de edifício ou de equipamento, até o limite de 50% (cinquenta por cento) para os seus acréscimos.

Note que os contratados pelo Poder Público são OBRIGADOS a aceitar as alterações contratuais UNILATERAIS, em acréscimos ou supressões, em até 25%, em regra. Obras estão contidas em tais limites. Por isso, a letra **a** está CERTA. Mas vale analisar os itens, para destacarmos alguns pontos.

A letra **b** está errada, pois o contratado, como dito, é obrigado a aceitar as alterações unilaterais até os limites previstos na Lei. Além disso, a parte que cuida do contingenciamento não é tratada na Lei nº 8.666/1993, tratando-se de invencionice do examinador.

A letra **c** está errada. O limite para SUPRESSÃO unilateral não muda – é de 25%. O que examinador intencionou foi confundir o candidato com o limite para ACRÉSCIMOS unilaterais no caso particular de REFORMA de edifício/equipamento. Nesse caso (reforma), o limite para ACRÉSCIMO unilateral, insista-se, é de 50%. E, tenha atenção: REFORMA é uma coisa, OBRA, outra. No último caso, o limite, tanto para acréscimos, quanto para supressões unilaterais é de 25%. Para o caso particular de REFORMA, o limite para ACRÉSCIMOS é de 50%.

Para a letra **d**, basta lembrar que o contratado é OBRIGADO a aceitar as alterações UNILATERAIS até os limites de 25%.

E, finalmente, a letra **e** está errada, pois o particular não pode, jamais, promover rescisão UNILATERAL de contrato administrativo. Essa possibilidade só é dada à Administração.

Legislação
Lei nº 8.666/1993:

> Art. 79. A rescisão do contrato poderá ser:
> I – determinada por ato unilateral e escrito da Administração, nos casos enumerados nos incisos I a XII e XVII do art. anterior;

Gabarito: Letra **a**.
Nível: **Médio**.

Questão 132 **(FCC – TRE-SP – Analista Judiciário – 2012)** Diretor-presidente de determinada sociedade de economia mista firmou contrato para a execução de obra pública com empresas vencedoras dos correspondentes procedimentos licitatórios, instaurados para diferentes lotes do empreendimento. Posteriormente, restou comprovado conluio entre os licitantes, bem como o estabelecimento, no Edital, de condições de participação que objetivavam favorecer a determinados licitantes e propiciar o arranjo fraudulento. Em tal situação, as penalidades previstas na Lei de Improbidade Administrativa:

a) sujeitam-se apenas os licitantes que tenham praticado atos com o objetivo de fraudar o procedimento licitatório, desde que comprovado o dano ao erário;

b) sujeita-se apenas o diretor-presidente da sociedade de economia mista, desde que comprovada conduta dolosa ou enriquecimento ilícito;

c) sujeitam-se os agentes públicos e os particulares que tenham concorrido para a prática do ato ou dele tenham se beneficiado, direta ou indiretamente, independentemente de dano ao erário;

d) sujeitam-se os agentes públicos e os particulares que tenham concorrido para a prática do ato ou dele tenham se beneficiado, desde que comprovado dano ao erário;

e) sujeitam-se apenas os agentes públicos que tenham concorrido, de forma ativa ou passiva, para a prática do ato ou dele tenham se beneficiado.

Tema: Das Disposições Penais (Lei nº 8.429, arts. 19 a 22) – Sujeitos: ativo e passivo (Lei nº 8.429, arts. 1º a 8º) – Improbidade Administrativa (Lei nº 8.429/1992).

COMENTÁRIOS

Os atos que importam improbidade administrativa, diferentemente do que muitos pensam, não são ilícitos de ordem penal. São de ordem civil. Isso significa dizer que a conduta que possa ser entendida como de improbidade administrativa não necessariamente significará um crime. Veja o que diz a CF (art. 37):

> § 4º. Os atos de improbidade administrativa importarão a suspensão dos direitos políticos, a perda da função pública, a indisponibilidade dos bens e o ressarcimento ao erário, na forma e gradação previstas em lei, sem prejuízo da ação penal cabível.

Observe a parte final do dispositivo (... *Sem prejuízo da ação penal cabível*). O trecho reforça a ideia de que o ato de improbidade, para ser enquadrado como crime, tem de haver ação penal nesse sentido. E caso nesta última ação se conclua que a conduta seja imputável como ilícito penal, daí sim o infrator responderá TAMBÉM penalmente.

Pois bem. É intuitivo que agentes públicos, ou seja, pessoas investidas em alguma espécie de função pública, respondem pela prática de ato de improbidade (arts. 1º e 2º da Lei nº 8.429/1992). Veja o que diz a Lei nº 8.429/1992, conhecida como Lei de Improbidade Administrativa, a respeito dos particulares, no caso de concorrerem para o ilícito de improbidade:

> Art. 3º. As disposições desta lei são aplicáveis, no que couber, àquele que, mesmo não sendo agente público, induza ou concorra para a prática do ato de improbidade ou dele se beneficie sob qualquer forma direta ou indireta.

Os licitantes descritos no comando da questão acabam sendo enquadrados pelo último dispositivo citado. Além disso, veja o que diz o art. 21 da Lei nº 8.429, mais uma vez:

Art. 21. A aplicação das sanções previstas nesta lei independe:
I – da efetiva ocorrência de dano ao patrimônio público;

Assim, por tudo que se viu, conseguimos chegar ao gabarito da questão – letra d, pois responderão pelo ato de improbidade todos aqueles que houverem contribuído para a situação (agentes públicos e particulares), independentemente da ocorrência de dano ao erário.

Gabarito: Letra **c**.
Nível: **Médio**.

Questão 133   (FCC – TRE-SP – Analista Judiciário – 2012) Os bens públicos podem ser classificados, de acordo com a sua destinação, como bens:
a) de uso especial aqueles de domínio privado do Estado e que não podem ser gravados com qualquer espécie de afetação;
b) de uso especial aqueles utilizados por particular mediante concessão ou permissão de uso;
c) de uso comum do povo aqueles afetados a determinado serviço público, tais como os edifícios onde se situam os órgãos públicos;
d) dominicais aqueles destinados à fruição de toda a coletividade e que não podem ser alienados ou afetados à atividade específica;
e) dominicais aqueles de domínio privado do Estado, não afetados a uma finalidade pública e passíveis de alienação.

Tema: Classificação (bens públicos) – Bens Públicos – Domínio Público.

COMENTÁRIOS

De acordo com sua destinação, bens públicos podem ser assim divididos: de uso comum do povo; de uso especial; e bens dominicais.

Os **bens de uso comum do povo** são aqueles destinados à utilização geral dos indivíduos, podendo ser usufruídos por todos em igualdade de condições, sendo desnecessário consentimento individualizado por parte da Administração. Regra geral, o uso dos bens dessa espécie é gratuito, mas pode ser oneroso, tal como na cobrança de pedágio em estradas rodoviárias. São exemplos de bens de uso comum: ruas, praças, mares, praias, estradas, logradouros públicos etc.

Os **bens de uso especial, ou do patrimônio indisponível,** *são todos aqueles que visam à execução dos serviços administrativos e dos serviços públicos em geral.* Em resumo, abrangem todos os utilizados pela Administração para a execução dos serviços públicos. O art. 99, II, CC, estatui que são bens públicos *os de uso especial, tais como edifícios ou terrenos destinados a serviços ou estabelecimento da administração federal, estadual, territorial ou municipal, inclusive os de suas autarquias.* Podem ser citados como exemplos de bens de uso especial: os edifícios públicos, tais como escolas e universidades, os mercados públicos, os veículos oficiais etc.

Por fim, **bens dominicais, ou do patrimônio disponível,** também estão tratados no CC, da seguinte forma: *consideram-se dominicais os bens pertencentes às pessoas jurídicas de Direito Público a que se tenha dado estrutura de Direito Privado.*

Pelo difícil entendimento da norma, é melhor registrar que bens dominicais são os que não têm uma destinação pública específica (estão "desafetados", de acordo com a doutrina), podendo mesmo ser utilizados pelo Estado para fazer renda (alienados). Constituem o patrimônio das pessoas jurídicas de Direito Público, como objeto de direito pessoal ou real de cada uma dessas entidades. A doutrina caracteriza os bens dominicais como de caráter residual: se não são de uso comum ou de uso especial, os bens são dominicais, tais como: terras devolutas, prédios públicos desativados, móveis inservíveis, dívida ativa etc.

Visto todo o conceitual, parta-se para a análise dos itens.

Letra **a**: ERRADA. Bens de uso especial são aqueles utilizados para execução dos serviços administrativos e dos serviços públicos em geral. Já bens do domínio privado são ditos dominicais (ou dominiais) e que podem ser alienados pelo Poder Público exatamente por não estarem afetados (não destinados a alguma utilidade pública).

Letra **b**: ERRADA. Ver comentários à letra **a**. Para complementar: não necessariamente bens de uso especial devem estar sob guarda de particulares (lembrando que se o bem é público, não pode ser alienado, enquanto não for desafetado).

Letra **c**: ERRADA. Lembrando, mais uma vez, que os bens utilizados para execução dos serviços administrativos e dos serviços públicos em geral são os de uso especial.

Letra **d**: ERRADA. Este item traz a definição de bens de uso comum do povo.

Letra **e**: **CERTA.** Corresponde exatamente à descrição doutrinária, sintetizada na exposição teórica.

Gabarito: Letra **e**.
Nível: **Médio**.

Legislação:

> Art. 99. São bens públicos:
> (...)
> II – os de uso especial, tais como edifícios ou terrenos destinados a serviço ou estabelecimento da administração federal, estadual, territorial ou municipal, inclusive os de suas autarquias;

Questão 134 **(FCC – TRE-SP – Analista Judiciário – 2012) Diferentes órgãos públicos necessitam adquirir, periodicamente, material hospitalar para o desempenho de suas atividades, não sendo possível, contudo, estabelecer, a priori, a quantidade exata de cada aquisição e sendo conveniente, em razão dos prazos de validade, a compra parcelada para entregas futuras. De acordo com a legislação que rege as licitações e contratos públicos, referidos órgãos:**
a) poderão valer-se do Sistema de Registro de Preços, realizando, cada um deles, obrigatoriamente, licitação na modalidade pregão;
b) poderão valer-se do Sistema de Registro de Preços, ainda que não tenham participado do certame licitatório, mediante consulta ao órgão gerenciador, desde que devidamente comprovada a vantagem;

c) poderão valer-se do Sistema de Registro de Preços, mediante a realização, por apenas um dos órgãos, de licitação exclusivamente na modalidade pregão;
d) não poderão valer-se do Sistema de Registro de Preços, que apenas se aplica a compras para entrega imediata, devendo adotar, cada um deles, a licitação na modalidade pregão;
e) somente poderão valer-se do Sistema de Registro de Preços se realizarem licitação conjunta, na modalidade concorrência, indicando os quantitativos pretendidos e o preço unitário máximo admitido por cada órgão.

Tema: Sistema de Registro de Preços (SRP) – Licitações (Lei nº 8.666/1993).

COMENTÁRIOS

Questão que cuida de tema não usual em concursos públicos, o registro de preços. Aproveite, então, para entender melhor o assunto.

O registro de preços pode ser entendido como um **registro formal de preços**, com validade máxima de um ano, precedido de licitação, ora na modalidade concorrência (regra geral), ora na modalidade pregão (se envolver bens e serviços comuns). Então, percebam: **O REGISTRO DE PREÇOS NÃO É UMA MODALIDADE, MAS UM PROCEDIMENTO QUE SERÁ REALIZADO MEDIANTE CONCORRÊNCIA OU PREGÃO**, conforme o caso.

Obviamente, o registro de preços unitários só se mostra útil para órgãos e entidades que costumeiramente realizam licitações, em que a rotatividade de bens e de serviços, **de simples rotina**, é considerável, caso contrário perde sua razão de ser.

A partir do momento em que a Administração monta seu Sistema de Registro de Preços – SRP, fica dispensada de adquirir todo o lote de bens de uma só vez. Logo, as contratações são efetuadas de acordo com a necessidade da Administração, sendo as entregas, portanto, parceladas, o que traz vantagens para a Administração ao reduzir, por exemplo, custo de estocagem.

Além dos requisitos acima, o SRP deve ser utilizado preferencialmente quando: a) a quantidade a ser usada pela Administração for apenas estimada; e b) o fornecimento de bens ou de serviços exigir parcelamento.

Importante esclarecer que os preços e as condições de fornecimento, inclusive quantidades, são registrados em uma Ata, e fica o particular "preso" ao chamamento da Administração, sob pena de aplicação de sanções, em razão da recusa. Todavia, os preços registrados não obrigam que a Administração adquira as quantidades ofertadas. Portanto, significa dizer que o registro de preços é um compromisso de o vencedor do procedimento fornecer os serviços e produtos cotados na licitação, mas não da Administração adquirir, necessariamente, tudo o que fora registrado. A não obrigatoriedade da Administração adquirir os itens registrados pode ser percebida, claramente, a partir da leitura do § 4º do art. 15 da Lei de Licitações. Vejamos:

§ 4º. A existência de preços registrados não obriga a Administração a firmar as contratações que deles poderão advir, ficando-lhe facultada a utilização de outros meios, respeitada a legislação relativa às licitações, sendo assegurado ao beneficiário do registro preferência em igualdade de condições.

Por fim, informa-se que o registro de preços não se confunde com o parcelamento dos bens e a realização de várias contratações com o instituto do **fracionamento da despesa**, afinal, no registro de preços a Administração promove a licitação, inclusive adotando, em regra, a modalidade universal que é a **concorrência**.

No que diz respeito à validade dos preços registrados, vejamos **o que estabelece a Lei nº 8.666/1993**:

> Art. 15 (...)
> § 3º. O sistema de registro de preços será regulamentado por decreto, atendidas as peculiaridades regionais, observadas as seguintes condições:
> (...)
> III – validade do registro não superior a um ano.
> (...)

Por fim, cumpre registrar que qualquer cidadão pode impugnar (questionar) os preços que eventualmente foram registrados, ante o que estabelece o § 6º do art. 15 da Lei nº 8.666/1993.

Pronto. Agora, você será capaz de enfrentar os itens. Vamos lá.

Letra a: ERRADA. O registro de preços será licitado por intermédio de pregão ou concorrência (ver legislação abaixo).

Letra b: CERTA. Este item cuida de uma situação conhecida como "carona", em licitações para registro de preços. Refere-se ao fato de que órgãos/entidades não participantes podem aderir ao registro, mesmo não tendo participado, inicialmente, do procedimento. No âmbito federal, quem cuida disso é Decreto nº 3.931. Veja:

> Art. 8º. A Ata de Registro de Preços, durante sua vigência, poderá ser utilizada por qualquer órgão ou entidade da Administração que não tenha participado do certame licitatório, mediante prévia consulta ao órgão gerenciador, desde que devidamente comprovada a vantagem.

Sem nos preocuparmos com as críticas, o item está CERTO, uma vez que praticamente reproduz o que diz o dispositivo acima.

Letra c: ERRADA. Quanto à modalidade aplicável (parte final do item), que pode ser também a concorrência, veja os comentários da letra **a** para concluir que a letra c está errada. E no âmbito federal, de fato, um dos órgãos deveria ser o responsável pelo gerenciamento do processo licitatório, com os demais sendo os participantes. Para o aprendizado, vejamos o que diz o Decreto nº 3.931, mais uma vez:

> Parágrafo único. Para os efeitos deste Decreto, são adotadas as seguintes definições:
> (...)
> III – órgão Gerenciador – órgão ou entidade da Administração Pública responsável pela condução do conjunto de procedimentos do certame para registro de preços e gerenciamento da Ata de Registro de Preços dele decorrente; e
> IV – ógão Participante – órgão ou entidade que participa dos procedimentos iniciais do SRP e integra a Ata de Registro de Preços.

Então, quem faz a licitação, realmente, é apenas um dos órgãos (o gerenciador). Os demais (participantes) tomam parte dos procedimentos iniciais (planejamento, basicamente), vindo a integrar a Ata, mas, entretanto, sem conduzir o procedimento.

Letra d: ERRADA. Dois erros crassos: 1) o registro de preços destina-se a compras para entregas futuras (não compras imediatas); e 2) as modalidades são pregão e concorrência.

Letra e: ERRADA. Erros: 1) quem faz a licitação é o órgão gerenciador (não há necessidade dessa tal "licitação conjunta"); 2) pode haver registro de preços também por concorrência. No que se refere aos quantitativos preços unitários máximos, recorramos, mais uma vez, ao Decreto nº 3.931:

> Art. 9º. O edital de licitação para registro de preços contemplará, no mínimo:
> (...)
> II – a estimativa de quantidades a serem adquiridas no prazo de validade do registro;
> III – o preço unitário máximo que a Administração se dispõe a pagar, por contratação, consideradas as regiões e as estimativas de quantidades a serem adquiridas;

Veja que o Edital deverá conter estimativa das quantidades pretendidas, bem como preços máximos. Entretanto, com relação a este último, chame-se atenção para o fato de que os preços unitários máximos não serão estabelecidos por órgãos, como diz o item, mas sim por regiões.

Legislação
Lei nº 8.666/1993:

> Art. 15 (...)
> § 3º. O sistema de registro de preços será regulamentado por decreto, atendidas as peculiaridades regionais, observadas as seguintes condições:
> I – seleção feita mediante concorrência;
> (...)
> § 6º. Qualquer cidadão é parte legítima para impugnar preço constante do quadro geral em razão de incompatibilidade desse com o preço vigente no mercado.

Lei nº 10.520/2002:

> Art. 11. As compras e contratações de bens e serviços comuns, no âmbito da União, dos Estados, do Distrito Federal e dos Municípios, quando efetuadas pelo sistema de registro de preços previsto no **art. 15 da Lei nº 8.666, de 21 de junho de 1993**, poderão adotar a modalidade de pregão, conforme regulamento específico.

Gabarito: Letra **b**.
Nível: Difícil.

Questão 135   (FCC – TRE-SP – Analista Judiciário – 2012) De acordo com a Constituição Federal brasileira, as pessoas jurídicas de Direito Público e as de Direito Privado prestadoras de serviço público respondem pelos danos que seus agentes, nessa qualidade, causarem a terceiros. Isso significa que a responsabilidade extracontratual do Estado:

a) independe da comprovação de dolo ou culpa do agente, bastando a comprovação do nexo de causalidade entre a ação do agente público e o dano e a ausência de condições excludentes;
b) depende da comprovação do dolo ou culpa do agente público, caracterizadora da falha na prestação do serviço público;
c) independe da comprovação de dolo ou culpa do agente, o qual responde pelos danos causados perante os terceiros, podendo exercer direito de regresso em face da Administração na hipótese de causas excludentes da ilicitude da sua conduta;
d) é de natureza objetiva, sendo afastada quando comprovada a culpa ou dolo exclusivo do agente que, em tal hipótese, responde diretamente perante o particular;
e) é de natureza subjetiva, condicionada à comprovação de culpa exclusiva do agente público.

Tema: Responsabilidade das Prestadoras de Serviços Públicos – Responsabilidade Civil do Estado.

COMENTÁRIOS

Para responder esta questão, veja inicialmente o que diz a CF no § 6º, do art. 37, da CF/1988:

> As pessoas jurídicas de Direito Público e as de Direito Privado prestadoras de serviços públicos responderão pelos danos que seus agentes, nessa qualidade, causarem a terceiros, assegurado o direito de regresso contra o responsável nos casos de dolo ou culpa.

O dispositivo acima consagra a responsabilidade civil do Estado (pessoas jurídica de Direito Público) e dos prestadores de serviço público: é objetiva, independendo da comprovação de culpa. Note-se, ainda, que podem ser apontados os seguintes elementos, como necessários para a configuração da **responsabilidade civil extracontratual do Estado**:

I. O ato ou **fato lesivo** causado pelo agente em decorrência de **culpa em sentido amplo**, a qual abrange o dolo (ato intencional) e a culpa **em sentido estrito**, a qual, por sua vez, engloba a negligência, a imprudência e a imperícia;

II. A ocorrência de um **dano** patrimonial (econômico) ou moral;

III. O **nexo de causalidade** entre o dano havido e o comportamento do agente, o que significa dizer ser necessário que o dano efetivamente tenha decorrido, direta ou indiretamente, da **ação ou omissão de agente público**. Entretanto, perceba que não se fala de culpa do AGENTE, para que o Estado (ou o prestador de serviço público) tenha o dever de promover a reparação do dano. A comprovação de culpa será necessária para que o agente responda na ação regressiva, que é destinada para apurar a culpa do próprio agente. Mas, enfim, podemos resumir, assim, a responsabilização civil:

- DO ESTADO – OBJETIVA – INDEPENDENTE DA COMPROVAÇÃO DE CULPA;
- DO AGENTE – SUBJETIVA – INDEPENDENTE DA COMPROVAÇÃO DE CULPA.

IV. A **alteridade**, no sentido de o prejuízo ter sido provocado por outrem e não por culpa exclusiva do paciente.

Assim, a responsabilização civil da Administração Pública ocorre quando da existência de dano causado a alguém em face da conduta de agente público (leia-se: na qualidade de agente público). E, com isso, temos a resposta da questão – é a letra **a**, uma vez que a responsabilidade civil das pessoas jurídicas de Direito Público e das de Direito Privado prestadoras de serviço público independe da comprovação de dolo ou culpa do agente, bastando a comprovação do nexo de causalidade entre a ação do agente público e o dano e a ausência de condições excludentes.

Gabarito: Letra **a**.
Nível: **Fácil**.

Questão 136 **(FCC – TRE-SP – Analista Judiciário – 2012)** A atividade da Administração consistente na limitação de direitos e atividades individuais em benefício do interesse público caracteriza o exercício do poder:

a) regulamentar, exercido mediante a edição de atos normativos para fiel execução da lei e com a prática de atos concretos, dotados de autoexecutoriedade;
b) de polícia, exercido apenas repressivamente, em caráter vinculado e com atributos de coercibilidade e autoexecutoriedade;
c) disciplinar, exercido com vistas à aplicação da lei ao caso concreto, dotado de coercibilidade e autoexecutoriedade;
d) de polícia, exercido por meio de ações preventivas e repressivas dotadas de coercibilidade e autoexecutoriedade;
e) disciplinar, consistente na avaliação de conveniência e oportunidade para aplicação das restrições legais ao caso concreto, o que corresponde à denominada autoexecutoriedade.

Tema: Poder Regulamentar – Poder Disciplinar – Poder de Polícia – Poderes da Administração.

COMENTÁRIOS

Veja que a questão pede a indicação do que corresponde a eventuais limitações de direitos e atividades individuais em benefício do interesse público. Isso é feito por intermédio do poder de polícia, de ordem geral, impondo-se, quando necessário, ao particular que venha a desrespeitar as regras de convívio social. Daí, o candidato, apenas com esta breve explanação, já ficaria apenas com duas alternativas possíveis – as letras **b** e **d**, já que ambas referem-se ao poder de polícia.

Analisando-se a letra **b**, há duas falhas. A primeira consiste em dizer que o poder de polícia seria exercido apenas repressivamente. É praticamente o contrário. O poder de polícia é quase sempre PREVENTIVO, de modo a evitar que uma irregularidade ocorra. Exemplo disso: quando um órgão de vigilância sanitária realiza fiscalizações, de modo a aferir se um estabelecimento funciona em conformidade com as regras do setor. Caso perceba algo de errado, caberá ao órgão público, de modo a evitar o mal, determinar as providências possíveis.

Evidentemente, é possível que tenhamos ações repressivas advindas do poder de polícia. Multas, por exemplo. Mas as ações decorrentes do poder de polícia são, em sua maior parte, preventivas.

Outro erro na letra **b** é dizer que o poder de polícia é vinculado. Na realidade, uma das características do poder de polícia é a discricionariedade, já que a Administração detém razoável liberdade de atuação no desempenho de tal tarefa. De fato, dentro dos limites dados pela lei, a Administração poderá valorar critérios de conveniência e oportunidade para a prática dos atos de polícia, determinando critérios para definição, por exemplo, de quais atividades irá fiscalizar, bem como as sanções aplicáveis em decorrência de certa infração, as quais, é lógico, devem estar previstas em lei.

Apesar do erro na formulação conceitual do item, bom destacar que determinadas atividades decorrentes do poder de polícia, são vinculadas. É o caso da emissão das licenças, dos atos administrativos vinculados e definitivos, por meio dos quais a Administração reconhece o Direito Subjetivo de um particular à prática de determinada atividade, a partir do preenchimento de certas condições necessárias ao gozo desse direito.

Por exemplo: Para exercer uma profissão, o que é um direito de índole constitucional, há que se obter licença para tanto. Cumpridos os requisitos para a obtenção desta, a Administração deverá concedê-la ao particular.

A letra d, de sua parte, está correta, pois aponta duas outras características do poder de polícia: **coercibilidade** e **autoexecutoriedade**. Falemos um pouco de cada uma, em breves palavras.

Em razão do atributo da **coercibilidade**, as medidas adotadas pela Administração no exercício do poder de polícia podem ser impostas de maneira coativa aos administrados (independente de concordância).

Tal situação é comum, por exemplo, na interdição de prédios que, em decorrência de suas instalações físicas, sejam inseguros para o exercício de certas atividades. De qualquer maneira, o particular insatisfeito com a atuação administrativa poderá levar a situação à apreciação do Poder Judiciário, a quem competirá, última forma, decidir sobre a questão discutida. A coercibilidade justifica, ainda, o uso da força física no caso de resistência do administrado, a qual deverá ser proporcional a tal resistência.

Bom registrar que nem todo ato de polícia é dotado de coercibilidade: de fato, as licenças, autorizações e permissões decorrentes do poder de polícia contam com a concordância do destinatário do ato. Em consequência, nestes atos não há coercibilidade.

A **autoexecutoriedade** consiste na possibilidade da maior parte dos atos administrativos decorrentes do exercício do poder de polícia ser imediata e diretamente executados pela própria Administração, independentemente de autorização ou intervenção ordem judicial.

É pressuposto lógico do exercício do poder de polícia, sendo necessária para garantir agilidade às decisões administrativas no uso desse poder. Contudo, a **auto-**

executoriedade não está presente em todos os atos que venham a decorrer do poder de polícia Administrativa.

Com efeito, no caso, por exemplo, das multas, permite-se, de maneira autoexecutória, apenas a imposição (aplicação) destas, mas não a sua cobrança, a qual deverá ser realizada por meio da ação adequada na esfera judicial. Nem todos os atos que venham a decorrer do poder de polícia são, portanto, autoexecutórios.

Gabarito: Letra **d**.
Nível: **Fácil**.

Instrução: Para responder à questão, considere a Lei nº 8.112/1990.

Questão 137   (FCC – TRE-SP – Analista Judiciário – 2012) André é titular de cargo em comissão de natureza gerencial no Tribunal Regional Eleitoral. Em razão de sua conduta inadequada, foi responsabilizado por lesão aos cofres públicos. Assim, André foi punido com a destituição do cargo em comissão. Nesse caso, a penalidade aplicada implica a:

a) indisponibilidade de bens e o ressarcimento ao erário, com prejuízo da ação penal;
b) indisponibilidade dos bens e o ressarcimento ao erário, sem prejuízo da ação penal cabível;
c) instauração de ação penal e multa pecuniária, com prejuízo das medidas de natureza cível.;
d) incompatibilização do servidor para nova investidura no cargo público federal, pelo prazo de 10 (dez) anos;
e) incompatibilização do servidor para nova investidura em cargo público federal, pelo prazo de 5 (cinco) anos.

Tema: Do Regime Disciplinar (Lei nº 8.112) – Lei nº 8.112/1990 (lei federal) – Agentes Administrativos (servidores públicos estatais) – Agentes Públicos.

COMENTÁRIOS

Uma das penalidades aplicáveis aos ocupantes de cargos em comissão é a destituição do cargo em comissão (inciso V, do art. 127, da Lei nº 8.112/1990), a qual será aplicada nos casos em que o servidor não ocupante de cargo efetivo cometa infração sujeita às penalidades de suspensão e de demissão. Pois bem. Uma das hipóteses que leva à demissão, e, consequentemente, à destituição daquele que ocupe exclusivamente o cargo comissionado é a lesão aos cofres públicos (inciso X, do art. 132, da Lei nº 8.112/1990). Neste (e noutros) caso, a Lei nº 8.112/1990 diz que haverá a indisponibilidade dos bens e o ressarcimento ao erário, sem prejuízo da ação penal cabível, com relação ao cometedor (art. 136). Por tudo, está correta a letra **b**.

Legislação
Lei nº 8.112/1990:

Art. 127. São penalidades disciplinares:
(...)
V – destituição de cargo em comissão;

Art. 135. A destituição de cargo em comissão exercido por não ocupante de cargo efetivo será aplicada nos casos de infração sujeita às penalidades de suspensão e de demissão.
Art. 132. A demissão será aplicada nos seguintes casos:
(...)
X – lesão aos cofres públicos e dilapidação do patrimônio nacional;
Art. 136. A demissão ou a destituição de cargo em comissão, nos casos dos incisos IV, VIII, X e XI do art. 132, implica a indisponibilidade dos bens e o ressarcimento ao erário, sem prejuízo da ação penal cabível.

Gabarito: Letra **b**.
Nível: **Médio**.

Instrução: Para responder à questão, considere a Lei nº 11.416/2006.

Questão 138 (FCC – TRE-SP – Analista Judiciário – 2012) O Adicional de Qualificação – AQ foi concedido aos analistas judiciários Sérgio e Olga, em razão dos conhecimentos adicionais adquiridos em títulos, diplomas e certificados de cursos de pós-graduação, em sentido amplo ou estrito em áreas de interesse dos órgãos do Poder Judiciário. Nesses casos, analise:
I. Esse adicional será devido a partir da conclusão do título, diploma ou certificado.
II. Serão considerados, para os efeitos desse adicional, os cursos e as instituições de ensino reconhecidos por quaisquer órgãos públicos de educação.
III. Serão admitidos cursos de pós-graduação *lato sensu* somente com duração mínima de 360 (trezentas e sessenta) horas.
IV. O adicional mencionado não será concedido quando o curso constituir requisito para ingresso no cargo.
Diante disso, está correto o que consta APENAS em:
a) I e III;
b) I e IV;
c) II e III;
d) II c IV;
e) III e IV.

Tema: Lei nº 11.416, de 2006 (Lei dos Servidores do Poder Judiciário da União) – Agentes administrativos (servidores públicos estatais) – Agentes Públicos

COMENTÁRIOS

Perceba que a questão trata de assunto bem específico – a Lei nº 11.416/2006, que dispõe acerca dos servidores do Poder Judiciário da União. Tal norma só deve ser estudada, obviamente, quando for colocada de modo específico pelo examinador nos itens do Edital. E lá nos arts. 14 e 15 da referida norma trata-se do Adicional de Qualificação (AQ), que é devido aos servidores das Carreiras dos Quadros de Pessoal do Poder Judiciário, em razão dos conhecimentos adicionais adquiridos em ações de treinamento, títulos, diplomas ou certificados de cursos de pós-graduação, em sentido amplo ou estrito, em áreas de interesse dos órgãos do Poder Judiciário, a serem estabelecidas em regulamento. E, para ser mais direto, examinemos os itens à luz das disposições a Lei:

Item I: ERRADO. Veja o que diz o § 3º, do art. 15, da Lei nº 11.416:

> § 3º. O adicional de qualificação será devido a partir do dia da apresentação do título, diploma ou certificado.

O item está errado, pois diz que seria devido o AQ a partir da conclusão. Não é. É a partir da APRESENTAÇÃO dos documentos pertinentes.

Item II: ERRADO. Veja o que diz agora o § 3º do art. 14 da mesma Lei:

> § 3º. Para efeito do disposto neste artigo, serão considerados somente os cursos e as instituições de ensino reconhecidos pelo Ministério da Educação, na forma da legislação.

Os cursos/instituições devem ser reconhecidos pelo Ministério da Educação e não por quaisquer órgãos públicos. Em consequência, o item está ERRADO.

Item III: **CERTO**. Item em exata conformidade com o § 4º do art. 14 da Lei nº 11.416 (ver legislação abaixo)

Item IV: **CERTO**. Item em exata conformidade com o § 1º do art. 14 da Lei nº 11.416 (ver legislação abaixo)

Gabarito: Letra e.
Nível: **Médio**.

Legislação
Lei nº 11.416/2006:

> Art. 14. É instituído o Adicional de Qualificação – AQ destinado aos servidores das Carreiras dos Quadros de Pessoal do Poder Judiciário, em razão dos conhecimentos adicionais adquiridos em ações de treinamento, títulos, diplomas ou certificados de cursos de pós-graduação, em sentido amplo ou estrito, em áreas de interesse dos órgãos do Poder Judiciário a serem estabelecidas em regulamento.
> § 1º. O adicional de que trata este artigo não será concedido quando o curso constituir requisito para ingresso no cargo.
> (...)
> § 4º. Serão admitidos cursos de pós-graduação *lato sensu* somente com duração mínima de 360 (trezentas e sessenta) horas.

Questão 139 **(FCC – TRE-SP – Analista Judiciário – 2012) Com relação às diferenças entre uma entidade estatal e um órgão público, considere as afirmativas abaixo:**
I. Entidade estatal é um ente com personalidade jurídica, ou seja, capacidade para adquirir direitos e contrair obrigações em nome próprio.
II. Órgãos públicos constituem centros de competência despersonalizados, partes componentes de uma entidade política ou administrativa.

III. Quando a União opta por transferir a titularidade de determinada competência a autarquias e fundações públicas – estamos perante o fenômeno da desconcentração, mediante o qual são criados os órgãos públicos.
IV. Órgão público é uma pessoa jurídica, já que é apenas parte da estrutura maior, o Estado.
V. Os Órgãos públicos cumprem o que lhes foi determinado pelo Estado e não têm, portanto, vontade própria.

Está correto o que consta APENAS em:
a) I, II, III e IV;
b) II e IV;
c) II, III e V;
d) I, II e V;
e) I e IV.

Tema: Administração Direta (órgãos públicos) – Administração Indireta – Desconcentração e Descentralização – Organização Administrativa.

COMENTÁRIOS

Item que cuida da Administração Pública, nas estruturas Direta (órgãos) e Indireta (entidades estatais). Vejamos algumas notas gerais, antes de passarmos aos comentários de cada um dos itens.

A **Administração Direta** pode ser vista como o **conjunto de órgãos** diretamente ligados às pessoas federativas (União, estados, DF e municípios), aos quais é atribuída a competência para o exercício de determinadas tarefas, de incumbência destes.

Como os Poderes Constituídos, ou seja, o Legislativo, o Executivo e o Judiciário não possuem personalidade jurídica própria, ligando-se, de modo direto, a uma pessoa federativa (política, que pode legislar – União; estados; Distrito Federal e municípios), estes, os Poderes Constituídos, podem ser entendidos como Administração Pública DIRETA, tomando-se este termo em **acepção ampla**. Ademais, no âmbito de cada um desses Poderes Estruturais do Estado existe órgãos incumbidos de atividades administrativas, pelo que se torna correto afirmar que a Administração Pública está presente em todos os Poderes, e não só no Executivo.

Registre-se, ainda, que Administração Direta corresponde a cada ente federativo. Assim, é correto dizer: "Administração Direta da União"; do estado do Maranhão; do Distrito Federal, do município de Aracaju etc.

Nesse quadro, parte da doutrina (José dos Santos Carvalho Filho) conceitua Administração Direta como "o conjunto de órgãos que integram as pessoas federativas, às quais foi atribuída a competência para o exercício, de forma centralizada, das atividades administrativas do Estado". Em face da relevância do conceito, cabe esclarecer, um pouco mais, o que se pode entender por "órgão", conceito central nesta questão.

Órgão público, sinteticamente, é um centro de competências despersonalizado, ou seja, uma "unidade que congrega atribuições exercidas pelos agentes públicos que o integram, com o objetivo de expressar a vontade do Estado", na excelente definição da professora Maria Sylvia di Pietro.

Desse modo, os órgãos atuam em nome do Estado, não tendo personalidade jurídica (despersonalizados), tampouco vontade própria, mas, nas áreas de suas atribuições e nos limites de sua competência funcional, expressam a vontade da entidade a que pertencem. Todos os órgãos têm, necessariamente, cargos, funções e agentes, sendo certo que esses elementos podem ser alterados, substituídos ou retirados, sem que isso importe a extinção do órgão.

Já a Administração Indireta, de acordo com o atual modelo constitucional, é composta por: autarquias, fundações públicas, e empresas estatais ou governamentais (empresas públicas e sociedades de economia mista). Ressalte-se que o modelo constitucional é o mesmo do "velho e bom" DL nº 200/1967. Vejamos, então, o que há de mais importante quanto ao assunto.

A Administração INDIRETA não é INTEGRADA por órgãos, mas sim por ENTIDADES. Estas ENTIDADES têm seus órgãos também (lembram que falamos acima que *é possível a desconcentração na descentralização?*). Todavia, os eventuais órgãos das entidades da Administração Indireta não COMPÕEM esta (a Indireta), mas tão somente a ENTIDADE. Tanto assim, que, extinta a entidade, uma autarquia, por exemplo, estará extinto o órgão.

Quando um ente federativo (pessoa integrante da Federação) opta por transferir a uma autarquia, transferirá a ela a execução e a TITULARIDADE da tarefa, o que se convencionou chamar doutrinariamente de DESCENTRALIZAÇÃO, que não se pode confundir, para efeito de prova de concurso com a DESCONCENTRAÇÃO administrativa. Façamos algumas observações com relação aos dois institutos.

Na **descentralização**, o Estado atribui à outra pessoa, física ou jurídica, a possibilidade de fazer alguma coisa. Já na desconcentração ocorre a distribuição INTERNA (dentro de uma pessoa jurídica) de competências. Em linhas gerais, podemos fazer o seguinte quadro comparativo entre as duas figuras:

DESCONCENTRAÇÃO	DESCENTRALIZAÇÃO
Técnica Administrativa	Distribuição de Competência
	Princípio da especialização
Uma só Pessoa Jurídica	Mais de uma pessoa jurídica OU FÍSICA

Feito o resumo, passemos aos itens.

Item I: CORRETO. Essa é principal característica das entidades administrativas, comparativamente aos órgãos – enquanto as entidades possuem personalidade, órgãos são desprovidos de personalidade.

Item II: CORRETO. Corresponde ao conceito de órgão exposto. Na parte teórica.

Item III: INCORRETO. A criação de entidades da Administração Indireta representa DESCENTRALIZAÇÃO (não desconcentração) administrativa.

Item IV: INCORRETO. Entidades são pessoas jurídicas. Órgãos são meros centros de competências, desprovidos de personalidade jurídica.

Item V: CORRETO. Repetindo o que foi dito, nas exposições teóricas:

os órgãos atuam em nome do Estado, não tendo personalidade jurídica (despersonalizados), tampouco vontade própria, mas, nas áreas de suas atribuições e nos limites de sua competência funcional, expressam a vontade da entidade a que pertencem.

Logo, o gabarito é a letra **d**.
Gabarito: Letra **d**.
Nível: **Médio**.

Questão 140   (FCC – TRE-SP – Analista Judiciário – 2012) O diretor de um órgão público qualquer tem poder para definir o período durante o qual serão gozadas as férias dos seus servidores. Esse dirigente é obrigado a conceder férias anuais a todos os servidores do órgão. Os dois casos referem-se, respectivamente, ao exercício de poder:
a) distributivo e coercitivo;
b) discriminativo e assertivo;
c) disciplinar e vinculado;
d) arbitrário e obrigatório;
e) discricionário e vinculado.

Tema: Poder Vinculado e Discricionário – Poderes da Administração.

COMENTÁRIOS

Note que na primeira parte o diretor pode fazer escolha, ou seja, é dotado de relativa liberdade para determinar QUANDO os servidores que trabalhem com ele podem gozar férias. Tal liberdade relativa é chamada, doutrinariamente, de discricionariedade administrativa, que, na visão da maior parte dos doutrinadores, pode ser resumida em um binômio: CONVENIÊNCIA E OPORTUNIDADE. A primeira indica em que condições vai se conduzir o agente (o modo de agir deste); a segunda diz respeito ao momento em que a atividade deve ser produzida. É da segunda característica que cuida o comando da questão (oportunidade), a qual já está resolvida: apenas a letra E fala de discricionariedade. Daí ser o gabarito. Mas continuemos as análises.

Na segunda parte, o comando diz que o Diretor é OBRIGADO a conceder férias. Nesse quadro, falta liberdade a tal agente. Por isso, entende-se que há, aí, a VINCULAÇÃO, que importa a prática de atos nos quais a liberdade de atuação é mínima, ou mesmo inexiste. Difere frontalmente do Poder Discricionário e, por consequência, dos atos administrativos discricionários, nos quais há maior liberdade de atuação da Administração, como visto. Bom, em face do se viu, o gabarito é indubitável – é a letra E!
Gabarito: Letra **e**.
Nível: **Médio**.

Capítulo 16

TRE-SP – Prova de Analista Administrativo – 2012

Q.141. Licitações (Lei nº 8.666/1993) – Licitação Inexigível (art. 25 da Lei nº 8.666/1993) – Licitação Dispensável (art. 24 da Lei nº 8.666/1993) – Contratação Direta (dispensa e inexigibilidade)
Q.142. Desfazimento ou Retirada do Ato Administrativo (anulação, revogação, cassação, caducidade, contraposição) – Atos Administrativos
Q.143. Sujeitos: ativo e passivo (Lei nº 8.429 – arts. 1º a 8º) – Dos Atos de Improbidade (Lei nº 8.249 – arts. 9º a 11) – Improbidade Administrativa (Lei nº 8.429/1992)
Q.144. Processo Administrativo Federal (Lei nº 9.784/1999) – Processo Administrativo
Q.145. Alienação de Bens Móveis e Imóveis (arts. 17 a 19, Lei nº 8.666) – Licitações (Lei nº 8.666/1993)
Q.146. Princípios da Administração Pública – Regime Jurídico Administrativo
Q.147. Das licenças, Afastamentos e Concessões (Lei nº 8.112) – Lei nº 8.112/1990 (lei federal) – Agentes Administrativos (servidores públicos estatais) – Agentes Públicos
Q.148. Agentes Administrativos (servidores públicos estatais) – Agentes Públicos
Q.149. Administração Direta (órgãos públicos) – Administração Indireta –Organização Administrativa
Q.150. Administração Indireta – Organização Administrativa
Q.151. Princípios da Administração Pública – Regime Jurídico Administrativo
Q.152. Poderes da Administração
Q.153. Poder Hierárquico – Poderes da Administração
Q.154. Poder Disciplinar – Poderes da Administração

Questão 141 **(FCC – TRE-SP – Analista Administrativo – 2012) O Departamento de Estradas de Rodagem – DER, autarquia estadual, contratou, mediante prévio procedimento licitatório, obras de duplicação de uma rodovia estadual. No curso da execução das obras, viu-se obrigado a rescindir o contrato, em face da incapacidade técnica superveniente da contratada, restando, assim, remanescente de obras a serem concluídas. De acordo com a Lei nº 8.666/1993, o DER:**
a) está obrigado a efetuar novo procedimento licitatório para a contratação da execução do remanescente das obras, podendo, contudo, fazê-lo sob a modalidade convite, independentemente do valor da contratação;
b) poderá declarar a inexigibilidade de licitação, desde que por ato fundamentado da autoridade e comprovado o interesse público envolvido, não podendo o preço contratado superar o da licitação anterior, devidamente corrigido;
c) poderá contratar o remanescente de obra com dispensa de licitação apenas se comprovar situação de emergência ou de calamidade pública, bem como a compatibilidade do preço com os praticados no mercado;
d) está obrigado a efetuar novo procedimento licitatório, que poderá adotar a modalidade pregão eletrônico, com a participação dos licitantes do certame que deu origem à contratação original, os quais deverão apresentar, como primeira proposta, o preço ofertado pelo licitante vencedor, devidamente corrigido;
e) poderá dispensar o procedimento licitatório e contratar o remanescente da obra com licitante habilitado na licitação anterior, desde que atendida a ordem de classificação daquela licitação e aceitas as mesmas condições oferecidas pelo licitante vencedor, inclusive quanto ao preço, devidamente corrigido.

Tema: Licitações (Lei nº 8.666/1993) – Licitação inexigível (art. 25 da Lei Lei nº 8.666/1993) – Licitação dispensável (art. 24 da Lei nº 8.666/1993) – Contratação Direta (dispensa e inexigibilidade).

✎ COMENTÁRIOS

A situação descrita pelo examinador é, infelizmente, comum, na vida da Administração — obras inacabadas. Por vezes, uma empresa inicia a execução de algo, mas não dá conta de acabar. A Lei nº 8.666/1993 cuidou de tal hipótese, e, de forma a tornar a contratação mais célere, autorizou a contratação direta, por dispensa de licitação, para o que se convencionou chamar de "contratação do remanescente. Veja o que diz a norma referida:

> Art. 24. É dispensável a licitação:
> (...)
> XI – na contratação de remanescente de obra, serviço ou fornecimento, em consequência de rescisão contratual, desde que atendida a ordem de classificação da licitação anterior e aceitas as mesmas condições oferecidas pelo licitante vencedor, inclusive quanto ao preço, devidamente corrigido;

Compare com as alternativas disponíveis. A letra **e** é exatamente o que descreve a Lei, e, por isso, é o nosso gabarito. Atente para o fato de que, em tal hipótese, ao convocar o segundo colocado, a Administração deverá pagar a este o preço do primeiro, devidamente atualizado. Outras anotações a respeito das demais alternativas:

Letra **a**: ERRADA. Em primeiro lugar, como visto, a Administração não está obrigada a realizar nova licitação, uma vez que pode contratar diretamente, por dispensa de licitação. Além disso, caso fosse realizar um convite, tal modalidade tem limites de valor para sua utilização (veja no art. 23 da Lei nº 8.666/1993, na legislação citada abaixo).

Letra **b**: ERRADA. O fundamento da inexigibilidade de licitação é a inviabilidade de licitação (veja o art. 25 abaixo), coisa que não há, na situação descrita. O restante é unicamente para tentar "enrolar" o candidato.

Letra **c**: ERRADA. Releia, se o for caso, o fundamento da contratação direta, com base no remanescente. Lá, não se fala de emergência, a qual, aliás, também pode fundamentar a contratação direta, mas em razão da própria emergência (veja ao inciso IV do art. 24 abaixo).

Letra **d**: ERRADA. Como dito na letra **a**, a Administração não é obrigada a fazer nova licitação. O restante do item é pura "conversa fiada" do examinador, já que a normatividade não fala nada disso.

Gabarito: Letra **e**.
Nível: **Fácil**.

Capítulo 16 | TRE-SP – Prova de Analista Administrativo – 2012

Legislação
Lei nº 8.666/1993:

Art. 23. As modalidades de licitação a que se referem os incisos I a III do art. anterior serão determinadas em função dos seguintes limites, tendo em vista o valor **estimado** da contratação:
(...)
I – para obras e serviços de engenharia:
a) convite – até R$ 150.000,00 (cento e cinquenta mil reais);
(...)
II – para compras e serviços não referidos no inciso anterior:
a) convite – até R$ 80.000,00 (oitenta mil reais);
Art. 24. É dispensável a licitação:
(...)
IV – nos casos de emergência ou de calamidade pública, quando caracterizada urgência de atendimento de situação que possa ocasionar prejuízo ou comprometer a segurança de pessoas, obras, serviços, equipamentos e outros bens, públicos ou particulares, e somente para os bens necessários ao atendimento da situação emergencial ou calamitosa e para as parcelas de obras e serviços que possam ser concluídas no prazo máximo de 180 (cento e oitenta) dias consecutivos e ininterruptos, contados da ocorrência da emergência ou calamidade, vedada a prorrogação dos respectivos contratos;

Questão 142 (FCC – TRE-SP – Analista Administrativo – 2012) A revogação de um ato administrativo:
a) é prerrogativa da Administração, de caráter discricionário, consistente na extinção de um ato válido por razões de conveniência e oportunidade;
b) constitui atuação vinculada da Administração, na medida em que, em face da indisponibilidade do interesse público, a Administração está obrigada a revogar atos maculados por vício de oportunidade;
c) pode ser declarada tanto pela Administração como pelo Poder Judiciário, quando identificado que o ato se tornou inconveniente ou inoportuno do ponto de vista do interesse público;
d) somente pode ser procedida por autoridade hierarquicamente superior àquela que praticou o ato, de ofício ou por provocação do interessado, vedada a sua prática pelo Poder Judiciário;
e) constitui prerrogativa da Administração, quando fundada em razões de conveniência e oportunidade, e do Poder Judiciário, quando identificado vício relativo à motivação, competência ou forma.

Tema: Desfazimento ou Retirada do Ato Administrativo (anulação, revogação, cassação, caducidade, contraposição) – Atos Administrativos.

COMENTÁRIOS

Essa questão é muito boa para que se trate da revogação, que é a retirada do ato administrativo do mundo jurídico por razões de oportunidade e de conveniência. Na revogação, um ato administrativo, legítimo e eficaz (gerador de efeitos), é suprimido pelo Estado-administrador — e somente por ele — por não mais lhe convir sua existência.

A revogação pressupõe, portanto, um **ato legal e perfeito**, mas que se tornou **inconveniente** ao interesse público, sendo certo que é inerente ao **poder discricionário** da Administração. Registre-se que a revogação do ato opera efeitos da data em diante, ou seja, **tem efeitos *ex nunc*** (proativos).

Agora, compare o exposto com as alternativas. A que melhor se adequa ao comando da questão é a letra **a**. Mas aproveite e veja as outras alternativas e o que elas têm a ensinar:

Letra **b**: ERRADA. A revogação não é ato vinculado. É discricionário. Além do mais, potenciais vícios levariam à anulação do ato, não à revogação.

Letra **c**: ERRADA. O Poder Judiciário não revogará os atos da Administração, em razão da independência dos poderes. Além disso, o juízo de conveniência e oportunidade é privativo da Administração, uma vez que, conforme a jurisprudência mais conservadora, o Judiciário não deve invadir o mérito administrativo, que se liga a esses conceitos (de conveniência e oportunidade).

Letra **d**: ERRADA. Não há problema algum de a revogação ser procedida pela mesma autoridade que produziu o ato. No que se refere ao Judiciário, chame-se atenção para o fato de que se o ato administrativo tiver sido produzido pelo Judiciário, somente tal poder é quem poderá revogá-lo. Entretanto, o item não tratou disso.

Letra **e**: ERRADA. A primeira parte do item está correta, pois a revogação, além de dizer respeito a razões de conveniência e oportunidade, é uma prerrogativa da Administração. Contudo, quanto ao Judiciário, ao perceber vício, e desde que provocado, caberá a anulação do ato administrativo.

Gabarito: Letra **a**.
Nível: **Fácil**.

Questão 143 **(FCC – TRE-SP – Analista Administrativo – 2012) A respeito dos elementos constitutivos dos atos de improbidade administrativa, é correto afirmar que:**
 a) podem ser sujeito ativo tanto o agente público, servidor ou não, como terceiro que induza ou concorra para a prática do ato ou dele se beneficie de forma direta ou indireta;
 b) apenas os agentes públicos, assim considerados os servidores e os detentores de mandato eletivo, podem ser sujeito ativo do ato de improbidade;
 c) podem ser sujeito passivo do ato de improbidade, além das entidades integrantes da Administração Direta e Indireta de todos os poderes, também as entidades nas quais o erário haja concorrido para a formação do patrimônio, desde que em montante superior a 50%;
 d) pressupõe, como elemento objetivo, a ocorrência de dano ao erário e, como elemento subjetivo, dolo ou culpa do sujeito ativo e enriquecimento ilícito;
 e) pressupõe, como elemento objetivo, a ocorrência de dano ao erário ou a violação aos princípios da Administração e, como elemento subjetivo, conduta comissiva dolosa, independentemente de enriquecimento ilícito.

Tema: Sujeitos: ativo e passivo (Lei nº 8.429, arts. 1º a 8º) – Dos atos de improbidade (Lei nº 8.249, arts. 9º a 11) – Improbidade Administrativa (Lei nº 8.429/1992).

COMENTÁRIOS

Questão "clássica" de concurso, que demanda muita atenção... Inicialmente, registre-se que sujeito ativo é o responsável pelo cometimento do ato de improbidade. Passivo, é o que sofre os efeitos do ato de improbidade. Dito isto, analise os itens da questão, à luz do que diz a Lei nº 8.429/1992, que regula o assunto (improbidade administrativa).

Letra a: CERTA. Veja o que diz a Lei nº 8.429 a respeito de quem pode ser considerado cometedor do ato de improbidade:

> Art. 2º. Reputa-se agente público, para os efeitos desta lei, todo aquele que exerce, ainda que transitoriamente ou sem remuneração, por eleição, nomeação, designação, contratação ou qualquer outra forma de investidura ou vínculo, mandato, cargo, emprego ou função nas entidades mencionadas no art. anterior.
>
> Art. 3º. As disposições desta lei são aplicáveis, no que couber, àquele que, mesmo não sendo agente público, induza ou concorra para a prática do ato de improbidade ou dele se beneficie sob qualquer forma direta ou indireta.

Observe que mesmo terceiros não servidores podem ser cometedores de ato de improbidade. E a letra **a**, portanto, está correta.

Letra b: ERRADA. O erro do item é o "apenas". Para complementar, leia os comentários à letra A.

Letra c: ERRADA. O "desde que" estabelece uma condição que inexiste na Lei nº 8.429/1992, a qual, a bem do esclarecimento, merecer ser vista no trecho que resolve a dúvida (art. 1º):

> Parágrafo único. Estão também sujeitos às penalidades desta lei os atos de improbidade praticados contra o patrimônio de entidade que receba subvenção, benefício ou incentivo, fiscal ou creditício, de órgão público bem como daquelas para cuja criação ou custeio **o erário haja concorrido ou concorra com menos de cinquenta por cento do patrimônio ou da receita anual, limitando-se, nestes casos, a sanção patrimonial à repercussão do ilícito sobre a contribuição dos cofres públicos.**

Note o trecho negritado: mesmo que o Estado contribua com menos de 50% para a formação do patrimônio de uma entidade, ainda assim devem ser punidos os atos que se enquadrem nos ilícitos contidos na Lei de Improbidade, com atenção para o fato de, em tais casos, a sanção patrimonial é delimitada (deve ser proporcionalizada) à repercussão para o erário.

Letra d: ERRADA. No que diga respeito ao elemento subjetivo (a intenção, em si, do agente), o item está parcialmente correto – pressupõe-se que o agente cometedor do ato de improbidade tenha agido com dolo ou culpa. Entretanto, não há necessidade de que tenha havido enriquecimento ilícito. É que há outras espécies de atos de improbidade, além dos que geram enriquecimento ilícito, que são: os que geram prejuízos ao erário e os que lesam princípios da Administração Pública. Este o ERRO maior do item — dizer que haverá o enriquecimento ilícito, para que alguém responda por improbidade administrativa. Quanto ao elemento objetivo, ressalte-se que ato de improbidade nem sempre gerará prejuízo FINANCEIRO à Administração. É que, por exemplo, os atos de improbidade que lesam os princípios da Administração Pública não trazem prejuízos materiais à Administração. Bem por isso, a jurisprudência afirma que a ação de improbidade independe de efetivo dano material.

Letra **e**: ERRADA. O examinador considerou este item errado provavelmente em razão da descrição do elemento objetivo — há um terceiro tipo de improbidade que importa o enriquecimento ilícito (confira no art. 9º, abaixo). Em tal hipótese, não haverá dano ao erário ou, em tese, lesão a princípios da Administração. Em síntese: como o item coloca que o ato de improbidade demandará OU a ocorrência de dano ao erário OU a violação aos princípios da Administração, sem cuidar da terceira situação que levará a alguém a responder por improbidade, foi considerado ERRADO. E, acostume-se com isso: em provas de múltipla escolha, sempre busque a melhor resposta, que, sem dúvida, nesta questão, é a letra **a**.

Gabarito: Letra **a**.
Nível: Difícil.

Legislação
Lei nº 8.429/1992:

Art. 9º. Constitui ato de improbidade administrativa importando **enriquecimento ilícito auferir qualquer tipo de vantagem patrimonial indevida** em razão do exercício de cargo, mandato, função, emprego ou atividade nas entidades mencionadas no art. 1º desta lei, e notadamente:
(...)
Art. 10. Constitui ato de improbidade administrativa que causa **lesão ao erário** qualquer ação ou omissão, dolosa ou culposa, que enseje perda patrimonial, desvio, apropriação, malbaratamento ou dilapidação dos bens ou haveres das entidades referidas no art. 1º desta lei, e notadamente:
(...)
Art. 11. Constitui ato de improbidade administrativa que atenta contra os princípios da administração pública qualquer ação ou omissão que viole os deveres de honestidade, imparcialidade, legalidade, e lealdade às instituições, e notadamente:

Questão 144 **(FCC – TRE-SP – Analista Administrativo – 2012)** Determinado cidadão apresentou requerimento a órgão público, que restou indeferido pela autoridade competente, de forma fundamentada e observado o prazo legal para o exame do pleito. Ao tomar ciência da decisão, o cidadão, de acordo com a Lei nº 9.784/1999, que regula o processo administrativo no âmbito federal:

a) não possui direito a recurso, podendo, contudo, impugnar o ato judicialmente, com a interposição de mandado de segurança;

b) poderá apresentar recurso, dirigido ao superior hierárquico daquele que proferiu a decisão, mediante o oferecimento de caução;

c) poderá apresentar recurso, dirigido à autoridade que proferiu a decisão, que poderá reconsiderá-la, no prazo de cinco dias, ou, em caso negativo, encaminhá-lo à autoridade superior;

d) não possui direito a recurso, mas apenas a pedido de reconsideração, dirigido à autoridade que praticou o ato, desde que fundamentado em elementos novos ou adicionais em relação àqueles que foram considerados na decisão original;

e) poderá apresentar recurso ou pedido de reconsideração, no prazo de cinco dias, à autoridade que proferiu o ato ou ao superior hierárquico, respectivamente, ao qual será atribuído efeito suspensivo mediante o recolhimento de caução.

Tema: Processo Administrativo Federal (Lei nº 9.784/1999) – Processo Administrativo.

COMENTÁRIOS

Analise o comando da questão. Veja que ela, essencialmente, cuida da possibilidade de alguém intentar recurso ou pedido de reconsideração em processo administrativo levado a efeito pela União. Por isso a regência da Lei nº 9.784/1999, que assim estabelece, no art. 56:

> § 1º. O recurso será dirigido à autoridade que proferiu a decisão, a qual, se não a reconsiderar no prazo de cinco dias, o encaminhará à autoridade superior.

Note que o recurso será intentado junto a MESMA autoridade que decidiu a matéria anteriormente. Daí, essa autoridade poderá "pensar melhor". Caso decida não atender ao pedido, aí sim, encaminhará a uma autoridade formalmente superior, tal como diz a letra c, que está correta, em consequência.

Gabarito: Letra **c**.
Nível: **Fácil**.

Questão 145 **(FCC – TRE-SP – Analista Administrativo – 2012)** O Estado adquiriu imóveis em procedimento judicial (adjudicação em processo de execução fiscal) e, em razão da natureza dos mesmos, não pretende afetá-los à finalidade pública, concluindo, assim, pela utilidade da alienação, de forma a obter recursos financeiros para a aplicação em atividades prioritárias. De acordo, com a Lei nº 8.666/1993, a alienação deve ser precedida de:

a) avaliação e licitação na modalidade concorrência, obrigatoriamente;
b) avaliação e licitação na modalidade concorrência ou leilão;
c) autorização legislativa, avaliação e licitação na modalidade pregão;
d) autorização legislativa, que deverá estabelecer o preço mínimo de alienação e licitação na modalidade leilão;
e) autorização legislativa e licitação na modalidade leilão, dispensando-se a avaliação mediante a adoção do valor da avaliação judicial para fins de adjudicação.

Tema: Alienação de Bens Móveis e Imóveis (arts. 17 a 19, Lei nº 8.666) – Licitações (Lei nº 8.666/1993).

COMENTÁRIOS

A alienação de bens por parte da Administração Pública também demanda licitação (veja o inciso XXI, do art. 37, da CF, citado abaixo). Para tanto, a primeira providência é verificar se o bem a ser alienado não está afetado, isto é, atrelado a uma finalidade pública. Por exemplo: o prédio onde funciona uma Secretaria de Governo não poderia, enquanto possuir este uso (afetado, portanto), ser alienado. Observe no comando da questão que o prédio não será afetado. Cumpriu-se, então, o primeiro requisito para alienação.

Outrossim, veja o que diz o art. 19 da Lei nº 8.666/1993 a respeito da alienação de bens imóveis adquiridos pela Administração Pública por procedimentos judiciais ou dação em pagamento:

> Art. 19. Os bens imóveis da Administração Pública, cuja aquisição haja derivado de procedimentos judiciais ou de dação em pagamento, poderão ser alienados por ato da autoridade competente, observadas as seguintes regras:
> I – avaliação dos bens alienáveis;
> II – comprovação da necessidade ou utilidade da alienação;
> III – adoção do procedimento licitatório, sob a modalidade de concorrência ou leilão.

Perceba que, além da necessidade da comprovação da utilidade da alienação (inciso II), é necessário que o Poder Público avalie o bem e adote a licitação sob as modalidades CONCORRÊNCIA ou LEILÃO, de modo que está certa a Letra B. DETALHE: o examinador tentou confundir o candidato com a necessidade de autorização legislativa, que deve haver quando o imóvel tiver sido adquirido por outras razões, que não tenham sido dação em pagamento ou procedimentos judiciais (veja o art. 17, *caput* e inciso I, da Lei nº 8.666/1993, na legislação abaixo). Insista-se: **AUTORIZAÇÃO LEGISLATIVA – NECESSÁRIA PARA ALIENAÇÃO DE BENS IMÓVEIS ADQUIRIDOS PELA ADMINISTRAÇÃO PÚBLICA POR OUTRAS RAZÕES, À EXCEÇÃO DA DAÇÃO EM PAGAMENTO OU DO PROCEDIMENTO JUDICIAL.** Por oportuno, registre-se que, em alguns casos, é possível a dispensa de licitação para alienação de bens imóveis, do que não se cuidou no item.

Gabarito: Letra **b**.
Nível: Difícil.

Legislação
CF/1988:

> Art. 37 (...)
> XXI – ressalvados os casos especificados na legislação, as obras, serviços, compras e alienações serão contratados mediante processo de licitação pública que assegure igualdade de condições a todos os concorrentes, com cláusulas que estabeleçam obrigações de pagamento, mantidas as

condições efetivas da proposta, nos termos da lei, o qual somente permitirá as exigências de qualificação técnica e econômica indispensáveis à garantia do cumprimento das obrigações.

Lei nº 8.666/1993:

Art. 17. A alienação de bens da Administração Pública, subordinada à existência de interesse público devidamente justificado, será precedida de avaliação e obedecerá às seguintes normas:
I – quando imóveis, dependerá de autorização legislativa para órgãos da administração direta e entidades autárquicas e fundacionais, e, para todos, inclusive as entidades paraestatais, dependerá de avaliação prévia e de licitação na modalidade de concorrência, dispensada esta nos seguintes casos:

Questão 146 **(FCC – TRE-SP – Analista Administrativo – 2012) De acordo com a Constituição Federal, constituem princípios aplicáveis à Administração Pública os da legalidade, impessoalidade, moralidade, publicidade e eficiência. Tais princípios aplicam-se às entidades:**
a) de Direito Público, excluídas as empresas públicas e sociedades de economia mista que atuam em regime de competição no mercado;
b) de Direito Público e privado, exceto o princípio da eficiência que é dirigido às entidades da Administração Indireta que atuam em regime de competição no mercado;
c) integrantes da Administração Pública direta e indireta e às entidades privadas que recebam recursos ou subvenção pública;
d) integrantes da Administração Pública Direta e Indireta, independentemente da natureza pública ou privada da entidade;
e) públicas ou privadas, prestadoras de serviço público, ainda que não integrantes da Administração Pública.

Tema: Princípios da Administração Pública – Regime Jurídico Administrativo.

COMENTÁRIOS

Veja o que diz o *caput* do art. 37 da CF:

Art. 37. A administração pública direta e indireta de qualquer dos Poderes da União, dos Estados, do Distrito Federal e dos Municípios obedecerá aos princípios de legalidade, impessoalidade, moralidade, publicidade e eficiência e, também, ao seguinte:

Note que os princípios da Administração Pública são aplicados a todas as entidades administrativas, independentemente da natureza jurídica da instituição (as quais podem ser de Direito Público ou Privado). Por isso, CORRETA a letra **d**.
Gabarito: Letra **d**.
Nível: **Fácil**.

Instrução: Para responder à questão, considere a Lei nº 8.112/1990.

Questão 147 (FCC – TRE-SP – Analista Administrativo – 2012) Silvia exerce o cargo de analista judiciário (área administrativa) há mais de dez anos no Tribunal Regional Federal. Concorrendo a eleições, foi eleita deputada federal. Seu marido Diógenes é técnico judiciário, Área Administrativa, no Tribunal Regional Eleitoral. Ambos residem no Município de São Paulo. Nesse caso, poderá ser concedida licença a Diógenes para acompanhar Silvia que tomou posse junto à Câmara dos Deputados em Brasília, Distrito Federal. Diante disso, a licença de Diógenes será por prazo:

a) indeterminado, ou não, com ou sem remuneração, sempre a critério da Administração Federal, permitido o exercício de atividade em órgão público ou particular.
b) determinado, não excedendo a 8 (oito) anos, e sem remuneração, facultado o exercício em órgão da Administração Federal, em qualquer cargo disponível.
c) determinado, não excedendo a 8 (oito) anos, e com remuneração, vedado qualquer exercício em órgão ou entidade da Administração Federal.
d) indeterminado e sem remuneração, vedado qualquer exercício em órgão ou entidade da Administração Federal, mas permitido nas esferas estadual e municipal.
e) indeterminado e sem remuneração, facultado o exercício provisório em órgão da Administração Federal direta, desde que para o exercício de atividade compatível com o seu cargo.

Tema: Das licenças, afastamentos e concessões (Lei nº 8.112) – Lei nº 8.112/1990 (lei federal) – Agentes administrativos (servidores públicos estatais) – Agentes Públicos

COMENTÁRIOS

Veja o que a Lei nº 8.112/1990 diz a respeito da licença tratada na questão:

> Art. 84. Poderá ser concedida licença ao servidor para acompanhar cônjuge ou companheiro que foi deslocado para outro ponto do território nacional, para o exterior ou para o exercício de mandato eletivo dos Poderes Executivo e Legislativo.
> § 1º. A licença será por prazo indeterminado e sem remuneração.
> § 2º. No deslocamento de servidor cujo cônjuge ou companheiro também seja servidor público, civil ou militar, de qualquer dos Poderes da União, dos Estados, do Distrito Federal e dos Municípios, poderá haver exercício provisório em órgão ou entidade da Administração Federal direta, autárquica ou fundacional, desde que para o exercício de atividade compatível com o seu cargo.

Perceba que a licença deve ser concedida, no caso de o cônjuge ter sido deslocado para outro ponto do território do país. Além disso, a licença para acompanhamento do cônjuge não tem prazo e é sem remuneração. E, para fechar, perceba que é possível o exercício provisório do servidor que acompanha o cônjuge eleito, tal como descreve a Letra "E".

Gabarito: Letra e.
Nível: **Médio**.

Capítulo 16 | TRE-SP – Prova de Analista Administrativo – 2012

Instrução: Para responder à questão, considere a Lei nº 11.416/2006.

Questão 148 (FCC – TRE-SP – Analista Administrativo – 2012) Mário é ocupante do cargo de Oficial de Justiça Avaliador Federal, cuja atribuição está relacionada à execução de atos processuais de natureza externa. Ana Lúcia é ocupante do cargo de Agente de Segurança Judiciária, cuja atribuição está relacionada às funções de segurança. Nesses casos, essas identificações funcionais de Mário e Ana Lúcia são próprias, e respectivamente, dos cargos da Carreira de:

a) Analista Judiciário – especialidade execução de mandados e Auxiliar Judiciário – Área administrativa;
b) Analista Judiciário – Área Administrativa e Técnico Judiciário – Área Judiciária;
c) Analista Judiciário – Área Judiciária e Técnico Judiciário – Área Administrativa;
d) Técnico Judiciário – Área Judiciária e Analista Judiciário – Área Administrativa;
e) Técnico Judiciário – Área Administrativa e Analista Judiciário – Especialidade execução de mandados.

Tema: Agentes Administrativos (servidores públicos estatais) – Agentes Públicos.

COMENTÁRIOS

Analise o que diz a Lei nº 11.416/206, que organiza as carreiras do Poder Judiciário da União:

> Art. 4º. As atribuições dos cargos serão descritas em regulamento, observado o seguinte:
> I – carreira de analista judiciário: atividades de planejamento; organização; coordenação; supervisão técnica; assessoramento; estudo; pesquisa; elaboração de laudos, pareceres ou informações e execução de tarefas de elevado grau de complexidade;
> II – carreira de técnico judiciário: execução de tarefas de suporte técnico e administrativo;
> III – carreira de auxiliar judiciário: atividades básicas de apoio operacional.
> § 1º. Aos ocupantes do cargo da Carreira de Analista Judiciário – área judiciária cujas atribuições estejam relacionadas com a execução de mandados e atos processuais de natureza externa, na forma estabelecida pela legislação processual civil, penal, trabalhista e demais leis especiais, é conferida a denominação de Oficial de Justiça Avaliador Federal para fins de identificação funcional.
> § 2º. Aos ocupantes do cargo da carreira de analista judiciário – Área Administrativa e da carreira de técnico Judiciário – Área Administrativa cujas atribuições estejam relacionadas às funções de segurança são conferidas as denominações de Inspetor e Agente de Segurança Judiciária, respectivamente, para fins de identificação funcional.

Para identificar o cargo desempenhado pelo primeiro servidor (Mário), de execução de mandados, leia o § 1º do artigo transposto. Ele é oficial de justiça avaliador, sendo, em razão do que diz a Lei, analista judiciário – Área Judiciária. A segunda servidora (Ana Lúcia) é agente de segurança. É técnica judiciária, Área Administrativa (veja o § 2º). Logo, o gabarito para a questão é a Letra **c**.

Gabarito: Letra **c**.
Nível: **Fácil**.

Questão 149 **(FCC – TRE-SP – Analista Administrativo – 2012) Em seu sentido subjetivo, a administração pública pode ser definida como:**
a) a atividade concreta e imediata que o Estado desenvolve, sob o regime de Direito Público, para a realização dos interesses coletivos;
b) o conjunto de órgãos e de pessoas jurídicas ao qual a Lei atribui o exercício da função administrativa do Estado;
c) os órgãos ligados diretamente ao poder central, federal, estadual ou municipal. São os próprios organismos dirigentes, seus ministérios e secretarias;
d) as entidades com personalidade jurídica própria, que foram criadas para realizar atividades de Governo de forma descentralizada. São exemplos as Autarquias, Fundações, Empresas Públicas e Sociedades de Economia Mista.
e) as entidades dotadas de personalidade jurídica de Direito Privado, com patrimônio próprio e capital exclusivo da União, se federal, criadas para exploração de atividade econômica que o Governo seja levado a exercer por força de contingência ou conveniência administrativa.

Tema: Administração Direta (órgãos públicos) – Administração Indireta – Organização Administrativa.

COMENTÁRIOS

A expressão administração pública pode assumir sentidos diversos, conforme o contexto em que esteja inserida.

Em um primeiro sentido, **subjetivo, orgânico ou formal,** que é do que trata a questão, a expressão Administração Pública diz respeito aos entes que exercem a atividade administrativa **(pessoas jurídicas, órgãos e agentes públicos)**. Já o sentido **objetivo, material ou funcional** designa a natureza da atividade exercida pelos entes, **caracterizando, portanto, a própria função Administrativa**, que é exercida **predominantemente pelo Poder Executivo.**

Cabe ressaltar que não é só o Poder Executivo quem edita atos administrativos. A diferença básica é que **compete tipicamente** ao Poder Executivo administrar, e, consequentemente, editar atos administrativos, ao passo que os outros Poderes, ao administrarem, exercem **atribuição atípica**. Assim, caso o examinador afirme que apenas o Executivo exerce a função administrativa, estará ERRADO.

Em **sentido material, objetivo ou funcional**, administração pública consiste nas atividades levadas a efeito pelos órgãos e agentes incumbidos de atender as necessidades da coletividade. Nesse sentido, a expressão deve ser de fato grafada com iniciais minúsculas, por se tratar efetivamente da atividade administrativa. Assim entende a doutrina majoritária. Sob o ponto de vista material, a administração pública abarca as seguintes atividades: fomento, a polícia administrativa, o serviço público e a intervenção administrativa.

Relembrados dois dos sentidos mais importantes da expressão administração pública, analisem-se os itens, para que encontremos o gabarito:

Letra **a**: ERRADO. A administração pública, como atividade concreta e imediata desenvolvida pelo Estado, diz respeito ao sentido OBJETIVO.

Letra **b**: **CERTO**. Isso mesmo! A Administração Pública, em termos subjetivos, diz respeito ao o conjunto de órgãos e de pessoas jurídicas ao qual a Lei atribui o exercício da função administrativa do Estado. Este é o gabarito da questão.

Letra **c**: ERRADO. Os "organismos dirigentes", o poder central, traduz um tanto mais o sentido POLÍTICO da Administração Pública, que também pode envolver tal atividade, caso perceba-se, como dito, o sentido político da expressão.

Letra **d**: ERRADO. Dois erros no item: 1) a Administração, em sentido subjetivo, também abrange órgãos (não só entidades); 2) os ÓRGÃOS/ENTIDADES da ADMINISTRAÇÃO PÚBLICA não foram pensados para desempenhar as atividades de governo, mas sim administrativas. As atividades políticas de governo são incumbência do Poder Executivo e Legislativo, em seus mais altos escalões (Presidência da República, Ministérios, Câmara e Senado, no que se refere à União).

Letra **e**: ERRADO. Este é conceito exato de empresa pública, que consta do Decreto Lei 200, de 1967, e, portanto, não é o de Administração Pública, em sentido subjetivo.

Gabarito: Letra **b**.
Nível: **Fácil**.

Questão 150   (FCC – TRE-SP – Analista Administrativo – 2012) Entidades administrativas, na Administração Pública brasileira:
- a) não possuem capacidade de auto-organização;
- b) possuem autonomia política;
- c) são pessoas jurídicas de Direito Privado;
- d) não podem possuir autonomia financeira;
- e) detêm apenas uma parcela limitada do poder político.

Tema: Administração Indireta – Organização Administrativa.

COMENTÁRIOS

Nessa questão, os comentários serão diretos aos itens. Vamos a eles.

Letra **a**: **CERTA**. A auto-organização é uma das características dos entes integrantes da Federação (União, estados, DF e municípios). Ressalte-se que as entidades administrativas têm autonomia tão só ADMINISTRATIVA (não política), isto é, dependem de leis que as organizem, para, a partir de tais Leis, estabelecerem seus arranjos internos. Enfim, entidades administrativas não se auto-organizam, uma vez que, primeiramente, dependem de Lei para tanto. Por isso, o item está CORRETO.

Letra **b**: ERRADA. Veja os comentários do item **a**, anterior — as entidades administrativas não possuem autonomia política.

Letra **c**: ERRADA. As entidades administrativas podem ter personalidade jurídica de Direito Privado (sociedades de economia mista, empresas públicas e algumas fundações públicas) ou de Direito Público (autarquias e algumas fundações públicas).

Letra **d**: ERRADA. As entidades administrativas não possuem autonomia política. Autonomia financeira, assim como administrativa e operacional, as entidades administrativas possuem, sim.

Letra **e**: ERRADA. Entidades administrativas não possuem autonomia política, apesar de, no caso de reguladoras, haver algumas poucas vozes na doutrina que defendem tese diversa. Para estes autores, **as agências reguladoras**, por serem autarquias especiais, seriam possuidoras de certa autonomia política, tese, entretanto, minoritária, como dito.

Gabarito: Letra **a**.
Nível: **Fácil**.

Questão 151 **(FCC – TRE-SP – Analista Administrativo – 2012)** Para atender ao princípio constitucional básico da eficiência o agente público deve:
a) reduzir ao máximo os custos dos serviços públicos, independentemente da qualidade;
b) sempre utilizar a tecnologia mais avançada, independentemente do seu custo;
c) alcançar o melhor resultado possível no menor tempo e ao menor custo;
d) atender a todos de forma idêntica, independente das demandas individuais dos cidadãos;
e) prestar conta das atividades realizadas com clareza e presteza aos órgãos de controle.

Tema: Princípios da Administração Pública – Regime Jurídico Administrativo.

COMENTÁRIOS

O princípio da eficiência foi inserido no texto da CF/1988 por meio da Emenda Constitucional nº 19/1998, a denominada emenda da "Reforma Administrativa", assunto importante não só para a nossa matéria, o Direito Administrativo, mas, sobretudo, para a matéria de Administração Pública.

Inicialmente, pode-se analisar o princípio da eficiência em confronto com o art. 70 da Constituição Federal, no qual está disciplinado o controle da Administração Pública Federal, realizado pelo Congresso Nacional, com o auxílio do TCU (art. 70 da CF/1988).

No âmbito da Corte de Contas Federal, é firme o entendimento de que o controle da Administração Pública deve considerar não só os aspectos restritos de legalidade. De outra forma, deve levar em consideração aspectos relacionados à otimização do gasto público, ou seja, a eficiência na utilização de tais valores.

É o que se conclui a partir do citado art. 70 da CF/1988, ao estabelecer o controle da Administração também quanto à **legitimidade e economicidade**, enfim, se houve eficiência ou não no dispêndio dos recursos públicos.

Em outra ótica: o dever de eficiência corresponde ao "dever de boa administração", já consagrado entre nós desde a Reforma Administrativa Federal de 1967 (Decreto-lei nº 200). Esta norma submete toda atividade do **Executivo Federal** ao **controle de resultados** (art. 13, inciso V, do art. 25), fortalece o **sistema de mérito** (art. 25, VII), sujeita a Administração Indireta à **supervisão ministerial** quanto à eficiência administrativa (art. 26, III) e recomenda a demissão ou dispensa do servidor comprovadamente ineficiente ou desidioso (art. 100).

O princípio (ou dever) de eficiência impõe-se a toda Administração Pública (art. 37, *caput*, da CF/1988). Parte da doutrina entende que, caso atue eficientemente, o agente público exercerá suas atribuições com **perfeição, rendimento funcional, rapidez, em síntese, deve ser eficiente**.

De fato, o que temos é uma conjugação de fatores, ou, como dizem alguns doutrinadores, o princípio da eficiência é bifrontal. Assim, não adianta o servidor ser rápido, se não alcança a perfeição (fazer duas vezes não é ser eficiente); não adianta ter ótimo rendimento funcional, se demora três anos para concluir o trabalho; e não adianta ser perfeito, se do trabalho efetuado não decorre qualquer utilidade. Isso porque o princípio da eficiência pode ser compreendido, a um só tempo, em relação à forma de estruturação, de organização, da Administração, como relativamente a seus servidores. Por exemplo:

- o concursando "X", formado em engenharia eletrônica no ITA, com mestrado em Harvard, toma posse em órgão municipal. Ao entrar em exercício, cheio de gás para o trabalho, depara-se com a situação de inexistência de computadores. **Em síntese:** do que adianta um servidor eficiente, se a Administração não se aparelhou para tanto;
- agora, o mesmo concursando passa em concurso federal, deparando-se com excelentes estruturas, ótimos computadores etc. Logo no primeiro dia, nosso herói, aventura-se na missão de descobrir as bombas no jogo "campo minado". Vencida essa primeira etapa, com o suor do árduo trabalho, aventura-se no jogo "paciência", **e daí vai... Em síntese:** do que adianta a Administração encontrar-se estruturada, se o servidor não está nem aí...

Percebeu como o princípio da eficiência pode ser considerado em dupla acepção?

Há autores que entendem a eficiência como o mais "moderno" princípio de Administração Pública, que já não se contenta em dar cumprimento estrito à norma, mas exige de si resultados positivos para os serviços que presta, atendendo de forma satisfatória aos cidadãos destinatários das ações públicas, que deixam de ser vistos como meros contribuintes e passam a ser reconhecidos como clientes.

Essa noção de "cidadão-cliente" é um dos principais valores da Nova Administração Pública (ou Administração Gerencial), e pode ser entendida como um movimento teórico que preceitua a mudança de orientação nos valores centrais da Administração Pública: **do formalismo impessoal da Administração Burocrática para a eficiência da Administração Gerencial**.

Acrescente-se que, para o alcance desta eficiência, a Administração Pública, por razões óbvias, deve buscar alterações em sua própria estrutura. Nesse sentido, podem ser citados alguns exemplos constitucionais:

→ O inciso LXXVIII do art. 5º, inserido pela Emenda nº 45/2004 (Reforma do Poder Judiciário), estabelece que a todos, no âmbito judicial e administrativo, são assegurados a razoável duração do processo e os meios que garantam a celeridade de sua tramitação.

→ O § 3º do art. 37 dispõe que a lei disciplinará as formas de participação do usuário na administração pública direta e indireta, regulando especialmente as reclamações relativas à prestação dos serviços públicos em geral, asseguradas a manutenção de serviços de atendimento ao usuário e a avaliação periódica, externa e interna, da qualidade dos serviços (**princípio da participação popular**).

Esse dispositivo deixa patente ser possível o controle jurisdicional (art. 5º, XXXV, da Constituição Federal) em relação aos atos administrativos também sob o aspecto do princípio da eficiência.

→ O § 8º do art. 37 garante a celebração de contratos de gestão entre órgãos/entidades públicos para **incremento** da autonomia gerencial, orçamentária e financeira, com a fixação de metas de desempenho.

→ O § 2º do art. 39 da CF/1988 estabelece a obrigatoriedade de a União, de os estados e de o Distrito Federal manterem escolas de governo para a formação e o aperfeiçoamento dos servidores públicos, constituindo-se a participação nos cursos um dos requisitos para a promoção na carreira, **facultada**, para isso, **a celebração de convênios** ou contratos entre os entes federados.

A celebração de convênios deve alcançar principalmente municípios, afinal, sequer foram obrigados a constituírem escolas de governo. E mais: não há óbice de grandes municípios facultativamente aderirem à ideia de aumentar a eficiência da Administração Pública, criando suas próprias escolas de governo.

→ O § 7º do art. 39 dispões que **Lei** da União, dos Estados, do Distrito Federal e dos Municípios disciplinará a aplicação de recursos orçamentários provenientes da **economia com despesas correntes** em cada órgão, autarquia e fundação, para aplicação no desenvolvimento de programas de qualidade e **produtividade**, treinamento e desenvolvimento, **modernização**, reaparelhamento e **racionalização** do serviço público, inclusive sob a forma de adicional ou prêmio de produtividade.

→ O § 4º do art. 41 da CF/1988 previu como condição obrigatória para a aquisição da estabilidade, além do decurso do prazo de três anos, a avaliação especial de desempenho por comissão instituída para essa finalidade.

Enfim, o princípio da eficiência poderia ser resumido como o do "cobertor curto": é cabeça ou pé! Não há recursos ilimitados. É preciso aperfeiçoar as escolhas da Administração, é dizer, ampliar quantidade e qualidade das atividades prestadas pela Administração, em face de demandas coletivas crescentes. Por tudo, percebe-se a correção da letra c, afinal é dever do Estado alcançar o melhor resultado possível no menor tempo e ao menor custo. Alguns outros comentários com relação aos demais itens (todos ERRADOS):

Letra **a**: Não se pode pensar apenas na redução de custos, desprezando-se a qualidade do que será executado pela Administração Pública.

Letra **b**: É desejável que a Administração Pública acompanhe a evolução tecnológica, claro. Mas isso não pode ocorrer, sem se atentar para os custos de tal evolução.

Letra **d**: Apesar de a Administração ter, dentre seus princípios, o da impessoalidade, deve, em alguns casos, dar tratamento individualizado, em razão da situação do demandante (grávidas, portadores de necessidades especiais etc). Assim, considerando-se O GRUPO no qual o demandante esteja inserido, o tratamento será idêntico. Entretanto, A PARTIR DA SITUAÇÃO DO DEMANDANTE PODE (E DEVE!) HAVER TRATAMENTO DIFERENCIADO. Ou, como gostaria Aristóteles (pensador grego clássico): *tratamento igual aos iguais e desigual aos desiguais, na medida de suas desigualdades.*

Letra **e**: Este item já é um tanto mais complicado — de fato, os agentes públicos devem prestar conta das atividades realizadas com clareza e presteza aos órgãos de controle, quando demandados. Isso, aliás, é decorrência de disposição constitucional expressa (veja o parágrafo único, do art. 70, da CF, na legislação citada abaixo). Entretanto, não é o cumprimento de tal dever que fará com que o princípio da eficiência seja cumprido. Na realidade, como visto nos longos comentários à letra c, em síntese, ser eficiente significa fazer mais e melhor. Apesar de a letra **e** trazer algo em conformidade com a CF, não condiz com o que se pede no comando da questão. E, outro detalhe: o sentido da expressão "prestar contas" no mencionado dispositivo constitucional não é, exatamente, o de encaminhamento de demonstrativos contábeis aos órgãos de controle. É no sentido de que todo aquele que tem sob sua guarda interesses públicos deve contas à SOCIEDADE, isto é, deve esclarecer ao povo, o modo de agir, como empregou os recursos públicos sob sua guarda etc.

Gabarito: Letra **c**.
Nível: **Fácil**.

Legislação
CF/1988:

Art. 70 (...)
Parágrafo único. Prestará contas qualquer pessoa física ou jurídica, pública ou privada, que utilize, arrecade, guarde, gerencie ou administre dinheiros, bens e valores públicos ou pelos quais a União responda, ou que, em nome desta, assuma obrigações de natureza pecuniária.

Questão 152 **(FCC – TRE-SP – Analista Administrativo – 2012) Os poderes administrativos de um agente público:**
a) podem ser exercidos segundo a sua conveniência;
b) podem ser aplicados sempre que os políticos assim determinarem;
c) devem ser exercidos obrigatoriamente quando determinar a lei;
d) constituem um direito de agir, condicionado ao princípio da impessoalidade;
e) configuram um imperativo moral a que todo cidadão está obrigado.

Tema: Poderes da Administração.

COMENTÁRIOS

Os Poderes Administrativos podem ser entendidos como um conjunto de prerrogativas de Direito Público que a ordem jurídica confere aos agentes públicos, no desempenho de tarefas de Administração Pública, com o objetivo de permitir que o Estado alcance seus fins.

De regra, os Poderes Administrativos são concedidos por lei e destinam-se a instrumentalizar o administrador público para o atingimento do fim último a que se presta o Estado: os interesses públicos.

Em contrapartida, por tutelarem interesses coletivos, impõe-se aos agentes públicos, de modo geral, uma série de deveres. Em determinadas hipóteses, pode-se mesmo afirmar que os Poderes Administrativos convertem-se em verdadeiros deveres administrativos.

De fato, enquanto na esfera privada o poder é faculdade daquele que o detém, no setor público representa um dever do administrador para com a comunidade que representa. A doutrina fala, então, em Poder-dever de agir, o qual você deve entender para as provas que faça, do seguinte modo:

> Enquanto para o particular, o poder de agir é uma faculdade, para o administrador público é uma obrigação de atuar, desde que se apresente a oportunidade de exercitá-lo em benefício da comunidade.

Pode-se concluir, preliminarmente, que há pouca margem de decisão ao agente quando surge a oportunidade (dever) de agir. Disso resulta que a omissão da autoridade ou o silêncio administrativo ocorridos quando é seu dever atuar gerará a responsabilização do agente omisso, autorizando a obtenção do ato não realizado, se for o caso, por via judicial, como por exemplo, por intermédio de mandado de segurança, quando ferir direito líquido e certo do interessado. Por tudo, o item que melhor atende o comando da questão é a letra **c**, pois, de fato, os Poderes Administrativos devem ser utilizados sempre que a Lei determinar e do modo determinado, claro.

Gabarito: Letra **c**.
Nível: **Fácil**.

Questão 153   (FCC – TRE-SP – Analista Administrativo – 2012) Com relação ao poder hierárquico, considere as afirmativas a seguir:

I. O poder hierárquico tem como objetivo ordenar, coordenar, controlar e corrigir as atividades administrativas, no âmbito interno da Administração Pública.
II. Delegar é conferir a outrem delegações originalmente competentes ao que delega. No nosso sistema político são admitidas delegações entre os diferentes poderes.
III. O poder hierárquico é privativo da função executiva, sendo elemento típico da organização e ordenação dos serviços administrativos.
IV. Avocar é trazer para si funções originalmente atribuídas a um subordinado. Nada impede que seja feita, entretanto, deve ser evitada por importar desprestígio ao seu inferior.
V. É impossível rever os atos dos inferiores hierárquicos, uma vez realizada a delegação, pois tais atos não podem ser invalidados em quaisquer dos seus aspectos.

Está correto o que consta APENAS em:
a) I, II, III e IV;
b) II e III;
c) I e V;
d) I, III e IV;
e) II, IV e V.

Tema: Poder Hierárquico – Poderes da Administração.

COMENTÁRIOS

Parta-se direto aos comentários de cada um dos itens:

Item I: CERTO. A hierarquia é um dos postulados sobre os quais se assenta a atividade administrativa e que informa, no caso da Administração Pública, a necessidade da organização interna aos Poderes constituídos do que se vá executar. Para tanto, há que se *ordenar, coordenar, controlar e corrigir*, como diz o item, as atividades administrativas.

A despeito de as relações hierárquicas serem inerentes ao interior do Poder Executivo, não se pode afirmar que se restrinjam a este, no âmbito da Administração Pública. De fato, onde ocorra o desempenho da função administrativa, Executiva, portanto, poderá ocorrer uma relação hierárquica, mesmo no âmbito do Legislativo ou no Judiciário. Por consequência, o item está CORRETO, sem dúvidas, uma vez que, aonde haja Administração Pública, independente de qual poder a que se refira, haverá hierarquia.

Item II: ERRADO. Item maldoso... O erro está em dizer que delegar é *conferir a outrem delegações originalmente competentes ao que delega*. Na realidade isto é SUBdelegar. Delegar é atribuir competência que, originalmente, pertence a uma instituição ou a alguém. Quando este recebe tal competência e as repassa a outrem (terceiro), subdelega a execução da atividade. Daí o erro na construção do item.

Quanto à possibilidade de delegação de um poder para outro, isso é possível, em caráter de exceção. Por exemplo, veja o que diz a CF, no dispositivo abaixo transposto:

> Art. 68. As leis delegadas serão elaboradas pelo Presidente da República, que **deverá solicitar** a delegação ao Congresso Nacional.
> § 1º. **Não serão objeto de delegação** os atos de competência exclusiva do Congresso Nacional, os de competência privativa da Câmara dos Deputados ou do Senado Federal, a matéria reservada à lei complementar, nem a legislação sobre:
> I – organização do Poder Judiciário e do Ministério Público, a carreira e a garantia de seus membros;
> II – nacionalidade, cidadania, direitos individuais, políticos e eleitorais;
> III – planos plurianuais, diretrizes orçamentárias e orçamentos.

Note que, apesar das reservas do § 1º, é possível a delegação de competência pelo Congresso Nacional (Poder legislativo) para o Presidente da República (Poder Executivo), para a edição de Leis Delegadas.

Item III: CERTO. Muitos erraram este item pois confundiram a FUNÇÃO executiva com o Poder Executivo. De fato, o poder hierárquico não se restringe ao Poder Executivo. Refere-se a toda a função administrativa do Estado, ou seja, a FUNÇÃO EXECUTIVA tem, por natureza, a hierarquia como base, já que é preciso que a Administração se organize, que estabeleça sua hierarquia, portanto. O item está CORRETO, em consequência.

Item **IV: CERTO. Avocar** é a possibilidade que tem o superior de trazer para si as funções exercidas por um subalterno. Apesar da possibilidade de ser realizada (veja o art. 14 da Lei nº 9.784/1999, na legislação abaixo), a avocação é medida excepcional, que só pode ser realizada à luz de permissivo legal e que desonera o subordinado com relação a qualquer responsabilidade referente ao ato praticado pelo superior. Agora, bem interessante a parte do item em que o examinador diz que a avocação *deve ser evitada por importar desprestígio ao seu inferior*. Imagine o seguinte: um monte de competências a alguém acaba sendo desempenhado por seu chefe, por entender que o sujeito que teve a competência avocada seria inexperiente, pouco preparado para o trabalho que teria de fazer. O fato se espalha, gerando, muito provavelmente, comentários maldosos a respeito (o tal "desprestígio" do item). Isso, na prática, é o que acontecerá. E o item está correto, então.

Item V: ERRADO. Em razão do primado da hierarquia, é plenamente possível que os superiores revejam os atos de seus subordinados.

Em vista do que se viu, os itens I, III e IV estão corretos e o gabarito é a letra **d**.
Gabarito: Letra **d**.
Nível: **Médio**.

Legislação
Lei nº 9.784/1999:

> Art. 15. Será permitida, em caráter excepcional e por motivos relevantes devidamente justificados, a avocação temporária de competência atribuída a órgão hierarquicamente inferior.

Questão 154 (FCC – TRE-SP – Analista Administrativo – 2012) O poder disciplinar, na administração pública, se aplica:
a) a todos os que cometerem atos de indisciplina nas vias públicas ou em prédios públicos;
b) aos servidores públicos e demais pessoas que possuem um vínculo especial com o Poder Público;
c) aos crimes cometidos por qualquer cidadão que receba recursos públicos.;
d) apenas aos casos de quebra de hierarquia entre as autoridades políticas;
e) sem necessidade de prévia apuração por meio de procedimento legal.

Tema: Poder Disciplinar – Poderes da Administração.

COMENTÁRIOS

Como a questão cuida especificamente do Poder Disciplinar, trate-se um pouco mais deste.

O Poder Disciplinar decorre, em boa medida, do escalonamento hierárquico verificado no exercício da atividade administrativa. Com efeito, se ao superior é dado o poder de fiscalizar os atos dos subordinados, nada mais lógico que, em verificando o descumprimento de ordens ou normas, tenha a possibilidade de impor as devidas sanções que a conduta infratora exija.

Nesse quadro, parte da doutrina entende que o Poder Disciplinar seria uma faculdade de sancionar, no âmbito interno da Administração Pública, as infrações funcionais dos servidores e demais pessoas sujeitas à disciplina dos órgãos e serviços da Administração. Cabem algumas pequenas observações com relação ao conceito.

O termo "faculdade", por vezes, dá a impressão de que se trata de decisão discricionária da autoridade, a qual avaliaria a conveniência e oportunidade de agir. Nem sempre o é! Em verdade, no caso do Poder Disciplinar, trata-se de um poder-dever, que obriga a autoridade a apenar o infrator, caso a sanção a ser aplicada esteja na esfera de sua competência. Para ratificar o afirmado, basta ver o que estabelece o art. 143 da Lei nº 8.112/90, que estatui o regime jurídico dos servidores públicos civis da União:

> A autoridade que tiver ciência de irregularidade no serviço público é **obrigada** a promover sua apuração imediata....

Comprovada a infração cometida, não pode a autoridade se furtar de aplicar a devida penalidade ao infrator. Ressalte-se que a necessária apuração de uma infração que tenha conhecimento poderá implicar responsabilidade criminal ao administrador, pelo que se vê do art. 320, do Código Penal:

> Deixar o funcionário, por indulgência, de responsabilizar subordinado que cometeu infração no exercício do cargo, ou, quando lhe falte competência, não levar o fato ao conhecimento da autoridade competente...

Fica claro que, caso a autoridade tenha conhecimento de infração cometida por seus subordinados, deverá determinar sua apuração, sob pena de ser também responsabilizada pela infração que não fora apurada. VINCULADA, portanto, a atuação da autoridade no que diz respeito à apuração.

Contudo, há "pequenas margens de discricionariedade" no exercício do Poder Disciplinar. Em que residiria essa discricionariedade, então? Peguemos exemplos na Lei nº 8.112/90, que trata do regime jurídico aplicável aos servidores da Administração Pública Federal, na Administração Direta, Autárquica e Fundacional.

Uma das punições previstas pela Lei nº 8.112/90 (art. 127) é a demissão. Dentre as hipóteses para aplicação desta encontra-se a insubordinação grave em serviço (inciso VI, do art. 132, da Lei nº 8.112/90). Mas, o que seria uma insubordinação "grave"? A Lei não define, tratando-se de um conceito indeterminado, o que, para parte da doutrina, gera a discricionariedade da Administração, ao interpretá-lo.

Noutra passagem (art. 130), A Lei nº 8.112/1990 diz que a suspensão será aplicada nos casos de reincidência das faltas puníveis com advertência e de violação das demais proibições que não tipifiquem infração sujeita a penalidade de demissão, não podendo exceder de 90 dias. Mas quantos seriam os dias para cada infração? Nesse sentido, é que existe discricionariedade (pequena) no exercício do Poder Disciplinar.

Registre-se, ainda, que não há de se confundir o Poder Disciplinar, administrativo, com o Poder Punitivo Geral do Estado (o que os diversos ramos jurídicos chamam de *jus puniendi*). Enquanto aquele é de ordem interna, abrangendo as infrações relacionadas ao serviço, este é mais amplo, realizado também, por exemplo, pelo Poder Judiciário, ao reprimir crimes e contravenções, com tipos estabelecidos nas leis penais.

Por fim, chama-se atenção dos amigos: **PARTICULARES também podem se submeter às vias do Poder Disciplinar**. É o caso, por exemplo, dos que firmam contratos com a Administração Pública, e que estarão submetidos às sanções disciplinares pelo vínculo estabelecido por meio do instrumento contratual (o contrato cria um vínculo "especial" do contratado, que permite à Administração lançar mão de seu Poder Disciplinar).

Nesse sentido, o art. 87 da Lei nº 8.666/93 fixa as penas que podem ser aplicadas aos contratados, pelo descumprimento de suas obrigações. Claro que, para tanto, as sanções devem estar previstas no contrato firmado, sobretudo especificando as infrações puníveis.

Veja, por tudo, que a letra **b** é a que melhor se amolda à descrição de Poder Disciplinar, pois mesmo particulares se submetem a ele, desde que possuam algum tipo de vínculo especial com a Administração Pública.

Gabarito: Letra **b**.
Nível: **Fácil**.

Capítulo 17

Prova de Analista Administrativo – Contabilidade – TRE-SP – 2012

Q.155. Das Gratificações e Adicionais (Lei nº 8.112) – Lei nº 8.112/1990 (lei federal) – Agentes Administrativos (servidores públicos estatais) – Agentes Públicos
Q.156. Acumulação de Cargos e Empregos Públicos e Funções – Agentes Administrativos (servidores públicos estatais) – Agentes Políticos – Agentes Públicos
Q.157. Formas de Provimento (Lei nº 8.112) – Lei nº 8.112/1990 (lei federal) – Agentes Administrativos (servidores públicos estatais) – Agentes Públicos
Q.158. Agentes Administrativos (servidores públicos estatais) – Agentes Públicos

Questão 155   (FCC – TRE-SP – Analista – Contabilidade – 2012) Mariana, servidora pública federal, participa de uma Comissão para a elaboração de questões de provas, enquanto Lucas, também servidor público federal, supervisiona a aplicação, fiscalização e avaliação de provas de concurso público para provimento de cargos no âmbito do Tribunal Regional Eleitoral. Ambos os servidores têm direito à gratificação por encargo de concurso, sendo que o valor máximo da hora trabalhada corresponderá a valores incidentes sobre o maior vencimento básico da Administração Pública Federal, respectivamente, nos seguintes percentuais:

a)   1,2% (um inteiro e dois décimos por cento) e 2,2% (dois inteiros e dois décimos por cento);
b)   1,5% (um inteiro e cinco décimos por cento) e 2,5% (dois inteiros e cinco décimos por cento);
c)   2,1% (dois inteiros e um décimo por cento) e 1,1% (um inteiro e um décimo por cento);
d)   2,2% (dois inteiros e dois décimos por cento) e 1,2% (um inteiro e dois décimos por cento);
e)   2,5% (dois inteiros e cinco décimos por cento) e 1,5% (um inteiro e cinco décimos por cento).

Tema: Das Gratificações Ee Adicionais (Lei nº 8.112) – Lei nº 8.112/1990 (lei federal) – Agentes Administrativos (servidores públicos estatais) – Agentes Públicos.

COMENTÁRIOS

O examinador já deu uma dica a respeito de qual benefício pecuniário será pago aos servidores na questão. Veja o que diz a Lei nº 8.112/1990:

> Art. 76-A. A Gratificação por Encargo de Curso ou Concurso é devida ao servidor que, em caráter eventual:
> (...)
> II – participar de banca examinadora ou de comissão para exames orais, para análise curricular, para correção de provas discursivas, para elaboração de questões de provas ou para julgamento de recursos intentados por candidatos;

(...)
IV – participar da aplicação, fiscalizar ou avaliar provas de exame vestibular ou de concurso público ou supervisionar essas atividades.

Releia o comando da questão e observe que a situação de Mariana é abrangida pelo inciso II e de Lucas pelo inciso IV. Agora, analise o que diz o § 1º do mesmo art. 76-A:

§ 1º. Os critérios de concessão e os limites da gratificação de que trata este artigo serão fixados em regulamento, observados os seguintes parâmetros:
(...)
III – o valor máximo da hora trabalhada corresponderá aos seguintes percentuais, incidentes sobre o maior vencimento básico da Administração Pública Federal:
a) 2,2% (dois inteiros e dois décimos por cento), em se tratando de atividades previstas nos incisos I e II do caput deste artigo;
b) 1,2% (um inteiro e dois décimos por cento), em se tratando de atividade prevista nos incisos III e IV do caput deste artigo.

Os valores máximos/hora a serem pagos a Mariana e Lucas são, respectivamente, de 2,2% e 1,2% do maior vencimento básico pago na Administração Pública. Está certa, portanto, a letra **d**.
Gabarito: Letra **d**.
Nível: **Médio**.

Instrução: Para responder à questão, considere a Lei nº 8.112/1990.

Questão 156 **(FCC – TRE-SP – Analista – Contabilidade – 2012)**
Marco Antônio, ocupando o cargo de analista judiciário, na área de psicologia, no Tribunal Regional Eleitoral, foi investido no mandato de Vereador no Município de São Paulo. Nesse caso, Marco Antônio:
a) será afastado de seu cargo efetivo, sendo-lhe facultado optar pela sua remuneração havendo ou não compatibilidade de horário;
b) perceberá as vantagens de seu cargo, com prejuízo da remuneração desse cargo eletivo, observada a compatibilidade de horário;
c) perceberá as vantagens de seu cargo, sem prejuízo da remuneração desse cargo eletivo, desde que haja compatibilidade de horário;
d) será afastado de seu cargo efetivo, não podendo optar pela sua remuneração, que será a própria desse cargo havendo ou não compatibilidade de horário;
e) perceberá a remuneração do cargo eletivo, com prejuízo das vantagens de seu cargo efetivo, ainda que haja compatibilidade de horário

Tema: Acumulação de Cargos e Empregos Públicos e Funções – Agentes Administrativos (servidores públicos estatais) – Agentes Políticos – Agentes Públicos.

Capítulo 17 | Prova de Analista Administrativo – Contabilidade – TRE-SP – 2012

COMENTÁRIOS

Bem, a regra é que não se pode acumular cargos e empregos públicos. Há, entretanto, exceções a essa regra de não acumulação, previstas na CF (veja o inciso XVI, do art. 37, na legislação abaixo). Contudo, o item não cuida exatamente da acumulação de CARGOS públicos. Cuida da hipótese específica da acumulação por parte de servidor eleito Vereador. Este último posto é de agente POLÍTICO, que possui regras diferenciadas. Veja o que diz, então, o art. 38, da Carta Magna:

> Art. 38. Ao servidor público da administração direta, autárquica e fundacional, no exercício de mandato eletivo, aplicam-se as seguintes disposições:
> (...)
> III – investido no mandato de Vereador, havendo compatibilidade de horários, perceberá as vantagens de seu cargo, emprego ou função, sem prejuízo da remuneração do cargo eletivo, e, não havendo compatibilidade, será aplicada a norma do inciso anterior;

Perceba que é possível que o servidor eleito vereador receba tanto a remuneração do cargo ativo, quanto o subsídio correspondente ao cargo de vereador, acumulando-os, desde que haja compatibilidade de horários. Por isso, está certa a letra **c**.

Gabarito: Letra **c**.
Nível: **Fácil**.

Legislação
CF/1988:

> Art. 37 (...)
> XVI – é vedada a acumulação **remunerada** de cargos públicos, exceto quando houver compatibilidade de horários, observado em qualquer caso o disposto no inciso XI.
> a) a de dois cargos de professor;
> b) a de um cargo de professor com outro técnico ou científico;
> c) a de dois cargos ou empregos privativos de profissionais de saúde, com profissões regulamentadas;

Instrução: Para responder à questão, considere a Lei nº 8.112/1990.

Questão 157 (FCC – TRE-SP – Analista – Contabilidade – 2012) Miguel servidor público federal, ocupava o cargo de analista judiciário da área administrativa, junto ao Tribunal Regional Eleitoral. Atualmente encontra-se em disponibilidade. Entretanto será possível seu retorno à atividade, a ser feita por:
a) remoção, de ofício ou a pedido, para cargo de atribuições correlatas e vencimentos assemelhados, ou não, com o anteriormente ocupado;
b) redistribuição obrigatória em função de atribuições e remuneração assemelhadas com o anteriormente ocupado;

c) substituição facultativa, em qualquer cargo com atribuições e vencimentos correlatos com o exercício da função;
d) aproveitamento facultativo em cargo de atribuições e vencimentos superiores com o exercício da função anterior;
e) aproveitamento obrigatório em cargo de atribuições e vencimentos compatíveis com o anteriormente ocupado.

Tema: Formas de provimento (Lei nº 8.112) – Lei nº 8.112/1990 (lei federal) – Agentes Administrativos (servidores públicos estatais) – Agentes Públicos.

COMENTÁRIOS

Dentre os provimentos previstos na Lei nº 8.112/1990 (art. 8º – veja legislação abaixo), encontra-se o **aproveitamento**, que, em regra, diz respeito ao **retorno ao serviço público de servidor que estava em disponibilidade**. Disponibilidade não é nada mais que estar sem trabalhar, ocorrendo em razão da extinção do cargo ou da declaração da desnecessidade deste. Perceba, no comando da questão, que o servidor Miguel encontrava-se em disponibilidade, por isso, deverá ser aproveitado.

A grande questão é saber se o aproveitamento é facultativo ou obrigatório. A resposta é dada pela Lei nº 8.112/1990. Veja:

> Art. 30. O retorno à atividade de servidor em disponibilidade far-se-á mediante aproveitamento **obrigatório** em cargo de atribuições e vencimentos compatíveis com o anteriormente ocupado.

Então, está resolvida a questão – o gabarito é a letra **e**.
Gabarito: Letra **e**.
Nível: **Fácil**.

Legislação
Lei nº 8.112/1990:

> Art. 8º. São formas de provimento de cargo público:
> I – nomeação;
> II – promoção;
> V – readaptação;
> VI – reversão;
> VII – aproveitamento;
> VIII – reintegração;
> IX – recondução.

Capítulo 17 | Prova de Analista Administrativo – Contabilidade – TRE-SP – 2012

Instrução: Para responder à questão, considere a Lei nº 11.416/2006.

Questão 158   (FCC – TRE-SP – Analista – Contabilidade – 2012) Cristina, como analista judiciário do Tribunal Regional Eleitoral, foi designada para o exercício de uma função comissionada de natureza não gerencial. Porém, deixou de participar do curso de desenvolvimento gerencial oferecido por esse Tribunal. Nesse caso, conforme disposição expressa, Cristina deverá fazer esse curso no prazo de:
a) até um ano da publicação do ato, a fim de obter a certificação;
b) até dois anos da publicação do ato, a fim de considerar-se habilitada;
c) três anos de sua posse para que tenha as condições de exercício da função;
d) seis meses, após o término desse curso, sob pena de responsabilidade administrativa;
e) um ano de sua posse, prorrogável por mais de seis meses sob pena de cessar a designação.

Tema: Agentes Administrativos (servidores públicos estatais) – Agentes Públicos.

COMENTÁRIOS

A questão cuida de algo relacionado ao desenvolvimento dos servidores integrantes das carreiras judiciárias, em conformidade com a Lei nº 11.416/2006. Em atenção à necessidade de se preparar os servidores responsáveis pela tomada de decisão no Poder Judiciário da União, veja o que a mencionada norma afirma:

> Art. 5º (...)
> § 3º. Consideram-se funções comissionadas de natureza gerencial aquelas em que haja vínculo de subordinação e poder de decisão, especificados em regulamento, exigindo-se do titular participação em curso de desenvolvimento gerencial oferecido pelo órgão.
> § 4º. Os servidores designados para o exercício de função comissionada de natureza gerencial que não tiverem participado de curso de desenvolvimento gerencial oferecido pelo órgão deverão fazê-lo no prazo de até um ano da publicação do ato, a fim de obterem a certificação.

Note no § 4º que os servidores que vão desempenhar funções de natureza GERENCIAL que não tiverem passado por curso de desenvolvimento gerencial oferecido pelo órgão deverão fazê-lo no prazo de até um ano da publicação do ato, a fim de obterem a certificação. Por isso, o examinador assinalou como gabarito a letra **a**. Entretanto, veja o que diz o § 6º do mesmo art. 5º da Lei nº 11.416/2006:

> § 6º. Os critérios para o exercício de funções comissionadas de natureza não gerencial serão estabelecidos em regulamento.

Ou seja, para funções NÃO GERENCIAIS não haveria, pela Lei, a estrita necessidade de que o ocupante passasse por um curso de desenvolvimento. É que o preenchimento de tais funções (não gerenciais, insista-se), deveria ser objeto de REGULAMENTAÇÃO. Entretanto, como não havia tal assertiva disponível na questão, mal-elaborada, diga-se, o examinador considerou como correta a letra **a**.
Gabarito: Letra **a**.
Nível: **Difícil**.

Capítulo 18

Prova de Técnico Administrativo – TRE-SP – 2012

Q.159. Concorrência, Tomada de Preços e Convite – Modalidades na Lei nº 8.666/1993 – Licitações (Lei nº 8.666/1993)
Q.160. Licitação Dispensada (art. 17 da Lei nº 8.666/1993) – Licitação Inexigível (art. 25 da Lei nº 8.666/1993) – Licitação Dispensável (art. 24 da Lei nº 8.666/1993) – Contratação Direta (dispensa e inexigibilidade) Licitações (Lei nº 8.666/1993)
Q.161. Processo Administrativo Federal (Lei nº 9.784/1999) – Processo Administrativo
Q.162. Duração dos Contratos Administrativos – Contratos Administrativos (Lei nº 8.666/1993)
Q.163. Ação Regressiva (responsabilidade civil do Estado) – Responsabilidade Civil do Estado
Q.164. Classificação (atos administrativos) – Atos Administrativos
Q.165. Do Regime Disciplinar (Lei nº 8.112) – Lei nº 8.112/1990 (lei federal) – Agentes administrativos (servidores públicos estatais) – Agentes Públicos
Q.166. Das licenças, afastamentos e concessões (Lei nº 8.112) – Lei nº 8.112/1990 (lei federal) – Agentes administrativos (servidores públicos estatais) – Agentes Públicos
Q.167. Remoção, Redistribuição e Substituição (Lei nº 8.112) – Formas de Provimento (Lei nº 8.112) – Lei nº 8.112/1990 (lei federal) – Agentes Administrativos (servidores públicos estatais) – Agentes Públicos
Q.168. Do Direito de Petição – Lei nº 8.112/1990 (lei federal) – Agentes administrativos (servidores públicos estatais) – Agentes Públicos
Q.169. Agentes Administrativos (servidores públicos estatais) – Agentes Públicos

Questão 159 **(FCC – TRE-SP – Técnico Administrativo – 2012) A Secretaria Estadual de Habitação pretende contratar a construção de casas populares e estima que o valor das obras seja da ordem de R$ 1.000.000,00 (um milhão de reais). Para a contratação das obras, deverá adotar a modalidade licitatória:**
a) leilão;
b) pregão;
c) convite;
d) concorrência;
e) tomada de preços.

Tema: Concorrência, Tomada de Preços e Convite – Modalidades na Lei nº 8.666/1993 – Licitações (Lei nº 8.666/1993).

COMENTÁRIOS

Questão que diz respeito às modalidades de licitações, das quais três são entendidas como comuns — a concorrência, a tomada de preços e o convite. Destaque-se que tais modalidades são assim chamadas (de comuns), pois são muito próximas em suas fases. No art. 23 da Lei nº 8.666/1993 vemos de que modo o uso de modalidades comuns é definido: a partir do valor estimativo da licitação.

Detalhe: A TP contém o Convite, e a Concorrência contém a TP e o Convite. Em outros termos, **o Convite é um subconjunto da TP, que, por sua vez, está contida na Concorrência**. Tanto isso é verdade que a Lei, em seu art. 23, § 4º, dispõe: "Nos casos em que couber convite, a Administração poderá utilizar a tomada de preços e, em qualquer caso, a concorrência". Ok, então, voltemos ao conteúdo da questão. Veja que pelo valor (R$ 1 milhão), sendo licitação para obra, o uso da tomada de preços é correto. Entretanto, note que seria possível, ainda, o emprego da concorrência (releia o § 4º do art. 23). O comando da questão, por consequência, é mal formulado, afinal seria possível tanto a tomada de preços quanto a concorrência. Ainda assim, em provas de múltipla escolha, você deve se acostumar com isso: busque, em questões desse tipo (mal formuladas), a alternativa que é a menos pior. E, no caso, o gabarito deve ser mesmo a tomada de preços, sim, pois é o que primeiro enquadra a contratação pretendida, pelos valores envolvidos.

Legislação
Lei nº 8.666/1993:

> Art. 23. As modalidades de licitação a que se referem os incisos I a III do art. anterior serão determinadas em função dos seguintes limites, tendo em vista o valor **estimado** da contratação:
> a) convite – até R$ 150.000,00 (cento e cinquenta mil reais);
> b) tomada de preços – até R$ 1.500.000,00 (um milhão e quinhentos mil reais);
> c) concorrência – acima de R$ 1.500.000,00 (um milhão e quinhentos mil reais);
> II – para compras e serviços não referidos no inciso anterior:
> a) convite – até R$ 80.000,00 (oitenta mil reais);
> b) tomada de preços – até R$ 650.000,00 (seiscentos e cinquenta mil reais);
> c) concorrência – acima de R$ 650.000,00 (seiscentos e cinquenta mil reais).

Nível: **Difícil**.

Questão 160 **(FCC – TRE-SP – Técnico Administrativo – 2012)** O Estado instaurou procedimento licitatório, na modalidade concorrência, para alienação de imóveis considerados desnecessários para o serviço público. Ocorre que não acudiram interessados na licitação e a manutenção desses imóveis no patrimônio público passou a gerar altos custos de manutenção e vigilância, tornando premente, assim, a sua alienação. Diante dessa situação, de acordo com a Lei nº 8.666/1993, o Estado:
a) está obrigado a realizar nova licitação, podendo, contudo, adotar a modalidade leilão, na qual poderá alienar o imóvel por até 50% do valor de avaliação;
b) poderá declarar a inexigibilidade de licitação, por inviabilidade de competição, e alienar o imóvel diretamente a eventual interessado, por preço de mercado;
c) está obrigado a realizar nova licitação, na modalidade concorrência, podendo reduzir o preço mínimo do imóvel, independentemente de nova avaliação, até o limite de 25%;

d) poderá dispensar o procedimento licitatório para alienar o imóvel, desde que comprovado que a repetição da licitação gerará prejuízo para a Administração, e mantidas todas as condições preestabelecidas;

e) poderá dispensar o procedimento licitatório apenas se comprovar situação de emergência ou de calamidade pública que determine a venda forçada.

Tema: Licitação Dispensada (art. 17 da Lei nº 8.666/1993) – Licitação inexigível (art. 25 da Lei nº 8.666/1993) – Licitação dispensável (art. 24 da Lei nº 8.666/1993) – Contratação Direta (dispensa e inexigibilidade) Licitações (Lei nº 8.666/1993).

COMENTÁRIOS

Questão que versa sobre umas das exceções do dever de licitar: a dispensa de licitação. Entenda-se o que se quis dizer: licitar é uma regra, um dever, de índole constitucional (inciso XXI do art. 37). Resumidamente, pode-se afirmar que licitar é regra, cuja não observância constitui absoluta exceção.

De fato, para que se cumpra, dentre outros objetivos, a isonomia, o Estado deve licitar, pois, assim, estará oportunizando a todos a possibilidade igualitária de contratar com a Administração Publica. É que ao realizar licitação, o Estado dá a todos idêntica oportunidade de contratar com a Administração — nº quem tiver interesse de contratar com o Estado, comparecerá ao processo licitatório, oferecerá sua proposta, e, se vencer, contratará com o Estado. Mas, como dito, há casos em que não há a obrigatoriedade de se licitar. E a questão trata de um desses casos: a dispensa de licitação, a qual, basicamente, pode ser desdobrada em duas grandes hipóteses: licitações DISPENSADAS e licitações DISPENSÁVEIS.

Na licitação **dispensada**, a própria lei estabelece os casos em que o administrador deixará de licitar (art. 17), não havendo, portanto, qualquer margem de discrição (liberdade) por parte do agente público.

Diferentemente, a **licitação dispensável** (art. 24 da Lei nº 8.666/1993) é vista como **ato discricionário** do administrador, ou seja, pode ou não licitar. A **licitação dispensável,** então, tem lugar em contexto de viabilidade jurídica de competição, sendo, portanto, **ato discricionário** do administrador optar entre fazer ou não fazer o certame de licitação.

Um dos casos de licitação dispensável (art. 24 da Lei nº 8.666/1993) é o seguinte:

> V – quando não acudirem interessados à licitação anterior e esta, justificadamente, não puder ser repetida sem prejuízo para a Administração, mantidas, neste caso, todas as condições preestabelecidas;

Este caso de dispensa é conhecido como "licitação deserta", pois, perceba na leitura do dispositivo, não compareceram interessados, tal qual descreve o comando da questão. Além disso, note que o examinador informa que *a manutenção desses imóveis no patrimônio público passou a gerar altos custos de manutenção e vigilância, tornando premente, assim, a sua alienação.*

Portanto, a repetição da licitação traria prejuízos para a Administração, que é outro requisito para que se declare a dispensa de licitação com base na licitação deserta. E, por fim, devem ser mantidas todas as condições pré-estabelecidas de quando se tentou realizar a licitação, tudo por conta do inciso V do art. 24 da Lei nº 8.666/1993. Diante do que se expôs, o item que melhor amolda o gabarito da questão é, sem duvida, a letra **d**.

Apenas mais um comentário: na letra **b**, o examinador informa que na situação descrita o Estado *poderá declarar a inexigibilidade de licitação, por inviabilidade de competição, e alienar o imóvel diretamente a eventual interessado, por preço de mercado*.

O fundamento da inexigibilidade, de acordo com o art. 25, decorre, de fato, da **inviabilidade de competição**, ou seja, quando há impossibilidade jurídica de competição entre licitantes, quer pela natureza específica do negócio, quer pelos objetivos sociais visados pela Administração. Registre-se que o rol da contratação direta por **inexigibilidade** é EXEMPLIFICATIVO (*numerus apertus, não taxativo*), diferentemente do rol da contratação direta por **dispensa de licitação**, de natureza EXAUSTIVA, TAXATIVA (para quem gosta de latim, *numerus clausus*). Entretanto, não há qualquer dado que registre a inviabilidade de competição, no caso da questão que você esta examinando. Ao contrário — houve uma tentativa de licitar, dado que isto seria plenamente possível. Mas não compareceram interessados. Então, o caso não é de inexigibilidade, mas de dispensa mesmo.

Legislação
C/F 1988:

> XXI – ressalvados os casos especificados na legislação, as obras, serviços, compras e alienações serão contratados mediante processo de licitação pública que assegure igualdade de condições a todos os concorrentes, com cláusulas que estabeleçam obrigações de pagamento, mantidas as condições efetivas da proposta, nos termos da lei, o qual somente permitirá as exigências de qualificação técnica e econômica indispensáveis à garantia do cumprimento das obrigações.

Gabarito: Letra **d**.
Nível: **Médio**.

Questão 161 **(FCC – TRE-SP – Técnico Administrativo – 2012)** Determinada autoridade administrativa detectou, em procedimento ordinário de correição, vício de forma em relação a determinado ato administrativo concessório de benefício pecuniário a servidores. Diante dessa situação, foi instaurado procedimento para anulação do ato, com base na Lei Federal nº 9.784/1999, que regula o processo administrativo no âmbito da Administração Pública federal, no qual, de acordo com os preceitos da referida Lei, o ato:

a) poderá ser convalidado, em se tratando de vício sanável e desde que evidenciado que não acarreta lesão ao interesse público;
b) não poderá ser anulado, por ensejar direito adquirido aos interessados, exceto se comprovado dolo ou má-fé;
c) deverá ser revogado, operando-se os efeitos da revogação desde a edição do ato, salvo se decorrido o prazo decadencial de cincoanos;

d) poderá ser anulado, revogado ou convalidado, a critério da Administração, independentemente da natureza do vício, de acordo com as razões de interesse público envolvidas;
e) poderá ser convalidado, desde que não transcorrido o prazo decadencial de cinco anos e evidenciada a existência de boa-fé dos beneficiados.

Tema: Processo Administrativo Federal (Lei nº 9.784/1999) – Processo Administrativo.

COMENTÁRIOS

Inicialmente, registre-se que a **convalidação** é ato privativo da Administração que corrige vício sanável presente nos atos administrativos, com eficácia retroativa (*ex tunc*).

A convalidação de atos viciados ocorre, sobretudo, em razão de segurança jurídica, sendo realizada com **efeitos retroativos** (*ex tunc*, como na anulação). A convalidação pode derivar de um ato da Administração, como é fato comum, ou, excepcionalmente, **de um ato do particular afetado pelo provimento viciado**.

Dessa forma, a **convalidação** se dá, em regra, por meio de ação administrativa, em que se edita um segundo ato, remetendo-se, **retroativamente**, ao ato inválido para legitimar seus efeitos pretéritos. Já a convalidação por um ato do particular afetado ocorre quando a manifestação deste era um pressuposto legal para a expedição de ato administrativo anterior que fora editado com violação dessa exigência.

A Lei de Processo Federal (Lei nº 9.784/1999) estabelece, no art. 55, que só poderá ser convalidado o ato que não acarretar lesão ao interesse público nem prejuízo a terceiros. Esse é um pressuposto para que se cogite da possibilidade de convalidar um ato administrativo, pelo que está correta a última parte do item **a** (... *Desde que evidenciado que não acarreta lesão ao interesse público*).

Agora, quando se pensa em uma análise "isolada" a partir dos elementos dos atos administrativos para que possa tratar da convalidação, vemos que nem sempre esta será possível. Resumidamente, podemos apontar as seguintes situações quanto aos elementos dos atos administrativos e a possibilidade de convalidação:

I. **Competência: praticado um ato por autoridade incompetente, o mesmo pode ser convalidado pela autoridade que detenha competência para tanto.** Contudo, atos de **competência exclusiva** que tenham sido praticados por outras autoridades não podem ser convalidados. De fato, se a norma jurídica atribuiu, DE FORMA EXCLUSIVA, competência a alguém somente aquele que detém tal autorização poderá praticar o ato;

II. **Forma: O vício de forma pode ser objeto de convalidação, desde que ela não seja essencial à validade do ato.** Por forma essencial entenda-se forma necessária à validade do ato e determinada pela norma. Opa! Com essa informação, já dá para gabaritar a questão — note que ela menciona que há vício de FORMA no ato produzido, que é convalidável, como vimos. E no comando da letra **a**, o examinador registra que se tratando de vício sanável e desde que evidenciado que não acarreta lesão ao interesse público, seria possível a convalidação, em linha com o que diz o mencionado art. 55 da Lei nº 9.784/1999. Logo, o quesito que atende o gabarito é a letra **a**. Mas continuemos analisando os vícios e a possibilidade de convalidação dos atos, referentes a cada um dos seus elementos.

III. **Motivo:** a doutrina prevalente é no sentido de que **não se admite convalidação de ato viciado quanto aos motivos**. A razão é visível: o motivo é o que leva a alguém a agir. Ou ocorreu ou não ocorreu. Como corrigir algo que, por exemplo, não ocorreu? Fazendo ocorrer no passado um motivo qualquer já em momento futuro? Há uma impossibilidade fática de convalidação de vício de motivo, como se vê. Por isso, **inconvalidável vício de motivo**.

IV. **Objeto: não pode ser convalidado**, porque também inviável, tal como no motivo. **Expliquemos:** Imagine que uma matéria qualquer (não importa a natureza) tivesse que ter sido objeto de uma autorização. Todavia, a Administração edita, equivocadamente, uma permissão. Percebido o erro: a Administração aproveita o ato de permissão transformando-o em autorização. Mesmo que se aceitasse essa duvidosa "transformação", esta não poderia ser vista como convalidação, mas sim **conversão** de um ato em outro; e

V. **Finalidade: não é possível convalidação.** De fato, um ato administrativo praticado visando a fins outros que não sejam o interesse público deverá ser anulado, responsabilizando-se quem deu causa à nulidade.

CONCLUSÃO: SÓ DOIS ELEMENTOS DOS ATOS ADMINISTRATIVOS PERMITEM CONVALIDACÃO — COMPETÊNCIA (desde que não se trate de um ato de competência exclusiva) e FORMA (desde que esta não seja expressamente estabelecida pela Lei).

Alguns comentários mais, com relação aos itens (todos ERRADOS):
Letra **b**: O erro está em dizer que o ato que contém um vício de legalidade gera direito adquirido ao destinatário. Não gera, em conformidade com a Súmula nº 473 do STF, vejamos:

> A ADMINISTRAÇÃO PODE ANULAR SEUS PRÓPRIOS ATOS, QUANDO EIVADOS DE VÍCIOS QUE OS TORNAM ILEGAIS, PORQUE DELES NÃO SE ORIGINAM DIREITOS; OU REVOGÁ-LOS, POR MOTIVO DE CONVENIÊNCIA OU OPORTUNIDADE, RESPEITADOS OS DIREITOS ADQUIRIDOS, E RESSALVADA, EM TODOS OS CASOS, A APRECIAÇÃO JUDICIAL.

O que acontece é que, por segurança jurídica, um ato viciado pode não ser anulado, isto é, depois de certo tempo, não se deveria, pelo menos na via administrativa, anular-se um ato. Deveria ser assim, para que as coisas possam "ter paz", em algum momento. Bem por isso, o art. 54 estabeleceu um prazo para anulação dos atos administrativos: cinco anos. Depois desse tempo, o Poder Público não deveria mais anular, para que as coisas possam ter certa garantia de estabilidade. Agora, perceba que no caso de má-fé (veja legislação abaixo), o prazo decadencial deixaria de ser computado. Isso ocorre para que não se prestigie aquele que, intencionalmente, quer causar prejuízo a Administração. Por consequência, no caso de má-fé, não incidirá o prazo decadencial de cinco anos.

Letra **c**: A revogação deve ocorrer por razões de conveniência e oportunidade, sendo, portanto, discricionária. Note que o comando da questão fala de VÍCIO, o que leva à ANULAÇÃO do ato. Ainda: o item fala que a revogação retroagiria ao tempo de edição do ato. Não é isso o que ocorre. Na realidade, a revogação se faz com efeitos *EX NUNC*, isto é, PROATIVOS (não retroativos). E, finalmente, não há que se falar de decadência para a revogação. Esse prazo (de cinco anos), é para a ANULAÇÃO dos atos administrativos (ver legislação citada abaixo).

Letra **d**: Vícios levam, de modo geral, à anulação do ato, o qual, conforme exposto, pode ser convalidado, caso o problema seja de menor relevo. Para a revogação, veja os comentários do item anterior.

Letra **e**: Não é necessário que se comprove a boa-fé dos administrados para que se convalide o ato administrativo. A Lei que cuida disso, no âmbito da União (a 9.784) não faz essa exigência (veja o art. 55 abaixo). Além disso, o prazo decadencial de cinco anos é para que o Poder Público anule algo (veja o art. 54 a seguir), não para convalidação.

Legislação
Lei nº 9.784/1999:

> Art. 54. O direito da Administração de anular os atos administrativos de que decorram efeitos favoráveis para os destinatários decai em cinco anos, contados da data em que foram praticados, salvo comprovada má-fé.
> § 1º. No caso de efeitos patrimoniais contínuos, o prazo de decadência contar-se-á da percepção do primeiro pagamento.
> § 2º. Considera-se exercício do direito de anular qualquer medida de autoridade administrativa que importe impugnação à validade do ato.
> Art. 55. Em decisão na qual se evidencie não acarretarem lesão ao interesse público nem prejuízo a terceiros, os atos que apresentarem defeitos sanáveis poderão ser convalidados pela própria Administração.

Gabarito: Letra **a**.
Nível: **Médio**.

Questão 162 **(FCC – TRE-SP – Técnico Administrativo – 2012) Os contratos administrativos, de acordo com a Lei nº 8.666/1993, possuem vigência adstrita aos respectivos créditos orçamentários, constituindo EXCEÇÃO:**
a) os contratos de obras, que poderão ser prorrogados por até 24 meses, caso comprovada a ocorrência de condições supervenientes que determinem a alteração do projeto;
b) os contratos para entrega futura e parcelada de bens, que poderão ser prorrogados até o limite de 24 meses, para atender necessidade contínua da Administração;
c) os contratos de prestação de serviços a serem executados de forma contínua, que poderão ser prorrogados, por iguais e sucessivos períodos, até o limite de 60 meses;
d) os contratos por escopo, até limite de 12 meses, e desde que o objeto esteja contido nas metas estabelecidas no Plano Plurianua;
e) o aluguel de equipamentos e a utilização de programas de informática, até o limite de 60 meses e por mais 12 meses, em caráter excepcional.

Tema: Duração dos Contratos Administrativos – Contratos Administrativos (Lei nº 8.666/1993).

COMENTÁRIOS

A Lei nº 8.666/1993, de modo absoluto, **veda contratos por prazo indeterminado** (art. 57, § 3º – veja legislação abaixo). Por outro lado, como regra, o prazo dos contratos administrativos não pode ultrapassar a vigência dos créditos orçamentários.

Porém, essa é uma daquelas regras cheia de exceções, o que desperta o interesse de nossas bancas examinadoras, como se vê na questão em análise.

De acordo com a Lei nº 8.666/1993 (art. 57), podem ser apresentadas as seguintes exceções à regra de que os contratos administrativos devem estar determinados pelos créditos orçamentários que os suportam:

> I – aos projetos cujos produtos estejam contemplados nas metas estabelecidas no Plano Plurianual, os quais poderão ser prorrogados se houver interesse da Administração e desde que isso tenha sido previsto no ato convocatório.

Nesse caso, a doutrina majoritária aponta que os contratos poderão ser prorrogados **até o máximo de quatro anos**, isso se o instrumento convocatório tiver feito referência à possibilidade de prorrogação.

> II – à prestação de serviços a serem executados de forma contínua, que poderão ter a sua duração prorrogada por iguais e sucessivos períodos com vistas à obtenção de preços e condições mais vantajosas para a administração, limitada a sessenta meses.

No caso deste inciso, são serviços reconhecidos pela doutrina como de **execução continuada** (os quais se contrapõem aos de execução instantânea). Em outros termos, serviços que não podem sofrer solução de continuidade (não podem ser interrompidos), sob pena de prejuízo à Administração, exemplos: vigilância; limpeza; motorista; e manutenção de equipamentos (exemplo: elevadores).

O prazo contratual de tais serviços podem ser superiores, inclusive, ao prazo dos projetos inclusos no Plano Plurianual, pois prorrogáveis até **o limite de 60 meses**.

E mais: de acordo com o § 4º, **em caráter excepcional**, podem ser prorrogados por mais 12 meses, quando atinge o total de 72 meses.

A excepcionalidade do § 4º do art. 57 é só para serviços de duração continuada. Tal possibilidade não foi aberta para as demais hipóteses de contratação.

> III – ao aluguel de equipamentos e à utilização de programas de informática, podendo a duração estender-se pelo prazo de até 48 (quarenta e oito) meses após o início da vigência do contrato.

Os contratos de aluguel de equipamentos de informática podem ser estendidos até 48 meses, ou seja, não podem ser prorrogados, excepcionalmente, por mais 12 meses, como dito.

O prazo de 48 meses é menor que o previsto para os serviços de duração continuada, provavelmente devido ao fato de os equipamentos de informática passarem por uma rápida depreciação.

Há, ainda, outro caso de duração estendida dos contratos administrativos. Veja:

> V – às hipóteses previstas nos incisos IX, XIX, XXVIII e XXXI do art. 24, cujos contratos poderão ter vigência por até 120 (cento e vinte) meses, caso haja interesse da administração.

Como sugestão, confira na Lei as hipóteses citadas no inciso V acima transposto. É sempre bom, para fixação de conteúdo.

Pois bem. Conhecidas as exceções à regra de que os contratos administrativos são suportados pelos créditos orçamentários que os carregam, chega-se, sem muita dificuldade, ao gabarito da questão – é a letra **c**, em face do que diz o inciso II do art. 57, já citado.

Um detalhe quanto à letra **e**: está ERRADA, pois o aluguel de equipamentos e programas de informática tem contratos com duração máxima de até 48 meses (veja o inciso IV do art. 57, também citado). O examinador tentou confundir o candidato citando no item o prazo (e a prorrogação) relativo aos serviços de duração continuada.

Gabarito: Letra **c**.
Nível: **Fácil**.

Legislação
Lei nº 8.666/1993:

> Art. 57 (...)
> § 3º. É vedado o contrato com prazo de vigência indeterminado.

Questão 163   **(FCC – TRE-SP – Técnico Administrativo – 2012) Determinado cidadão sofreu danos em função de atendimento deficiente em unidade hospitar pública. A responsabilidade civil da Administração pelos danos em questão:**
a) é de natureza subjetiva, dependendo da comprovação de dolo ou culpa dos agentes;
b) é de natureza objetiva, cabendo direito de regresso em face dos agentes responsáveis, no caso de dolo ou culpa;
c) é de natureza subjetiva, demandando a comprovação da falha na prestação do serviço e culpa de agente público;
d) é afastada, caso comprovado dolo ou culpa exclusiva do agente público;
e) independe de comprovação de dolo ou culpa do agente e do nexo de causalidade entre o evento e o dano.

Tema: Ação Regressiva (responsabilidade civil do Estado) – Responsabilidade Civil do Estado.

COMENTÁRIOS

Façamos uma rápida revisão teórica a respeito da responsabilidade civil da Administração Pública, para chegarmos ao gabarito da questão.

De forma geral, a responsabilização civil do Estado encontra origem no Direito Civil, ramo do Direito que, originalmente, trata da matéria, e que, de modo geral, consigna: aquele que causa prejuízo a outrem tem a obrigação de indenizar o dano patrimonial causado por um fato lesivo.

Porém, diferentemente do que ocorre na relação entre os particulares, a responsabilização do Estado constitui modalidade **extracontratual**, visto que não há um pacto, isto é, um contrato a sustentar o dever de reparar. Exatamente por isso o texto constitucional fala em particulares (**terceiros**) em geral (art. 37, § 6º).

Relembre-se que a responsabilização civil da Administração Pública ocorre quando da existência de dano causado a alguém em face da conduta de agente público (leia-se: na qualidade de agente público).

A doutrina ensina que a responsabilidade patrimonial extracontratual do Estado como sendo aquela que gera a obrigação de reparar danos causados a terceiros em decorrência de comportamentos comissivos (ação) ou omissivos (inação), materiais ou jurídicos, lícitos ou ilícitos, imputáveis aos agentes públicos. Difere a responsabilidade civil das responsabilidades penal e administrativa. As três são independentes entre si, com sanções específicas a serem aplicadas em cada uma dessas esferas, quando for o caso.

Não há que se falar, necessariamente, de ação ilícita por parte do Estado para que este seja responsabilizado civilmente. De regra, haverá correlação: fato ilícito X responsabilização civil do Estado. Mas, repita-se, nem sempre o ilícito estará presente.

O art. 37, § 6º, do texto constitucional (veja legislação citada abaixo) é expresso em afirmar que a responsabilidade é aplicada **independentemente de culpa ou de dolo**. Decorre disso o fato de o risco administrativo ser de natureza OBJETIVA.

O dano, em si, é prejuízo, que pode ser material (prejuízo mesmo) ou moral (o "preço da dor", por assim dizer). Já o fato lesivo diz respeito à ação/omissão por parte do causador do dano. Por fim, o nexo de causalidade, que pode ser entendido como o liame (elo) entre a ação/omissão do Estado (ou de seus representantes, em algumas situações) com o prejuízo causado, ou seja, o vínculo direto entre as duas pontas para a responsabilidade civil: a ação e o dano.

Agora, o pagamento da indenização do Estado não fica "de graça". O agente público, causador direto do dano, deverá ressarcir a Administração, desde que tenha praticado o ato com dolo ou com culpa. Por esse motivo, decorre que a **responsabilidade do agente** é **sempre** do tipo **subjetiva**, não se confundindo com a responsabilidade do Estado, que, em alguns casos (boa parte), responde de forma objetiva por eventuais prejuízos causados à sociedade, de modo geral, nos termos do § 6º do art. 37 da CF/1988.

Em termos de responsabilidade, já houve muita discussão a respeito de contra quem poderia (ou deveria) ser proposta a ação judicial cabível para que fosse promovida a indenização do prejudicado pela atuação estatal. Para fins de concurso público, a questão já foi pacificada, conforme entendimento do STF (em especial no Recurso Extraordinário – RE nº 327.904):

> A ação de indenização há de ser promovida contra a pessoa jurídica causadora do dano e não contra o agente público, em si, que só responderá perante a pessoa jurídica que fez a reparação, mas mediante ação regressiva.

Alguns esclarecimentos.

Em primeiro lugar, ao lançar tal entendimento, o STF acabou criando uma "garantia de mão dupla":

I. com a ação judicial de indenização promovida contra a Administração, fica (relativamente) protegido o prejudicado, já que, ao menos em tese, terá mais chance de ser indenizado, pois o Estado tem mais "força financeira" que o servidor (regra geral). Há, na visão da Corte Constitucional, uma chance maior de indenização por parte do administrado; e,

II. protege-se, também, o servidor, o qual responderá **somente** perante a própria Administração, mediante ação regressiva, depois que esta promova a indenização do eventual prejudicado, conforme tem entendido a doutrina majoritária. Todavia, de acordo com a Lei, bastaria o trânsito em julgado da sentença judicial condenatória contra a Administração para que esta intentasse a regressiva em desfavor do servidor.

Muito bem. Feita nossa breve revisão teórica, vamos aos exames dos itens da questão:

Letras **a** e **c**: ERRADAS. A responsabilidade civil do Estado é OBJETIVA (não subjetiva). Quem responde de maneira subjetiva é o agente público causador do dano.

Letra **b**: **CERTA.** Em perfeita consonância com o que expusemos.

Letra **d**: ERRADA. Item interessante. Na realidade, o Estado continuará a responder pelo dano causado ao contribuinte. Entretanto, caso o Estado apure a culpa ou dolo do agente causador do dano, poderá se ressarcir deste, mediante ação regressiva. Assim, insista-se, no caso de culpa ou dolo exclusivamente atribuível ao agente, o Estado continua a ter o dever de promover a reparação ao prejudicado, mas se ressarcirá disto, cobrando do agente (mediante ação regressiva).

Letra **e**: ERRADA. De fato, a responsabilidade civil do Estado independe de comprovação de dolo ou culpa do agente. Mas não poderá faltar o nexo de causalidade entre o evento (a conduta do agente) e o dano. Por isso o erro do item.

Legislação:

> § 6º. As pessoas jurídicas de Direito Público e as de Direito Privado prestadoras de serviços públicos responderão pelos danos que seus agentes, nessa qualidade, causarem a terceiros, assegurado o direito de regresso contra o responsável nos casos de dolo ou culpa.

Gabarito: Letra **b**.
Nível: **Fácil**.

Questão 164 (FCC – TRE-SP – Técnico Administrativo – 2012) O governador do estado editou decreto reorganizando a estrutura administrativa de determinada Secretaria de Estado. De acordo com a Constituição Federal, referido decreto é:
a) ilegal, em face da violação ao princípio da legalidade;
b) legal, podendo contemplar a extinção de órgãos públicos e cargos vagos;
c) legal, desde que não implique aumento de despesa, nem criação ou extinção de órgãos públicos;
d) ilegal, eis que nosso ordenamento jurídico não admite regulamento autônomo para matéria de organização administrativa;
e) legal apenas se decorrente de delegação expressa do Poder Legislativo, passando referido ato a ter força de lei formal.

Tema: Classificação (atos administrativos) – Atos Administrativos.

COMENTÁRIOS

Questão que trata de um tema bastante polêmico, caso se considerem as opiniões de alguns doutrinadores: os decretos ditos AUTÔNOMOS.

Com a promulgação da EC nº 32/2001, o sistema constitucional Brasileiro passou a admitir a existência de decretos autônomos ou independentes, ato administrativo normativo que extrai fundamento diretamente da Constituição. Noutras palavras: diferentemente do Decreto de Execução ou Regulamentar (inciso IV, do art. 84, da CF/1988), o qual encontra a LEI como parâmetro de explicitação, de detalhamento, os AUTÔNOMOS (inciso VI do art. 84 da CF/1988 – veja legislação abaixo) dispensam a existência prévia de LEI, pois, em verdade, tais atos são a própria LEI (entenda-se: leis em sentido MATERIAL, afinal não foram produzidas pelo Legislativo para serem consideradas FORMAL).

É de suma importância você, leitor concursando, não deixar de conhecer as matérias que podem ser tratadas por tal tipo de decreto (autônomo) e que se encontram fixadas no inciso VI, do art. 84, da CF/1988. Relembre-as:

> a) organização e funcionamento da Administração Federal, **desde que** não implique aumento de despesa nem criação/extinção de órgãos públicos (a criação de órgãos públicos é matéria de **reserva legal** – vejam o art. 88 da CF/1988); e
> b) extinção de cargos ou funções públicas, **desde que** VAGOS (DETALHE: cargos públicos PREENCHIDOS só podem ser extintos mediante LEI). Percebam que **decretos de extinção de cargos públicos VAGOS não possuem generalidade**. De outra forma: trazem em si providência "concreta", qual seja, extinção de cargo público.

Pois bem. Retornado à questão, de início, releia o comando do item. Você está diante de um Decreto Autônomo, amparado pela alínea *a*, do inciso VI, da CF/1988. Então, o ato é LEGAL, pelo que eliminamos dois itens (letras **a** e **d**). Agora, veja, na legislação abaixo, que quando o Decreto Autônomo reorganiza a Administração NÃO SE PODE AUMENTAR DESPESAS. De fato, tem de ser assim, pois o orçamento público é uma LEI, conforme a CF (§ 5º do art. 165 – veja legislação abaixo). Então, por razões de hierarquia, mesmo que autônomo, o Decreto não poderia alterar o conteúdo de uma Lei, no caso, o orçamento. Por isso, o Decreto Autônomo não poderá aumentar despesas, quando reorganizar a Administração. E, assim, chegamos ao nosso gabarito – letra **c**.

Legislação
CF/1988:

> Art. 84. Compete privativamente ao Presidente da República:
> (...)
> IV – sancionar, promulgar e fazer publicar as leis, bem como expedir decretos e regulamentos para sua fiel execução;
> (...)
> VI – dispor, mediante decreto, sobre:
> a) organização e funcionamento da administração federal, quando não implicar aumento de despesa nem criação ou extinção de órgãos públicos;
> b) extinção de funções ou cargos públicos, quando vagos;
> Art. 165 (...)
> § 5º. – A **lei orçamentária** anual compreenderá:

Gabarito: Letra **c**.
Nível: Médio.

Instrução: Para responder à questão, considere a Lei nº 8.112/1990.

Questão 165 (FCC – TRE-SP – Técnico Administrativo – 2012) Em matéria de proibições aos servidores públicos federais, analise a situação de cada um deles:
  I. Marcílio distribuiu propaganda de uma associação profissional para servidores não subordinados.
  II. Miriam praticou usura destinada a uma entidade de assistência social.
  III. Marta, na qualidade de cotista, participa de uma sociedade não personificada.
  IV. Manoel promoveu, no horário de folga, manifestação de apreço no recinto da repartição.
  Nesses casos, NÃO constituem proibições as situações apresentadas em:
  a) I e II;
  b) I e III;
  c) I e IV;
  d) II e IV;
  e) III e IV.

Tema: Do Regime Disciplinar (Lei nº 8.112) – Lei nº 8.112/1990 (lei federal) – Agentes administrativos (servidores públicos estatais) – Agentes Públicos.

COMENTÁRIOS

Questão que se resolve analisando os deveres/proibições dos servidores públicos, constantes da Lei nº 8.112/1990. Note que o examinador pede o que NÃO SE INSERE nas proibições referentes aos servidores. Com atenção a isto, façamos as correspondências dos itens com a Lei, então:

Item I. Note que Marcílio distribui propaganda da associação para servidores NÃO SUBORDINADOS. Agora, compare com a proibição que consta da Lei nº 8.112/1990:

> Art. 117. Ao servidor é proibido:
> (...)
> VII – coagir ou aliciar subordinados no sentido de filiarem-se a associação profissional ou sindical, ou a partido político;

A proibição é de COAGIR/ALICIAR subordinados a se filiar/manter-se filiado a uma instituição, o que não houve. Houve uma simples de propaganda para colegas servidores.
Item II. A usura (em linhas gerais, agiotagem) é proibida pela Lei. Veja:

> Art. 117. Ao servidor é proibido:
> (...)
> XIV – praticar usura sob qualquer de suas formas;

Item III. Veja com atenção a proibição que consta abaixo:

> Art. 117. Ao servidor é proibido:
> (...)
> X – participar de gerência ou administração de sociedade privada, personificada ou não personificada, exercer o comércio, exceto na qualidade de acionista, cotista ou comanditário;

Não há vedação a que o servidor seja COTISTA de empresa, ainda que não personificada. O que a Lei quer impedir é que o servidor pratique o comércio ou a gerência/administração de empresas, pois isso poderia trazer embaraços em sua vida profissional (imagine se a empresa, administrada por um servidor, quebra. Alguém poderia pensar: *ora, se ele não consegue administrar o próprio interesse (privado), imagine o público...* Percebeu como a situação seria ao menos embaraçosa? Daí a proibição da Lei. Além disso, admitir a prática do comércio seria o mesmo que se admitir a acumulação de cargos, pensando-se sob outra ótica. E isso é, em regra, proibido, a não ser nas poucas exceções previstas na CF/1988. Enfim, por uma ou por outra visão, não seria desejável o servidor praticar o comércio ou ser gerente de instituições comerciais.
Item IV. Veja a proibição abaixo

> Art. 117. Ao servidor é proibido:
> (...)
> V – promover manifestação de apreço ou desapreço no recinto da repartição;

No dispositivo, não se fala que o servidor poderia manifestar fora do horário de expediente. Então, o servidor do item incidiu, sim, em uma proibição.
Bem, como o examinador demanda o que não é proibição, chegamos ao nosso gabarito – letra **b**, pois não são proibições as que constam dos itens I e III.
Gabarito: Letra **b**.
Nível: **Médio**.

Instrução: Para responder à questão, considere a Lei nº 8.112/1990.

Questão 166   (FCC – TRE-SP – Técnico Administrativo – 2012) Alexandre, analista judiciário (Área Judiciária), ausentou-se do Brasil, pelo período de 4 (quatro) anos, para a realização de um trabalho científico de natureza jurídica em instituição de ensino superior na Inglaterra, com a regular autorização do presidente do Supremo Tribunal Federal. **Referida situação diz respeito:**
a) à licença para capacitação;
b) ao afastamento para servir em outra entidade;
c) ao afastamento para estudo no exterior;
d) à licença para tratar de assuntos particulares;
e) ao afastamento para participação em programa de pós-graduação *stricto sensu*.

Tema: Das Licenças, Afastamentos e Concessões (Lei nº 8.112) – Lei nº 8.112/1990 (lei federal) – Agentes Administrativos (servidores públicos estatais) – Agentes Públicos.

COMENTÁRIOS

Questão que demanda o conhecimento da Lei nº 8.112/1990, mas que, em boa parte, poderia ser resolvida pela lógica.
Letra **a**: Não é o caso da licença capacitação, pois esta dura, no máximo, três meses.
Letra **b**: Também não é o caso de afastamento para servir em outra entidade. Abstraindo os casos que constam de leis específicas, o servidor federal só poderá ser cedido para órgãos e entidades públicos (veja o art. 93, na legislação abaixo).
Letra **c**: Enquadra a situação do servidor. Veja o que diz a Lei nº 8.112/1990 a respeito:

> Art. 95. O servidor não poderá ausentar-se do País para estudo ou missão oficial, sem autorização do Presidente da República, Presidente dos Órgãos do Poder Legislativo e Presidente do Supremo Tribunal Federal.
> § 1º. A ausência não excederá a 4 (quatro) anos, e finda a missão ou estudo, somente decorrido igual período, será permitida nova ausência.

Note que o período é o máximo permitido pela Lei (4 anos) e que o requisito da autorização para o afastamento ter sido dada pelo presidente do STF foi cumprido.
A licença para tratar de interesses particulares não acobertaria todo o período (veja a legislação abaixo). Além disso, não há informações no comando da questão que levassem à conclusão de que tivera ocorrido o pedido do servidor para o recebimento da licença.
Finalmente, a letra **e**, que, certamente, foi assinalada por muitos, como gabarito da questão. Ocorre que a licença para programa de pós-graduações (mestrado e doutorado) refere-se a cursos NO PAÍS (veja a parte final do art. 96-A, citado abaixo). Como o curso a ser feito por "Alexandre" é no exterior, não cabe a licença para pós-*stricto sensu*.
Gabarito: Letra **c**.
Nível: Fácil.

Legislação
Lei nº 8.112/1990:

Art. 93. O servidor poderá ser cedido para ter exercício em outro órgão ou entidade dos Poderes da União, dos Estados, ou do Distrito Federal e dos Municípios, nas seguintes hipóteses:

Art. 91. A critério da Administração, poderão ser concedidas ao servidor ocupante de cargo efetivo, desde que não esteja em estágio probatório, licenças para o trato de assuntos particulares pelo prazo de até três anos consecutivos, sem remuneração.

Instrução: Para responder à questão, considere a Lei nº 8.112/1990.

Questão 167 (FCC – TRE-SP – Técnico Administrativo – 2012) Cecília, servidora pública federal, foi reintegrada no cargo anteriormente ocupado. Porém, referido cargo estava provido por Francisco. Nesse caso, Francisco será, dentre outras alternativas:
a) reconduzido ao cargo de origem, sem direito à indenização;
b) revertido ao cargo de origem, com direito à indenização;
c) posto em disponibilidade remunerada, com indenização a critério da administração;
d) removido ao cargo de origem ou para outro cargo, vedada qualquer indenização;
e) redistribuído a outro cargo de provimento efetivo de maior remuneração.

Tema: Remoção, Redistribuição e Substituição (Lei nº 8.112) – Formas de Provimento (Lei nº 8.112) – Lei nº 8.112/1990 (lei federal) – Agentes Administrativos (servidores públicos estatais) – Agentes Públicos.

COMENTÁRIOS

Questão que se refere, na essência, a duas formas de provimento: a reintegração e a recondução. Façamos uma rápida revisão a respeito.

A **reintegração** ocorre no caso de desfazimento de decisão que levou à demissão de servidor **estável**. A palavra-chave para a reintegração é, portanto, **DEMISSÃO**. A invalidação (desfazimento) da decisão pode ser administrativa ou judicial. Mas, vem a pergunta, que vem a ser, exatamente, o ponto central da questão: *e se o cargo do sujeito que foi demitido estiver ocupado? Vai ser reintegrado aonde?* Se o cargo do reintegrado estiver ocupado, **o ocupante**, **se estável**, deverá ser reconduzido ao seu cargo de origem (sem direito à indenização – veja legislação abaixo), aproveitado em outro cargo, ou mesmo posto em disponibilidade. Importa perceber, também, que estas são ALTERNATIVAS colocadas pela Lei e que a Administração Pública lançará mão de uma delas, tal como diz o comando da questão, a qual, então, já conseguimos encontrar o gabarito – é a letra **a**.

Interessante anotar que a condição para a reintegração/recondução do servidor público é a ESTABILIDADE (veja o *caput* do art. 28, na legislação colocada abaixo), informação que não constou do comando da questão. Apesar de a condicionante "servidor estável" seja extremamente criticável, é o que dispõe, também, a CF/1988 (vejam o § 2º do art. 41 da CF). Ressalte-se, ainda, que a Lei nº 8.112/1990 assegura ao injustamente demitido o ressarcimento de todas as vantagens (remunerações, por exemplo) que faria jus (mais uma vez, leia o *caput* do art. 28, mais precisamente na parte final do dispositivo).

A **recondução** ocorre em duas hipóteses: na **reintegração do ocupante do cargo** e na **inabilitação de estágio probatório;** e a palavra-chave é RETORNO AO CARGO ANTERIOR.

A primeira hipótese já foi abordada acima. No caso da inabilitação em estágio probatório, o inabilitado deverá ter ocupado cargo anterior, no qual já era estável. Desse modo, ao ser inabilitado no novo cargo, deverá retornar ao anteriormente ocupado. E, **detalhe:** o STF tem admitido a recondução a pedido, isto é, o próprio servidor declarar-se inabilitado para o exercício do cargo no qual lograra êxito em concurso público. Isso funcionaria como uma espécie de "inabilitação voluntária": o servidor demonstraria sua insatisfação em desempenhar o novo cargo e pediria a recondução, o que pode acontecer durante o estágio probatório no novo cargo, também conforme a visão do Supremo.

Alguns rápidos comentários com relação aos outros itens:

Letra **b**: ERRADA. A reversão é a forma de provimento que diz respeito ao retorno do aposentado ao desempenho de cargo ativo (ver art. 25 da Lei nº 8.112/1990, na legislação citada abaixo).

Letra **c**: ERRADA. Veja o que diz a CF a respeito da disponibilidade (art. 41):

> § 2º. Invalidada por sentença judicial a demissão do servidor estável, será ele reintegrado, e o eventual ocupante da vaga, se estável, reconduzido ao cargo de origem, sem direito a indenização, aproveitado em outro cargo ou posto em disponibilidade com remuneração proporcional ao tempo de serviço.
>
> § 3º. Extinto o cargo ou declarada a sua desnecessidade, o servidor estável ficará em disponibilidade, com remuneração proporcional ao tempo de serviço, até seu adequado aproveitamento em outro cargo.

Veja que os dois dispositivos não amoldam a situação disposta no comando da questão. E mais: não há que se falar em indenização, quando o sujeito estiver em disponibilidade, ainda mais ao critério da Administração.

Letra **d**: ERRADA. **A remoção é deslocamento do servidor**, com ou sem mudança de sede, para desempenhar suas atribuições em outra unidade do mesmo quadro. A remoção pode ocorrer de ofício (no interesse da administração) ou a pedido do servidor.

Na remoção **de ofício**, caso seja necessária a mudança de sede do servidor, este fará jus à ajuda de custo (com um máximo de até três remunerações, conforme regulamento), para compensar despesas ocorridas. Na remoção **de ofício**, fica garantido o direito do servidor e de seu cônjuge, filhos, enteados ou menor sob sua guarda, de se matricular em instituições de ensino congênere, em qualquer época, independente de vaga ou de época. (Cuidado: Instituições congêneres... Não tem o filho do servidor, estudante de faculdade particular, direito de matricular-se na Universidade de

Brasília ou públicas em geral, em razão da remoção de ofício, a não ser, obviamente, que o curso só seja oferecido pela instituição pública.) Notou que foi negritada a expressão DE OFÍCIO neste parágrafo? É que existem outras formas de remoção, que são bem diferentes.

A remoção a pedido pode a ser a critério da administração ou independente do interesse desta. Na primeira hipótese, o servidor faz o pedido e a Administração avalia a conveniência (é ato discricionário). Já remoção a pedido, independente do interesse da administração, ocorre nas seguintes hipóteses:

- para acompanhamento do cônjuge, que também deve ser servidor ou militar, de qualquer dos poderes da União, dos estados, dos municípios, que foi deslocado no interesse da administração. Em outros termos, se o cônjuge passou em concurso ou solicita remoção, ele é quem criou o problema, não tendo a Administração o dever de removê-lo. Esse, inclusive, é o entendimento do STJ;
- por motivo de doença do servidor, cônjuge, ou dependente que viva às suas expensas, sendo que deverá constar do assentamento funcional do servidor;
- em virtude de concurso de remoção, em que o número de interessados é superior ao número de vagas na unidade de destino.

Note que nenhuma das situações acoberta a situação tratada no comando da questão. Por isso, a letra d também está errada.

Letra e: ERRADA. A **Redistribuição é o deslocamento do cargo efetivo**, ocupado ou não, no âmbito do quadro geral de pessoal, para outro órgão ou atividade. Ambos não são hipóteses de provimento ou vacância. Veja dois exemplos, para entender melhor o instituto:

Na sala de determinado órgão "X", em São Paulo, tem 10 (dez) cadeiras — cargos —, sendo que apenas 7 (sete) existem pessoas sentadas — servidores. No órgão "Y", localizado no Rio de Janeiro, tem 12 (doze) cadeiras, sendo que apenas 10 (dez) estão preenchidas. Assim, o servidor pode ser removido de São Paulo para o Rio de Janeiro, pergunta-se: quantas vagas foram criadas? Quantos servidores entraram? Não houve vacância e sequer provimento, exatamente porque o número de servidores permaneceu constante.

Agora, o órgão "X" precisa de novas cadeiras. Bom, como vimos, a criação de novas cadeiras (cargos) depende de lei, no entanto, como existem 12 (doze) cadeiras no RJ, que tal deslocar a cadeira, isso mesmo, que tal redistribuir, promover a relotação das cadeiras? Notem que, igualmente, não houve redução ou acréscimo do quantitativo de servidores, não sendo, portanto, o caso de se falar em vacância ou em provimento.

A redistribuição também não serve para acobertar a situação tratada no comando da questão. E, por isso, a letra **e** está ERRADA.

Legislação
Lei nº 8.112/1990:

> Art. 25. Reversão é o retorno à atividade de servidor aposentado:
> Art. 28. A reintegração é a reinvestidura do servidor estável no cargo anteriormente ocupado, ou no cargo resultante de sua transformação, quando invalidada a sua demissão por decisão administrativa ou judicial, com ressarcimento de todas as vantagens.

(...)
§ 2º. Encontrando-se provido o cargo, o seu eventual ocupante será reconduzido ao cargo de origem, sem direito à indenização ou aproveitado em outro cargo, ou, ainda, posto em disponibilidade.

Gabarito: Letra **a**.
Nível: **Médio**.

Instrução: Para responder à questão, considere a Lei nº 8.112/1990.

Questão 168 (FCC – TRE-SP – Técnico Administrativo – 2012) A Walter, como servidor público federal, é assegurado o direito de requerer do Poder Público, em defesa de direito ou interesse legítimo. Diante disso, Walter deverá observar peculiaridades do direito de petição, dentre outras, o fato de que:

a) esse pedido e os recursos, quando cabíveis, não interrompem a prescrição;
b) não caberá recurso das decisões sobre os recursos sucessivamente interpostos;
c) o prazo para a interposição do pedido é de 10 (dez) dias, improrrogáveis, a partir da decisão recorrida;
d) esse pedido deve ser dirigido à autoridade superior do órgão, podendo ser renovado por até duas vezes;
e) no caso do provimento do pedido de reconsideração, os efeitos da decisão retroagirão à data do ato impugnado.

Tema: Do Direito de Petição – Lei nº 8.112/1990 (lei federal) – Agentes Administrativos (servidores públicos estatais) – Agentes Públicos.

COMENTÁRIOS

O direito de peticionar, de requerer, junto aos órgãos públicos é assegurado aos servidores, na Lei nº 8.112/1990 (art. 104). Isso dá por razões constitucionais: é de estatura constitucional a possibilidade de se requerer das instituições públicas providências aos seus encargos. Dito isso, façamos a análise da questão item a item, por, nesse caso, ser mais produtiva:
Letra **a**: ERRADA. Veja o que diz a Lei nº 8.112/1990:

Art. 111. O pedido de reconsideração e o recurso, quando cabíveis, interrompem a prescrição.

O item inverte o disposto na Lei e, logicamente, está ERRADO. Chame-se atenção para o fato de que tanto os pedidos de reconsideração, quanto os recursos INTERROMPEM (não é suspendem!) a prescrição.
Letra **b**: ERRADA. Analise o que diz a Lei nº 8.112/1990:

Art. 107. Caberá recurso:
(...)
II – das decisões sobre os recursos sucessivamente interpostos.

Ou seja, cabe recurso de decisão sobre recurso. Mais uma vez, o examinador inverteu a construção do item, que está ERRADO.

Letra c: ERRADA. O "pedido" no item, crê-se, é o de reconsideração, o que foi omitido pelo examinador na formulação da assertiva. De toda forma, o prazo para interposição do pedido de reconsideração é de **TRINTA DIAS** (não 10 dias).

Letra d: ERRADA. Pressupõe-se, mais uma vez, que o examinador se refira ao pedido de reconsideração. Nesse caso, o pedido de reconsideração deve ser dirigido à própria autoridade que houver expedido o ato ou proferido a primeira decisão, não podendo ser renovado (veja o art. 106, citado na legislação abaixo). Por tudo, o item está ERRADO.

Letra e: **CERTA**. É a literalidade do parágrafo único do art. 109 da Lei nº 8.112/1990 (veja legislação citada abaixo).

Gabarito: Letra e.
Nível: **Médio**.

Legislação
Lei nº 8.112/1990:

Art. 104. É assegurado ao servidor o direito de requerer aos Poderes Públicos, em defesa de direito ou interesse legítimo.

Art. 106. Cabe pedido de reconsideração à autoridade que houver expedido o ato ou proferido a primeira decisão, não podendo ser renovado.

Art. 108. O prazo para interposição de pedido de reconsideração ou de recurso é de 30 (trinta) dias, a contar da publicação ou da ciência, pelo interessado, da decisão recorrida.

Art. 109 (...)

Parágrafo único. Em caso de provimento do pedido de reconsideração ou do recurso, os efeitos da decisão retroagirão à data do ato impugnado.

Instrução: Para responder à questão, considere a Lei nº 11.416/2006.

Questão 169 (FCC – TRE-SP – Técnico Administrativo – 2012) Silvio Souza é juiz eleitoral, sendo casado com Paula Souto, mas é companheiro de Vanessa Silva, com quem mantém união estável. O juiz Silvio é irmão de Murilo Souza, tem um tio Ronaldo Corrêa e é primo de Leonardo Corrêa. Os referidos parentes do magistrado não são ocupantes de cargo de provimento efetivo do Quadro de Pessoal do Poder Judiciário. Nesse caso, no âmbito da jurisdição do Tribunal Regional Eleitoral, NÃO é vedada a designação para função comissionada na pessoa de:

a) Murilo Souza;
b) Vanessa Silva;
c) Ronaldo Corrêa;
d) Leonardo Corrêa;
e) Paula Souto.

Tema: Agentes Administrativos (servidores públicos estatais) – Agentes Públicos.

COMENTÁRIOS

Essa questão é bem confusa! Mas o candidato "esperto" iria por eliminação: se há proibição para nomear alguém para função comissionada, tal proibição deveria incidir sobre a parentela mais próxima do juiz eleitoral, que é Sílvio Souza (note que o item fala sobre proibição de nomeação para nomeação para função comissionada no âmbito do TRE).

Então, por análise lógica, como seu parente na lista mais distante é Leonardo Corrêa, mesmo "no chute", o candidato atento deveria ter assinalado a alternativa correspondente a este. De toda forma, observe o que diz a Lei nº 11.416/2006 a respeito:

> Art. 6º. No âmbito da jurisdição de cada tribunal ou juízo é vedada a nomeação ou designação, para os cargos em comissão e funções comissionadas, de cônjuge, companheiro, parente ou afim, em linha reta ou colateral, até o terceiro grau, inclusive, dos respectivos membros e juízes vinculados, salvo a de ocupante de cargo de provimento efetivo das Carreiras dos Quadros de Pessoal do Poder Judiciário, caso em que a vedação é restrita à nomeação ou designação para servir perante o magistrado determinante da incompatibilidade.

O Leonardo Corrêa é parente de 4º grau do Juiz Sílvio Souza (é primo). Por conseguinte, não há problemas em se nomear aquele para cargo em comissão no âmbito da Justiça Eleitoral. Todos os demais parentes encontram-se abrangidos pela proibição constante da norma.

Gabarito: Letra **d**.
Nível: **Fácil**.

Capítulo 19

Prova de Analista Judiciário – TST – 2012

Q.170. Autorização, Permissão e Concessão (Serviços Públicos) – Serviços Públicos
Q.171. Administração Indireta – Organização Administrativa
Q.172. Acumulação de Cargos e Empregos Públicos e Funções – Agentes Públicos
Q.173. Processo Administrativo Federal (Lei nº 9.784/1999) – Processo Administrativo
Q.174. Dos atos de improbidade (Lei nº 8.249 – arts. 9º a 11) – Improbidade Administrativa (Lei nº 8.429/1992)

Questão 170 **(FCC – TST – Analista Judiciário – 2012)** De acordo com a legislação federal em vigor (Lei nº 8.987/1995), é uma diferença entre concessão e permissão de serviço público:
a) poder a primeira ser celebrada com pessoa jurídica ou consórcio de empresas; e a segunda, com pessoa física ou jurídica;
b) ser obrigatória a licitação para a primeira; e facultativa, para a segunda;
c) ser a primeira contrato; e a segunda, ato unilateral;
d) ter a primeira prazo determinado; e a segunda, não comportar prazo;
e) voltar-se a primeira a serviços de caráter social; e a segunda, a serviços de caráter econômico.

Tema: Autorização, Permissão e Concessão (Serviços Públicos) – Serviços Públicos.

COMENTÁRIOS

Poucas são as diferenças entre as concessões e permissões de serviços públicos atualmente.

A doutrina costumava conceituar a permissão como *o ato administrativo unilateral, discricionário e precário, gratuito ou oneroso, pelo qual a Administração Pública faculta ao particular a execução de serviço público ou a utilização privativa de bem público.*

Todavia, após a edição da Lei nº 8.987/1995, a definição ganhou novos contornos, isso porque, de acordo com o art. 40 da Lei, a **permissão** de **SERVIÇO PÚBLICO** será formalizada mediante **CONTRATO ADMINISTRATIVO** DENOMINADO **"DE ADESÃO"**, que observará os termos da Lei nº 8.987/1995 e as demais normas pertinentes e do edital de licitação, inclusive quanto **à precariedade e à revogabilidade unilateral** do contrato pelo Poder Concedente.

Portanto, depreende-se que existem, pelo menos, dois **tipos de permissões**:
✓ as formalizadas por **atos administrativos** (**utilização privativa** de bem público); e
✓ as instrumentalizadas por **contrato de adesão** (**execução** de serviço público).

Por relevante, aponte-se para a imprecisão terminológica do dispositivo no que se refere à **"revogabilidade"** unilateral do contrato. Sem dúvida, seria mais apropriado o uso da expressão "rescisão", pois contratos são rescindidos, sendo a revogabilidade instituto inerente a atos administrativos. Mas, tratando-se de concurso, seja "decorador" e não muito crítico. Assim, guarde para suas futuras provas: é possível a "revogação" do contrato de permissão, ante o que dispõe a Lei nº 8.987/1995.

O conceito legal de **permissão de serviços públicos** é dado pelo inciso IV, do art. 2º, da Lei nº 8.987/1995, a saber: "a delegação, a título **precário**, mediante **licitação**, da prestação de serviços públicos, feita pelo poder concedente à pessoa física ou jurídica que demonstre capacidade para seu desempenho, por sua conta e risco".

Da leitura do conceito, surge a indagação: **qual será a diferença entre permissão e concessão?**

Registre-se que, embora o STF tenha afastado qualquer distinção conceitual (ADI nº 1.491/98 – DF), a doutrina costuma apontar para as seguintes:

> **Quanto ao executor do serviço público**: na concessão, o contrato só pode ser firmado **com pessoa jurídica ou consórcio de empresas**; na permissão, **com pessoa física ou pessoa jurídica**. Conclui-se, portanto, que **não há concessão para pessoa física, ou permissão para consórcio de empresas**. E, com isso, você encontrou o gabarito da questão – é a letra **a**, já que concessões de serviços públicos podem ser celebradas com pessoa jurídica ou consórcio de empresas, enquanto as permissões podem ser firmadas com pessoa física ou jurídica.
>
> **Quanto à precariedade**: a **permissão é dotada de precariedade, característica não encontrada na concessão**. Por conseguinte, a permissão é passível de revogação (mesmo sendo contrato); a **concessão, não**.

Comentários adicionais com relação aos demais itens (todos Errados):
Letra **b**: Tanto as concessões, quanto as permissões de serviços públicos exigem licitação (veja o art. 175 da CF).
Letra **c**: Concessões e permissões de serviços públicos são contratos. LEMBRE-SE, entretanto, que a permissão que tenha por objeto o uso de bens públicos é formalizada por ATO ADMINISTRATIVO.
Letra **d**: Como concessões e permissões de serviço público são CONTRATOS, logo, possuem prazo determinado.
Letra **e**: Essa diferença não existe. É invenção do examinador.

Legislação
CF/1988:

> Art. 175. Incumbe ao Poder Público, na forma da lei, diretamente ou sob regime de concessão ou permissão, **sempre** através de licitação, a prestação de serviços públicos.

Gabarito: Letra **a**.
Nível: **Médio**.

Questão 171 (FCC – TST – Analista Judiciário – 2012) Uma pessoa jurídica que se enquadre no conceito de autarquia:
a) não integra a Administração Indireta;
b) é essencialmente considerada um serviço autônomo;
c) deve necessariamente possuir um regime jurídico especial;
d) terá garantia de estabilidade de seus dirigentes;
e) subordina-se hierarquicamente a algum ministério, ou órgão equivalente no plano dos demais entes federativos.

Tema: Administração Indireta – Organização Administrativa.

COMENTÁRIOS

Veja o conceito de **Autarquias,** de acordo com inciso I, do art. 5º, do Decreto-lei nº 200/1967:

> Um serviço autônomo, criado por lei, com personalidade jurídica, patrimônio e receita próprios, para executar atividades típicas da Administração Pública, que requeiram, para seu melhor funcionamento, gestão administrativa e financeira descentralizada.

Fica claro que o gabarito da questão é a letra **b**.

Registre-se que, conceitualmente, as autarquias desempenham atividades TÍPICAS da Administração Pública, ou seja, serviços tipicamente PÚBLICOS, e, por isso, o trecho do conceito: serviços autônomos, com personalidade própria.

Comentários com relação aos demais itens:

Letra **a**: ERRADA. Junto com as fundações públicas, sociedades de economia mista e empresas públicas, as autarquias integram a Administração Indireta (veja o inciso XIX, do art. 37, da CF na legislação abaixo).

Letra **c**: ERRADA. Algumas autarquias possuem regime especial. Exemplo: as agências reguladoras. Mas não todas. Por isso o erro: não NECESSARIAMENTE as autarquias têm regime especial.

Letra **d**: ERRADA. Mais uma vez cabe o exemplo das agências reguladoras. Nestas, os dirigentes possuem estabilidade, já que possuem mandato fixado nas leis de cada uma das agências reguladoras (veja os arts. 5º e 6º da Lei nº 9.986/2000, na legislação abaixo). Isso, inclusive, é uma das características do regime especial da entidade.

Letra **e**: ERRADA. Como qualquer entidade da Indireta, as autarquias são vinculadas a um órgão supervisor, na Administração Direta, o que é conhecido como princípio da tutela administrativa. Entretanto, tal vínculo não é de subordinação, não é de hierarquia. Em outros termos, trata-se de um controle administrativo de resultados (ou finalístico). Em outras palavras, o controle da Administração Direta sobre a Indireta será efetuado dentro da finalidade para a qual foi criada, para que se afiram se os fins que justificaram a criação da entidade vêm sendo por ela perseguidos.

Gabarito: Letra **b**.
Nível: **Médio**.

Legislação
CF/1988:

Art. 37 (...)
XIX – somente por lei específica poderá ser criada autarquia e autorizada a instituição de empresa pública, de sociedade de economia mista e de fundação, cabendo à lei complementar, neste último caso, definir as áreas de sua atuação;

Lei nº 9.986/2000:

Art. 5º. O presidente ou o diretor-geral ou o diretor-presidente (CD I) e os demais membros do Conselho Diretor ou da Diretoria (CD II) serão brasileiros, de reputação ilibada, formação universitária e elevado conceito no campo de especialidade dos cargos para os quais serão nomeados, devendo ser escolhidos pelo Presidente da República e por ele nomeados, após aprovação pelo Senado Federal, nos termos da alínea f do inciso III do art. 52 da Constituição Federal.
Parágrafo único. O Presidente ou o Diretor-Geral ou o Diretor-Presidente será nomeado pelo Presidente da República dentre os integrantes do Conselho Diretor ou da Diretoria, respectivamente, e investido na função pelo prazo fixado no ato de nomeação.
Art. 6º. O mandato dos Conselheiros e dos Diretores terá o prazo fixado na lei de criação de cada Agência.

Questão 172 (FCC – TST – Analista Judiciário – 2012) Em matéria de acumulação, nos termos da Lei nº 8.112/1990, considere:
  I. A proibição de acumular estende-se a cargos, empregos e funções em autarquias, fundações públicas, empresas públicas, sociedades de economia mista da União, do Distrito Federal, dos estados, dos territórios e dos municípios.
  II. A acumulação de cargos, ainda que lícita, fica condicionada à comprovação da compatibilidade de horários.
  III. O servidor vinculado ao regime da Lei nº 8.112/1990, que acumular licitamente dois cargos efetivos, quando investido em cargo de provimento em comissão, ficará afastado de ambos os cargos efetivos, salvo na hipótese em que houver compatibilidade de horário e local com o exercício de um deles, declarada pelas autoridades máximas dos órgãos ou entidades envolvidos.
  Está correto o que se afirma em:
  a) I, II e III;
  b) II, apenas;
  c) I e II, apenas;
  d) II e III, apenas;
  e) I e III, apenas.

Tema: Acumulação de Cargos e Empregos Públicos e Funções – Agentes Públicos.

COMENTÁRIOS

As análises serão feitas item por item. Vamos lá:

Item I: **CERTO**. De fato, a regra de não acumulação se estende a todas as instituições públicas, da Administração Direta ou Indireta, ou até mesmo a entidades que sejam tão somente controladas direta ou indiretamente pelo Poder Público (veja os incisos XIX e XX, do art. 37, da CF, na legislação abaixo).

Item II: **CERTO**. Antes de se cogitar da própria possibilidade de acumulação de cargos, necessário se faz analisar a compatibilidade de horários entre as funções públicas a serem exercidas, em face do que diz o inciso XVI, do art. 37, da CF (veja na legislação abaixo).

Item III: **CERTO**. É a literalidade do que diz o art. 120 da Lei nº 8.112/1990 (veja legislação abaixo), e, portanto, está correto. A razão do dispositivo é compreensível – o exercício do cargo em comissão exige integral dedicação, dada a relevância da atividade.

Gabarito: Letra **a**.
Nível: **Fácil**.

Legislação
CF/1988:

> Art. 37 (...)
> XVI – é vedada a acumulação remunerada de cargos públicos, exceto, quando houver compatibilidade de horários, observado em qualquer caso o disposto no inciso XI.
> a) a de dois cargos de professor;
> b) a de um cargo de professor com outro técnico ou científico;
> c) a de dois cargos ou empregos privativos de profissionais de saúde, com profissões regulamentadas;
> XVII – a proibição de acumular estende-se a empregos e funções e abrange autarquias, fundações, empresas públicas, sociedades de economia mista, suas subsidiárias, e sociedades controladas, direta ou indiretamente, pelo Poder Público;

Lei nº 8.112/1990:

> Art. 120. O servidor vinculado ao regime desta Lei, que acumular licitamente dois cargos efetivos, quando investido em cargo de provimento em comissão, ficará afastado de ambos os cargos efetivos, salvo na hipótese em que houver compatibilidade de horário e local com o exercício de um deles, declarada pelas autoridades máximas dos órgãos ou entidades envolvidos.

Questão 173 (FCC – TST – Analista Judiciário – 2012) A Lei nº 9.784/1999 traz um rol de direitos do administrado, perante a Administração, sem prejuízo de outros que lhe sejam assegurados. Sobre esse assunto, considere as seguintes afirmações:
  I. Contar com a inércia da Administração, que só pode agir, na condução do processo, mediante provocação dos interessados.

II. Ter ciência da tramitação dos processos administrativos em que tenha a condição de interessado, ter vista dos autos e retirá-los para consulta fora da repartição.

III. Fazer-se assistir, por advogado, salvo quando expressamente renunciar a esse direito.

NÃO consta daquele rol o que se afirma em:
a) I, II e III;
b) I e II, apenas;
c) II e III, apenas;
d) I e III, apenas;
e) I, apenas.

Tema: Processo Administrativo Federal (Lei nº 9.784/1999) – Processo Administrativo.

COMENTÁRIOS

Entenda o que o examinador desejava que você identificasse: o que NÃO CONSTA dos direitos dos administrados, que a Lei nº 9.784 traz. Entendido isso, veja o que diz a norma referenciada:

> Art. 3º. O administrado tem os seguintes direitos perante a Administração, sem prejuízo de outros que lhe sejam assegurados:
> I – ser tratado com respeito pelas autoridades e servidores, que deverão facilitar o exercício de seus direitos e o cumprimento de suas obrigações;
> II – ter ciência da tramitação dos processos administrativos em que tenha a condição de interessado, ter vista dos autos, obter cópias de documentos neles contidos e conhecer as decisões proferidas;
> III – formular alegações e apresentar documentos antes da decisão, os quais serão objeto de consideração pelo órgão competente;
> IV – fazer-se assistir, facultativamente, por advogado, salvo quando obrigatória a representação, por força de lei.

Perceba os erros contidos em TODOS os itens:
Item I: ERRADO. A Administração pode agir de ofício, diferentemente do Judiciário, que, este sim, só age por provocação, em face do princípio nominado de inércia processual.
Item II: ERRADO. Muitos devem ter achado que este item estava certo... Não estava não! Leia o inciso II do art. 3º acima e compare com o item que estamos analisando. Percebeu algum erro? É que o interessado não pode retirar o processo administrativo da repartição! O restante está certo. Pura maldade do examinador, não é?
Item III: ERRADO. De fato, direito de todos de se fazer assistir por advogado. O erro, entretanto, é a exceção que o examinador colocou no item — é que, em alguns casos, previstos em Lei, a representação advocatícia é OBRIGATÓRIA. O item não menciona isso, e, portanto, está errado.

Então, pelas análises aqui procedidas, não constam dos direitos dos administrados em processos administrativos regidos pela Lei nº 9.784/1999 TODOS os itens, pelo que o gabarito é a letra **a**.

Gabarito: Letra **a**.
Nível: **Difícil**.

Questão 174   (FCC – TST – Analista Judiciário – 2012) NÃO descreve de modo completo uma conduta caracterizadora de improbidade administrativa, nos termos da Lei nº 8.429/1992:

a) receber vantagem econômica de qualquer natureza, direta ou indiretamente, para omitir ato de ofício, providência ou declaração a que esteja obrigado;

b) receber vantagem econômica de qualquer natureza, direta ou indireta, para tolerar a exploração ou a prática de jogos de azar, de lenocínio, de narcotráfico, de contrabando, de usura ou de qualquer outra atividade ilícita, ou aceitar promessa de tal vantagem;

c) perceber vantagem econômica, direta ou indireta, para facilitar a alienação, permuta ou locação de bem público ou o fornecimento de serviço por ente estatal por preço inferior ao valor de mercado;

d) adquirir bens imóveis, para si ou para outrem, no exercício de mandato, cargo, emprego ou função pública;

e) perceber vantagem econômica para intermediar a liberação ou aplicação de verba pública de qualquer natureza.

Tema: Dos Atos de Improbidade (Lei nº 8.249, arts. 9º a 11) – Improbidade Administrativa (Lei nº 8.429/1992).

COMENTÁRIOS

Item que, aparentemente, era difícil. Não era, desde que o candidato fosse atencioso.

O ato de improbidade é um ilícito de ordem CIVIL (não é propriamente um crime), de previsão constitucional (veja o § 4º do art. 37 da CF, na legislação abaixo). A principal norma que cuida do assunto é a Lei nº 8.429/1992, conhecida como Lei de Improbidade Administrativa. É lá, portanto, que vamos procurar a correspondência dos itens. Veja-se, tendo atenção para o fato de que o gabarito será a questão ERRADA, uma vez que o examinador pede que se identifique a conduta que NÃO se amolda aos atos de improbidade:

Letra **a**: **CERTA**. Ver inciso X do art. 9º da Lei de Improbidade.
Letra **b**: **CERTA**. Ver inciso V do art. 9º da Lei de Improbidade.
Letra **c**: **CERTA**. Ver inciso III do art. 9º da Lei de Improbidade.
Letra **d**: **ERRADA**. Na realidade, agentes públicos, de modo geral, evidentemente podem adquirir bens imóveis. O que a Lei 8.429/1992 entende como ato de improbidade é a aquisição de imóveis INCOMPATÍVEIS com a renda de tal agente. É isso que aquela norma diz, em seu art. 9º, ao entender como ato de improbidade que importa enriquecimento ilícito:

> VII – adquirir, para si ou para outrem, no exercício de mandato, cargo, emprego ou função pública, bens de qualquer natureza **cujo valor seja desproporcional à evolução do patrimônio ou à renda do agente público**;

Então, o ato de improbidade se configura com a aquisição de quaisquer bens, inclusive imóveis, que sejam desproporcionais à renda do agente.
Letra **e**: **CERTA**. Ver inciso IX, do art. 9º, da Lei de Improbidade.
Gabarito: Letra **d**.
Nível: **Médio**.

Legislação
Lei nº 8.429/1992:

> Art. 9º. Constitui ato de improbidade administrativa importando enriquecimento ilícito auferir qualquer tipo de vantagem patrimonial indevida em razão do exercício de cargo, mandato, função, emprego ou atividade nas entidades mencionadas no art. 1º desta lei, e notadamente:
> (...)
> III – perceber vantagem econômica, direta ou indireta, para facilitar a alienação, permuta ou locação de bem público ou o fornecimento de serviço por ente estatal por preço inferior ao valor de mercado;
> (...)
> V – receber vantagem econômica de qualquer natureza, direta ou indireta, para tolerar a exploração ou a prática de jogos de azar, de lenocínio, de narcotráfico, de contrabando, de usura ou de qualquer outra atividade ilícita, ou aceitar promessa de tal vantagem;
> (...)
> IX – perceber vantagem econômica para intermediar a liberação ou aplicação de verba pública de qualquer natureza;
> X – receber vantagem econômica de qualquer natureza, direta ou indiretamente, para omitir ato de ofício, providência ou declaração a que esteja obrigado;

Capítulo 20

ICMS-SP – Agente Fiscal de Rendas – 2013

Q.175. Administração Indireta
Q.176. Classificação (atos administrativos) – Atos Administrativos
Q.177. Classificação (atos administrativos) – Atos Administrativos
Q.178. Agências Reguladoras e Executivas – Administração Indireta
Q.179. Dos atos de improbidade (Lei nº 8.249 – arts. 9º a 11) – Improbidade Administrativa (Lei nº 8.429/1992)
Q.180. Responsabilidade Civil dos Agentes Públicos – Ação Regressiva (responsabilidade civil do Estado) – Responsabilidade Civil do Estado
Q.181. Classificação das Funções, Cargos e Empregos Públicos – Agentes temporários – Aposentadorias – Agentes Públicos
Q.182. Do processo administrativo disciplinar (Lei nº 8.112 – arts. 143 a 182) – Lei nº 8.112/1990 (lei federal) – Agentes Públicos
Q.183. Lei nº 12.527/2011 – Lei de Acesso à Informação.

Questão 175 **(FCC – ICMS-SP – Agente Fiscal de Renda – 2013)** Sociedade de economia mista controlada pelo Estado, prestadora de serviço público de transporte ferroviário de passageiros, pretende adquirir uma grande quantidade de trens, para modernização de duas de suas linhas. Objetivando a aquisição pelo menor preço, para assegurar ampla competitividade, optou por instaurar o procedimento licitatório na modalidade concorrência internacional. Contudo, considerando notícias de aquisições de empresas internacionais realizadas em outros Estados que se revelaram problemáticas em face do descumprimento de prazos de entrega e dificuldade de assistência técnica, pretende adotar as cautelas permitidas pela legislação que rege licitações e contratos administrativos para evitar a ocorrência de incidentes dessa natureza. Nesse sentido, de acordo com os princípios previstos na Lei nº 8.666/1993, a sociedade de economia mista poderá:

a) estabelecer, com base no princípio da supremacia do interesse público, condições de habilitação restritivas, que impeçam a participação das empresas que forneceram trens a outros Estados e em relação às quais haja indícios de má prestação do objeto contratual;
b) condicionar a participação no certame de licitantes sob os quais recaia suspeição à prestação de garantia em montante superior aos demais, não configurando tal vedação violação ao princípio da isonomia;
c) prever no edital, considerando o princípio de vinculação ao instrumento convocatório, tratamento diferenciado em relação a empresas brasileiras e estrangeiras, apenas no que diz respeito às condições de prestação do serviço e local de pagamento;
d) assegurar, em situação de empate entre licitantes, em igualdade de condições, preferência à empresa brasileira de capital nacional produtora dos bens objeto da licitação, não configurando tal conduta afronta ao princípio da isonomia;
e) restringir, para evitar conluio entre as empresas participantes do certame, a publicidade de todos os atos do procedimento, considerando os princípios da supremacia do interesse público e da moralidade.

Tema: Administração Indireta.

COMENTÁRIOS

Esta questão teve como gabarito preliminar a letra d. Entretanto, a questão foi ANULADA ante a dubiedade em sua formulação. Analisemos, pois.

No caso de empate entre duas ou mais propostas, aplicar-se-á o § 2º, do art. 3º, da Lei nº 8.666, de 1993. A antiga redação previa a seguinte ordem de preferência, como critério de desempate, aos bens e serviços:

I – produzidos ou prestados por empresas brasileiras de capital nacional;
II – produzidos no País; e
III – produzidos ou prestados por empresas brasileiras.
IV – produzidos ou prestados por empresas que invistam em pesquisa e no desenvolvimento de tecnologia no País.

Preliminarmente, é importante observar que o Tribunal de Contas da União (Decisão nº 456/2000) e a doutrina majoritária (Jessé Torres e Marçal Justen Filho, dentre outros) sempre defenderam que, a partir da revogação do art. 171 da Constituição Federal por meio da EC nº 06/1995, o inciso I, acima mencionado, teria perdido sua vigência, sua aplicabilidade.

E, mais recentemente, com a Lei nº 12.349/2010, o inciso I, do § 2º, do art. 3º, da Lei foi revogado, o que só fez confirmar os precedentes jurisprudenciais e posições doutrinárias contrárias à manutenção da preferência às **empresas brasileiras de capital nacional**. Assim, a questão fica sem gabarito hábil. Não havendo gabarito, deveria ser anulada. E foi o que o examinador fez: anulou-a!

Gabarito: Anulada (preliminar: Letra d).
Nível: **Fácil**.

Questão 176 **(FCC – ICMS-SP – Agente Fiscal de Renda – 2013)** Simão, comerciante estabelecido na capital do Estado, requereu, perante a autoridade competente, licença para funcionamento de um novo estabelecimento. Embora o interessado não preenchesse os requisitos fixados na normatização aplicável, a Administração, levada a erro por falha cometida por funcionário no procedimento correspondente, concedeu a licença. Posteriormente, constatado o equívoco, a Administração:
a) somente poderá desfazer o ato judicialmente, em face da preclusão administrativa;
b) poderá revogar o ato, com base em razões de conveniência e oportunidade, sem prejuízo da apreciação judicial;
c) deverá anular o ato, não podendo a anulação operar efeito retroativo, salvo comprovada má-fé do beneficiário;
d) deverá revogar o ato, preservando os efeitos até então produzidos, desde que não haja prejuízo à Administração;
e) deverá anular o ato, produzindo a anulação efeitos retroativos à data em que foi emitido o ato eivado de vício não passível de convalidação.

Tema: Classificação (atos administrativos) – Atos administrativos.

A resposta é a letra e.

A **licença** é ato administrativo vinculado, ou seja, uma vez que o particular observe os requisitos estabelecidos em lei, é-lhe assegurado o deferimento da licença. Acontece que Simão, nosso amigo do comando, apesar de não preencher os requisitos legais, obteve a licença. Portanto, o ato é viciado.

Atos viciados podem ser anulados ou convalidados, por ato da própria Administração, **independentemente de autorização judicial** (aplicação do *princípio da autotutela*). Se o vício é insanável, cabe a anulação, a qual opera efeitos retroativos (*ex tunc*). Se o equívoco é sanável, a Administração deve convalidar o ato administrativo, com efeitos retroativos.

Assim, o candidato ficaria entre as alternativas c e **e**.

Na letra c, o erro é que a anulação opera, regularmente, *efeitos retroativos*. E, no caso de ausência de má-fé, é possível a conservação dos efeitos.

Chegamos, assim, à alternativa **e**, pois, sendo o vício insanável, competirá à Administração promover a anulação do ato.

Gabarito: Letra **e**.
Nível: **Fácil**.

Questão 177 (FCC – ICMS-SP – Agente Fiscal de Renda – 2013) No início de nova gestão do Estado, a equipe do Governo decidiu implementar ampla reestruturação na Secretaria de Fazenda, com o objetivo de aumentar a eficiência na arrecadação tributária e no controle de gastos públicos. Para tanto, foi contratada consultoria especializada, que identificou a necessidade de alteração de algumas estruturas organizacionais, realocação de servidores e revisão de processos de trabalho. De acordo com os princípios e normas aplicáveis à Administração pública:

a) somente mediante lei poderão ser extintos cargos e funções vagas, podendo ser criados novos órgãos por decreto do Chefe do Executivo, desde que não importe aumento de despesa;

b) a extinção de cargos, vagos ou não, bem como a criação de órgãos poderá ser efetuada por decreto do Chefe do Executivo e a revisão de processos de trabalho por ato do secretário da Fazenda;

c) poderão ser criados novos órgãos mediante decreto do Chefe de Executivo e extintos aqueles considerados desnecessários por ato do Secretário da Fazenda;

d) os servidores somente poderão ser realocados por ato do Chefe do Executivo e os cargos vagos poderão ser extintos por ato do Secretário da Fazenda;

e) decreto do Chefe do Executivo poderá dispor sobre a organização e funcionamento da Secretaria, quando não implicar aumento de despesa nem criação ou extinção de órgãos.

Tema: Classificação (atos administrativos) – Atos administrativos.

COMENTÁRIOS

A resposta é a letra e.

Questão batida em provas! A questão versa sobre os Decretos Autônomos.

No âmbito federal, a competência para expedição desses **decretos** é do Presidente da República (art. 84, inciso IV, CF/1988), sendo tal **competência indelegável** (parágrafo único do art. 84, CF/1988). Fundamento básico para a **edição de decretos de execução** é que estes devem ser editados em **função de uma Lei** que futuramente exigirá a participação da Administração na sua efetivação.

Assim, não seria razoável, ou mesmo legal, a Administração, sob a argumentação de estar no exercício do Poder Regulamentar, expedir decretos de execução em razão de normas que nada tem a ver com o exercício de suas atribuições, tais como alguns dispositivos de Direito Comercial, por exemplo.

Já os **Decretos Autônomos** foram **reintroduzidos** em nossa ordem jurídica por intermédio da **Emenda Constitucional nº 32/2001**. A partir da promulgação desta, compete ao Presidente da República dispor, mediante **decreto**, sobre:

a) **organização e funcionamento da Administração Federal**, quando **não implicar aumento de despesa nem criação ou extinção de órgãos públicos**;
b) **extinção de funções ou cargos públicos, quando vagos.**

Os demais itens **estão incorretos**. Abaixo.

Letra **a**: Os cargos vagos poderão ser extintos por decretos. A criação de cargos, por sua vez, é viabilizada exclusivamente por leis, com exceção das Casas Legislativas, que criam cargos por Resoluções.

Letra **b**: Por meio de Decreto, os cargos VAGOS podem ser extintos. Porém a criação de órgão é matéria sujeita à reserva legal (art. 88 da CF). A revisão dos processos de trabalho pode ser efetuada por Decreto Autônomo.

Letra **c**: Apenas leis podem criar, e, por simetria, extinguir órgãos e entidades.

Letra **d**: Não há impedimento de o Secretário de Fazenda extinguir cargos vagos, desde que, nesse caso, o chefe do Executivo tenha delegado a referida atribuição. A realocação dos servidores, no entanto, não é matéria de competência exclusiva do chefe do Executivo.

Gabarito: Letra **e**.
Nível: **Médio**.

Questão 178 **(FCC – ICMS-SP – Agente Fiscal de Renda – 2013)** O Estado pretende descentralizar a execução de atividade atualmente desempenhada no âmbito da Administração Direta, consistente nos serviços de ampliação e manutenção de hidrovia estadual, em face da especialidade de tais serviços. Estudos realizados indicaram que será possível a cobrança de outorga pela concessão, a particulares, do uso de portos fluviais que serão instalados na referida hidrovia, recursos esses que serão destinados a garantir a autossuficiência financeira da entidade a ser criada. Considerando os objetivos almejados, poderá ser instituída:

a) autarquia, caracterizada como pessoa jurídica de Direito Privado dotada do poder de autoadministração, nos limites previstos na lei instituidora;
b) agência reguladora, sob a forma de autarquia de regime especial, cuja criação deve ser autorizada por lei, dotada de autonomia orçamentária e financeira;
c) agência executiva, sob a forma de empresa ou de autarquia que celebre contrato de gestão com a Administração Direta para ampliação de sua autonomia;

d) sociedade de economia mista, caracterizada como pessoa jurídica de Direito Privado, submetida aos princípios aplicáveis à Administração pública, e cuja criação é autorizada por lei;
e) empresa pública, caracterizada como pessoa jurídica de Direito Privado, criada por lei específica e com patrimônio afetado à finalidade para a qual foi instituída.

Tema: Agências Reguladoras e Executivas – Administração Indireta.

COMENTÁRIOS

A resposta é a letra d.

A Administração Pública desempenha suas funções, comumente, por meio dos próprios órgãos, ou seja, por meio da **Administração Direta ou Centralizada**. No entanto, *em observância ao princípio da especialidade*, não há impedimento de o Estado atuar de forma descentralizada.

A Administração Descentralizada, também chamada de Indireta, é formada por pessoas jurídicas, ora de **Direito Público** (exemplo das autarquias), ora de **Direito Privado** (exemplo das empresas públicas).

Tais entidades do Estado **precisam de leis** para o ato de criação, porém o papel do legislador varia, caso a entidade seja de Direito Público ou Direito Privado. Vejamos:

> XIX – somente por lei específica poderá ser criada autarquia e autorizada a instituição de empresa pública, de sociedade de economia mista e de fundação, cabendo à lei complementar, neste último caso, definir as áreas de sua atuação; (Redação dada pela Emenda Constitucional nº 19, de 1998)

Perceba que, sendo a pessoa de Direito Público, a Lei específica cria diretamente a pessoa. Agora, se de Direito Privado, a Lei só autoriza, afinal o ato de criação fica a depender de o ato constitutivo ser levado a registro no órgão peculiar.

Com essas informações, concluímos pelo acerto da letra d, isso porque sociedades de economia mista (exemplo da Petrobras) são pessoas de Direito Privado e, por conseguinte, apenas autorizadas por lei.

Os demais itens **estão incorretos**. Vejamos.

Letra a: O erro é que autarquia é *pessoa de Direito Público*.
Letra b: As agências reguladoras são autarquias em regime especial. As autarquias são pessoas de Direito Público, portanto CRIADAS por lei e não autorizadas, como afirma o quesito.
Letra c: A agência executiva é um título conferido a autarquias e fundações, portanto, pessoas jurídicas de Direito Público. Não cabe a roupagem de empresas públicas, como sugere o quesito.
Letra e: As empresas públicas são pessoas de Direito Privado, e, portanto, **AUTORIZADAS** por lei específica.

Gabarito: Letra **d**.
Nível: **Médio**.

Questão 179 **(FCC – ICMS-SP – Agente Fiscal de Renda – 2013)** Determinado agente fiscal de rendas revelou, a dono de posto de gasolina com quem mantinha relação de amizade, informação sigilosa da qual tinha conhecimento em razão das suas atribuições, consistente em operação de fiscalização extraordinária que seria realizada em determinada data, sem prévio aviso, para apurar um esquema de fraude fiscal em operações de comercialização de combustíveis. De acordo com as disposições da Lei de Improbidade Administrativa, a conduta do agente fiscal:

a) configura ato de improbidade administrativa que atenta contra os princípios da Administração pública, sendo passível da aplicação, dentre outras, da pena de perda da função pública;

b) somente configura ato de improbidade administrativa se comprovado o recebimento de vantagem ilícita, sujeitando o agente, dentre outras, à pena de demissão;

c) não configura ato de improbidade administrativa, salvo se comprovado dano ao erário, situação em que sujeita o agente, dentre outras, à pena de ressarcimento integral do dano e multa de até duas vezes o valor do dano;

d) configura ato de improbidade administrativa que causa prejuízo ao erário, sujeitando o agente, dentre outras, à pena de suspensão dos direitos políticos de cinco a dez anos;

e) somente configura ato de improbidade administrativa, se ensejar, cumulativamente, dano ao erário e enriquecimento ilícito, sujeitando o agente, dentre outras, à pena de demissão, ressarcimento integral do dano e multa.

Tema: Dos Atos de Improbidade (Lei nº 8.249, arts. 9º a 11) – Improbidade Administrativa (Lei nº 8.429/1992).

COMENTÁRIOS

A resposta é a letra a.

A Lei nº 8.429, de 1992, prevê **três espécies de atos de improbidade**: os que geram enriquecimento ilícito, os que provocam prejuízo ao erário e os que **ferem os princípios da Administração**.

O art. 11 da Lei prevê os seguintes atos que ferem princípios da Administração:

> Art. 11. Constitui ato de improbidade administrativa que atenta contra os princípios da administração pública qualquer ação ou omissão que viole os deveres de honestidade, imparcialidade, legalidade, e lealdade às instituições, e notadamente:
> (...)
> III – revelar fato ou circunstância de que tem ciência em razão das atribuições e que deva permanecer em segredo;

Em termos de penalidades aplicáveis, dispõe o art. 12 da Lei de Improbidade.

> Art. 12. Independentemente das sanções penais, civis e administrativas previstas na legislação específica, está o responsável pelo ato de improbidade sujeito às seguintes cominações, que podem ser aplicadas isolada ou cumulativamente, de acordo com a gravidade do fato: (Redação dada pela Lei nº 12.120, de 2009).

(...)
III – na hipótese do art. 11, ressarcimento integral do dano, se houver, **perda da função pública**, suspensão dos direitos políticos de três a cinco anos, pagamento de multa civil de até cem vezes o valor da remuneração percebida pelo agente e proibição de contratar com o Poder Público ou receber benefícios ou incentivos fiscais ou creditícios, direta ou indiretamente, ainda que por intermédio de pessoa jurídica da qual seja sócio majoritário, pelo prazo de três anos.
Parágrafo único. Na fixação das penas previstas nesta lei o juiz levará em conta a extensão do dano causado, assim como o proveito patrimonial obtido pelo agente.

Combinando-se os dois dispositivos, percebe-se que a conduta do agente se enquadra em improbidade administrativa que atenta contra princípios da Administração, sujeitando o agente, dentre outras penalidades, à demissão.

Gabarito: Letra **a**
Nível: Médio.

Questão 180 (FCC – ICMS-SP – Agente Fiscal de Renda – 2013) Carlos, proprietário de um veículo licenciado na capital do estado de São Paulo, teve seu nome inscrito, indevidamente, no cadastro de devedores do estado (Cadin), em face do suposto não pagamento de IPVA. Constatou-se, subsequentemente, que o débito objeto do apontamento fora quitado tempestivamente pelo contribuinte, decorrendo a inscrição no Cadin de um erro de digitação de dados incorrido pelo servidor responsável pela alimentação do sistema de informações. Em razão dessa circunstância, Carlos, que é consultor, sofreu prejuízos financeiros, entre os quais a impossibilidade de participar de procedimento licitatório instaurado pela Administração para contratação de serviços de consultoria, bem como o impedimento de obtenção de financiamento de projeto que estava conduzindo pela Agência de Fomento do Estado, que dispunha de linha de crédito com juros subsidiados, sendo obrigado a tomar financiamento junto a instituição financeira privada em condições mais onerosas. Diante da situação narrada, de acordo com o disposto na Constituição Federal sobre a responsabilidade civil do Estado:

a) o Estado responde objetivamente pelos prejuízos sofridos por Carlos, podendo exercer o direito de regresso em face do servidor, se comprovada conduta culposa ou dolosa do mesmo;
b) Carlos deverá acionar o servidor responsável pelo erro e, desde que comprovada a responsabilidade subjetiva, possui direito à reparação, pelo Estado, dos prejuízos sofridos;
c) o Estado não está obrigado a reparar os prejuízos sofridos por Carlos, devendo, contudo, corrigir a falha identificada e proceder à apuração de responsabilidade do servidor;
d) o servidor está obrigado a reparar os prejuízos sofridos por Carlos, podendo exercer direito de regresso em face do Estado, se comprovada falha na prestação do serviço;
e) Estado e servidor são solidária e objetivamente responsáveis pelos prejuízos sofridos por Carlos, desde que comprovada falha na prestação do serviço.

Tema: Responsabilidade Civil dos Agentes Públicos – Ação Regressiva (responsabilidade civil do Estado) – Responsabilidade Civil do Estado.

COMENTÁRIOS

A resposta é a letra a.
A questão é relativamente tranquila. Vejamos o disposto no § 6º, do art. 37, da CF, de 1988:

> § 6º. As pessoas jurídicas de Direito Público e as de Direito Privado prestadoras de serviços públicos responderão pelos danos que seus agentes, nessa qualidade, causarem a terceiros, assegurado o direito de regresso contra o responsável nos casos de dolo ou culpa.

Esse dispositivo é aplicação da teoria da **responsabilidade objetiva** do Estado, o que, doutrinariamente, é atrelada ao **risco administrativo**.

Segundo referida teoria, as pessoas do Estado ou que façam as vezes do Estado respondem pelos atos comissivos (praticados), sejam lícitos ou ilícitos (dolo ou culpa). Para a configuração da responsabilidade, são suficientes: o dano, a conduta e o nexo de causalidade.

Perceba, na parte final, que o Estado pode se voltar regressivamente em desfavor do agente público, desde que este tenha agido com dolo ou culpa.

Em síntese: enquanto, para atos comissivos, a responsabilidade do Estado é OBJETIVA, a responsabilidade civil do agente é sempre SUBJETIVA, ou seja, é dependente da prática de ato ilícito.

Os demais itens **estão incorretos**. Abaixo:
Letra **b**: Na visão do STF, em caso de prejuízos causados por agentes públicos, o particular deve acionar o Estado diretamente. O Estado é que tem a prerrogativa de acionar o agente, e, ainda assim, regressivamente.
Letra **c**: Houve conduta, dano e nexo de causalidade, logo todos os ingredientes que atraem a responsabilidade civil do Estado.
Letra **d**: O dever de indenizar é primário do Estado. E só regressivamente o agente público pode ser alcançado.
Letra **e**: Não há responsabilidade solidária. O particular deve acionar diretamente o Estado. Não se forma litisconsórcio passivo, e sequer se admite a denunciação da lide (na visão do STF).
Gabarito: Letra **a**.
Nível: **Fácil**.

Questão 181 (FCC – ICMS-SP – Agente Fiscal de Renda – 2013) A respeito das normas constitucionais aplicáveis aos servidores públicos, é INCORRETO afirmar que:
- a) os cargos em comissão destinam-se apenas às atribuições de chefia, direção e assessoramento;
- b) as funções de confiança são exercidas exclusivamente por servidores ocupantes de cargo efetivo;
- c) os servidores públicos organizados em carreira devem ser remunerados exclusivamente por subsídio fixado em parcela única;
- d) a contratação por tempo determinado destina-se ao atendimento de necessidade temporária de excepcional interesse público nos termos estabelecidos em lei;
- e) a aposentadoria compulsória do servidor ocupante de cargo efetivo dá-se aos setenta anos de idade, com proventos proporcionais ao tempo de contribuição.

Tema: Classificação das Funções, Cargos e Empregos Públicos – Agentes temporários – Aposentadorias – Agentes Públicos.

COMENTÁRIOS

A resposta é a letra c. Analisemos primeiro esta alternativa, tendo atenção para o fato de que o examinador demanda o INCORRETO.

O subsídio é a espécie remuneratória a ser **paga em parcela única obrigatoriamente aos detentores de mandato eletivo**, bem como a outros **agentes políticos** (membros da Magistratura, Ministério Público e de Tribunais de Contas, ministros de Estado, secretários estaduais e municipais).

O **regime de subsídio** é **extensível para servidores públicos integrantes de carreiras específicas**. Algumas delas são de previsão constitucional, inclusive. São elas: Advocacia-Geral da União, Defensoria Pública, Procuradoria-Geral da Fazenda Nacional, Procuradorias dos estados e do DF, servidores da Polícia Federal, Polícia Rodoviária Federal, Polícias Civis, Polícias Militares e Corpos de Bombeiros Militares.

No entanto, essa espécie remuneratória é de **adoção facultativa para os servidores organizados em carreira**, desde que assim **disponha Lei Federal, Estadual, Distrital ou Municipal**, conforme o caso. É o caso dos auditores federais da Receita Federal, os quais, nos dias atuais, percebem a **remuneração** mediante **subsídio**.

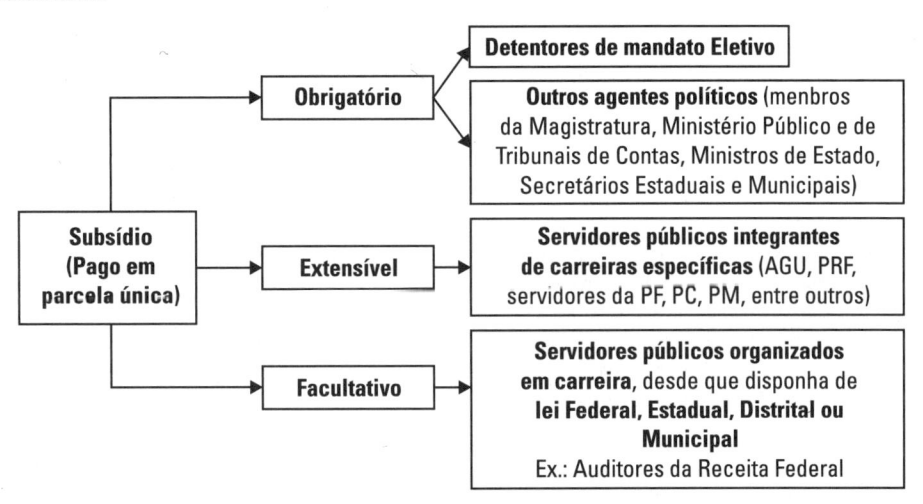

```
                           ┌─► Detentores de mandato Eletivo
              ┌─ Obrigatório ─┤
              │            └─► Outros agentes políticos (menbros
              │                da Magistratura, Ministério Público e de
              │                Tribunais de Contas, Ministros de Estado,
              │                Secretários Estaduais e Municipais)
Subsídio      │
(Pago em    ──┼─ Extensível ──► Servidores públicos integrantes
parcela única)│                de carreiras específicas (AGU, PRF,
              │                servidores da PF, PC, PM, entre outros)
              │
              └─ Facultativo ─► Servidores públicos organizados
                                em carreira, desde que disponha de
                                lei Federal, Estadual, Distrital ou
                                Municipal
                                Ex.: Auditores da Receita Federal
```

Os demais itens **estão corretos**. Vejamos:

Letras **a e b**: É o que prevê o inciso V, do art. 37, da CF, de 1988:

> V – **as funções de confiança, exercidas exclusivamente** por servidores ocupantes de cargo efetivo, e os cargos em comissão, a serem preenchidos por servidores de carreira nos casos, condições e percentuais mínimos previstos em lei, **destinam-se apenas às atribuições de direção, chefia e assessoramento**;

Letra d: É o que determina o inciso IX do art. 37 da CF. Abaixo:

> IX – a lei estabelecerá os casos de contratação por tempo determinado para atender a necessidade temporária de excepcional interesse público;

Letra e: É o que registra o inciso II, do art. 40, da CF. Vejamos:

> Art. 40. Aos servidores titulares de cargos efetivos da União, dos Estados, do Distrito Federal e dos Municípios, incluídas suas autarquias e fundações, é assegurado regime de previdência de caráter contributivo e solidário, mediante contribuição do respectivo ente público, dos servidores ativos e inativos e dos pensionistas, observados critérios que preservem o equilíbrio financeiro e atuarial e o disposto neste artigo.
> (...)
> II – compulsoriamente, aos setenta anos de idade, com proventos proporcionais ao tempo de contribuição;

Gabarito: Letra c.
Nível: **Fácil**.

Questão 182 (FCC – ICMS-SP – Agente Fiscal de Renda – 2013) No que concerne aos meios de apuração de infrações administrativas, é correto afirmar que:

a) o relatório da comissão disciplinar encarregada da apuração da infração administrativa vincula a decisão da autoridade competente para aplicação da pena, salvo se esta acolher pedido de reconsideração do servidor;

b) dispensa-se o processo administrativo disciplinar para apuração de infração sujeita à pena de demissão, quando se tratar de verdade sabida, podendo ser instaurada sindicância a critério da autoridade competente;

c) a sindicância destina-se à apuração de elementos para identificar a existência da infração administrativa ou sua autoria, sendo admitida, também, como meio sumário para apuração de faltas puníveis com penalidades outras que não a demissão;

d) o processo administrativo disciplinar somente é obrigatório quando da sindicância não resultar a apuração de elementos suficientes para concluir pela existência da falta punível com demissão ou a sua autoria;

e) com base no princípio da oficialidade, a autoridade julgadora é impedida de determinar o saneamento do processo administrativo disciplinar ou a realização de novas diligências para a formação probatória.

Tema: Do Processo Administrativo Disciplinar (Lei nº 8.112 – arts. 143 a 182) – Lei nº 8.112/1990 (lei federal) – Agentes Públicos.

COMENTÁRIOS

A resposta é a letra c.

As **sindicâncias e os PADs** podem ser entendidos como instrumentos administrativos destinados a **apuração das eventuais infrações cometidas por servidores públicos**, desde que tais infrações sejam **praticadas no exercício das atribuições do cargo ou relacionadas a estas**.

Como nos demais processos, **sempre que for necessário**, haverá **contraditório/ampla defesa**.

A **autoridade** que **tomar conhecimento de eventuais irregularidades** cometidas por servidores públicos **deverá adotar as medidas necessárias** com vistas à **imediata apuração**, por meio da **SINDICÂNCIA** ou do **PROCESSO ADMINISTRATIVO DISCIPLINAR**. **Se não proceder assim**, a autoridade estará agindo de maneira incorreta e poderá acabar, ela, a **própria autoridade**, sendo **responsabilizada**, em razão de **omissão de dever** (de determinar a instauração do processo).

Em muitas circunstâncias, a **sindicância** constitui **mero procedimento investigatório, equivalente ao inquérito policial, sem a formalização de acusação**. Contudo, a Administração pode vir a **aplicar penalidade a servidor** por meio de sindicância. Mas, para tanto, deve abrir ao implicado prazo para apresentação de defesa. A **sindicância difere do inquérito policial** neste aspecto: **neste último**, o **investigado não pode ser punido NO inquérito**; já na **sindicância**, o **investigado** pode acabar vindo a **sofrer punição** no processo em si.

Normalmente, a **sindicância** é instaurada para **apuração de infrações de menor gravidade**, que impliquem aplicações de penas de **advertência ou de suspensão**, esta com prazo de **até 30 dias**. Não cabe tal tipo de processo, portanto, para aplicação da pena de demissão ao servidor. A **sindicância** é vista pela doutrina como um **processo mais célere e simples que o PAD**.

Os resultados possíveis da **sindicância**:
I. **arquivamento do processo**;
II. **aplicação direta das penalidades de advertência ou de suspensão** de **até 30 dias**; e,
III. **instauração de PAD**, quando for o caso da aplicação de penalidade mais grave, como é a demissão.

Os demais itens **estão incorretos**. Vejamos.
Letra **a**: O **relatório** produzido na fase de inquérito **não vincula, de forma absoluta, a autoridade que proferirá a decisão**. A lei fala que a **autoridade deverá acatar o relatório produzido, salvo se a sua conclusão for contrária às provas nos autos**.

Desse modo, no caso de discordância e caso a conclusão esteja contrária às provas, há necessidade de a **autoridade expor os motivos** que levaram à opinião com relação ao relatório produzido pela comissão na fase de inquérito, podendo, assim, **agravar, reduzir, ou mesmo isentar o servidor da responsabilidade levantada**.

Letra **b**: Não há a aplicação de penalidades sem as garantias de contraditório e da ampla defesa. Não se aplica, no ordenamento atual, o **instituto da verdade sabida** (aplicação de penalidades menos graves, sem a prévia ampla defesa).

Na letra **d**: Como sobredito, o PAD é obrigatório se, da sindicância, resultar penalidade mais grave do que a suspensão até 30 dias.

Letra **e**: Ao contrário do afirmado, segundo o princípio da oficialidade, a autoridade julgadora pode sanear o processo administrativo, determinando, por exemplo, a realização de diligências.

Gabarito: Letra **c**.
Nível: **Médio**.

Questão 183 **(FCC – ICMS-SP – Agente Fiscal de Renda – 2013)** De acordo com as disposições do Decreto Estadual nº 58.052, de 16 de maio de 2012, que regulamenta a Lei Federal nº 12.527, de 18 de novembro de 2011, o acesso do cidadão aos documentos, dados e informações dos órgãos e entidades da Administração Pública Estadual NÃO compreende:

a) informações referentes a projetos de pesquisa e desenvolvimento científicos ou tecnológicos cujo sigilo seja imprescindível à segurança da sociedade e do Estado;
b) informação sobre atividades exercidas pelos órgãos e entidades quanto à sua política, organização e serviços;
c) dado ou informação relativo a acompanhamento e resultados de programas, projetos e ações dos órgãos e entidades públicas, no que diz respeito a metas e indicadores propostos;
d) dados ou informações utilizados como fundamento da tomada de decisão de ato administrativo discricionário editado pelos órgãos e entidades;
e) informações relacionadas, indiretamente, com o interesse do requerente, a critério da Comissão de Avaliação de Documentos e Acesso – Cada.

Tema: Lei nº 12.527/2011 – Lei de Acesso à Informação.

COMENTÁRIOS

A resposta é a letra a.

Há informações em que o acesso sofre restrições pelos cidadãos, de tal sorte que age corretamente o administrador ao indeferir o pedido. Veja o que diz a Lei nº 12.527/2012, de acesso a informações:

> Art. 31. O tratamento das informações pessoais deve ser feito de forma transparente e **com respeito à intimidade, vida privada, honra e imagem das pessoas**, bem como às liberdades e garantias individuais.
> § 1º. As informações pessoais, a que se refere este artigo, relativas à intimidade, vida privada, honra e imagem:
> I – terão seu acesso restrito, **independentemente de classificação de sigilo** e pelo **prazo máximo de 100 (cem) anos**, a contar da sua data de produção, a agentes públicos legalmente autorizados e à pessoa a que elas se referirem; e
> II – poderão ter autorizada sua divulgação ou acesso por terceiros diante de previsão legal ou consentimento expresso da pessoa a que elas se referirem.
> § 2º. Aquele que obtiver acesso às informações de que trata este artigo será responsabilizado por seu uso indevido.
> § 3º. O consentimento referido no inciso II do § 1º **não será exigido** quando as informações forem necessárias:
> I – à prevenção e diagnóstico médico, quando a pessoa estiver física ou legalmente incapaz, e para utilização única e exclusivamente para o tratamento médico;

II – à realização de estatísticas e pesquisas científicas de evidente interesse público ou geral, previstos em lei, **sendo vedada a identificação** da pessoa a que as informações se referirem;
III – ao cumprimento de ordem judicial;
IV – à defesa de direitos humanos; ou
V – à proteção do interesse público e geral preponderante.
§ 4º. A restrição de acesso à informação relativa à vida privada, honra e imagem de pessoa não poderá ser invocada com o intuito de prejudicar processo de apuração de irregularidades em que o titular das informações estiver envolvido, bem como em ações voltadas para a recuperação de fatos históricos de maior relevância.

Ainda sobre o tema, o art. 23 da Lei dispõe que são considerados imprescindíveis à segurança da sociedade ou do Estado e, portanto, passíveis de classificação, as informações cuja divulgação ou acesso irrestrito possam:

I – pôr em risco a defesa e a soberania nacionais ou a integridade do território nacional;
II – prejudicar ou pôr em risco a condução de negociações ou as relações internacionais do País, ou as que tenham sido fornecidas em caráter sigiloso por outros Estados e organismos internacionais;
III – pôr em risco a vida, a segurança ou a saúde da população;
IV – oferecer elevado risco à estabilidade financeira, econômica ou monetária do País;
V – prejudicar ou causar risco a planos ou operações estratégicos das Forças Armadas;
VI – prejudicar ou causar risco a projetos de pesquisa e desenvolvimento científico ou tecnológico, assim como a sistemas, bens, instalações ou áreas de interesse estratégico nacional;
VII – pôr em risco a segurança de instituições ou de altas autoridades nacionais ou estrangeiras e seus familiares; ou
VIII – comprometer atividades de inteligência, bem como de investigação ou fiscalização em andamento, relacionadas com a prevenção ou repressão de infrações.

Por conseguinte, comparando os dispositivos legais ao disposto nas assertivas, chegamos ao nosso gabarito, letra **a**.
Gabarito: Letra **a**.
Nível: **Médio**.

Impresso nas oficinas da
SERMOGRAF - ARTES GRÁFICAS E EDITORA LTDA.
Rua São Sebastião, 199 - Petrópolis - RJ
Tel.: (24)2237-3769